高等教育轨道交通“十三五”教材 · 交通运输类

运输市场营销学

（第2版）

主编　赵　瑜　刘作义
主审　朱晓宁

北京交通大学出版社
· 北京 ·

内容简介

全书共分12章。在介绍运输市场与运输市场营销的基本概念基础上，对运输市场分析调查、预测、市场细分及目标市场选择、网络营销、营销管理、营销信息系统进行了系统的阐述，并结合我国交通运输实际，论述了运输产品策略、运输价格策略及运输企业分销渠道策略、促销策略等策略理论。每章均附有复习参考题，主要章内附有案例。

本书可作为高等学校交通运输类专业本科生教材，也可作为从事铁路及其他交通运输部门管理人员、营销人员培训及自学参考书。

版权所有，侵权必究。

图书在版编目（CIP）数据

运输市场营销学 / 赵瑜，刘作义主编. —2版. —北京：北京交通大学出版社，2019.1（2023.1重印）

（高等教育轨道交通“十三五”教材）

ISBN 978-7-5121-3770-7

Ⅰ. ①运… Ⅱ. ①赵… ②刘… Ⅲ. ①交通运输业-市场营销学-高等学校-教材 Ⅳ. ①F506

中国版本图书馆CIP数据核字（2018）第251193号

运输市场营销学

YUNSHU SHICHANG YINGXIAOXUE

策划编辑：吴嫦娥　　责任编辑：吴嫦娥

出版发行：北京交通大学出版社　　电话：010-51686414　　http：//www. bjtup. com. cn

地　　址：北京市海淀区高梁桥斜街44号　　邮编：100044

印 刷 者：北京鑫海金澳胶印有限公司

经　　销：全国新华书店

开　　本：185 mm×260 mm　　印张：17.25　　字数：431千字

版 印 次：2019年1月第2版　　2023年1月第4次印刷

书　　号：ISBN 978-7-5121-3770-7/F・1838

定　　价：49.00元

本书如有质量问题，请向北京交通大学出版社质监组反映。对您的意见和批评，我们表示欢迎和感谢。

投诉电话：010-51686043，51686008；传真：010-62225406；E-mail：press@bjtu. edu. cn。

高等教育轨道交通“十三五”教材·交通运输类

编 委 会

顾　　问：施仲衡

主　　任：司银涛

副 主 任：陈　庚　朱晓宁

委　　员：（按姓氏笔画排序）

肖贵平　邵春福　赵　瑜

钟　雁　贾俊芳　秦四平

韩　梅　雷　黎

编委会办公室

主　　任：赵晓波

副 主 任：贾慧娟

成　　员：（按姓氏笔画排序）

李　菊　吴嫦娥　郝建英　徐　铮

出版说明

为促进高等轨道交通专业交通运输类教材体系的建设，满足目前轨道交通类专业人才培养的需要，北京交通大学交通运输学院、远程与继续教育学院和北京交通大学出版社组织以北京交通大学从事轨道交通研究教学的一线教师为主体、联合其他交通院校教师，并在有关单位领导和专家的大力支持下，编写了本套“高等教育轨道交通‘十三五’规划教材·交通运输类”。

本套教材的编写突出了实用性。本着“理论部分通俗易懂，实操部分图文并茂”的原则，侧重实际工作岗位操作技能的培养。为方便读者，本系列教材采用“立体化”教学资源建设方式，配套有教学课件、习题库、自学指导书，并将陆续配备教学光盘。本系列教材可供相关专业的全日制或在职学习的本专科学生使用，也可供从事相关工作的工程技术人员参考。

本系列教材得到从事轨道交通研究的众多专家、学者的帮助和具体指导，在此表示深深的敬意和感谢。

本系列教材从 2012 年 1 月起陆续推出，具体包括:《交通规划》《铁路运输经济学》《运输市场营销学》《交通政策法规、环境与可持续发展》《集装箱运输与多式联运》《管理信息系统》《铁路旅客运营管理》《铁路货运技术》。

希望本套教材的出版对轨道交通的发展、轨道交通专业人才的培养，特别是轨道交通交通运输专业课程的课堂教学有所贡献。

编委会

2018 年 9 月

总　序

我国是一个内陆深广、人口众多的国家。随着改革开放的进一步深化和经济产业结构的调整，大规模的人口流动和货物流通使交通行业承载着越来越大的压力，同时也给交通运输带来了巨大的发展机遇。作为运输行业历史最悠久、规模最大的龙头企业，铁路已成为国民经济的大动脉。铁路运输有成本低、运能高、节省能源、安全性好等优势，是最快捷、最可靠的运输方式，是发展国民经济不可或缺的运输工具。改革开放以来，中国铁路积极适应社会的改革和发展，狠抓制度改革，着力技术创新，抓住了历史发展机遇，铁路改革和发展取得了跨越式的发展。

国家对铁路的发展始终予以高度重视，根据国家《中长期铁路网规划》(2005—2020 年)：到 2020 年，中国铁路网规模达到 12 万 km 以上。其中，时速 200 km 及以上的客运专线将达到 18 万 km。加上既有线提速，中国铁路快速客运网将达到 5 万 km 以上，运输能力满足国民经济和社会发展需要，主要技术装备达到或接近国际先进水平。铁路是个远程重轨运输工具，但随着城市建设和经济的繁荣，城市人口大幅增加，近年来城市轨道交通也正处于高速发展时期。

城市的繁荣相应带来了交通拥挤、事故频发、大气污染等一系列问题。在一些大城市和一些经济发达的中等城市，仅仅靠路面车辆运输远远不能满足客运交通的需要。城市轨道交通节约空间、耗能低、污染小、便捷可靠，是解决城市交通的最好方式。未来我国城市将形成地铁、轻轨、市域铁路构成的城市轨道交通网络，轨道交通将在我国城市建设中起着举足轻重的作用。

但是，在我国轨道交通进入快速发展的同时，解决各种管理和技术人才匮乏的问题已迫在眉睫。随着高速铁路和城市轨道新线路的不断增加以及新技术的开发与引进，管理和技术人员的队伍需要不断壮大。企业不仅要对新的员工进行培训，对原有的职工也要进行知识更新。企业急需培养出一支能符合企业要求、业务精通、综合素质高的队伍。

北京交通大学是一所以运输管理为特色的学校，拥有该学科一流的师资和科研队伍，为我国的铁路运输和高速铁路的建设作出了重大贡献。近年来，学校非常重视轨道交通的研究和发展，建有“轨道交通控制与安全”国家级重点实验室、“城市交通复杂系统理论与技术”教育部重点实验室，“基于通信的列车运行控制系统（CBTC）”取得了关键技术研究的突破，并用于亦庄城轨线。为解决轨道交通发展中的人才需求问题，北京交通大学组织了学校有关院系的专家和教授编写了这套“高等教育轨道交通‘十三五’规划教材”，以供高等学校学生教学和企业技术与管理人员培训使用。

本套教材分为交通运输、机车车辆、电气牵引和土木工程四个系列，涵盖了交通规划、运营管理、信号与控制、机车与车辆制造、土木工程等领域，每本教材都是由该领域的专家执笔，教材覆盖面广，内容丰富实用。在教材的组织过程中，我们进行了充分调研，精心策划和大量论证，并听取了教学一线的教师和学科专家们的意见，经过作者们的辛勤耕耘以及编辑人员的辛勤努力，这套丛书得以成功出版。在此，我们向他们表示衷心的谢意。

希望这套系列教材的出版能为我国轨道交通人才的培养贡献一点绵薄之力。由于轨道交通是一个快速发展的领域，知识和技术更新很快，教材中难免会有诸多的不足和欠缺，在此诚请各位同仁、专家予以不吝批评指正，同时也方便以后教材的修订工作。

编委会

2018 年 9 月

第2版前言

交通运输是我国国民经济发展的重要基础产业。我国高速铁路“四纵四横”主骨架已形成，“八纵八横”高铁网正在建设中，运输市场由卖方市场向买方市场逐渐转化；运输新技术设备应用、网络技术和电子商务发展、营销手段变化将加快形成各种运输方式之间、各运输企业之间日趋激烈的市场竞争局面。面对新的运输市场竞争环境，分析和研究运输市场变化，提高市场竞争能力，成为关系各种运输方式、各个运输企业生存发展的首要问题和中心工作。

运输市场营销学是研究以满足旅客和货主为中心的企业营销活动过程及其规律性问题，具有实践性、综合性特点。近十几年来，交通运输领域广大理论和实践工作者，在运输市场营销的理论分析和应用实践方面开展了大量的研究和探索，积累了丰富的经验。

本书是在 2012 年出版的《运输市场营销学》的基础上修订而成的，是主要针对高等学校交通运输类专业编写的教材；同时，本书也可作为从事铁路及其他交通运输部门管理人员、营销人员的自学参考书。在修订过程中编者注意充分总结和吸纳近几年来该领域最新的理论研究成果和丰富的实践经验，对教材的内容进行了整体性修订工作。

本书修订主要做了以下工作。

（1）结合近几年来本教材使用经验，吸纳市场营销学新理念、新成果，应用近期相关科研课题的最新研究成果，对原书各章内容进行了修改完善，对引用的历史数据进行了更新。

（2）根据现场实际营销成果，部分章节替换了运输市场营销案例，使教材内容更加体现其先进性、完整性、系统性。

本教材修订工作由北京交通大学赵瑜、刘作义担任主编，朱晓宁担任主审，参加本次修订编写的人员分工如下。

第 1 章由张琦编写，第 2 章由赵瑜编写，第 3 章由李笑红编写，第 4 章由郎茂祥编写，第 5 章由赵瑜、韩梅编写，第 6 章和第 7 章由刘华编写，第 8 章由赵瑜、黄艳春编写，第 9 章由赵瑜编写，第 10 章由乐逸祥编写，第 11 章由杨月芳编写，第 12 章中 12.1、12.2 节由赵瑜编写，12.3 节中货运信息系统实例由郎茂祥编写，客运信息系统实例由赵瑜编写，附录 A 由赵瑜编写。全书总体结构、各章内容由赵瑜、刘作义整理、审定。在本书修订过程中，得到了北京交通大学交通运输学院和北京交通大学出版社的大力支持和帮助，同时也得到研究生邵丽花同学的大力帮助，在此一并表示感谢。

本书的修订由于时间仓促，难免存在不足，祈盼广大读者给予批评指正。

编　者

2018 年 5 月

前 言

交通运输是我国国民经济发展的重要基础产业。随着交通运输基础设施投资建设步伐加快，尤其在铁路客货分线及快速客运网形成的条件下，运输市场由卖方市场向买方市场逐渐转化，运输新技术设备应用、网络技术和电子商务发展、营销手段变化将加快形成各种运输方式之间、各运输企业之间日趋激烈的市场竞争局面。面对新的运输市场竞争环境，分析和研究运输市场变化，提高市场竞争能力，成为关系各种运输方式、各个运输企业生存发展的首要问题和中心工作。

运输市场营销学是研究以满足旅客和货主为中心的企业营销活动过程及其规律性问题，具有实践性、综合性特点。近十年来，交通运输领域的广大理论和实践工作者，在运输市场营销的理论分析和应用实践方面开展了大量的研究和探索，积累了丰富的经验。

本书是主要针对高等学校交通运输类专业本科生编写的教材，同时，也可作为从事铁路及其他交通运输部门管理人员、营销人员的自学参考书。在编写过程中编者考虑了目前专业面拓宽的需求，注意充分总结和吸纳近几年来该领域最新的理论研究成果和丰富的实践经验，对教材主要章内附有案例。

本教材由北京交通大学赵瑜、刘作义任主编，朱晓宁任主审，参加本次编写的人员分工如下。

第 1 章由张琦编写，第 2 章由赵瑜编写，第 3 章由李笑红编写，第 4 章由郎茂祥编写，第 5 章由赵瑜、韩梅编写，第 6 章和第 7 章由刘华编写，第 8 章由赵瑜、黄艳春编写，第 9 章由赵瑜编写，第 10 章由乐逸祥编写，第 11 章由杨月芳编写，第 12 章 12.1、12.2 由赵瑜编写，第 12 章 12.3 中货运信息系统实例由郎茂祥编写，客运信息系统实例由赵瑜编写，附录中模拟试题由赵瑜编写。全书总体结构、各章内容由赵瑜、刘作义定稿、审定。在本书编写过程中，得到了北京交通大学交通运输学院和远程与继续教育学院领导的大力支持和帮助，同时也得到了研究生白菊、王连磊、聂敏、宋雨田、王建建、袁艳敏同学的大力帮助，在此一并表示感谢。

本书的编写由于时间仓促，难免存在各种缺陷和不足，祈盼广大读者给予批评指正。

编 者

2012 年 9 月

目　录

第1章

运输市场与运输市场营销

【本章内容概要】

本章在介绍市场及市场营销、服务及服务营销相关概念的基础上，引入运输市场与运输市场营销的含义、特征，提出运输市场营销的观念及研究方法。

【本章学习重点与难点】

学习重点：了解市场的基本含义和特征；掌握市场营销基本概念及市场经营观念；理解服务和服务营销的特点；了解运输市场的构成、特征，以及运输市场营销相关观念。

学习难点：理解运用市场经营观念，正确分析运输市场营销观念。

1.1 市场与市场营销

1.1.1 市场

1. 市场的概念

市场是社会分工和商品经济发展的产物，“市场”的概念在不同历史时期和不同经济场合具有不同的内涵。传统的观点认为，市场是指买卖双方进行商品交换的场所。从商品供求与交换关系的角度可以获得并进一步认识市场的含义。菲利普·科特勒对市场的定义是，市场（market）是一切具有特定的欲望和需求，并且愿意和能够以交换来满足此欲望和需求的消费者的集合，它包括某种产品的实际购买者和潜在购买者。

随着社会分工和商品经济的发展，市场的概念也在不断发展和深化，并在深化过程中体现出不同层次的多重含义。

① 市场是商品交换场所，即买卖双方发生交易行为的地点或场合。这一含义体现了市场的空间性质。

② 市场表现为对某类商品的消费需求。市场是在商品所有者为帮助各自需要而相互交换产品的基础上产生的，因此消费需求是市场的基本特征。

③ 市场是各种市场主体之间交换关系乃至全部经济关系的总和。这含义充分体现了市场的经济关系性质。

④ 市场是社会经济生活的综合体现，也是社会资源的主要配置和经济活动的主要调节者。这是从宏观角度反映的市场含义。

上述市场的多重含义从不同角度概括、反映了市场的基本特征和性质，对企业开展市场营销具有重要的意义。因此，完整、全面地认识和理解市场，便于为企业掌握市场营销活动的规律奠定基础。

2. 市场构成要素

在简单的市场系统中，卖方把商品、服务及其生产信息传送到市场，买方把货币及其需求信息反馈到企业，这构成了市场活动的基本内容。简单市场系统示意图如图 1–1 所示。

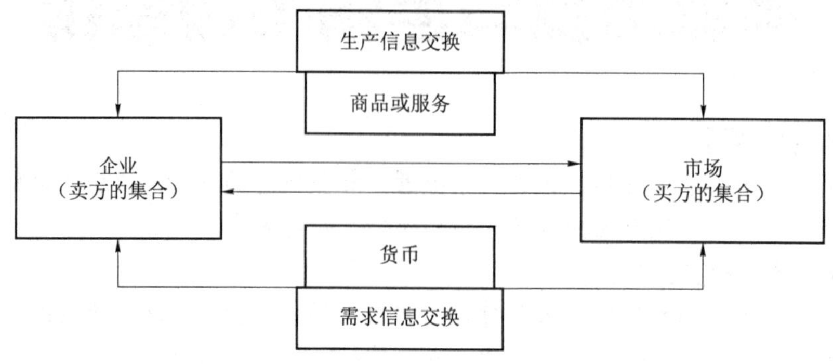

图 1–1　简单市场系统示意图

结合简单市场系统的构成与前述的市场概念，我们可以分解出市场的主要构成要素：消费主体、社会购买力和购买欲望。

1）消费主体

消费主体是指对某种商品或服务具有一定消费需求和欲望的消费者个体和各类社会组织的总和。消费主体的特征决定着消费者市场或组织市场的容量大小，以及不同市场的需求内容、需求结构和供求关系。

消费者作为构成市场的基本要素，通过其自身包含的各种因素，如各种人口统计变量等，对消费需求的变化及消费市场的结构产生直接或间接的影响。

现代社会既包括具有个性化消费需求的个体消费者，也包括具有批量需求的各种社会组织，并由此形成了用于满足社会组织生存与发展需要的组织市场。与消费者市场类似，组织市场的消费需求结构和消费水平受到组织规模、组织类型、组织功能、组织构成及组织运营管理方式等多种因素的制约和影响。

2）社会购买力

社会购买力是指一定时期内由社会各方面（即消费主体）用于购买商品或劳务的货币支付能力，它包括消费者购买力和组织购买力。

社会购买力是一系列经济因素的函数。随着多种经济因素的变化，社会购买力也会产生相应的变动。社会购买力的大小主要取决于国民经济的发展水平，以及由此决定的人均国民收入水平。

社会购买力的实现与市场供求状况密切相关。市场的商品供求状况包含总量的比例和结构的比例，如果商品供需关系处于协调状态，则会促进社会购买力的实现。反之，则一方面表现在市场商品供应量高于（或低于）需求量，形成总量上的供大于求（或供不应求）的比例关系；另一方面表现在市场商品供应结构与需求结构之间的衔接出现错位，形成结构上的比例失调。这种市场供求关系，都会使一部分社会购买力的实现遇到严重障碍。

组织购买力是指机关、团体、企业、事业单位、部队、人民公社（包括生产大队和生产队）以及各种合作组织，用国家经费或集体资金购买，使其内部使用的公用消费品的货币支付能力。

消费者购买力是指消费者支付货币购买商品或劳务的能力。消费者的需求是利用自己的货币购买商品来实现的，货币支付能力决定着购买能力的大小。消费者的货币支付能力受到社会经济发展水平和市场供求关系的影响，市场供求关系总量和结构的失衡都会影响购买力的实现。

3）购买欲望

购买欲望是指消费者购买商品的愿望、要求和动机，是消费主体把潜在的购买力变为现实购买力的重要条件。倘若仅具备了一定的消费主体和购买力，而消费者缺乏强烈的购买欲望或动机，商品买卖仍然不能发生，市场也无现实存在。因此，购买欲望也是市场不可缺少的构成因素。

消费主体、社会购买力、购买欲望三者相互联系、相互制约，共同构成企业的微观市场。这种微观市场，是市场营销学关于市场研究的重点所在。

3. 市场的功能

市场功能是指市场机体在运行过程中发生的功用或效能。尽管由于社会形态和商品经济发达程度的不同，市场在性质、规模及发育状况、地位、作用等方面存在差别，但其基本功能是一切市场所共有的，是市场活动所具有的内在属性。这具体表现在以下三个方面。

1）交换功能

交换功能表现为以市场为场所和中介，促进和实现商品交换的活动。在商品经济条件下，商品生产者出售商品，消费者购买商品，以及经营者买进卖出商品的活动，都是通过市场进行的。市场不仅为买卖各方提供交换商品的场所，而且通过等价交换的方式促成商品所有权在各当事人之间让渡和转移，从而实现商品所有权的交换。与此同时，市场通过提供流通渠道，组织商品存储和运输，推动商品实体从生产者手中向消费者手中转移，完成商品实体的交换。这种促成和实现商品所有权交换与实体转移的活动，是市场最基本的功能。

2）反馈功能

市场把交换活动中产生的经济信息传递、反映给交换当事人，就是市场的反馈功能。商品出售者和购买者在市场上进行交换活动的同时，不断输入有关生产、消费等方面的信息。这些信息经过市场转换，又以新的形式反馈输出。市场信息的形式、内容多种多样，归结起来都是市场上商品供需能力的显像，是市场供求变动趋势的预示，其实质反映了社会资源在各部门的配置比例。市场的信息反馈功能，可以为国家宏观经济决策和企业生产经营决策提供重要依据：一方面，国家可以根据市场商品总量及其结构的信息反馈，判断国民经济各部门之间的比例关系恰当与否，并据此规划和调整社会资源在各部门的分配比例；另一方面，企业也可以根据商品的市场销售状况的信息反馈，对消费偏好和需求潜力作出判断和预测，从而调整和决定企业的经营方向。

3）调节功能

调节功能是指市场在其内在机制的作用下，自动调节社会经济的运行过程和基本比例关系的能力。市场机制以价格调节、供求调节、竞争调节等方式，对社会生产、分配、交换、消费的全过程进行自动调节。例如，调节社会资源在各部门、行业、企业间的配置与生产产品总量和种类构成；调节各个市场主体之间的利益分配关系；调节市场商品的供求总量与供求结构；调节社会消费水平、消费结构和消费方式等。在上述调节的基础上，最终达到对社会经济基本比例关系的自动调节。调节功能是市场的核心功能。

除上述基本功能外，在市场经济条件下，市场作为经济运行的中枢和集中体现，还具有以下重要作用。

第一，市场是社会资源的主要配置者。合理配置资源，使其得到充分利用，避免不必要的闲置和浪费，是任何社会经济活动的中心问题。资源配置有自然配置、市场配置和计划配置三种方式。其中，市场配置是市场经济中资源配置的主要方式，即各种资源通过市场调节实现组合或重组。

第二，市场是国家对社会经济实行间接管理的中介、手段和直接作用对象。在我国，国家作为全民利益的代表者，担负和行使管理社会经济的职能。但是，按照市场经济的内在要求，国家无权直接干预企业的微观经济活动，而只能采取间接调控方式进行宏观管理。市场作为全社会微观经济活动的场所和总体形式，可以成为连接宏观管理主体与微观经济活动的中介。国家运用各种宏观调控手段，直接调节市场商品供求总量及其结构的平衡关系，通过市场发出信号，间接引导和调节企业的生产经营方向，从而实现对社会经济活动全面、有效的控制。

第三，市场对企业的生产经营活动具有直接导向作用。在社会主义市场经济体制下，企业的生产经营活动直接取决于市场的调节和导向。市场运用供求、价格等调节机制引导企业的生产方向，企业也根据市场供求信息决定生产什么，生产多少。

1.1.2 市场的类型

市场是一个完整而复杂的体系，根据市场整体和局部的特性，其分类方法有很多种。

1. 按消费主体及其在社会再生产中所处的地位和购买目的分类

1）消费者市场

消费者市场是由所有为满足自身及其家庭成员的生活需要而购买商品和服务的人们组成。在社会再生产的循环中，个体消费者的购买是通向最终消费的购买，意味着商品价值和使用价值的最终实现。因此，庞大而分散的消费者市场也是组织市场乃至整个经济活动为之服务的最终市场，是所有社会生产的终极目标所在。根据消费者的年龄、性别、教育程度和职业、经济状况、生活方式、社会阶层和宗教信仰等各因素的不同，消费者市场还可以相应地细分为一系列子市场。

2）生产商市场

生产商市场又叫产业市场或工业市场，是由那些购买货物和劳务，并用来生产其他货物和劳务，以出售、出租给其他人的个人或组织构成。它具有购买者数量较少、规模较大、需求波动性较大且缺乏弹性等特点。它对于国民经济的发展具有重要的作用。

3）中间商市场

购买物质产品后不经过再加工就转卖出去的批发商和零售商统称为中间商或经销商。中间商提供的是时间效用、地点效用和占有效用。中间商市场由各种批发商和零售商组成。

4）政府市场

政府市场是指那些为执行政府的主要职能而采购或租用商品的各级政府单位。政府市场上的购买者是政府的采购机构。政府采购市场是指因政府消费而形成的一个特殊市场，是国内市场的一个重要组成部分。

2. 按产品和服务供给方的实力分类

按产品和服务的供给方在市场中的实力分配，市场可以分为完全竞争市场、完全垄断市场、垄断竞争市场和寡头垄断市场四种类型。

1）完全竞争市场

这种市场类型又叫作纯粹竞争市场，是指竞争充分而不受任何阻碍和干扰的一种市场结构。在这种市场类型中，买卖人数众多，买者和卖者是价格的接受者，资源可自由流动，政府对市场不作任何干预，承担的只是“守夜人”的角色。

这种市场上产品没有差异化基础，竞争者的价格基本相同。因此，在这种完全竞争市场上，商品销售只有在降低生产和分销成本的情况下才可能取得不同的利润率，因此市场竞争非常激烈。在完全竞争市场上企业的市场营销活动、广告宣传不占主导地位。

这种市场类型是一种比较理想化的市场，在现实中比较少，一般是产品高度同质化的行业所形成的市场。

2）完全垄断市场

这种市场主要表现为在某一国家或地区的某一行业中，只有唯一的一家企业经营，即某种产品或服务只有唯一的生产者或销售者，而且不存在相近替代品的供应者。市场上产品的唯一供应商对商品的价格具有相当程度的控制权，不存在或基本不存在竞争。

这种垄断的产生可能是管制法令、专利、许可证、规模经济或者其他原因的结果。处于不受管制的完全垄断地位的企业，其目标往往是通过索要高价、提供最低限度的服务、利用垄断地位最大限度地赚取利润。因此，现实中的完全垄断市场多出现在由国家垄断经营的某些关键产业或公用事业单位，如能源、电力、邮电、交通等行业和部门。

3）垄断竞争市场

这是一种介于完全竞争市场和完全垄断市场之间且近于前者的市场类型。在这种市场中，同一行业存在大量的生产者或销售者，他们提供具有一定差别的、能够从整体上或局部上加以区别的而且可以互为相近替代品的产品或服务。每个商品供应者的产量或销量只占市场总需求量的一部分，因此任何一个商品供应商都不可能独立地控制商品的市场价格，也无法控制整个市场。由于生产企业进入市场容易、同行业企业多、产品替代性大，因而市场竞争激烈。

在垄断竞争市场条件下，各个生产商通过控制产品的产量和商品的价格来实现利润最大化的目标，市场竞争主要表现为非价格竞争。生产商非常重视产品的特性，力求突出产品的设计、包装、商标、质量等属性吸引消费者；同时，广告宣传、人员推销等促销工作也成为企业市场营销活动的重点，实际中这种类型的市场大量存在。

4）寡头垄断市场

这是一种介于完全竞争市场和完全垄断市场之间且近于后者的市场类型。其产生的主要原因是资源的有限性、技术的先进性、资本规模的聚集和规模经济效益所形成的排他性。寡头垄断市场可以进一步细分为完全寡头垄断和差别寡头垄断两种。

完全寡头垄断市场是由几家生产本质上属于同一产品的生产商组成。其产品在企业服务不具有差异性的条件下，只能按照市场现行价格定价销售，因而获取竞争优势的唯一方法是降低成本。差别寡头垄断市场则是由几家生产有部分差别的产品的生产商组成。每个竞争者的产品差别主要表现在质量、性能、款式和服务上，因而企业也会力求在这些主要特征的某一方面寻求领先，以期引起顾客对产品这一特性的兴趣。

寡头垄断市场的特性是，由于行业受到少数大企业的垄断，新企业加入该行业非常困难，而且投资多，风险大，投资回收期长，极容易被市场竞争所淘汰。市场上少数几家实力雄厚的企业控制着市场，企业之间是相互依存、相互制约的，其中任何一个企业在市场经营上的策略调整与实施都会对其他企业产生一定影响，并引起其他各方的敏感反应。因此，寡头企业在制定和实施市场营销策略时，往往以竞争对手为目标，并极其关注自己的行动对目标的影响以及对方可能做出的反应。因此，企业之间激烈的市场竞争突出地表现为非价格竞争。

3. 按交易方式分类

按这种分类方法，市场可以分为现货市场、期货市场、批发市场、零售市场等。

现货市场，是指买卖的商品、有价证券及外汇等实物均收取现金，并当即实现实物转移的交易市场。

期货市场，是指买卖商品或金融工具的期货或期权合约的场所，主要由交易和清算场所、交易活动当事人及交易对象三部分构成。期货市场是在现货市场基础上发展形成的一种高级形态的市场形式。

批发市场和零售商市场是根据交易方式的不同在商品现货市场中的进一步划分。批发市场处于商品流通过程的中间环节，是连接生产者和零售商或不同类型经营者的中介；零售市场则处于流通过程的终点，是最终市场。

除以上分类外，还可以采用其他标准对市场进行多种区分。各种分类标准，均从不同角度对市场结构进行了独特的剖析，利于企业了解市场，进而有针对性地开展市场营销活动。

1.1.3 市场营销

1. 市场营销的演进

20 世纪初的欧美国家，在科学管理方法和现代科学技术的推动下，生产力和劳动生产率都迅速提高，市场供过于求，生产企业产生对营销的需求。现代市场营销理论起源于 20 世纪的美国，它是市场经济发展的产物，其发展经历了四个阶段。

1）萌芽阶段

19 世纪末到 20 世纪 30 年代，资本主义已经进入垄断资本主义阶段。由于推行科学的管理方法，社会生产率大大提高，生产能力的增长速度超过了社会需求的增长速度，生产企业的产品销售遇到了困难。于是一些经济学家根据企业销售活动的需要，开始从理论上研究商品销售问题。

1902 年，美国密执安大学经济系正式开设了市场营销课程；1912 年由 Harvard 出版的第一本《市场营销学》在美国问世。经济学家们也开始走访企业，这是市场营销学从经济学中分离出来的起点，但这时市场营销学的研究主要侧重于商品推销方法，尚未形成理论体系。有关市场营销的内容仅限于课堂教学与研究，还没有引起社会的足够重视。

2）应用阶段

市场营销理论的应用阶段跨越了 20 世纪 30 年代至第二次世界大战结束这段历史时期。1929—1933 年资本主义国家爆发了生产过剩的经济危机，产品价值实现成为严重的社会问题，对企业的再生产也造成很大威胁，于是企业开始从单纯生产转向研究如何使产品不滞销、不过剩。市场营销学也相应地从大学课堂走向了社会实践，并且初步形成理论体系。该阶段市场营销学研究的对象局限于产品的推销、广告宣传、商品推销的组织机构、商品推销策略等。

3）变革阶段

变革阶段从20世纪50年代发展至20世纪70年代。第二次世界大战后，美国迅速发展的军事工业大量转为民用工业，产品产量急剧增加，花色品种不断翻新。垄断资产阶级吸取了20世纪30年代经济危机的教训，推行高工资、高福利、高消费的政策，提高社会购买力。消费者的需求和欲望也随着市场的发展而不断变化，使得市场营销学的研究不能适应新形势的需求，于是产生了理论研究的变革，主要表现在对市场营销理论的研究突破了原有侧重的流通领域，而进入消费领域和生产领域。

4）发展阶段

从20世纪70年代开始，市场营销理论的研究进入了发展阶段。在这个阶段，市场营销学与经济学、哲学、数学、管理学、心理学、社会学等更紧密地结合，形成一门边缘科学，并且出现了许多应用分支。

2. 市场营销的含义

今天，营销不能再按传统的方式被理解为"劝说和推销"，而应是满足顾客需求。销售只能发生在产品生产出来之后，而营销早在企业生产产品之前就开始了。营销人员需要预测消费者的需求，估计需求的多少及强烈程度，并且确定是否存在盈利机会。从这个意义上讲，营销的最简单定义是：满足他人的需要且自己盈利。其目标包括两方面：向顾客承诺高价值来吸引新顾客；让顾客满意来留住现有顾客。

现代营销之父，美国西北大学教授菲利普·科特勒把营销（marketing）定义为：营销是通过创造并同他人交换产品及价值，从而使个人或群体满足需要和欲望的一种社会和管理过程。

美国营销协会（American Marketing Associations，AMA）2004年提供了一个更详尽和全面的市场营销的定义：市场营销是一项有组织的活动，它包括创造价值，将价值沟通输送给顾客，以及维系管理公司与顾客间关系，从而使得公司及其相关者收益的一系列过程。

根据此定义，市场营销包括四个基本含义。

① 市场营销首先是有组织的活动，因而它需要被管理。

② 市场营销是创造价值的活动，这个价值既不是单独指向顾客的，也不是单纯指向企业的，而是与所有利益相关者都有联系。

③ 市场营销的本质是顾客关系管理，而不是销售，销售是营销中需要使用的众多工具中的一种，但销售不是营销。

④ 市场营销具有过程性，是从确定提供生产价值、沟通价值到传送价值的一系列活动过程的组合。

为了理解这个定义，我们首先需要解释一些与市场营销相关的核心概念：需要及相关的欲望和需求，产品及相关的效用和价值，交换和交易，市场和市场营销者。

1）需求及相关的欲望和需要

（1）需要（needs）

需要是指人们感到某种满足而没有获得的状态。人为了生存会产生对食物、衣服、房屋及安全等基本物质的需要，产生对归属感、尊重感和其他一些情感的社会需要，以及对知识和自我实现的个人需要等。这些需要存在于人本身的生理需要和精神需要之中，不是营销人员创造的，而是人类所固有的。

（2）欲望（wants）

欲望是指消费者深层次的需求。不同背景下的消费者欲望不同，人的欲望受社会因素及机构因素如职业、团体、家庭、教会等的影响。因而，欲望会随着社会条件的变化而变化。市场营销者能够影响消费者的欲望，如建议消费者购买某种产品。

（3）需求（demand）

需求是指有支付能力和愿意购买某种物品。消费者的需要在有购买力作后盾时就变为需求。许多人想购买奥迪牌轿车，但只有具有支付能力的人才能购买。因此，市场营销者不仅要了解有多少消费者需要其产品，还要了解他们是否有能力购买。

2）产品及相关的效用和价值

（1）产品（product）

产品是指用来满足顾客需求和欲望的物体。产品包括有形与无形的产品、可触摸与不可触摸的产品。有形产品是为顾客提供服务的载体；无形产品或服务是通过其他载体如人、地、活动、组织和观念等来提供的。当我们感到疲劳时，可以到音乐厅欣赏歌星唱歌（人），可以到公园去游玩（地），可以到室外散步（活动），可以参加俱乐部活动（组织），或者接受一种新的意识（观念）。市场营销者切记销售产品是为了满足顾客需求，如果只注意产品而忽视顾客需求，就会产生“市场营销近视症”。

（2）效用（utility）、价值（value）和满足（satisfaction）

效用是消费者对满足其需要的产品的全部效能的估价。消费者主要是根据对满足其需要的每种产品的效用进行估价而决定所需的产品。例如，某消费者到某地去所乘的交通工具，可以是自行车、摩托车、汽车等。这些可供选择的产品构成了产品的选择组合。又假设某消费者要求满足不同的需求，即速度、安全、舒适及节约成本，这些构成了其需求组合。这样，每种产品有不同能力来满足其不同需要，如自行车省钱，但速度慢，欠安全；汽车速度快，但成本高。消费者要决定一项最能满足其需要的产品。为此，将最能满足其需求到最不能满足其需求的产品进行排列，从中选择出最接近理想产品的产品，它对顾客效用最大，如顾客到某目的地所选择理想产品的标准是安全、速度，他可能会选择汽车。

顾客选择所需的产品除效用因素外，产品价格高低也是决定因素之一。如果顾客追求效用最大化，他就不会简单地只看产品表面价格的高低，而会看每一元钱能产生的最大效用，如一辆汽车的价格比一辆自行车昂贵，但由于其速度快，修理费少，相对于自行车更安全，其效用可能大，从而更能满足顾客需求。

3）交换和交易

（1）交换（exchange）

人们有了需求和欲望，企业也将产品生产出来，还不能解释为市场营销，产品只有通过交换才使市场营销得以产生。人们通过自给自足或自我生产方式，或通过偷抢方式，或通过乞求方式获得产品都不是市场营销，只有通过等价交换，买卖双方彼此获得所需，才产生市场营销。可见，交换是市场营销的核心概念。

（2）交易（transactions）

交换是一个过程，而不是一种事件。如果双方正在洽谈并逐渐达成协议，称为在交换中。

如果双方通过谈判并达成协议，交易便发生。交易是交换的基本组成部分。交易是指买卖双方价值的交换，它是以货币为媒介的；而交换不一定以货币为媒介，它可以是物物交换。

交易涉及几个方面，即两件有价值的物品，双方同意的条件、时间、地点，还有来维护和迫使交易双方执行承诺的法律制度。

4）市场（markets）和市场营销者（marketers）

一般来说，市场是买卖双方进行交换的场所。但从市场营销学角度看，卖方组成行业，买方组成市场。市场和行业构成了简单的市场营销系统。现代市场经济中的市场是由诸多种类的市场及多种流程联结而成的。生产商到资源市场购买资源（包括劳动力、资本及原材料），转换成商品或服务之后卖给中间商，再由中间商出售给消费者。消费者则到资源市场上出售劳动力而获取货币来购买产品或服务。政府从资源市场、生产商及中间商购买产品，支付货币，再向这些市场征税及提供服务。因此，整个国家经济及世界经济都是由交换过程所联结而形成的复杂的、相互影响的各类市场所组成的。

市场营销者则是从事市场营销活动的人。市场营销者既可以是卖方，也可以是买方。在买方市场中，营销者通常是卖主，但假如有几个人同时想买正在市场上出售的某种奇缺产品，每个买方都尽力使自己被卖主选中，这些买方就是在进行市场营销。当买卖双方都在积极寻求交换时，他们都可称为市场营销者，并称这种营销为互惠的市场营销。

3. 市场营销的职能

按照现代市场营销环境的要求，市场营销职能体系包括商品销售、市场调查与研究、生产与供应、创造市场需求和协调平衡公共关系五大职能。

1）商品销售

研究市场营销职能，经验的做法是从商品销售入手。

商品销售对于企业和社会来说，具有两种基本功能：一是将企业生产的商品推向消费领域；二是从消费者那里获得货币，以便对商品生产中的劳动消耗予以补偿。商品销售是生产效率提高的最终完成环节，即通过这个环节把企业生产的产品转移到消费者手上，满足其生活需要。另外，社会选择市场和商品交换方式，通过商品销售，让商品变为货币，社会可以为企业补充和追加投入生产要素，而企业因此也获得了生存和发展的条件。

2）市场调查与研究

市场调查与研究又称市场调研，是指企业在市场营销决策过程中，需要系统客观地收集和分析有关营销活动信息所做的研究。

企业销售商品的必要外部条件之一是该商品存在市场需求。人们把具备这个条件的商品称为适销对路。只有存在市场需求，商品才能销售出去。为了有效地实现商品销售，企业营销经理需要经常地研究市场需求，弄清楚谁是潜在顾客，研究本企业在满足顾客需求方面的合适性。

3）生产与供应

企业作为生产经营者需要适应市场需求的变化，经常调整产品生产方向，借以保证生产经营的产品总是适销对路的，即要争取利用每个时期的市场需求来保持企业销售收入的稳定和增长，争取利用好每个所生产经营商品的盈利机会。在市场需求经常变动的条件下，企业的这种适应性就来自企业对市场的严密监测、对内部的严格管理、对机会的严实利用。所有这些职能在企业经营管理上笼统地称为生产与供应职能。在现代市场营销理论中，这个职能又被称作整体营销。

整体营销是由企业内部的多项经营职能综合来体现的。要让销售部门在每个时期都能向市场销售适销对路的产品，市场调研部门就要提供准确的市场需求信息，经营管理部门就要把市场需求预测资料转变成生产指令，指挥生产部门的生产和其他部门的协作，各个部门相互之间协同作战，共同来做好市场营销工作，即整体营销。

4）创造市场需求

企业既要满足已经在市场上出现的现实性顾客需求，让每一个愿意购买企业商品的顾客确实买到商品，也要争取那些有潜在需求的顾客，提供他们所需要的商品和服务，创造某些可以让他们买得起、可放心的条件，解除他们的后顾之忧，让他们建立起购买合算、消费合理的信念，从而将其潜在需求转变成为现实需求，前来购买企业的商品。这就是“创造市场需求”。例如，通过适当降价或广告宣传，可以促使消费者的购买和消费欲望等。

5）协调平衡公共关系

企业作为一个社会成员，与顾客和社会其他各个方面都存在客观的联系。改善和发展这些联系既可改善企业的社会形象，也能够给企业带来市场营销上的好处，即增加市场营销的安全性、容易性。协调平衡公共关系需要正确处理三个关系：商品生产经营与企业“社会化”的关系，获取利润与满足顾客需要的关系，满足个别顾客需要与增进社会福利的关系。

1.1.4 市场经营观念

市场经营观念是企业在市场营销活动中遵循的指导思想和经营哲学，它概括了一个企业的经营态度和思维方式，也是企业维护其与消费者、社会三者之间关系的市场经营原则。市场经营观念的核心是：企业开展生产经营活动的中心是什么？从市场经营观念的发展历程看，主要有以下五种经营观念。

1. 生产观念

20 世纪 20 年代以前，社会生产的发展不能满足市场需求的增长，产品大多供不应求，在这种卖方市场下产生了生产观念。

生产观念又称为生产者导向观念，它的存在以产品生产供不应求为条件，以大批量、少品种、低成本的生产更能适应消费者需求为前提。其核心理念是：企业以改进或增加生产为中心，企业生产什么产品，就销售什么产品。顾客更关注的是能够得到产品而并不刻意关注产品特色、产品细小特征，或者产品价格。企业为提高生产率、降低成本来扩大市场时，就会产生这种经营思想。

生产观念意味着只要有生产，产品必定有需求，强调“以量取胜”。因此，遵循生产观念的生产者一般致力于追求更高的生产率和更广的销售范围。企业的中心任务是组织所有资源、集中一切力量增加产量，降低成本，提高销售效率，而很少考虑或者没有考虑是否存在不同的具体需求。

2. 产品观念

产品观念也是一种古老的经营思想，但是与生产观念相比较，产品观念更强调“以质取胜”“以廉取胜”。这种观念的核心理念是：顾客更喜欢那些质量高、性能好、功能多、有特色的产品，因此企业只要注重改进既有产品，不断开发新产品，提高产品质量，做到物美价廉，就一定能够产生良好的市场反应，顾客就会自动上门，不必花费大力气开展营销活动。

产品观念本质上还是企业生产什么就销售什么，但是它比生产观念多了一层竞争的色彩，并且考虑到了顾客对产品质量、性能、特色和价格等方面的需求。在产品供给并不紧缺的情况下，产品观念常常成为一些企业的经营指导思想。当企业致力于生产高值优质产品，并且过分关注产品本身而忽略了顾客需求的变化与转换，忽略了竞争者的产品更新与市场发展时就会引发“营销近视症”，导致企业因观念落后而使生产经营陷入困境。

3. 推销观念

推销观念是在卖方市场向买方市场转化期间产生的。第一次世界大战结束后，社会科技的进步及大规模生产的推广，使得产品市场供大于求，竞争激烈。经济危机的发生更使企业家们意识到产品销路的重要性，而不能只集中力量发展生产。因此，推销观念的核心理念是：如果不经过销售努力，顾客就不会大量购买。也就是说，推销观念强调产品推销的重要性，只要企业努力推销什么产品，顾客就会更多地购买什么产品。大多数厂商在生产能力过剩时会采用推销观念，目的是推销企业已经大量生产出来的产品而不是市场需要的商品。推销观念只强调推销而不考虑满足顾客的特殊要求，因此仍属于以产定销的生产导向的营销观念。

在现代市场中，生产能力的提高使得大多数市场都已经变成买方市场，生产企业需要积极争取顾客，争取现实买主和潜在买主。在顾客不熟悉产品特别是新产品上市时，企业通常会加强推销工作。但是成功推销的前提，是在充分了解顾客、确定顾客需求的基础上设计并生产出符合顾客要求的产品。

4. 市场营销观念

市场营销观念的产生是对传统经营观念的极大挑战，是一种全新的企业经营哲学，其核心思想形成于20世纪50年代。

市场营销观念的核心内容是：顾客需要什么产品，企业就应当生产和销售什么产品。与传统观念相比，市场营销观念注重市场需求对企业行为的影响，强调企业实现目标的关键是确定目标市场的需要和欲望，并且能够比竞争对手更有效地去满足。

在市场营销观念指导下，企业考虑问题的逻辑顺序不是从既有的生产出发，以现有的产品去寻找或吸引顾客，而是相反，从反映在市场上的消费需求出发，按照目标顾客的需要与欲望更有效地组织生产和销售。企业的主要目标不是单纯地追求短期销售量的增长，而是着眼于市场地位的长期拥有。因此，企业十分重视在消费需求的动态变化中，不断发现那些尚未得到满足的市场需求，并最大可能地满足这种需求，在顾客满意中不断巩固和扩大企业的市场。

5. 全面营销观念

全面营销观念是一种基于对营销项目、过程和活动的广泛性和互相依赖性的认识，发展、设计和运用营销项目、过程和活动的观念。全面营销观念认为，营销需要“照顾到方方面面”，往往需要一种广泛的、整合的视角。

因此，全面营销观念旨在使企业理解营销活动的范围和复杂性，并使企业与之相适应。下面将对体现全面营销四个特征的宽泛性主题——关系营销、整合营销、内部营销和社会营销，分别进行研究。

1）关系营销

与所有直接或间接影响企业营销活动成败的人士或组织建立深入、持久的关系，日益成为营销的主要目标。关系营销（relationship marketing）旨在与企业的重要伙伴建立长期、互惠互利的关系，易获得和保持业务。

关系营销的四个关键伙伴是顾客、员工、营销伙伴（渠道、供应商、分销商、经销商和代理商）和金融界人士（股东、投资人、分析师）。营销者必须尊重这些成员的利益诉求，并制定政策和战略来平衡所有重要相关者的回报。

关系营销的最终成果是建立一项独特的企业资产——营销网络。营销网络是由企业和提供支持的利益相关者（顾客、员工、供应商、分销商、零售商、广告代理公司、大学科学家等）组成，他们之间建立了互惠互利的业务伙伴关系。其游戏规则很简单：与关键的利益相关者建立起高效率的关系网络，利润就会随之而来。

关系营销的另一个目标是留住顾客，吸引一个新顾客的成本是牢固保留一个老顾客的五倍。企业通过向现有顾客提供更多种类的商品，获取更大市场份额。

2）整合营销

营销者的任务是设计营销活动，落实整合营销计划，为顾客创造、传播和传递价值。营销活动的形式多种多样。麦卡锡将营销工具分为四个大类，称为营销的 4P：产品（product）、价格（price）、渠道（place）和促销（promotion）。

整合营销的两个核心主题是：① 运用多种营销活动传播和传递价值；② 协调所有营销活动以达到最大的联合效果。换句话说，在设计和执行任何一种营销活动时，营销者要同时考虑所有其他活动。

3）内部营销

内部营销从属于全面营销，指确保组织内部的每一个成员尤其是高级管理人员，遵循正确的营销规则。其任务是聘用、培训和激励那些愿意为顾客提供优良服务的、能干的员工。精明的营销者认识到，内部营销与外部营销同等重要，甚至更为重要。如果员工不能提供优质的服务，公司对优良服务的承诺将毫无意义。

内部营销需要从两个层面实施。一个层面，不同营销部门，如销售部门、广告部门、顾客服务部门、产品管理部门和市场调研部门等，必须协同工作；另一个层面，公司其他部门也应参与到营销中，以充分考虑顾客利益。因此，内部营销既需要与高层管理者的纵向联合，也需要与其他部门的横向联合，以确保企业的每个成员都了解、重视和支持营销。

4）社会营销

社会营销观念认为，组织的任务是以维持和增加消费者和社会长期福利的方式，发现目标市场的需要、欲望和兴趣，同时又要比竞争者更有效果、更高效率地满足目标市场的需求。面对环境问题的挑战，可持续发展成为企业关注的重点。

社会营销观念要求营销者在营销实践中从社会、伦理角度考虑问题。他们应在公司利润、顾客需求满意度和社会利益三者间保持平衡，并随时调整产生冲突的标准。

企业将善意营销作为提高企业声誉、品牌知晓度、顾客忠诚度、销售额、社会知名度的机会。顾客将越来越关注那些能在理性和感性利益之外反映企业社会职责的信号。

1.1.5 市场营销管理

市场营销管理是指为实现个人和机构目标的交换，规划和实施理念、产品和服务的构思、定价、分销和促销的过程。

市场营销管理的任务是刺激、创造、适应及影响消费者的需求。从此意义上说，市场营销管理的本质是需求管理。任何市场均可能存在不同的需求状况，市场营销管理的任务是通过不同的市场营销策略来适应和调节不同的需求状况。市场需求的基本形态主要有以下几种。

1. 无需求

无需求是指目标市场对产品毫无兴趣或漠不关心的一种需求状况。它不是由于消费者对产品产生厌恶或反感情绪而采取的否定态度，而多是由于缺乏对产品的了解和使用而引起的。例如，当新产品上市，消费者由于缺乏对商品效能的认识而无产品需求时，市场营销的任务是通过大力促销、广告宣传等其他市场营销措施，刺激市场需求。

2. 潜伏需求

潜伏需求是指相当一部分消费者对某事物有强烈的需求，而现有产品或服务又无法使之满足的一种需求状况；或指在一定的市场环境下，未来市场需求的最高限量中扣除现实需求后的那一部分需求。随着社会的进步和人们消费水平的提高，潜伏需求的内容和层次愈发丰富。在潜伏需求情况下，市场营销的任务是开展市场营销研究和潜在市场范围的测量，进而开发有效的新产品或服务将潜伏需求变为现实需求。因此，善于发现和了解市场的潜在需求，是保证企业开发新产品、开辟新市场、增强企业生存和竞争发展能力的最可靠的源泉。

3. 下降需求

下降需求是指市场对产品或服务的需求呈下降趋势的一种需求状况。这种情况多是由于新的产品或服务的加入和冲击造成的。由于产品和服务都有一定的市场生命周期，当其上市一段时间，需求经历了上升和高涨之后必然会趋于衰退。在下降需求情况下，市场营销的任务是分析需求衰退的原因，采取营销手段开拓新的目标市场或进行市场转移，或进行产品改进，开发潜在市场，采用更有效的沟通手段刺激消费者对产品的新的需求，以延长产品的市场寿命或使其开始新的生命周期。

4. 不规则需求

不规则需求是指某些商品或服务的市场需求量和供应能力之间在时间上或地点上不均衡、有波动的情况。一般地，产品的供给受企业生产能力变化的限制通常是比较均衡稳定的，而市场需求则是活跃的。由于受多种因素的影响，市场需求呈波动性，在不同时期、不同地点常表现出较大差别，许多季节性商品和旅游产品的供求关系就表现出这种规律性。在不规则需求情况下，市场营销的任务是采取各种调节性的手段，如灵活定价、大力促销以及其他刺激手段，以改变需求的时间模式，协调商品的供需关系。

5. 充分需求

充分需求是指某种商品或服务的目前需求水平和时间与预期的需求水平和时间相一致的一种需求状况。这是企业最理想的需求状况，供需之间趋于平衡。但由于市场的动态性、消费者需求的变化及竞争的激烈性，使产品供需的平衡相对短暂，经常被不断出现的新的不平衡所取代。因此在充分需求情况下，市场营销的任务是采取维持性营销，即控制成本，保证质量，灵活定价，稳定销售渠道，改善售后服务，增加广告宣传，进行各种非价格竞争。

6. 过量需求

过量需求是指某种商品或服务的市场需求超过了市场所能供给或所愿供给的水平，而呈供不应求的一种需求状况。一般表现为紧俏商品或暂时缺货的商品。在过量需求情况下，为了最大限度地减少其他企业的竞争，企业可采取以下两种方式。增长性营销方案，即在市场预测的基础上，有计划、有步骤地扩大生产规模，增加产品供应量，满足市场需求；与之相对的是采取降低性营销策略限制需求，即通过提高价格、合理分销、减少服务、降低促销等措施，暂时或永久地降低市场需求水平，但不是杜绝需求。

7. 负需求

负需求是指绝大多数消费者因对某些产品感到厌恶，而持回避或拒绝态度的情况。出现负需求的原因，一般是由于消费者对某些产品或服务存在误解，或是该产品或服务由于某些限制条件而不适宜某一市场的消费者。在负需求情况下，企业市场营销的任务是分析消费者的需求特点及出现产品负需求的原因，通过产品重新设计、积极促销的营销手段，改变市场的信念和态度，使负需求转变为正需求。

8. 有害需求

有害需求是指那些无论从消费者利益、社会利益还是生产者利益出发，都只会给人们带来危害的需求。对于这些产品或服务，必须进行反击性营销，即组织开展各种活动，宣传有害产品或服务的危害严重性，促使消费者自动放弃对这些产品的需求。

1.2 服务与服务营销

在市场营销研究领域，西方学者在 20 世纪 60 年代中期就提出，应以非传统的方法来进行服务产品的营销，服务产品营销应有别于实体形状的工业产品和消费品的营销。

1977 年，美国银行副总裁列尼·肖斯塔克撰文《从产品营销中解放出来》，拉开了服务营销的序幕。肖斯塔克认为：泛泛而谈的营销观念已经不适应于服务营销，服务营销的成功需要新的理论来支撑。如果只把产品营销理论改头换面，就应用到服务领域，服务营销的问题仍然难以解决。在众多学者和实践者的共同努力下，有关服务营销的研究近一二十年已经深入展开，取得了长足发展，并逐步自成体系。其中，北欧学派（Nordic school）占据举足轻重的地位，他们以系统、全面和深刻的目光考察了服务市场营销，建立了服务营销的理论框架，并且以明确的概念、清晰的逻辑对服务产品品质理论（theory of service quality）、服务产品的管理和营销策略提出了突破性的观点，对服务营销体系的各个因素给出了严密的定义，阐述了各因素之间的因果关系。

1.2.1 服务

1. 服务的含义

“服务”一词包含了非常广泛的内容，而且可以引申扩展。比如，机械制造商按照顾客的要求定做产品，虽然其产品仍是一种有形的机器，但因加入了顾客要求的设计，它就可以理解成一项服务。由此可见，“服务”一词的概念的外延是相当广泛的。西方市场学者从不同的角度为服务做了许多定义，每一条都或多或少地概括了服务的某些特征。

美国市场营销协会定义：服务是通过交换，为顾客提供有价值的利益或者满足的一切行为。

西方有学者把商品描述为“一件物品、一种器械、一样东西”，而把服务（service）描述为“一个行动、一次表演、一项努力”。这种描述很巧妙地把握了有形产品与无形产品之间的差异。把服务看作表演是对服务管理的一个戏剧化的比喻，即把服务传递想象为近似于一个剧本的上演，而服务人员就是演员，顾客就是观众。

西方服务营销学者斯坦通指出：服务是一种特殊的无形活动，它向顾客或工业用户提供所需的满足感，与其他产品销售和其他服务并无必然联系。

还有人指出：服务是一种不能自产自用，只能买卖交易的东西。服务是在销售过程中和售后行为中，通过履行一系列职能满足顾客期望。这些职能又为供应商增加额外利益，使其在竞争中处于有利地位。

以上定义几乎都是从服务的某一侧面来说明问题，因此也就具有局限和缺陷。但它们指出了服务产品的一个共同特征，即服务可以进行交易。

格鲁诺斯教授为“服务”下的定义是：“服务是以无形方式，在顾客与服务职员、有形资源产品或服务系统之间发生的，可以解决顾客问题的一种或一系列行为。”显而易见，这一定义较之种种前述更加全面准确，因而是对“服务”作出的更为适当和更详尽的解释。

类似的，由一些通过提供某种服务而获得报酬的行业所组成的市场，即为服务市场。

2. 服务的特征

为了将服务产品同有形商品区分开来，自20世纪70年代末至80年代初，许多市场营销专家从产品特征角度来探讨服务的本质。大多数服务产品具有以下共同特征。

1）不可感知性

“不可感知性”可以从两个不同的层次来理解。首先，服务产品与有形的消费品或工业品比较，服务的特质及组成服务的元素很多都是无形无质，让人不能触摸或凭肉眼看见其存在。其次，服务产品不仅其特质是无形无质，甚至使用服务后的利益也很难被察觉，或是要等一段时间后，享用服务的人才能感觉到“利益”的存在。例如，汽车出现故障，车主将车子交由汽车修理服务公司处理，但车主在取回车子时，对汽车维修服务的特点及经修理后的汽车部件是否全部恢复正常，都是难以察觉并作出判断的。

2）不可分离性

有形的工业品或消费品在从生产、流通到最终消费的过程中，往往要经过一系列的中间环节，生产与消费的过程具有一定的时间间隔。而服务产品则与之不同，它具有不可分离性的特征，即服务的生产过程与消费过程同时进行，也就是说服务人员提供服务于顾客时，也正是顾客消费服务的时刻，二者在时间上不可分离。由于服务本身不是一个具体的物品，而是一系列的活动或过程，所以在服务的过程中消费者和生产者必须直接发生联系，从而生产的过程也就是消费的过程。服务的这种特性表明，顾客只有加入服务的生产过程中才能最终消费到服务。

3）差异性

差异性是指服务产品的构成成分及其质量水平经常变化，很难统一界定。区别于那些实行机构化和自动化生产的第一产业、第二产业，服务行业是以“人”为中心的产业，由于人类个性的存在，服务产品的质量检验很难采用统一的标准。一方面，由于服务人员自身因素

（如心理状态）的影响，即使由同一服务人员所提供的服务也可能会有不同的水准；另一方面，由于顾客直接参与服务的生产和消费过程，因此顾客本身的因素（知识水平、兴趣和爱好）也直接影响服务产品的质量和效果。

4）不可储存性

基于服务产品的不可感知性和不可分离性，服务产品不可能像有形的消费品和工业品一样被储存起来，以备未来出售；而且消费者在大多数情况下，也不能将服务携带回家安放。因此，不可储存性的特征要求服务企业必须解决由缺乏库存所引致的产品供求不平衡问题，如何制定分销策略来选择分销渠道和分销商，如何设计生产过程和有效地弹性处理被动的服务需求等。

5）缺乏所有权

缺乏所有权是指在服务的生产和消费过程中不涉及任何东西的所有权转移。既然服务是无形的又不可储存，服务产品在交易完成后便消失了，消费者并没有"实质性"地拥有服务产品。缺乏所有权会使消费者在购买服务时感受到较大的风险，如何克服此种消费心理，促进服务销售，是营销管理人员所要面对的问题。目前，在服务产业发达的国家，很多服务企业逐渐采用"会员制度"的方法维持企业与顾客的关系。当顾客成为企业的会员后，他们可享受某些特殊优惠，从心理上感觉到拥有企业提供的服务。

从对上述五个特征的分析中我们不难看出，"不可感知性"大体上可被认为是服务产品的最基本特征，其他特征都是从这一特征派生出来的。

1.2.2 服务营销

1. 服务营销的演进

西方学者从 20 世纪 60 年代就开始研究服务营销问题，直到 20 世纪 70 年代中后期，美国及北欧国家才陆续有市场营销学者正式开展服务市场营销学的研究工作，并逐步创立了较为独立的服务营销学。服务营销学的发展大致经历了以下几个阶段。

1）起步阶段

此阶段的研究主要是探讨服务与有形产品的异同，并试图界定大多数服务所共有的特征——不可感知性、不可分离性、差异性、不可储存性和缺乏所有权。

2）探索阶段

此阶段的研究主要包括两个方面：一是探讨服务的特征如何影响消费者的购买行为，主要集中于消费者对服务的特征、优缺点及潜在的购买风险的评估；二是探讨如何根据服务的特征将其划分为不同的种类，不同种类的服务需要市场营销人员运用不同的市场营销战略和技巧来进行推广。

3）挺进阶段

此阶段研究的成果，一是探讨服务营销组合应包括哪些因素；二是对服务质量进行深入的研究；三是提出有关"服务接触"的理论；四是进行服务营销的一些特殊领域的专题研究，如服务的出口战略，以及现代信息技术对服务产生、管理及市场营销过程的影响等。

2. 服务营销的含义

服务营销（service marketing）是企业在充分认识满足消费者需求的前提下，为充分满足消费者需要而在营销过程中所采取的一系列活动。

服务作为一种营销组合要素，真正引起人们重视的是20世纪80年代后期。这时期，由于科学技术的进步和社会生产力的显著提高，产业升级和生产的专业化发展日益加速，一方面使产品的服务含量（即产品的服务密集度）日益增大；另一方面，随着劳动生产率的提高，市场转向买方市场，消费者随着收入水平提高，其消费需求也逐渐发生变化，需求层次也相应提高，并向多样化方向拓展。

3. 服务营销的特点

同传统的营销方式相比较，服务营销是一种营销理念，企业营销的是服务；而传统的营销方式只是一种销售手段，企业营销的是具体的产品。在传统的营销方式下，消费者购买了产品意味着一桩买卖的完成，虽然它也有产品的售后服务，但那只是一种解决产品售后维修的职能。而从服务营销观念理解，消费者购买了产品仅仅意味着销售工作的开始而不是结束，企业关心的不仅是产品的成功售出，更注重的是消费者在享受服务的全过程的感受。

服务营销的一般特点有以下六个方面。

1）推销困难

实物商品可以被展销陈列，以便于消费者进行对比挑选。但是，大多数的服务产品没有自己独立存在的实物形式而难以展示，也没有标准的服务样品，推销方法也有限。消费者在购买服务产品时，只能凭借经验、品牌和广告宣传信息来选购。因此，服务产品推销行之有效的方法之一，就是通过富有想象力和创造力的推销方法、广告宣传，充分激发消费者对服务产品功能与效用的想象、共鸣和需求。此外，保持良好的商品信誉和较高的企业知名度也很重要。

2）销售方式单一

实物商品的营销有经销、代理和直销等多种营销方式。实物商品在市场上可以多次转手，经批发、零售多个环节才使产品到达消费者手中；而服务商品生产和消费的时空同一性，决定了它们通常只能采取直接即时的销售方式，而不能储存待售。直接销售的方式使服务产品的生产者不可能同时在许多市场上出售自己的产品，这就在一定程度上限制了服务业市场的规模和范围，为服务产品的推销带来一定的困难。

3）供求分散

服务业销售方式的单一性决定了消费者对服务产品的需求具有分散性。首先，服务产品的生产和供给方式具有分散的特点。现代社会中相对集中的服务公司，所提供的服务也是分散进行的。例如，美国有一家著名的便利服务公司，叫作“大忙人的帮手”，它在几十个城市设有分支机构，向广大居民提供各种各样的生活服务业务。其次，一般服务行业具有规模小、资金少、经营灵活等特点，可以分散在社会的多个角落。服务供求的分散性，要求服务网点要广泛而分散，尽可能地接近消费者。

4）销售对象复杂

在实物商品市场上，购买者总是单元的。例如，从生活消费品来看，购买者主体是家庭和个人，购买的动机是用于生活消费；从生产资料来看，购买者主要是生产企业，购买的动机是用于生产性消费。而服务市场的购买者是多元的、广泛的、复杂的。购买服务的消费者的购买动机和目的各异，某一服务产品的购买者可能牵涉社会各界各业各种不同类型的家庭和不同身份的个人；即使购买同一服务产品，有的用于生活消费，有的却用于生产消费，如信息咨询、邮电通信等。

5）需求弹性大

人类的需求可以按其重要程度分成若干个等级。一般地，人们对实物产品的需求多是为了满足衣食住行等基本生活的需要，这是一种较低层次的原发性需求，需求弹性一般比较小。而人类对服务产品的需求却是随着经济的发展、收入水平的提高，以及生产的专业化、效率化而产生的。这是一种较高层次上的继发性需求，需求弹性较大。对服务产品的需求总是一个经济决策单位（企业、家庭或个人）总支出中的一个组成部分，一方面它经常与其他开支发生冲突，另一方面人们对服务的消费需求受多种因素的影响，如气候因素对旅游服务、服装销售服务、日用百货销售服务等的影响就较为突出。因此在实际生活中，服务的消费需求是个不确定变量。同时，由于服务水平的不可储存性，调节服务的供给与需求之间的矛盾就存在更大的困难。美国一位营销学者在对全美服务市场的经营策略及面临的问题做了大量的实证研究后发现，“需求的波动”是服务业经营者最感棘手的问题。

6）对生产者个人技能、技术要求高

各种服务产品都有其特定的提供方式和技术要求，消费者对服务产品的质量要求高，而服务产品的质量又难于控制，两者之间的矛盾就突出了服务市场营销中“如何提高和维护服务产品的品质”的重要性。

1.3 运输市场与运输市场营销

1.3.1 运输市场

1. 运输市场的含义

运输需求和运输供给构成了运输市场。狭义的运输市场是指运输劳务交换的场所，该场所为旅客、货主、运输业者、运输代理者提供交易的空间。广义的运输市场则包括运输参与各方在交易中所产生的经济活动和经济关系的总和，即运输市场不仅是运输劳务交换的场所，而且还包括运输活动的参与者之间、运输部门与其他部门之间的经济关系。运输市场可以从以下几个方面来理解。

1）运输市场是运输产品交换的场所或领域

运输市场是指实现旅客和货物空间位移的场所和领域，或为促使实现旅客或货物空间位移的场所或领域，如货物承托的场所、旅客售票点或车站等。运输市场作为一个“领域”，从空间上来说，是无限性与有限性的统一。所谓无限性，是指运输活动不断突破已有的区域而向更加广阔的区域发展，随着各种运输方式协作化的进一步加强及运输管理的现代化，运输市场活动区域的扩大成为一种必然趋势。所谓有限性，是指由于地形条件、基础设施条件、生产布局等限制，一定时期内运输活动的区域又总是有限的。

2）运输市场是运输产品交换关系的总和

即运输市场是指在一定的历史时期、一定的社会经济范围内，进行运输劳务交换所反映出的各种经济关系和经济现象。从运输市场营销角度分析，运输交易活动过程中所反映出来的经济活动现象，都是伴随着运输劳务交换必然发生的，是运输劳务交换的必然反映。经济越发达，对运输市场管理的要求也就越高。

3）运输市场是指运输产品现实的和潜在的需求者的集合

对不同运输企业，运输市场的概念限定在运输需求方及运输需求方的购买行为趋向上。通常在强调运输企业提高市场占有率、扩大市场覆盖面及组织运输市场营销活动和进行市场营销管理时，均以对运输市场的此种理解为前提。

2. 运输市场的构成

运输市场是多层次、多要素的集合体，构成运输市场的有几个主要组成部分。

① 需求方：各种经济成分的客货运输需求单位和个人。

② 供给方：提供客货运输服务的各种运输方式的运输业者。在我国有部属运输企业、地方国营运输企业、集体运输企业、外资运输企业、个体运输户等，有时供给方还包括运输业者的行业协会、工会或类似组织。

③ 中介方：在运输需求和供给双方之间穿针引线，提供服务的各种客货代理企业、经纪人和信息服务公司等。

④ 政府方：代表国家即一般公众利益对运输市场进行调控的工商、财政、税务、物价、金融、公安、监理、城建、标准、仲裁等机构和各级交通运输管理部门。

在运输市场系统中，需求方、供给方、中介方三个要素直接从事客货运输活动，属于行为主体。

3. 运输市场的特征

运输市场是整个市场体系的一个重要组成部分。由于运输产品生产过程、运输需求过程以及运输产品的特殊性，运输市场除具有一般市场共性外，也具有区别于其他产品市场的特殊性。

1）运输产品的生产、交换、消费的同步性

运输市场中的商品经营者同时也是商品生产者，运输生产过程同时又是消费过程。运输产品交换过程中所包括的信息收集、组织客流货源、安排运力、进行运费结算及运输服务等过程，是运输生产和产品交换过程的组成部分。

2）运输市场的非固定性

运输交换过程不可能在某一个固定场所全部实现。运输活动在开始提供时只是一种“承诺”，即以客票、货票或运输合同等作为契约保证，随着运输生产过程的开始进行，通过一定时间和空间的延伸，在运输生产过程结束时才将客、货位移的实现所带来的运输劳务全部提供给运输需求者。整个市场交换行为，并不局限于一时一地，而是具有较强的广泛性、连续性和区域性。

3）运输需求的多样性与运输供给的分散性

运输企业以运输劳务的形式服务于社会，由于运输需求者的经济条件、需求习惯、需求指向等多方面存在比较大的差异，必然会对运输劳务或运输活动过程提出各种不同的要求，从而使运输需求呈现出多样性特点。同时运输产品具有较强的可替代性，消费者的选择余地很大，各种运输方式间竞争激烈，形成运力分配的不均衡。为促进各种运输方式协调发展，需要由国家对运输业进行宏观调控和系统规划，以便优化资源配置，发展综合运输。

4）运输供求的不均衡性

运输市场是一种特殊的市场。运输需求的多样性、运输供给的分散性以及运输业的“超前发展”，决定了运输市场在供求上的不均衡性。造成这种情况的原因主要是货流和客流的分布不均衡性和波动性引起的。

5）运输产品价值的特殊构成

一般商品的价值由转移价值（物化劳动的消耗价值）和新创造的价值（活劳动消耗的价值）两大部分组成。运输产品的转移价值中不包括劳动对象的消耗，只包括劳动工具和燃料等运行材料的消耗，运输成本的构成和资金运动具有独特的结构和形式。

6）运输市场容易形成垄断

运输市场容易形成垄断的特征表现在两个方面。

一方面，运输业的一定发展阶段，某种运输方式往往会在运输市场上形成较强的垄断势力。这主要是因为自然条件和一定生产力水平下某一运输方式具有技术上的明显优势等原因造成的。

另一方面，运输业具有自然垄断的特性，这使得运输市场容易形成垄断。通常把因历史原因、政策原因和需要巨大初期投资原因等，使其他竞争者不易进入市场而容易形成垄断的行业称为具有自然垄断特征的行业。运输市场上出现的市场垄断力量使运输市场偏离完全竞争市场的要求，因此各国政府都对运输市场加强了监管。

4. 运输市场的分类

根据研究目的的不同，运输市场可以按以下几种方法进行分类。

1）按服务对象和性质划分

按服务对象和性质划分，运输市场由运输基本市场和运输相关市场组成。

运输基本市场是以客货运输为主导的客运市场和货运市场，它以旅客、货物为运输服务对象，并直接向旅客、货主提供运输劳务。运输相关市场是指与运输基本市场相互影响、相互依存而不能单独存在的市场，包括运输车辆租赁市场、运输信息服务市场、货物储存保管市场以及运输设施建筑市场、运输设备维修市场等。

2）按运输范围和区域划分

按运输范围和区域划分，运输市场由地方性运输市场、国内运输市场和国际运输市场组成。

不同运输方式，由于运输经济特性不同，其运行范围也不同，如航运市场由远洋运输市场、近洋运输市场、沿海运输市场和内河运输市场等组成。汽车货物运输也可以划分为省、市内货运市场、区（如西北、西南、中原等）运输市场、国内运输市场及出入境口岸运输市场等。

3）按运输市场供求状况划分

按运输市场供求状况划分，运输市场可划分为运输买方市场、运输卖方市场和均势市场。

运输买方市场也称客方市场或货方市场，在这种运输市场上，运输供给大于运输需求，运输供给方竞争激烈，竞争主要通过价格竞争和非价格竞争，其中非价格竞争以质量竞争为核心，所以运输供给方竞争的结果使运输需求方得益。与之相对应的是运输卖方市场，也称车（船）方市场或运方市场，这种市场呈供小于求状态，运输需求方竞争激烈。而均势市场则是运输供给与运输需求平衡状况下的运输市场，但在实际的运输市场中，这种均势状态比较难实现，只可能在局部地区或者短时间内出现。

1.3.2　运输市场营销

交通运输业与工业、农业、建筑业等物质生产部门相比较，既有共同之处，又有其自身的特点。了解和掌握运输业的特点，对于加强运输企业管理、顺应客观经济规律、提高经济效益有十分重要的现实意义。

1. 运输产品的特点

1）运输产品的无形性

运输生产不改变劳动对象的属性或形态，不具有实物形态的产品。运输生产过程只改变运送对象的位置，社会产品的总量不会因为运输而增大。运输的效用在于旅客、货物的空间位移，实现货畅其流、人便于行，运输业这一独特的生产过程具有广泛的社会性和公益性。因此，在运输过程中对质量要求显得特别重要和突出，并具有特定的内容和要求。

2）运输产品生产与消费的同时性

货物和旅客的位移与运输生产过程不可分离，实现旅客、货物位移过程，既是运输产品的生产过程，又是消费过程。运输产品不作为独立的物体存在于运输生产过程之外，正是由于运输产品不具有实物形态，其生产与消费是同一过程，所以运输产品既不能储存，也不能调拨。

3）运输产品的强可替代性

运输业内部各种运输方式之间，如水运、铁路、公路、航空等运输方式实现旅客、货物位移的替代性很强，消费者的选择余地很大，各种运输方式间竞争激烈。为促进各种运输方式的协调发展，充分发挥各自的优势，防止盲目竞争，需要由国家对运输业进行宏观调控和系统规划，以便优化资源配置，发展综合运输。

4）运输产品价值的特殊性

作为运输业生产力要素之一的劳动对象不为经营者所有，即运输业劳动对象的不可控性，成为运输业生产经营活动的特殊因素。因此，运输产品的转移价值中不包括劳动对象的消耗，基本上只是运行工具和燃料等生产材料的消耗。运输成本的构成和资金运动具有独特的结构和形式。因此，运输企业必须认真研究运输市场客货源变化规律，掌握市场容量和结构，了解旅客、货主的需求和动机，协调运输企业与旅客、货主的关系，最大限度地满足他们的需求，促进运输业生产力三要素的有机结合，这也是搞好运输企业经营的重要前提。

5）运输生产活动空间的广阔性

工农业的生产活动一般只是在固定的、有限的空间进行，而运输业的生产活动要在广阔的空间中进行，具有流动性、分散性。这不仅给运输业的管理工作带来诸多困难，同时要求运输业的职工具有较高的个人素质和团体协作精神。随着科学技术的发展，运输企业管理现代化是必然趋势。

2. 运输业生产经营的特点

交通运输业是由五种运输方式（铁路、公路、航空、水路和管道运输）组成的，由于各种运输方式的技术经济特征不同，形成了各自不同的经营范围和特点。例如，铁路运输具有载重量大、运输成本低、受自然条件影响小、安全性好等特点；汽车运输具有点多面广、流动分散、机动灵活、适应性强、深入性好、便于门到门运输等特点。从运输生产经营活动的内容和性质上讲，各种运输方式具有共同的生产经营特点。

1）运输企业生产经营活动的服务性

表现在为国民经济其他部门和社会各单位提供运输服务，为旅客、货主提供运输服务。因此，在经营思想上就首先要树立“服务第一、信誉至上”的观念，在服务项目、服务方式、服务态度、服务手段等方面提高水平，全心全意为社会服务。

2）运输企业生产经营活动的波动性

表现在随着工业生产的周期性波动，随着农业生产的季节性波动，随着人们社会生活的习俗趋向性波动和其他运输需求的偶然性波动等。因此，在经营方式、运输生产组织、信息资料收集与处理等方面，寻求规律性，不断提高运输效率。

3）运输企业产品的无形性与异质性

运输产品不具有实物形态，是一种运输劳务，只改变运输对象的地理位置，即运输对象的“位移”；同时这种位移有不同的质量要求，即异质性，如快速、直达、便利、舒适等。因此，企业在生产经营中应根据不同的运输需求，提供不同的运输劳务，在运输生产结构、服务范围、内容上形成自己独特的风格，如快速货物运输、特种货物运输、集装箱货物联运等。

4）运输企业销售活动的超前性

与工业企业相比，运输企业的销售活动在生产之前，先有货源、客流，再组织运输生产，实现其“位移”。因此，企业的销售活动是运输生产的前提，企业应根据客货源分布情况，在货物组织网点、货物组织方式、货物组织手段上采取各种积极的促销策略，保证企业生产活动的顺利进行。

5）运输企业生产活动的开放性

运输生产点多面广、流动分散的特点决定了企业生产活动不可能局限在某一地点，一辆车（或船、机）就是一个独立的生产单位，一次运输任务就是一个完整的运输生产过程。因此，对运输生产活动的跟踪控制、对运输沿线客货源的组织以及提高单车（机、船）运输和每次运输生产效率等方面的工作，形成与工业企业不同的管理要求。企业应根据这些特点，在车辆承包经营、租赁经营，或统一调度运行等经营方式中，进一步深化改革，完善制度，优化结构，提高运输效率。

1.3.3 运输企业市场营销

运输企业市场营销是指在运输市场上通过运输劳务的交换，满足运输需求者现实或潜在需要的综合营销活动过程。

1. 运输企业市场营销的作用

现代市场营销学着重从企业的角度研究微观市场营销，它包括与市场有关的一系列企业营销管理活动，如企业的市场营销研究、产品（服务）和品牌管理、新产品开发、销售管理、价格策略、公共关系、运输仓储等工作。可见，微观市场营销是联结市场需要与企业生产的中间环节，是企业用来把消费者需要和市场机会变为有利可图的企业机会，并利用它作为提高企业经营效益的有效途径。

从理论分析可知，运输企业市场营销属于微观市场营销的范畴，是指在运输市场上通过运输劳务的交换，满足运输需求者现实或潜在需要的综合性营销活动过程。它始于运输生产之前，贯穿于运输生产活动的全过程：在提供运输产品之前，要研究货主旅客的需要，分析运输市场机会，研究目标市场，从而决定运输产品类型、运输生产组织形式以及运输范围和数量；在组织生产经营过程中，要使运输产品策略、运价策略、客货源组织策略和服务策略有机地结合起来，通过良好的公共关系去实现运输生产过程；运输生产结束后，还要做好运输结束后的服务和信息反馈工作。这样周而复始，形成良性循环，不断满足社会运输需求，提高企业的经济效益，更好地发挥市场营销的作用。

2. 运输企业市场营销观念

运输企业是现代企业的一种类型，是专门从事旅客或货物运输生产经营活动的经济组织。在社会主义市场经济条件下，运输企业是社会生产领域和消费领域的中介和桥梁，运输生产的社会性特点决定了企业市场营销并非简单的企业行为，应以国民经济的宏观要求和社会效益为首要任务。因此，运输企业的市场营销观念应体现以下主要指导思想。

1）以合理满足运输需求，增进社会福利为中心

市场营销观念要求经营者重视旅客和货主的需求，把了解他们的需要、欲望和行为作为营销活动的起点，发展能满足社会需要的运输产品，并力求组织合理运输，谋求运输效率的提高和运输服务的改善。

2）以等价交换、自愿让渡、互需互利为原则

市场营销的中心是达成交易。在市场经济条件下，交换仍旧必须遵循商品经济基本的客观经济规律——价值规律，才可能既使消费者满意，又使生产经营者愿意努力满足消费者的需要。

3）以整体市场营销为手段

市场是实现潜在交换的竞争场所，欲达成交易，不仅要提供物美价廉的优质产品，而且需要一定的营销技巧。现代市场营销活动已经不能再沿袭早期市场销售所采取的简单方式，它要求企业针对不同目标市场的需求与愿望，设计本企业所能提供的产品，采用合理且有效的定价、分销和促销策略，开拓市场并服务于市场。

3. 运输企业市场营销研究方法

不同的社会经济制度，不同的市场环境，不同的地理区域，市场营销的活动具有不同的特点，与之相应的市场营销的研究方法也不同。运输企业市场营销所研究的是运输产品的市场营销问题，具有较强的专业性，在积极探索研究国内外市场营销学中适合运输业特点的研究方法的基础上，采取有效措施，开展运输市场营销，提高运输经济效益。

1）产品研究法

产品研究法即以某种或某类产品为主体，着重分析这些产品的市场营销问题。如运输产品市场营销，就是以运输产品为主体，研究运输产品市场需求变化趋势、运输劳务种类、运输质量要求，以及服务标准、场站布局、客货源组织渠道、价格与促销手段等问题。

2）职能研究法

这里所说的职能，是指“市场营销职能”，包括购买、推销、运输、装卸、仓储、标准化、资金融通、风险承担、提供市场信息等。所谓“职能研究法”，是指通过详细分析、研究各个“市场营销职能”以及企业在执行各个“市场营销职能”中所遇到的问题（如推销问题、储运问题等）来研究和认识市场营销问题。在西方国家，大多数大学市场营销学课程都重视“职能研究法”的介绍。

3）组织机构研究法

这里所说的机构，是指渠道系统中各个环节（或层次）和各种类型的市场营销机构，如各种运输生产者、运输代理商、客货运站等。所谓机构研究法，是指着重分析研究渠道系统中上述各市场营销机构的市场营销问题。

4）管理研究法

管理研究法即从管理决策的角度来研究市场营销问题，也就是企业在市场营销管理决策

时，既要按照目标市场的需要，全面分析、研究外界“环境因素”(即企业的“不可控制变量”)，同时要考虑企业本身的资源和目标，权衡利弊，选择最佳的市场营销组合，以满足目标市场的需要，扩大销售，增加盈利，提高企业的经营效益。

5）系统研究法

所谓系统研究法，是指企业在市场营销管理决策时，把与企业有关的环境和市场营销活动过程看作是一个系统，统筹兼顾其市场营销系统中的各个相互影响、相互作用的构成部分，促使各个部分协同行动，密切配合，从而产生“增效作用”，提高企业经营效益。

复习思考题

1. 什么是市场？市场构成要素主要包括哪些？
2. 什么是市场营销？其核心概念包括哪些内容？
3. 市场营销观念有哪几种类型？简述其发展过程，并对比生产者导向观念与消费者导向观念的区别。
4. 什么是服务？它与有形产品的主要区别是什么？
5. 服务营销有哪些主要特点？
6. 运输企业生产经营有哪些特点？
7. 运输企业的市场营销观念有哪些？
8. 运输企业进行有效的市场营销应具备哪些条件？

第2章

运输市场分析

【本章内容概要】

本章在介绍运输市场营销环境的内涵及特点基础上，分析影响运输市场营销的宏观、微观环境因素，引入运输需求的概念、特征、种类及影响因素，并进行运输需求的弹性分析及需求变动的规律分析，分析运输消费者的需求心理和购买决策过程。

【本章学习重点与难点】

学习重点：了解运输市场营销环境的概念，并能正确地分析运输企业所处的营销环境；理解运输需求的概念、特征及种类；了解运输需求的影响因素及其变动规律；了解运输消费者的需求心理及其行为变化；掌握运输消费者购买决策过程。

学习难点：理解运输消费者购买决策过程意义和启示。

2.1 运输市场营销环境分析

2.1.1 运输市场营销环境概述

1. 运输市场营销环境内涵

任何企业的营销活动，都是在一定的环境制约下进行的。对市场营销环境的研究是运输企业走向成功的重要途径。

什么是市场营销环境？美国著名市场学家菲利普·科特勒的定义是："企业的营销环境是由企业营销管理职能外部的因素和力量组成的，这些因素和力量影响营销管理者成功地保持和发展同其目标市场顾客交换的能力。"也就是说，市场营销环境是指与企业经营有关的影响产品供求的诸种内外客观因素的综合。

按照对企业营销活动影响的范围和作用方式，市场营销环境包括微观环境和宏观环境两大类。在运输企业内部，各个部分的活动既受自然规律的支配，又受社会规律的支配。运输市场的微观环境（micro environment）是指直接影响运输企业在目标市场上开展营销活动的因素，它是由运输企业、旅客和货主、竞争者、营销中介、供应商、社会公众等因素组成。运输企业作为社会经济技术子系统，其生存和发展又是以一定的宏观环境为条件的。

运输企业营销的宏观环境（macro environment）是指影响运输企业营销的各种政治、经济、法律、科技、自然、社会文化等因素的综合。市场营销的本质，就是解决微观环境、宏观环境和运输企业经营目标三者的动态平衡。而其中最活跃的因素是宏观环境，企业的营销只能适应和服从宏观环境的变化，并根据这一变化来调整企业的营销活动，通过制定有效的经营战略，使宏观环境与微观环境相协调，从而实现运输企业的经营目标——满足旅客和货主的需要。运输企业营销活动与营销环境的关系如图 2–1 所示。

图 2–1　运输企业营销活动与营销环境的关系

2. 运输市场营销环境的特点

企业营销活动的外部环境是一个多因素、多层次且不断变化的综合体，运输企业要在动态的环境变化中抓住机会，避开风险，就需了解环境变化的一般特点。

1）多变性

营销环境的多变性是指构成运输企业市场营销的各种外界环境因素由于种种原因，总是处在一个动态的变化中，如铁路运输市场长期存在的"卖方市场"，逐渐向"买方市场"转变。因此，运输企业对环境的变化适应要快，调整营销策略也要及时、迅速。

2）差异性

差异性主要表现在两个方面：一方面表现为不同运输企业受不同的营销环境影响，如客运市场和货运市场；另一方面表现为同一环境因素对不同运输企业的影响程度不同。这就要求不同的运输企业应根据所处的营销环境，制定符合实际、具有自己特色的营销策略。

3）不可控性

不可控性是指外部环境因素的变化，对运输企业来讲是不可能控制的。例如，国家的运输产业政策、旅客和货主对各种运输方式的选择，以及其他运输企业开辟新的运输服务方式等。但是，运输企业可以通过自身努力来改变因环境因素的变化给企业带来的影响，如旅客和货主对企业的评价、竞争对手给运输企业带来的威胁，都可通过自身努力而得到相应的改善。

4）相关性

相关性是指影响运输企业的营销环境，不是任何单一因素作用的结果，而是由一系列相关因素所组成的综合体共同影响的结果。任何一个因素的变化，都会引起其他因素的变化，特别是宏观环境因素的变化更明显。如铁路运价的变动除受供求关系影响外，还受运输结构方式、旅客和货主心理等多种因素的影响。

运输企业研究营销环境的目的，在于适应外部环境因素的变化，提高应变能力，增强主动性，以便求得企业的生存与发展。运输企业一方面应提高对环境的适应性，另一方面还应开拓对其经营有利的营销环境。

3. 运输市场营销环境分析的内容

影响运输市场营销环境因素复杂多样，总体上可以分为两大类，即不可控的环境因素和可控的环境因素。

1）不可控的环境因素

所谓不可控的环境因素，也称运输企业营销的外部环境因素，是指这些因素在一定时期内，运输企业自身是无法控制的，主要包括政治法律环境、经济环境、竞争环境、技术环境、社会文化环境及人口环境等。这些环境因素对运输市场上旅客和货主需求、运输企业市场营销组合都将产生很大影响，应该引起运输企业的高度重视。环境分析主要指对外部环境因素的分析。

2）可控的环境因素

所谓可控的环境因素，是指运输企业营销中的产品因素、价格因素、分销渠道因素、促销因素等，通过企业自身努力，根据目标市场要求是可以控制的内部因素。企业开发什么产品，怎样制定价格，选择什么分销渠道进入市场，采取什么促销策略等，这些都是企业可以控制的。企业的营销决策及策略主要就是对这些可控的环境因素进行整体组合、应用，以实现企业的营销目标。

2.1.2　运输市场宏观环境分析

宏观环境是企业从事营销活动不可控制的因素，包括人口环境、政治法律环境、经济环境、自然环境、技术环境、社会文化环境等因素。

1. 人口环境（demographic environment）

市场是由有购买欲望和购买能力的人构成的，运输企业市场营销活动的最终对象是运输产品的消费者。人口环境对运输市场产生的影响是整体的和深远的，主要体现在对运输消费需求和消费行为的变化上。影响运输市场营销活动的人口环境因素主要有人口规模及增长、人口结构、人口分布及流动趋势等。研究人口环境方面诸因素，将会给运输企业带来市场机会。

1）人口规模及增长

人口规模对运输市场的影响主要在获取社会生活需要。人口越多，市场对运输产品的需求量也越大。运输企业开展客货营销活动，首先要了解企业运输生产吸引区域内人口的总量，以确定企业开展营销活动的市场潜力和规模。了解人口环境，既要看到目前的人口数量，又要注意人口的增减变化趋势，以预测市场容量。

2）人口结构

人口结构包括性别结构、年龄结构、家庭结构、民族结构等。性别、年龄、职业、民族、教育程度不同的运输消费者，由于在收入、生活方式、价值观念、风俗习惯、社会活动等方面存在的差异，必然会产生不同层次的运输消费需求和消费行为，形成各具特色的运输消费群体。

3）人口分布及流动趋势

人口分布与运输企业的营销决策密切相关。一方面，人口密度的不同影响着不同地区运输需求量的大小；另一方面，人们的消费需要、购买习惯和行为也因地域不同而异。运输网的布局及发展应与人口分布相适应，这是运输企业开展营销活动应考虑的因素；反过来，运输企业营销活动的开展，也会促进人口密度小、经济不发达的地区发展运输，促使劳动力和人才向这些地区流动，促使这些地区得到发展。

从人口流动的趋势看，我国目前有几个特点：一是人口从农村流向城市务工经商；二是人口从经济不发达的内地流向经济相对发达的沿海地区；三是人口从城市向近郊迁移。此外，随着物质文化生活水平的提高和生活方式的改变，人们将有更多的收入和空暇时间用于探亲访友、旅游等。人口在地区间的流动，给不同地区的市场营销环境带来不同的影响，必然为运输企业提供新的营销机会。

2. 政治法律环境（political-legal environment）

在任何社会制度下，企业的营销活动都必须受到政治法律环境的强制和制约。政治法律环境是指国家为发展本国经济而制定的一系列经济政策及立法。

1）政策环境因素

政策环境因素是指对运输企业的营销活动产生重大影响的政府制定的有关方针、政策的总称。为了保证运输市场的有效运行和运输企业经济效益的不断提高，运输企业就应密切关注国家政策的变化对运输企业可能带来有利的或不利的影响：有利的影响要抓住机遇善加利用；不利的影响要采取相应对策，减轻对企业营销活动的影响，以回避风险。

（1）产业政策

产业政策是指中央政府针对国民经济发展影响大的产业部门，制定的发展政策及其配套政策的总和。作为基础产业和基础设施的交通运输业，一直是制约我国经济发展的“瓶颈”产业，是国家重点扶植的产业。国家对交通运输实行了投资倾斜政策，对推动我国交通运输业的发展起了重要的作用；同时加快了运输业基础设施建设。我国的交通运输网络建设得到了加强和完善，为交通运输企业营销创造了良好的环境。

（2）人口政策

我国将长期实行控制人口增长的政策。从发展的趋势看，这对客运市场需求有一定的影响。但人口自由流动政策、农民进城务工经商，对铁路、公路、民航等的运输需求带来了增长。

（3）能源政策

交通运输业是能源的重要消费者，因此，国家的能源政策对运输企业产生重大影响。国家能源总量、结构、地区分布以及对某些能源消费的限制，都会影响运输企业的发展。

（4）价格政策

国家的价格政策，如实行管制或放开价格，对运输企业的营销活动都将产生影响。公路运输价格由市场供求关系决定，灵活性大；铁路运输价格国家控制较严，灵活性差；民航价格，实行国家基本定价和浮动价格。运输价格的变化，对运输需求总量及运输需求结构都将产生重大影响。如果运输价格提高，需求将下降；反之，则上升。同时，各种运输方式比价的变化，将影响运输需求结构。如铁路提价，人们将可能选择航空或公路。

（5）环保政策

保护环境，是人类社会发展的必然选择，国家将通过各种法规、政策，以实现保护环境的目的。汽车排气量的限制导致公路运输企业必须加大投资；为防止噪声污染，各种运输工具都需增加“消音器”等。

（6）财政、税收、金融与货币政策

这些政策是政府用来实施宏观调控最有效的手段。随着财政、税收、金融与货币政策改革的深化，各项政策措施的相继出台，如银行贷款利率的提高与降低，新税种的开征及税率的变化等，都会不同程度地影响交通运输企业营销活动。

2）法律环境因素

所有社会组织和公民的一切活动都需在法律的约束下进行。市场营销的法律环境是指对企业的市场营销活动产生重要影响的各项法律总和，包括产品的技术法规、技术标准及商业惯例等。法律环境对企业的市场营销有较强的保护或限制作用。例如，《合同法》《消费者权益保护法》《环境保护法》《铁路法》《反不正当竞争法》等，既保护运输市场的公平竞争，保护消费者的合法权益，也保护全社会的整体利益和长远利益，防止对环境的污染和破坏。

3. 经济环境（economic environment）

经济环境是指企业市场营销活动所面临的社会经济条件及运行状况。它主要包括社会购买力水平、消费者收入水平、消费者支出结构和消费者储蓄变化等。

1）社会购买力水平

社会购买力水平是指一定时期内由社会各方面用于购买产品的货币支付能力。市场规模归根到底取决于社会购买力的水平。从营销角度看，运输市场是由想购买运输产品并有购买力的人构成的，而且这种人越多，市场规模就越大。因此，社会购买力成为运输企业经营的主要环境力量，运输企业营销活动必然会受到社会购买力发展变化的影响和制约。

社会购买力是一系列经济因素的函数。总的来讲，社会购买力的大小取决于国民经济的发展水平以及由此决定的国民平均收入水平。经济发展快，人均收入高，社会购买力大，运输企业的营销机会就随之扩大；反之，经济衰退，市场规模缩小，则会给运输企业营销带来环境威胁。

社会购买力的水平与国家宏观经济运行状况、国家投资规模等有着密切的关系。在一定时期内，国民经济处于高速增长期，必然带来推动经济增长对各种生产资料需求量的增长，反之则减少。这种需求周期的变化，对运输企业产生重大影响。工业的增长，会增加对原材料的需求，也会加大商品的周转，对运输企业产生有利的影响；工业增长速度的减缓、产品积压、产销率低，对运输企业产生不利的影响。国家投资规模指国家在计划期内固定资产更新改造投资和基本建设投资。运输总需求由投资总需求和消费总需求构成，在一定时期内投资的增加或减少，就会带来运输需求的增强或减弱，对运输企业营销必然产生不同的影响。

2）消费者收入水平

消费者收入是指消费者个人从各种来源所得到的货币收入，包括消费者个人的工资、奖金、津贴、福利补助等收入。消费者收入水平直接影响着购买力的大小及消费方式，从而也就决定市场的容量和消费者的支出规模。消费者并不是将其全部收入都用来购买产品，消费者的购买力只是其收入的一部分。消费者对可任意支配的个人收入，一般可用来旅游、娱乐、休闲等，这部分收入越多，给运输企业带来的营销机会就越多。这要求运输企业在分析运输消费收入、确定提供何种新的运输产品时，必须区分能够形成购买力的收入部分。由于社会各阶层收入的差异性，不同地区、不同年龄、不同职业及失业率的高低等，都将影响消费者的收入水平，进而影响消费者的消费水平。这对于运输企业选择目标市场，进行市场定位，有针对性地开展营销活动有重要的意义。

3）消费者支出结构

消费者支出结构是指消费者各种消费支出所占的比例。消费者支出一般包括衣、食、住、行等，各种支出所占比例不同，对运输企业的营销活动有着重大影响。

一般来说，随着家庭收入的增加，用于食物支出所占比例呈下降趋势，用于服装、交通、住房、保健、娱乐、教育等方面的支出将会增加。因此，恩格尔系数常常作为衡量一个家庭、一个地区乃至一个国家富裕程度的重要指标。恩格尔系数越小，表明富裕程度越高。从总体上来看，我国的恩格尔系数有下降趋势，也就是说人们用于住房、交通等方面的支出将有所增加。个人交通支出比例的增加，包括个人购买小汽车，乘坐出租车、豪华中巴、软卧、硬卧、旅游车等，这对客运量的增加都是有利的。

我国居民消费水平可用恩格尔系数来衡量。按联合国的标准，不发达国家的恩格尔系数为40%～60%。1978年以后，我国居民生活有所改善，但是恩格尔系数仍居高不下（见表2–1）。这是因为，虽然居民消费水平并非停留在原来水平上，但消费的质量提高了，即在增加了的收入中，较大部分用来提高吃的质量。尽管我国经济高速增长，但是由于居民消费总体水平低下，增幅缓慢，所以恩格尔系数居高不下。

表2–1 我国居民消费的恩格尔系数 %

年份	1998	2000	2002	2004	2006	2008	2010	2012	2014	2015	2016	2017
城镇系数	44.7	39.4	37.7	37.7	35.8	37.9	35.7	36.2	34.2	34.8	29.3	28.6
农村系数	53.4	49.1	46.2	47.2	43.0	43.7	41.1	39.3	37.8	37.1	32.2	31.2

此外，消费支出结构除主要受消费者收入的影响外，还受到家庭生命周期、家庭所在地点等因素的影响。家庭生命周期不同阶段的购买力投向往往有很大的差异，收入较高的家庭、没有孩子的年轻夫妇、孩子独立生活的家庭相对而言都有可任意支配的收入，有可能把更多的收入用于旅游、娱乐、休闲等。所在地点不同的家庭对运输产品的支出上也不同，一般来说，农村居民和城市居民在对运输产品的需求上有很大的差异，前者用在运输产品消费方面的支出较少，后者用在运输产品消费方面的支出较多。

4）消费者储蓄变化

消费者的收入通常分为两部分：一部分作为支付手段，形成现实的购买力；另一部分暂不支出，作为储蓄。当收入一定时，储蓄增加，现实购买力和消费支出就会减少，从而影响企业的销售量；反之，储蓄减少，现实消费支出就会增加，社会购买力就旺盛，就能为企业提供营销机会。因此，国家通过利率调整储蓄、信贷，也就调节了市场供求。消费者储蓄的变化对运输市场也有明显的影响。如当储蓄增加，支出减少，消费者就会选择费用支出低的运输方式；交通支出增加时，消费者将选择快速、舒适的运输方式。

4. 自然环境（natural environment）

自然环境是指影响社会生产及企业经营的各种自然因素，主要包括自然资源、生态环境、地理位置及自然气候等。这些因素的发展变化既可给企业带来营销机会，也会给企业营销带来环境威胁。

1）自然资源

自然资源对运输企业的影响表现为，运输企业的运营都需要消耗一定社会自然资源，飞机需要消耗航空煤油，汽车需要消耗汽油或柴油，列车需要消耗电能或柴油，船舶需要消耗柴油等。运输业越发展，对这些资源的消耗量需求就越大，但这些资源大多为不可再生资源，其趋势是日益短缺，价格会不断上涨，这将加大运输企业的运营成本，从而制约运输企业的发展和经济效益的提高。

2）生态环境

保护环境是我国的一项基本国策，也是社会经济持续发展的客观要求。各种运输方式排放的废气、废水、烟尘等都将对环境造成严重的影响。随着人们环境意识的增强及国家越来越严格的环境治理法规、措施的相继出台，国家对运输企业提出了越来越多的要求。运输企业要采用先进的技术及高科技的环境治理产品，自觉地承担保护环境的义务，以提高对环境治理要求的应变能力。

3）自然地理位置

自然地理主要包括地形、地貌、山川、河流等因素。运输企业所处地理位置不同，会影响运输方式、运输工具及运输成本等，因此运输企业应全面分析各种地理环境因素，以便进行运输决策。对公路运输来讲，地形地貌将决定运输业在一个地区经济发展中的地位及作用，对公路运输企业选择目标市场及决定目标市场规模将产生影响。此外，公路等级也将影响汽车运输公司对汽车类型的选择。

4）自然气候

自然气候包括大气温度、湿度、降雨、降雪、降雾、风沙等情况。这些因素对各种运输方式的正常运行都会产生一定的影响。降雨、降雪会影响道路安全，大雾会影响司机的视线及飞机的降落，温度过低会影响汽车的启动等。因此，运输企业应时刻关注自然气候的变化，采取相应措施，保证企业的正常运营。

5. 技术环境（technological environment）

随着现代科技的发展，各种现代化交通工具的出现，极大地影响运输企业的市场营销活动。技术环境的发展变化，对运输企业的影响主要表现在以下两个方面。

1）高科技产品在运输工具上的应用

高科技产品的应用，改善了运输环境。彩电、录像、空调等在运输工具上的使用，列车上移动通信的使用，都创造了良好的文化氛围，使旅客有了一个舒适的旅行环境。

2）科学技术在运输企业的应用

科学技术在运输企业的应用，既可提高运输企业的劳动生产率，又能促进运输企业营销手段的现代化，引发营销手段和营销方式的重大变革，提高运输企业的市场营销能力。如铁路 12306 网络系统、运输企业市场营销信息系统的应用，提高了运输企业的市场适应能力和应变能力，现代通信技术、办公自动化技术，提高了运输企业的工作效率与效果。

6. 社会文化环境（social-cultural environment）

社会文化环境是指由价值观念、宗教信仰、行为准则及风俗习惯等内容构成，它影响人们的欲望和行为。如我国的春节运输往往是旅行消费最旺盛的时期，是客运生产的高峰期，这种探亲访友的出行欲望和行为就是受我国的传统文化影响。不同文化层次的旅客由于生活经历、环境、价值观念和兴趣的不同，旅行消费的欲望和行为会产生很大的差异。

运输企业不能忽视对社会文化环境的分析，这对开辟新的目标市场尤为重要。社会文化环境不像其他环境那样显而易见，但时刻影响运输企业的营销活动。研究和认识各种文化的差异及对人们需求的影响、制约，是运输市场营销环境研究的重要内容。对文化环境分析一般应从教育程度、风俗习惯、价值观念及亚文化群等方面进行。运输企业根据不同地区的风俗习惯，有针对性地开行节假日、春运、扫墓列车或班次等；根据不同文化层次，不同价值观念的消费者兴趣和偏好，提供不同特色的运输服务，以满足他们不同特色的消费需求；针对球迷、游客等亚文化群对运输服务的特殊消费需求，开行球迷、旅游等专门列车或班次等。

2.1.3　运输市场微观环境分析

运输市场微观环境是由运输企业自身、旅客和货主、竞争者、营销中介、供应者、社会公众等因素组成，它影响运输企业为目标市场服务的能力。

1. 运输企业自身条件

企业自身条件状况是企业营销活动最直接的环境因素。分析运输企业自身条件状况的目的是揭示运输企业内部的优劣势，判别其是否拥有及捕捉营销机会的竞争能力。它包括对运营基础设施、运输企业内部经营管理等因素分析。

1）运营基础设施

良好的运营基础设施，是保证各种运输方式运营的重要条件，也是影响运输企业营销效率及效益的重要因素。

（1）铁路基础设施

主要包括铁路路网布局、营业里程、线路等级、车站规模、通信信号设备、牵引方式等。

根据我国铁路运输现状，应加快客运专线快速网的建设，健全安全保障系统。机车车辆、线路、通信信号等技术基础设施也应配套发展。截至 2016 年年底，铁路营业里程已达 12.4 万 km，其中，已经投入运营的高速铁路达到了 2.3 万 km。

（2）公路基础设施

主要包括公路网布局、各等级公路的里程及比例、公路质量，以及主要附属设施如停车场、维修网、加油站的数量、分布及服务质量，公路沿线的其他附属设施等。

公路基础设施的改善有利于汽车运输公司的市场营销，并可为运输公司创造一个良好的公路交通运营环境。由于我国人多地少，高等级公路投资较大，在短期内公路交通条件将是汽车运输发展的一个重要制约因素。近几年来，我国的公路建设保持了较快的增长速度，至 2016 年，全国公路通车里程达到 457 万 km，其中二级及其以上高等级公路约 60.13 万 km；二级公路 37.11 万 km，占全国等级公路总里程的 8.78%；高速公路已达 13.1 万 km。与此同时，其他配套的基础设施也得到较快发展，为发展公路运输打下了良好的基础。

（3）航空运输基础设施

包括机场、通信、导航、航线等。我国已形成以北京为中心，连接国内主要大中城市和重点旅游区的空中运输网。至 2016 年年底，我国民航共有定期航线 3 794 条，其中国内航线 3 055 条（至香港、澳门航线 109 条），国际航线 739 条；民航机场 216 个；运输飞机总数为 2 950 架。

（4）水运基础设施

包括内河运输和远洋运输。总体上，水运基础设施有了较大改进，至 2016 年年底，全国港口拥有万吨级以上生产泊位 2 237 个，内河航道通航里程 12.71 万 km，其中等级航道 6.64 万 km，完成货物吞吐量达 132.01 亿 t。水运基础设施的改善，为水运企业的发展创造了良好的条件。

2）运输企业内部经营管理

运输企业内部经营管理的分析主要是对企业内部管理体制、营销机制及营销组织体系等因素的分析。运输企业内部各个部门、各个管理层次之间的分工协作是否科学合理，营销管理部门与运输生产等业务部门配合状况及管理手段、营销观念等，都直接影响着企业营销活动的顺利进行。对运输企业自身条件及状况有一个全面、整体、客观的认识和分析，对搞好运输市场营销是非常重要的。

2. 旅客和货主

旅客和货主是运输企业服务的对象即目标市场。旅客和货主，根据其需求的不同，可分为不同类型、不同层次的消费群体，并且旅客和货主需求是不断变化的，要求运输企业针对不同的消费群体以不同的营销方式提供不同的运输服务产品，这对运输企业营销决策的制定和实施，显然有着很大的影响作用。

3. 竞争者

竞争是市场经济的必然产物，它是与市场紧密相连的，有市场就必然存在竞争。在发展社会主义市场经济的今天，运输市场作为社会主义市场体系的重要组成部分，随着运输市场的建立与完善，其竞争也将越来越激烈。因此，运输企业要在竞争中求生存，谋发展，就必须重视竞争对手的分析与研究，以提高企业的市场竞争能力。

运输市场竞争的形式主要表现为：不同运输方式之间的竞争，即铁路、公路、航空、水运之间的竞争；客运市场的竞争；货运市场的竞争；运输价格的竞争；运输服务的竞争；运输速度的竞争。竞争不仅限于产品竞争与价格竞争，而且非价格竞争（服务竞争）也将受到运输企业的关注。因此，运输企业必须调整自己的营销组合策略，了解和掌握不同时期竞争对手的策略和手段，分析竞争对手的优劣势，扬长避短，争取竞争优势。

4. 营销中介者

营销中介者是指协助运输企业促销或分销运输产品给最终消费者的机构或个人，包括运输代理公司、营销服务机构等。营销中介者在为运输企业提供客流和货源，拓宽销售渠道，分销产品，提供市场调研、咨询，以及运输产品广告宣传等方面，具有不可替代的作用。运输企业如何在市场营销活动中积极发展与各类营销中介者的有效协作关系，对于企业营销目标的实现有重大意义。

5. 供应商

供应商是向运输企业提供生产产品所需原材料、设备、燃油等资源的企业或个人。供应商所提供的各种资源的数量、质量和价格，直接影响企业运输成本，进而影响运输产品的质量、价格、销售和利润。

6. 社会公众

运输企业在开展营销活动时，不仅要考虑竞争对手与之争夺目标市场，而且要考虑营销方式是否能得到企业公众的欢迎。所谓社会公众，是指对一个组织实现其目标的能力，具有实际或潜在利益关系和影响力的群体。企业的营销活动，必然会影响公众的利益，因而各种公众必然会关注、监督、影响、制约企业的营销活动。

现代运输企业是一个开放的系统，它在营销活动中必然和各方面发生联系，必须处理好与各方面公众的关系。即搞好公共关系，有利于企业营销活动的顺利进行。

2.2 运输需求分析

运输需求是购买运输产品的前提条件，是研究运输市场变化的重要内容。没有运输需求，就没有运输市场。正确把握运输市场，必须理解运输需求的概念、特征、影响因素及其变动规律。

2.2.1 运输需求的概念

运输需求（transportation demand）是一个特定的概念，指运输消费者在一定时期内，在不同的价格水平下愿意并能够购买的运输产品量。这一定义表明，运输需求是运输需要和购买能力的有机统一，运输需求并不等于运输需要。运输需要只是运输需求的必要条件，而运输消费者的支付能力是充分条件，二者缺一不可。因此，要理解运输需求，就必须具体了解运输需要和支付能力两个概念。

1. 运输需要

需要是人类生存和发展的条件，反映了人类正常生活中某个或某些方面的缺乏。运输需要就是人类最基本需要中的一种，表现为旅客或货物空间位移的运输产品，从它生产的第一天起，就为人们的生存和发展所需要，尤其是在现代社会中，人们对运输的需要显得更为突出。从运输需要产生的原因看，主要有以下三种。

1）因生产而产生的运输需要

在物质生产活动中，由于自然、经济和社会方面的因素，人们需要不断地改变物的位置，才能使物质生产得以顺利进行。如企业所需的原材料只有通过运输，才能集中于生产场所以供加工；同样，生产出来的产成品，只有通过运输才能运送到市场销售；消费者购物之后，只有通过运输才有可能实现对物的最终消费。正因为如此，运输作为商品流通的主要手段将生产者和消费者密切地连接在一起，并为生产活动和物质产品的消费所必需。

2）因生活而产生的运输需要

人们探亲、访友、旅游、休闲、看病、购物等，都可能需要改变其空间位置，实现其最终目的。这正是长期以来人们把吃、穿、住、行作为基本的生存需要的原因，这也是产生客运需求的基本原因。

3）因社会活动而产生运输需要

由于一些重大的社会性活动而产生的各种运输需要。如奥运会、亚运会、博览会等在短时间内就会产生大规模的新的交通服务需要。这类运输需要具有突发性和突变性。

随着社会的快速发展，人类对运输需要也必然不断产生、不断变化。需要反映的是人们在一定时期的渴求和欲望。例如对于运输需要，一个人从主观上可以任其所想，但其需要的实现，则要取决于一定的条件，其中最主要的是需具备相应的支付能力。

2. 支付能力

支付能力也称购买能力，是指消费者通过自己货币的支付而获得产品的能力。支付能力的大小取决于两个基本的要素：一是所购买的产品价格水平；二是消费者的收入水平。在一定的价格水平下，消费者的收入水平越高，其支付能力就越大；反之就越小。消费者需要是多种多样的。每一个人不仅要把有限的收入用在出行需要的满足上，而且要用于吃、穿、住、用及各种精神需要的满足上。

综上所述，运输需求是运输需要和支付能力的统一。一方面，有需要，不一定就发生运输需求，还要看是否有支付能力，如果没有支付能力，只能是幻想。另一方面，有支付能力，不一定有某种需求产生。如运输需求，一个有支付能力的人，他需要乘坐舒适快捷的运输工具去旅游，不需要乘坐等级低的运输工具出行，他对后者的需求就为零。因此，在研究运输市场特别是在分析和预测运输市场需求时，必须正确区分运输需要和运输需求这两个基本概念。

2.2.2　运输需求的特征

运输需求与其他商品需求相比，运输需求主要有以下几方面特征。

1. 无形性

人们对商品的需求都是有形的物质性需求，需求的满足是通过物质产品本身的效用实现而获得的。运输需求则和其他服务需求一样，消费者支付货币后，实际消费的并非有形的物质产品，而是实现无形的非物质性的空间位移。

2. 派生性

需求从产生角度来分析，可分为两大类：本源性需求、派生性需求。运输需求就是一种派生性需求。旅客乘车，位移本身不是其目的，而是通过位移的改变满足其工作、旅游、学习、探亲、访友等需求。同样，货主所需的货物位移也是派生需求，其本源性需求则是使供应原材料、异地购物运回家以消费等。从这方面看，运输需求的产生始终是被动的，即没有与运输需求相关的本源性需求产生，就不会有运输需求的产生。运输需求的变化也是被动的，每当与运输需求相关的本源性需求因各种因素发生变化时，运输需求也随之变化。因此，从总体上和长远角度分析运输需求时，不仅要看到本源性因素，更要看到派生性因素。

不过，需求的派生性具有相对性，如果人们为了领略乘坐高速铁路、飞机、轮船的感受而特意去乘坐高速铁路、飞机、轮船，则这些运输需求在一定意义上可看作本源性需求，但这类运输需求在运输市场中所占份额非常少。

3. 波动性

运输需求的波动性，即在一定的时期内，运输需求的时间分布和空间分布所呈现出的不均衡状态。在一天之内或一年之内甚至较长时期内，运输需求的波动性都是存在的，因而运输需求有淡季和旺季之分。运输需求的波动性，归根到底是由运输需求的派生性引起的，并决定于本源性需求的发生和变化。如货运需求，货物产品在生产和消费上都有季节性，如化肥、农药、粮食、蔬菜、水果等与农业相关的产品；再如空调、风扇虽然常年都可以购买，但在夏季其需求量会更大，而在冬季则进入一年的低谷期。在春节期间，日常消费品的需求也比其他季节旺盛等。这些都是运输需求波动的根源。客运需求的波动同样是由于旅客最终需求目的的季节性所引起的，如春秋季旅游的旅客要比其他季节多；寒暑假期间，学生的运输需求集中；春节期间，探亲、访友、民工返乡运输需求旺盛等，这些都会引起运输需求的变化。在较长时期内，不同年份的运输需求也不相同。宏观经济的周期性波动也会使运输需求呈现相应的波动，有时不仅增幅下降，甚至绝对量也会比以前的年份有所下降。因此，正确认识运输需求的波动性特征，对分析和预测运输需求的变化有着十分重要的意义。

4. 多样性

运输需求的种类繁多。首先存在最明显的货运需求和客运需求两类。在货运需求中，不同种类的货物对应着不同的运输需求，如普通货物运输需求、特种货物运输需求；也因货物的固体、液体和气体之分而形成不同的需求。在客运需求中，由于旅客的出行目的、年龄、收入水平、职业等不同而形成不同的客运需求，如旅游运输需求、学生运输需求、民工运输需求、通勤运输需求等。不同的运输工具也对应着不同的运输需求，由于不同运输工具所得到的需求满足是不同的，因而形成了铁路、公路、航空、水运和管道运输需求。并且每一种运输方式内，也因运输工具的差异而形成运输需求的差别，如豪华高档车和中低档车，大型和中小型车的差别等。此外，运输需求的多样性还体现在距离、时间、舒适度等方面。

5. 广泛性

运输业作为特殊的生产部门，是经济社会存在的基础之一。现代社会中几乎所有环节都离不开对物和人的空间位移的要求，因此运输需求广泛地存在于人类的生产生活、社会活动和文化交往中。

6. 可替代性

不同的运输需求在一定范围内是可以相互替代的，即同一运输需求有时可以通过不同运输方式满足。将旅客或货物由始发地运往终到地，既可选用铁路运输，又可选用公路运输，也可选用水运或航空运输；既可以由甲企业来运输，也可以由乙企业来运输。当然，这种替代性只能在一定的范围内存在。由于不同运输方式的技术经济特征不同，在不同的范围内运输产品的经济效果不同。在同一运输方式内的不同运输企业之间，也会因服务质量、运价水平高低等形成差异，因而也存在不同运输需求的替代程度上的差异。运输产品的可替代性是运输市场存在竞争的基本条件。

2.2.3 运输需求的种类

运输需求可以根据运输企业服务对象不同划分为两大类：货运需求、客运需求。

1. 货运需求的种类

1）根据货物的类别划分

根据货物的类别分为普通货运需求和特种货运需求。

普通货运需求是指所要运输的货物都是生产和生活中常见的生产资料和消费资料，运输需求量大且比较平稳，在运输过程中没有特殊的要求。特种货运需求是指所运输的货物大都是阔大货物、危险品、鲜活易腐货物等，在运输过程中有特殊条件的要求，如果没有特殊的保护措施和技术手段，则难以满足这种运输需求。另外，特种货运需求相对来说，运输需求较小，且不稳定性较大。

2）根据运输距离划分

根据运输距离可分为长途、中途和短途货运需求。

3）根据运输货物批量划分

根据运输货物批量分为零担货运需求、整车货运需求、集装箱运输需求。

零担货运需求的特点是一次承运的货物批量小，且货物种类、去向、距离均不相同，因而要求运输企业建立一定的运输网络，配备相应的运输服务设施以满足其需要。整车货运需求即用一辆或一辆以上的车运送一批货物的运输需求，这种需求的满足较为容易。集装箱运输需求是指运输精密、贵重、易损等适箱货物的需求。集装箱运输安全性好，有发展前景。

4）根据货物的时效性划分

根据货物的时效性分为快速货运需求和普通货运需求。部分货物因其本身的性质决定，有较强的时间价值要求，对尽快运送到目的地有特殊的需求，因而表现了不同于普通货运需求的特点。作为运输企业，在满足快速货运需求时，首先必须承诺货物运到期限的要求。

2. 客运需求的种类

1）根据旅客旅途时间要求划分

根据旅客旅途时间要求可分为直达快运需求和普通客运需求。

不论旅客出行的目的如何，都希望在途时间少，但在考虑其他因素（如票价、服务）的情况下不同旅客对时间的要求不同。因此，直达快运需求可以满足部分旅客的快速要求，为此，运输企业不仅要减少中途停靠站点，而且要采用先进的运输手段，如修建高速铁路、高速公路，购置性能良好的车辆，开行直达特快列车或班次等来满足这种客运需求。普通客运需求则是正常的技术与组织水平下的旅客运输需求，一般为定时、定点、定班，在途时间占用正常。

2）根据旅客出行目的及支付来源划分

根据旅客出行目的及支付来源可分为公务客运需求和私务客运需求。

公务客运需求的特点为旅客的目的大都是出差、经商等，旅途票价由单位或公司支付，支付能力有保证，运输需求者广泛，运输需求量稳定；而私务客运需求的目的是旅游、休闲、购物、上学、打工等，旅途票价由个人支付，需求者往往会考虑票价高低，民工、学生对旅途票价方面更加注重，其运输范围一般为城市之间、城市和风景名胜之间，经济发达地区与落后地区，城市与农村之间流向明显。另外，旅游本身带有精神享受的因素，旅游旅客对运输工具、服务质量等有较高的要求，从运输需求量的形成和变化方面看，旅游流、民工流、学生流的季节性明显，波动性较大。

3）根据运输距离划分

根据运输距离分为长途客运需求和短途客运需求。

长途客运需求的特点表现在旅客出行大都是为了旅游、探亲、出差、上学、打工等，起讫点一般为城市和较远的城乡；而短途客运需求者的出行目的大都是购物、休闲或在居住的附近地区探亲等日常出行需要，和长途客运需求相比，短途客运需求者的出行频率高。

2.2.4 运输需求的影响因素

运输需求不仅有质的规定，而且有量的变化。运输需求在其产生和变化中，要受到各方面因素的影响。了解这些因素，对于把握运输需求的变化，有着十分重要的意义。

1. 客运需求的影响因素

1）经济发展水平

旅客运输需求中的很大一部分属于生产性客运需求，如业务洽谈、技术交流、学习、参加各种会议等所产生的出行要求。从静态看，凡是经济发展水平高的国家或地区，客运需求水平就高；相反，凡是经济发展较落后的国家或地区客运需求水平就较低。从动态看，经济高速发展的时期，客运需求就增加较快，大量的人员因生产或工作需要而频繁外出；相反，一旦经济处于较低的发展时期，人们出行的数量和频率相应会降低。

2）人均收入水平

除生产性客运需求外，还有很大一部分是生活性客运需求，如探亲、访友、旅游、休闲等所产生的旅客运输需求，这部分需求随人们收入水平的提高而增加。经济越发达的国家或地区，人均收入水平越高，恩格尔系数相对较低，人们就有更多的钱可以用于娱乐、旅游等消费性支出，客运需求也就相应增加。近几年，我国越来越多的人群利用假期进行旅游、休闲娱乐，尤其是自费出境观光旅游的增加，都是人们收入提高的结果。

3）人口数量及结构

人口的数量变化必然会引起客运需求的变化。一般而言，人口密集的国家或地区比人口稀疏的国家或地区的客运需求量高，人口数量增加时，客运需求就相应增加。另外，人口结构对客运需求也产生影响，而且这一方面的影响比人口数量变化的影响显得更加突出。城市化程度高的地区集中了很多工商业，客运需求量自然会相对较高。高收入的人口要比低收入的人口形成更多的客运需求，中青年人口要比老年和少年等非就业人口形成更多的客运需求。

4）客运业及交通网的发展

旅客运输业的发展，不仅体现在交通网发展和运输设施的数量增加上，而且还体现在运输服务产品质量的提高上。如果运输布局合理，运输工具充足，技术性能先进，运输服务质量优良，将会刺激旅客运输需求的产生；否则，运输发展滞后，则会抑制旅客运输需求。

5）客运运价水平

价格对商品需求的影响是不言而喻的。对旅客来说，如果运价水平过高，必然会抑制自身的客运需求，减少由于客运需求的开支过大对其他生活需求造成的影响。另外，运价水平对个别运输企业的市场占有率来说，影响作用是很大的。一旦哪一个运输企业提高运价，它所占有的市场份额就有可能向未提价的运输企业转移。

6）旅游业发展

随着人民生活水平的提高，旅游需求在整个生活需求中的比重将会越来越高。旅游运输需求比普通客运需求更具潜力。因此，在分析一国或一个地区的客运需求的发展变化时，要重视对本地旅游业发展的考虑，其中不仅要考虑本地旅游资源的数量，而且要考虑旅游资源的等级，以判别其对国内外游客的吸引力大小和对客运需求所产生的影响。

7）经济体制和经济政策的影响

在计划经济体制下，由于单位财务制度松弛，企业不重视成本核算，事业单位缺乏严格的财务预算，因而形成了变相的公款旅游、文山会海等现象。虽然其属于不合理现象，但单纯从其对旅客运输需求的影响方面来看，却是突出的。随着经济体制的改革，企业越来越重视自身的经济利益，因而通过严格的成本控制等措施抑制了不合理的运输需求。事业单位财务支出制度的改革，也制约了不合理运输需求的产生。从国家经济政策方面看，对旅客运输需求也有重要的影响。改革开放以来，鼓励农村剩余劳动力流动的政策，使大批的农村人口流向城市务工经商，由此形成“民工流”，这对旅客运输需求产生了很大的影响。

8）运输方式的替代性

旅客运输需求也存在各种运输方式之间、运输企业之间的替代性。如果从某一运输方式或某一运输企业的角度分析运输需求，就必须分析其他运输方式、其他运输企业对自己的需求替代程度的大小。为此，要把握本企业、本运输方式的竞争能力和市场占有能力的强弱。

2. 货运需求的影响因素

1）经济发展水平及国家宏观经济政策

随着经济的发展，物质生产部门的产品数量增多，商品流通范围扩大，这都对货运需求产生广泛的影响。此外，国家经济政策对短期内的货运需求有明显影响。例如，我国政府制定的改革开放、发展区域经济的政策，使我国东部沿海地区、长江三角洲地区的运输需求量先后有了飞速的发展。

2）产业结构及其变化

产业结构是指不同产业在整个国民经济中的比例关系，如农业、轻工业和重工业的比例等。不同的产业结构必然引起不同的产品结构，而不同的产品结构意味着有不同的货物结构。如果服务业、加工业所占比例大，货物多为运量小、运距短的小件物品，这样所产生的货运需求必然较少；如果农业、工业所占比例大，货物主要以农产品、原材料、能源之类为主，其特点是运量大、运距长，如粮食、煤炭、石油等，这样所产生的货运需求必然多，而且多采用铁路、水路运输这类运量大的运输方式。

3）生产力布局

生产力布局对货运需求的影响主要表现在货物的流向、流距和流量上。在既定的生产力布局情况下，原材料产地、生产加工地和产品市场地之间的距离是既定的，货物的流向和流距不会有大的变化，而只有流量因生产发展而出现的变化，因此较短时期内，生产力布局对货运需求不会有实质性的影响。但在较长时期内，生产力布局对货运需求的影响则是很大的。无论是旧矿区的衰竭、新矿区的开发、发电站的建立，还是新的生产加工中心、物流中心的形成等都会使货运需求产生变化。

4）产品的商品化率和就地加工程度

货运需求主要来自商品流通，因此，如果一个国家或地区的生产社会化程度高，产品的商品化率高，其产品流通的规模较大，产生的运输需求就多；相反，如果产品的商品化率低，同样数量的产品就不会形成较多的运输需求。如过去我国的粮食生产中，商品化率较低，农民生产的粮食除交售国家的部分外，其余部分都存放起来，由于这部分粮食不参与流通，因而不能形成货运需求，但自从改革开放后，粮食流通的规模和范围大大增加。另外，产品的就地加工程度也是影响货运需求的一个重要因素。若某种产品从初级产品到最终产品的生产过程在一个地方就能全部完成，则它不会有较多运输需求产生。例如，在棉花产地将棉花连续加工成布或服装，不但不需要中间产品在各地间区的运输，而且随着最终产品的形成及各种废料的剥离，形成的运输需求也会大大降低；相反，若产品的就地加工程度较低，则中间产品的地区间往来必然形成较多的运输需求。

5）货物运价水平

运价水平的变动对货运需求的变动有着直接的影响。一般来说，运价水平上涨时，运输需求会受到一定程度的抑制；运价水平下降时，运输需求则上升。运价之所以能影响货运需求，是因为运价和货主的经济利益密切相关。同时，运价水平通过影响商品的市场范围的扩大或缩小，也影响着货运需求的扩大与减少。较低的运费能使同一商品运往更远的地方参与商品市场竞争，必然形成较多的货运需求。

6）交通运输业的发展

运输业作为运输市场的供给方面，它对运输需求有着作用与反作用关系。如果运输业有了较大的发展，它就对运输需求有一个刺激作用，使许多潜在的货运需求成为现实的运输需求；相反，如果运输业发展滞后，则对货运需求起到抑制作用。

7）运输方式之间的替代因素

如果要具体分析对某一运输方式的货运需求的影响因素时，还应考虑这一运输方式与其他运输方式之间的替代程度的差异。运输总需求和对某一运输方式的货运需求不同，运输总需求的增加并不意味着社会对某一运输方式的货运需求就增加；相反，运输总需求的减少，也不一定会引起对某一运输方式的货运需求的减少。如果在一定时期内，哪一个运输方式的市场竞争能力提高，它就会有更大的市场占有率。运输企业在分析运输市场需求时，同样应考虑自身的市场竞争能力和其他运输企业的分担能力；否则，只把注意力放在对运输总需求的变化分析上，而不考虑自身因素和其他可以替代性的因素，则所作的分析是不全面的。

影响旅客运输需求和货运需求的因素一样，不仅十分复杂，而且各因素的直接影响程度、影响时间长短都不尽相同。因此，在具体分析时，必须结合一个地区在一定时期的实际情况，既找出主要的、长期性的因素分析运输需求变化的基本趋势，也要重视短期性的、次要因素，分析运输需求的短期变化情况。

2.2.5 运输需求的弹性分析

运输需求受到各种因素的影响，但影响程度是不同的，即当某个因素发生一定程度的变化后，运输需求发生变化的程度，需要对运输需求的弹性大小做定量分析。

1. 运输需求弹性的概念

所谓运输需求弹性，是指在影响运输需求的因素发生一定范围的变化后，运输需求对其反应的灵敏程度。这种灵敏程度常用运输需求弹性系数大小来衡量。由于运输需求的因素和运输需求之间存在函数关系，而且自变量因素很多，因而相应地会有不同的运输需求弹性。如运输需求的价格弹性、收入弹性、对经济发展水平的弹性等。各种需求弹性的计算和分析方法基本相同，这里仅对运输需求的价格弹性作以分析。

在只考虑运价对运输需求的影响时，运输需求函数可简化为 $Q = f(P)$，则运输需求的价格弹性大小可通过弹性系数计算出来，具体为：

$$E_{\mathrm{d}} = (\Delta Q / Q)/(\Delta P / P)$$

式中：E_{d}——运输需求的价格弹性系数值；

Q——运输需求量；

ΔQ——运输需求量的变化值；

P——运价；

ΔP——运价的变化值。

运输需求的价格弹性系数是运输需求量变化的百分率和运价变化的百分率之比值。由于运价和运输需求按反方向变动，因此运输需求的价格弹性系数就是运输需求的增加百分比和运输价格下降百分比之比，或运输需求减少百分比与运价上升百分比之比。

运输需求的弹性大小，一般有两种情况。第一，运输需求弹性较大，即运输需求的弹性系数 E_{d} 大于 1，它意味着运价一定幅度的上升或下降，都会引起运输需求以更大的幅度下降或上升。如运价提高 10%，运输需求量会下降 10%以上。第二，运输需求弹性较小，即运输需求的弹性系数 E_{d} 小于 1，它意味着运价一定幅度的上升或下降，都会引起运输需求以较小的幅度下降或上升。如运价下调 10%，运输需求上升的幅度则在 10%以下。

因此，运输需求的价格弹性系数大于 1 的数值越多，说明运价对运输需求的影响程度越大；反之，运输需求的价格弹性系数小于 1 的数值越多，说明运价对运输需求的影响程度越小。

2. 运输需求价格弹性的影响因素

不同的运输需求之所以对运价的反应灵敏程度不同，是由其本身的性质和特点所决定的。

对货运需求而言，影响其运价弹性的大小主要取决于以下几个方面。

1）运输需求满足的可替代性程度

一个地区如果有几种运输方式，或者只有一种运输方式，但有多个运输企业能提供同样的运输服务，这就增加了消费者的选择机会。如果哪一种运输方式或哪一个运输企业提价，运输需求就会发生转移；否则，运输需求的弹性就会较小。

2）运输费用在产品总成本中的比重

如果货物价值高，运费在产品总成本中的比重相应较低，则这种货运需求的价格弹性较小。因为运价的提高或降低，对产品的市场竞争能力不会产生较大的影响。相反，如果货物价值低，运费在产品总成本中的比重相应较大，则这类货运需求的价格弹性就较大。初级产品，大多因其运量大，附加值低，对运价的变化反应灵敏；而最终产品，则因其体积小，重量轻，本身形成的运量就小，加之附加值又较高，因而对运价的变化反应不灵敏。

3）运输的时效性强弱

一般来说，时效性强的货物，其运输需求的价格弹性较小；相反，时效性弱的货物，其运输需求的价格弹性较大。例如，鲜活易腐货物，货主宁愿选择快速高价的运输工具尽快把货物运往市场，否则会因时间延误使货物本身遭受损失。

对旅客运输需求而言，其需求价格弹性大小除取决于需求的可替代性、时效性以外，还取决于旅客出行的必需程度及收入水平等。例如，为了出差、经商、打工、探亲、上学等而产生的运输需求，其必须程度相对较高，运价的变化对这部分的运输需求所产生的影响较小；为了旅游、休闲、娱乐等而产生的运输需求，其必须程度相对较小，这类出行需求即使取消，也不会对旅客产生大的影响，因而这类旅客运输需求对运价的弹性较大。从收入水平看，高收入的需求者，由于旅途票价支出在其生活费用总支出的比重较小，更多的是考虑需求的满足而不是票价支出，因而对价格的弹性相对较小，而收入水平低的人则更多地考虑旅途票价支出，一时的运价变动，特别是运价提高时，必然会作出较灵敏的反应。

在实际分析中，大多以运输需求的价格弹性作为代表来分析运输需求的特点。从运输需求的价格弹性来看，运输需求的特征表现在两个方面。一是总体上运输需求的弹性较低，即不论是运价如何变化，运输需求的变化是平稳的：降低运价，运输需求不会增加得很多；提高运价，运输需求也不会减少很多，这就是运输需求总体上升的原因所在。运输需求弹性总体上较低，根本原因在于运输需求的必需程度较高，和粮食等生活必需品一样，运输服务为社会生产和人们日常所必需。二是不同的运输需求，其各自的需求弹性又是不同的。客运需求弹性要比货运需求弹性低。客运需求中，以经商、出差、探亲、上学、看病等为目的的客运需求弹性又低于以旅游、休闲为目的的客运需求弹性。货运需求中，时效性高的货物的运输需求弹性比时效性低的货物运输需求弹性高。这些差别取决于运输需求各个种类的必需程度。分析和掌握运输需求弹性方面的特征，对于了解运输需求的变化规律，制定好运价策略等，都是十分重要的。

2.2.6 运输需求变动的一般规律

运输需求因受各种因素的影响而不断变化，但总的来说，它呈现出一定的规律性。

1. 运输需求在波动中呈上升趋势

无论是货运需求还是客运需求，都在波动中呈上升趋势。随着社会经济的不断发展，作为社会经济发展派生的运输需求也必然不断提高。在这一点上，运输需求和物质消费品需求形成了明显的对比，这也是分析运输需求变化时的一个基本立足点。尽管货运需求和客运需求总体呈上升趋势，但却是在波动中上升的，而且这种波动无法避免。从货运需求的波动看，其根本原因在于物质产品生产和消费的季节性，如空调、风扇等物质产品消费的季节性，再如农作物等产品生产的季节性。而有些产品则生产和消费都具有季节性。从旅客运输需求的波动看，其根本原因也是由旅客工作、学习、探亲等活动的季节性引起的，此外假日、寒暑假也是重要的原因。了解这一点，对于把握短期内运输需求的变动有着重要的作用。

2. 运输需求的波动增长呈现差别

不同的运输需求种类，其波动程度的大小是不同的，有的运输需求增长较稳定，有的运输需求则大起大落。造成这种现象的主要原因是不同的运输需求有不同的需求弹性。如客运需求比货运需求稳定。在客运需求中，公务客运需求比私务客运需求稳定。货运需求中，不同货物的运输需求的波动程度也是不同的。由于运输需求的波动程度不同，意味着运输市场的稳定程度有大有小。了解运输需求变动的特点，可以根据一定时期内不同运输需求采取相应的策略和手段，以赢得更多的市场份额，特别是针对某个地区的运输需求进行分析时，更应注意这一点。

3. 运输需求增长与运输供给增长的不一致性

由于运输供给的变化是比较稳定的，而运输需求却在波动中变化，因此，运输需求和运输供给之间在变化上呈现出不一致性。

2.3 运输消费者行为分析

运输消费者行为是运输消费者实现其需求的必然过程，运输消费者行为分析是从个体角度了解运输需求的发生和变化情况。在总体环境和消费者心理作用下，运输消费者行为表现为对一系列问题的决策过程。因此，分析和掌握其规律性，有助于运输企业更好地选择目标市场，制定有效的市场营销策略。

2.3.1 运输消费者需求心理分析

任何经济活动，必然受到人的需求和欲望的支配。对生产资料的需求，来自人们投资和扩大再生产的需求和欲望；对生活资料的需求，来自人们日常生活消费的需求和欲望。没有人的欲望，就没有生产、没有消费，社会再生产过程就失去动力。

消费者的需求和欲望是多种多样的，但并不是所有的需求和欲望都能得到满足。人们的需要和消费者需求是有区别的。需要是一种心理状态，从心理学的角度分析，它是反映人们在正常生活中某些方面缺乏时的一种心理感受状态；而消费者需求必须是人们具有某种支付能力的欲望和需要。对运输消费者而言，其消费需求表现为旅客与货主对运输产品有支付能力的需要和欲望。

在分析运输消费者需求时，树立消费层次的观念是很有意义的。美国心理学家马斯洛提出了“需要层次理论”，其主要观点有以下三个方面。

（1）根据人的需要强度的大小，从低级需要到高级需要顺序发展，人的需要分为生理需要、安全需要、社会需要、尊重需要和自我实现需要 5 个基本层次。

（2）每个人都有需要和欲望，只有未满足的需要才会形成引起行为的动机。

（3）人的需要是从低级到高级具有不同层次的，只有当低级的需要得到相对满足时，高一级的需要才会起主导作用，成为支配人们的行为动机。

需要层次理论在市场营销中有着明显的作用，它常被用来作为运输市场细分及产品定位的依据。运输消费者对运输产品的消费需求有不同层次。在客运中，旅客的最基本要求便是安全、准时到达目的地；同时要求运输企业在车上、车下的服务能满足不同层次需求，如能供应餐饮，有硬座、卧铺、软卧，以至有电视、娱乐设施、浴室等，能随时随地购买到车票，以及能得到运输企业多种售票方式服务等。而货运中，能满足安全、准时到达是最低要求，进而要求快速，以及特种货物运输的安全到达等。在车下办理货运手续简明、高效，进而对货物实行门到门运输，并期望运输企业提供多种延伸服务。因此，运输企业为不同层次的消费者提供不同档次的运输产品，有利于市场营销。

需要虽然从最根本的意义上决定着消费者的购买活动，但需要具体通过落实到购买什么产品来满足需要却决定于动机。动机是产生购买行为的直接和内在原因。由于消费者受教育程度、职业、收入等方面的不同，其购买产品的动机也有许多类型，运输企业应根据不同的购买动机，采取相应的营销策略，以提高运输企业营销活动的水平。运输消费者的购买动机主要类型包括求实、求新、求廉、求名、好奇、习惯、从众、安全等购买动机。充分理解运输消费者购买动机，对运输企业分析、确定运输目标市场、定营销策略，具有深刻的指导意义。

2.3.2　运输消费者的购买行为分析

旅客和货主是运输需求的主体。运输消费者行为表现为以自身的运输需求得到最理想的满足为原则而进行的一个从认识、评价、决策到实施的连续的活动过程。在对运输消费者需求心理及购买动机进行分析之后，有必要进一步分析他们的购买行为。

1. 运输消费者购买行为模式和类型

运输消费者的购买行为是在购买动机的支配下发生的，这一过程实际上是一个“刺激—反应”过程，即运输消费者由于受到各种刺激，就会产生购买动机，最终的反应是发生购买行为。这种刺激来自内部和外部两个方面，内部刺激产生于运输消费者心理、生理需求；外部刺激则来自营销环境的作用，包括市场营销策略和手段、政治、经济、文化等宏观营销环境因素。

运输消费者购买行为模式如图2–2所示。

运用这一模式分析运输消费者购买行为的关键，在于运输企业认真调研消费者对本企业策划的营销策略和手段的反应，了解各类运输消费者对不同形式的产品、服务、价格、促销方式的真实反应，就能恰当地运用“市场营销刺激”诱发运输消费者的购买行为，使本企业在竞争中处于有利地位。

在运输消费者购买活动中，不同的运输消费者有着不同的行为方式，其购买行为类型通常可分为习惯型、经济型、理智型、质量型、冲动型、不定型等；在购买活动中，任何两个消费者之间的购买行为是存在差别的。研究运输消费者的购买行为，不可能逐个分析，只能进行大致的归类研究。上述几种类型的购买行为，只是按消费者购买态度与需求的差别进行的分类分析。

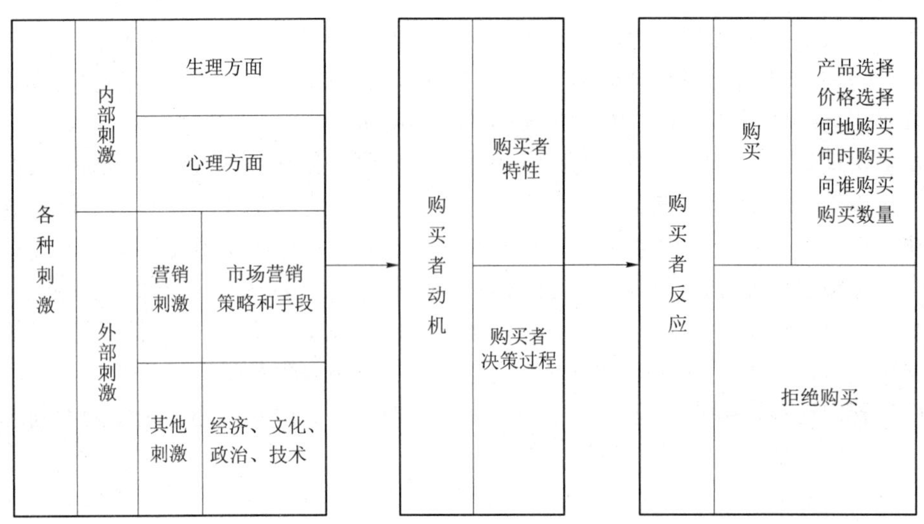

图 2–2 运输消费者购买行为模式

2. 运输消费者购买决策过程

运输消费者的购买行为过程，也就是其购买决策过程。分析这一过程，运输企业可以针对每个程序中运输消费者的心理与行为，采取不同的市场营销手段。

运输消费者的购买决策过程分为五个阶段：认知需求、收集信息、评价选择、购买决策、购后感受。其购买过程如图 2–3 所示。这里强调的是运输消费者的整个购买过程，而不单单是购买决策。实际上，消费者并不是在购买每种运输产品时都要经过这五个阶段，对某些产品的购买过程，消费者可能越过其中的某个阶段或倒置某个阶段。

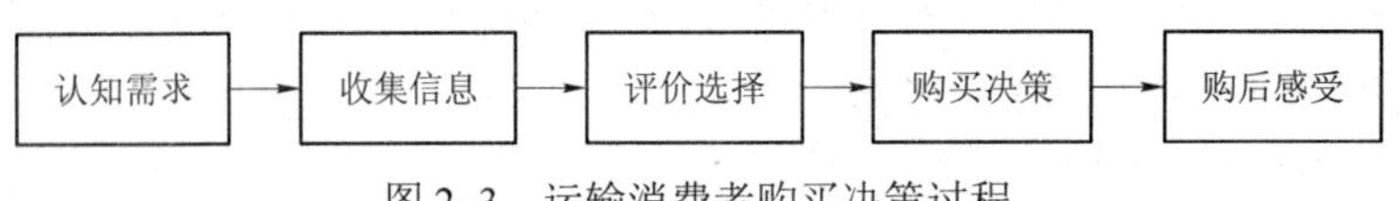

图 2–3 运输消费者购买决策过程

1）认知需求

认知需求是运输消费者购买决策过程的起点。在运输消费者的全部行为中，决策行为是核心。它直接关系到消费者的需求能否得到理想的满足。但为了能作出决策，首先需对自己的需求要有全面了解。对货运需求来说，要了解自己货物的种类、运输的距离、时效性要求、对运输条件的要求、运费的支付能力大小等。对客运消费者来说，要了解自己出行的目的、出行的距离、时间紧迫性、身体的适应能力、对运输的支付能力等。由于不同的运输消费者和同一运输消费者在不同的时期所产生的运输需求不同，因而只有了解具体的运输需求的特点，才能作出较好的运输需求选择。尽管这种对自己运输需求的认识行为可能是很短暂的，但它却是运输需求行为中不可缺少的方面。

2）收集信息

在了解自己的运输需求后，旅客和货主还需广泛收集市场信息，充分的市场信息可以避免决策的失误，减少购买风险。运输消费者所收集的信息包括现有的运输路径、运输方式，以及运输工具的充足程度、班次频率、安全性、舒适度、运费水平、时间占用、职工服务质量等。凡是有助于运输消费者作出正确决策的信息，都属于应收集的信息。在实际生活中，不同的运输消费者信息收集上的积极性会因需求的强度而有所不同。需求强度大的运输消费者会有很高的积极性；相反，需求强度小的运输消费者不一定会积极主动去寻找有关信息，但却会对有关信息注意接收。运输消费者收集信息的范围和数量也会因运输消费者的类型和风险感的大小而不同。初次发生某种运输需求的消费者需收集较多、较广的信息，多次发生某种运输需求的消费者所收集的信息则较少。运输消费者的决策本身是一个伴有风险的过程。不同的运输需求，对消费者的风险感不同。因此，风险较大时，运输消费者会努力收集更多的信息，以避免经济和精神上的损失；而风险较小时，则不会收集更多的信息。从运输消费者的信息渠道看，大致有自己以往的经验、他人的介绍、现场了解、运输企业或媒介的传播等。由于市场信息意味着运输供给方面的条件，对一些信息所代表的条件，如运价、路径、时效性等，也可在和运输企业的谈判中有某些改变，因此主动收集信息，可为运输企业协商谈判或讨价还价提供参考。

3）评价选择

一般情况下，无论是货主还是旅客，都会面临多种可选择方案。首先面临着运输方式的选择，到底采用铁路还是公路运输，采用水路运输还是航空运输，让这个运输企业运输还是让另一个企业运输，运输消费者必须果断地作出选择。因此，必须利用所获得的信息、对自己需求的了解，根据其运输需求的基本标准进行全面的评价，然后根据评价的结果作出最后的选择。评价选择的复杂程度因不同的运输消费者和不同的运输需求而不同。比如，大宗货物的货主，比一次性小批量货物的货主更重视选择评价。另外，这种评价选择行为会受到意外条件的影响，特别是新信息的获得、评价标准及认识角度的变化等，都可能使运输消费者调整自己的选择结果。

4）购买决策

运输消费者根据评价的结果，选定自己认为最佳的产品或品牌，实施购买，即进入现实的需求阶段。

5）购后感受

购后感受是购买决策过程的最后阶段，主要是反映运输消费者在购买以后的反应。运输消费者通过运输活动，可以检验自己的决策，重新评价决策是否正确，与自己预先的要求有何差距，以便为今后类似的活动积累经验。运输消费者的感受，使货主和旅客积累了经验，在运输需求选择方面不断成熟，而且以自己的感受修正所接受的市场信息。运输消费者的这种行为虽然更多地表现为精神方面的内容，但它对运输消费者的其他行为有重要影响。

3. 运输消费者的行为规律

运输消费者的行为规律主要表现在运输消费者对运输方式的选择规律上。

1）货主消费行为规律

货主与旅客在选择交通运输工具上有明显的差别，主要表现在货主尽管要考虑运送时间的节省，但更重视运费的节约。货物的时间评定价格（即货物在途时间节省 1 小时能给货主带来直接和间接的收入）取决于货物占用资金的利息、赢得销售时机而增加的收入，以及货物在运输途中损减部分的折价等因素。这些因素都与运费直接相关。若为了节约利息上的支出而强调运送时间的节省，则运费上的多余支出可能抵消利息上的节约，而且可能会大大超出。鲜活易腐货物不仅有利息的节约问题，而且也有因运送时间的延误而造成货物损失的可能，但为了节省运送时间而支付的高额运费若抵消了利息节约部分、货物损失的价值和所节省时间价值，也就失去了经济上的意义。如果货物延误了销售时间会影响销售时机，同样要比较运费支出和时间节省能带来的收入差额，若高运输费用推动了高销售成本，即使赶上了好价钱，但未必能获得好的收入。从另一方面看，大多货物可以储存，在时间要求上具有一定的灵活性。旅客即使多支付运费换来的时间节省不一定能给其带来经济上的好处，但至少可以减少旅客的疲劳；而货物却没有任何知觉，运输经济效果如何，则完全要看经济上是否有利。

因此，货主和旅客在选择交通运输工具时，虽然遵循的基本原则都是以尽可能少的运费支出和送达时间实现同样的运送距离，但是面对不同的选择方案，货主完全从经济效果上进行评价，即只有在节省时间价值大于为了节省时间多支付的运费时，才可选择运费高、送达时间短的运输工具；否则，只能选择运费低、送达时间长的运输工具。

以上只是做理论上的一般性分析，在具体了解这一行为规律时还需注意，一是随着国家产业结构的变化，加工业及深加工业产品的比重不断提高，货物的时间价值总体上在提高，快速运输是货主不断追求的目标。二是在同一时期，不同货物的时间价值是有差异的，因而不同货主的行为表现也就有所不同。运输企业在提供普通的货运业务时，要重视运送速度的提高，以满足货主对时间的要求，更要努力降低运费水平，充分重视运费在运输消费者选择交通工具方面的重要影响。另外，运输企业应开辟快速运输业务，提供快速货运产品，吸引时间价值高的货运需求。

当然，影响货主选择交通运输工具或运输企业的因素，主要取决于运送时间长短、运费水平高低，也取决于货主对运输企业信誉、形象好坏、运输产品服务质量等方面的认识。

2）旅客消费行为规律

旅客选择运输方式或某种运输方式中的某个运输企业时，要综合考虑多种因素，主要体现在运输的安全性、经济性、便捷性、舒适性、迅速性、准时性等方面。其中，安全性是不同运输方式的前提性因素，旅客旅行最根本的需要是安全。旅客在选择交通工具时，都会首先根据以往的旅行经验以及来自交通安全方面的信息，作为判断可选交通工具的一个基本条件。便捷性是指旅客旅行过程各环节上的方便程度，包括开行频率、售票、中转换乘、行包托运及提取等方面的便利程度，它是旅客旅行选择交通工具的重要条件。舒适性要以一定的技术手段作保证，交通工具要舒适就得有更多的投入，因此舒适程度要间接反映在运费上。迅速性、准时性等，最终都要归结到旅行时间上。旅客旅行选择交通工具的基本原则是，实现相同的空间位移时能支付较少的运费，并花费较少的旅途时间。因为运费的节约对旅客的意义是不言而喻的，较少的运费支出是一种相对意义上的获得。旅途时间的节约对旅客同样具有重要的意义。客运需求与货运需求一样，属于派生需求，旅客出行的目的是生产、工作和生活需要，因而时间的节约直接或间接地与旅客经济上的得失有关。旅客旅行受旅行环境、车辆振动、噪声等因素影响，并且旅行时间也是旅客心理时间，即旅客一旦进入旅行角色，旅行时间长，旅客将在心理上产生反应，如厌烦、心理疲倦等，影响旅客感觉和心理，造成旅客旅行机体疲劳和心理疲劳。旅客随着旅行时间的延长，旅行疲劳程度不断增加即具有边际疲劳递增的现象，对旅行舒适度要求会越来越高。

按照旅途时间占用和运费的组合，可有以下四种不同的方案供旅客选择：A 方案（票价低，时间占用少）；B 方案（票价低，时间占用多）；C 方案（票价高，时间占用少）；D 方案（票价高，时间占用多）。如果存在这四种方案的话，那么，旅客会毫不犹豫地选择 A 方案，并毫不犹豫地放弃D方案。但在实际中大多是B、C两种情况。那么，旅客将会如何选择呢？

设旅客由甲地到乙地有两种方案可供选择，两种运输工具的票价分别为P_1和P_2（$P_2>P_1$）；所需的旅行时间为T_1和T_2（$T_2<T_1$），则两种交通运输工具的时间比较价格（票价之差和时间之差的比）$P_C=(P_2-P_1)/(T_1-T_2)$，其含义为每节约一小时旅途时间需多支付的运费，或多占用一小时旅途时间可节约的运费支出。再设旅客的时间比较价格（即旅客每小时可获得的收入水平）P_R，则旅客将会作如下选择。若$P_R>P_C$，说明旅客在旅行中节约的时间所获得的好处可以弥补或超出其在运费上的“多余支出”，因此旅客会选择票价高、时间占用少的交通运输工具。若$P_R<P_C$，说明其在票价上的多余支出和时间上的节约相比不合算，此时旅客会选择时间占用多但运费支出少的交通运输工具。选择票价高、时间占用少的交通运输工具的旅客，用节省时间以获得更多的收入。选择票价低、时间占用多的交通运输工具的旅客，用较多的时间换来了运费上的节约。如果不考虑旅客身体、精神方面的因素，则他们都获得了最佳选择。若$P_R=P_C$，从选择的意义上，两种运输工具是相对等值的，但实际上可从其他因素的差别中作出选择，如运输企业的信誉、服务水平、旅行便捷性、舒适性及旅客的身体适应性等。

就不同交通运输工具的时间价格比来说，其水平取决于不同交通工具的技术性能、运输组织管理、投资多少等因素。就旅客的时间评定价格来说，总体上取决于旅客单位时间内的收入水平，对非就业的旅客来说，取决于为其提供生活费用来源者的收入水平，高收入者的时间评定价格比低收入者的高，经济发达地区旅客的时间比较价格比经济不发达地区旅客的高。同时，不同旅客时间比较价格上的差别，还取决于出行的目的。比如，为了洽谈贸易需尽早赶到目的地，时间比较价格就高；若为旅游、休闲、访友等出行，时间比较价格就较低。一般来说，尽管不同地区、不同国家的不同旅客在同一时期内的时间比较价格有差别，但随着经济的发展，人们收入水平的提高，所有旅客的时间比较价格将趋于提高。这是运输企业把握旅客消费行为规律时应充分注意的方面。

复习思考题

1. 企业营销环境有哪些特点？
2. 影响运输企业营销的宏观环境及微观环境因素有哪些？
3. 简述运输需求及其特征。
4. 影响货运需求和客运需求的因素有哪些？
5. 分析运输需求变动的一般趋势。
6. 分析运输消费者购买决策过程有何意义？

第3章

运输市场调查

【本章内容概要】

本章在介绍运输市场调查的概念、功能和程序基础上，分析运输市场调查方法的种类、特点及应用条件，阐述运输市场调查技术——问卷技术和抽样技术。

【本章学习重点与难点】

学习重点：了解运输市场调查的概念、功能、内容及程序；理解询问调查法不同形式及其优缺点；了解实验调查法的种类及其应用条件；理解并掌握问卷的构成及问句的类型；能正确设计和运用问卷进行运输市场调查。

学习难点：正确设计和运用问卷进行运输市场调查。

3.1 运输市场调查概述

3.1.1 运输市场调查的概念

市场调查译自英文 marketing research，又称市场调研、市场研究、营销调研，是伴随商品经济的发展而出现的，并随着商品经济的进一步发展，其含义也不断发生着变化。

在小商品经济条件下，商品生产的规模很小，市场范围狭小，商品的供求比较稳定，市场的微小变化对商品的生产和销售并不能造成很大的影响。因此，这个时期，对商品生产者而言，无须对市场进行深入细致的调查与研究。到了 20 世纪 30 年代，随着商品经济的发展和市场的扩大，市场竞争日益激烈，为了掌握市场信息，以取得竞争中的有利地位，企业需要对市场进行经常性的分析和研究。那时的市场调查是指，企业为了销售产品对顾客所做的调查，以及研究购买商品的单位或个人对商品的用途要求、购买动机、购买行为。它的职能范围只局限于商品的流通领域。这是狭义的市场调查，是与推销观念相适应的概念。

随着商品经济的进一步发展和市场的扩大，市场营销理论也得以发展和充实，从传统的商品流通领域，扩展到生产领域和消费领域。市场调查的职能范围也不仅仅局限于商品的流通领域，而是以满足消费者和用户的需求为中心，参与企业内部经营活动的决策，为企业的产、供、销全部经营活动提供可靠的决策依据。这时的市场调查是指运用科学的方法和手段，系统地和有目的地收集、分析和研究与市场营销有关的各种信息，掌握市场现状及发展趋势，找出影响企业市场营销活动的主要因素，为企业准确地预测和决策，有效利用市场机会提供正确依据的一种市场营销活动。这是广义的市场调查，它包括了从产品设计到消费者的购买，直到售后服务的全部过程。

对于运输企业来讲，运输市场调查是指运输企业为了实现自身经济利益目标及社会公益目标，对运输经济腹地产、供、销及客源地进行的调查研究工作。通过市场调查，了解和掌握运输经济腹地的货源、客流构成及流向、流量等。为货源及客流组织工作准备资料，为保证运输计划有节奏、均衡地实施提供客观依据。

为了更好地进行运输市场调查，应根据调查主体所要达到的不同目的，选择不同类型的调查方式。包括探测性调查、描述性调查、因果性调查、预测性调查。

1. 探测性调查

探测性调查是在正式调查开展之前进行的初步的、具有试探性的调研活动。当企业对所要调查的问题和范围尚不清楚，无法确定应当调查什么问题、调查哪些内容时，可采用探测性调查。探测性调查的资料来源，可以从企业内部的资料中获得。探测性调查的目的，主要是确定下一步调查的问题和范围。至于问题如何解决，尚需采用其他调查来收集资料，以便为解决问题所用。

2. 描述性调查

描述性调查就是对企业需要调查研究的问题，进行如实的调查记录，了解与其相关联的因素。描述性调查的任务是只要找出和说明其相关联的因素，而不确定为什么和哪个因素是因、哪个因素是果，以及因果关系如何等。

描述性调查所取得的市场信息十分重要，它是进行市场分析和预测的重要依据。由于这种调查注重事实资料的记录，故多采用询问法、观察法进行调查。

3. 因果性调查

因果性调查是在描述性调查的基础上，找出各个相关联因素之间的关系，哪个是因，哪个是果，其相互影响程度如何，也就是要找出原因和结果及其关系。

4. 预测性调查

预测性调查是根据前三种调查所提供的各种市场情报资料，运用定性或定量的方法，估计未来一定时期内市场对某种产品的需求量及变化趋势。这种调查对企业来说一般属于销售预测或需求预测。在现代市场营销的条件下，需求是企业生产的先决条件，也是企业的生存条件。企业只有了解未来的需求状况，才能更好地组织企业市场营销活动，所以，预测性调查对企业来说，有着重要的现实意义。

对运输市场进行调查还可以按照其他一些方法分类。如按照调查时间的不同，可以把市场调查分为一次性调查、定期调查和经常性调查；按照调查区域的不同，可以把市场调查分为国内市场调查和国际市场调查；按照调查内容的不同，可以把市场调查分为销售调查、企业形象调查、产品调查、价格调查、分销渠道调查等。

3.1.2　运输市场调查的功能

运输市场调查对运输企业生产经营具有十分重要的作用，主要表现在以下几个方面。

1. 运输市场调查是了解市场的重要手段

通过运输市场调查可以了解和掌握国内外运输市场的需求和产、供、销的全部情况，了解客流、货源的构成变化规律及发展趋势，以便运输企业根据市场情况和本身的实际情况，决定企业的发展方向。

2. 运输市场调查是进行经营决策的基础，有利于提高企业的经营管理水平

现代企业管理的重心在经营，经营的重点在决策。信息是一切经营管理决策的前提。只有通过市场调查，收集各类有用信息，并对这些信息加以全面分析，企业做出的经营决策才能切合实际，这样的决策才能减少失误，降低风险，为企业带来效益，也有利于提高企业的经营管理水平。

3. 运输市场调查是调整和修正计划的重要依据

企业的战略与计划是否正确，是否存在疏漏、不足甚至失误，可以通过了解市场供求的实际情况来检验。同时，由于环境和市场始终处于变化状态，一旦出现新情况、新问题，原定计划就应适当做出修正。这一切都只有通过市场调查获取的最新信息来作出判断。因此，运输企业在经营活动中，必须进行充分的市场调查，不断收集和获取新的信息，准确把握市场变化，才能及时调整和修正经营计划，以增进企业自身在市场中的竞争能力。

4. 运输市场调查有利于企业目标市场的培育与巩固

现代市场上消费者已经成为市场的主体，企业要实现自身的发展，就要更好地满足目标市场的需要。企业应努力做到在适当的时间、地点，以适当的价格、适当的信息沟通和促销手段，向适当的消费者提供适当的产品和服务。这就要求企业首先要了解和认识目标市场的需要。而目标市场是不断发展变化的，所以只有通过系统的市场调查，根据目标市场的要求，提供消费者所需要的产品和服务，才能真正做到满足目标市场的需要，培育起企业的目标市场。

市场调查当今已成为现代企业运营中重要的一环，世界上许多发达国家如美国、日本，都非常重视市场调查工作，纷纷成立各式各样的机构并花费大量的经费从事市场调查工作。根据市场调研的结果，调整经营策略，取得了显著的经营成果。我国运输企业近些年也已逐步认识到市场调研对企业经营管理的重要性，在这方面也做了不少工作，取得了一定的效果。

总之，目前国内外成功的企业无不将市场调查放在企业经营的突出地位，市场调研已成为企业生存和发展必不可少的条件。

3.1.3 运输市场调查的内容

运输市场调查的内容十分广泛。从广义上讲，凡是直接或间接影响运输企业营销活动的资料，都应收集和研究。但是，由于每次调查的目的不同，调查时间有限，其内容也不完全一样，且一次调查活动不可能包罗万象，涵盖所有内容，必须通过多次长期的调查，在不断积累资料的基础上，才能全面认识市场。为了全面了解、认识市场活动，这里将运输市场调查的基本内容加以系统的阐述，以使我们对运输市场调查的内容有全面且完整的认识。

1. 运输市场营销环境调查

运输市场营销环境的调查包括政治法律、经济、社会文化、自然、科技、竞争等环境。对交通运输企业而言，运输市场营销环境是不可控因素，运输企业的生产与营销活动必须与之相协调和适应。

2. 运输市场需求调查

运输市场需求是决定运输市场购买力和市场规模大小的主要因素，其主要调查内容包括消费者规模及构成调查、消费者购买动机和购买行为调查、产业市场调查等。

3. 运输市场供给调查

运输市场供给是指一定时间内，运输企业为市场提供的产品总量。市场供给调查的目的在于使市场供给与需求相适应，以更好地满足不断变化的市场需求。主要包括各种运输方式的布局及运输能力、各种运输方式的产品特点、类型和数量、交通运输总体发展规划、企业发展规划等。

4. 运输市场营销策略调查

现代市场营销活动是综合运用产品、价格、分销和促销等策略的组合活动，追求全面满足消费者的需求。因此运输市场营销策略调查也应围绕这些营销组合来进行，主要包括产品、价格、分销渠道、促销、竞争情况调查等。

3.1.4 运输市场调查程序

运输市场调查是一项复杂细致而且涉及面很广的工作，要保证调查工作的效率和质量，确保调查的准确性，取得良好的预期效果，就应尊重客观规律，按科学的程序和方法进行。一般来讲，运输市场调查的基本程序包括3个阶段，8个步骤。

1. 调查准备阶段

调查准备阶段是市场调查工作的开端。这一阶段的主要工作就是通过对市场的初步分析，掌握一般市场情况和市场问题，从而明确调查的目的，确定调查主题和范围，并制定调查计划，具体分如下两个步骤。

1）确定调查的目的和范围

首先，应明确调查的目的，或者说这次调查要解决的主要问题。如这次为什么要调查？想要调查什么情况？了解情况后有什么用途等问题，对这些问题应能做出准确的回答。其次，应确定调查范围。调查范围的区分，直接影响到调查收集资料的范围，如果范围限界不清，调查中就可能出现资料信息收集不全或信息杂乱、资料庞杂，或者收集资料范围过大，造成不必要的浪费。因此，应该对调查范围加以限定。一般可以从地区上确定市场的区域范围，从运输产品使用对象上确定调查的旅客或货主群体范围。

2）制定调查计划

调查计划是对调查工作的设计和预先安排，作用在于保证调查有目的、有计划、有组织地进行。调查计划内容如下。

（1）明确调查主题及目的

对调查目的初步确定后，在此阶段还需进一步明确，目标的确定要符合企业的实际，要尽量具体、准确，还可以邀请有关专家及经营管理者听取他们的意见。

（2）确定调查地点、调查对象及调查方法

在确定调查地点时，要根据调查目的考虑地区的分布、调查对象的居住地点；在确定调查对象时，要考虑被调查对象应具备的条件；确定调查方法时，应从调查的目的和具体条件出发，以有利于搜集符合需要的第一手材料为原则进行。

确定调查地点、对象和方法不是孤立进行的，它们同调查目的以及需满足的要求密切相关，应根据对调查结果可信度的要求和费用的限制综合考虑。

（3）选定调查人员

由于调查对象的多样性与复杂性，市场调查人员的水平对调查结果影响甚大。为了确保调查质量，对参加市场调查的人员应有一定的素质要求。第一，调查人员要具备一定的文化基础知识。参加市场调查要记录、计算、汇总情况，因此调查人员应有良好的文字表达能力和计算能力。第二，调查人员要具备一定的经济学、市场学、交通运输管理、统计学、心理学、财政金融、商品流通等方面的知识，这样才能正确理解调查问题的内涵。否则，如果不懂或理解不准确，就会导致认识上的偏差，调查质量就无法保证。第三，调查人员要有认真负责、严谨踏实的工作态度。市场调查工作任务复杂、繁忙，如果缺乏良好的工作态度，工作马虎敷衍，那么调查资料必然会产生较大误差，严重的甚至可能导致调查工作失败。第四，调查人员要有文明的举止，稳重开朗的性格。举止文明的调查人员容易取得调查对象的信任，配合调查工作开展，开朗的性格更便于相互间的交流与沟通，有利于调查工作的顺利进行。

调查人员的数量，应在保证效果、节约费用的条件下，综合考虑确定。

（4）预算调查费用

市场调查的费用较大，要考虑运输企业的承担能力，应在有限调查费用的条件下，力求取得最好的调查效果。或在已确定的调查目标下，使费用支出最小。在预算调查费用时，应包括印刷费、资料费、交通费、调查费、人员开支等。

（5）安排调查时间和工作进度

为了保证调查工作有序且按期完成，必须做出具体的时间安排。例如，何时做好准备工作，何时开始人员培训，何时开始正式调查，何时完成资料整理，何时完成调查报告等。有了时间要求，还应定期或不定期地对工作进度进行监督检查。这样，一方面可以确保调查工作按预期的目标进行；另一方面还可以掌握情况，及时发现问题，加强薄弱环节，从而使调查活动顺利完成。

2. 调查实施阶段

调查实施阶段主要是按照调查计划，组织调查人员，深入实际，全面系统地收集各种有关资料、信息数据，大体分为以下 4 个步骤。

1）选择资料收集方法

市场调查收集资料，可分为第一手资料和第二手资料。

第一手资料，又称原始资料，是调查人员通过现场实地调查所收集的资料，如对货源的调查。收集方法即为市场调查方法，有询问法、观察法、实验法。对这三种方法应根据调查问题的性质，决定采用其中的一种或几种方法。

第二手资料，又称现成资料，来源于企业内部资料和外部资料。企业内部资料是企业内部经常收集和记录的资料，如有关统计报表、企业历年的统计资料、有关年度总结报告和专题报告等；对于铁路客运中的"旅客发送量及票价统计表""旅客运输量及周转量统计表"等，就是现成资料或第二手资料。外部资料是从统计机构、行业组织、市场调研机构、科研情报机构、报纸杂志文献等获得的资料。第二手资料的收集方法，可以是直接查阅、购买、交换、索取以及通过信息情报网、国际互联网收集和复制，也可以通过参观学习、技术交流、学术交流、新产品鉴定、技术鉴定等间接方式收集。

在收集资料过程中，获得第一手资料往往需要时间长、费用大，而第二手资料较容易取得且费用低。因此，应充分利用现成资料，最大限度地缩小实地调查的范围。同时为保证资料的准确性和可靠性，也应进行一定的现场调查。也可以根据具体情况，交叉进行原始资料和现成资料的收集。

2）设计调查表

调查方法确定后，为了在现场实地调查时能有的放矢，调查人员必须事先设计拟定调查表。调查表也称为询问表或问卷，是市场调查中用来收集资料的基本工具。它以书面的形式记录和反映调查对象的看法和要求。调查表设计是一项技术含量高而又十分重要的工作，它直接关系到调查工作的成效。因此，要求设计的调查表主题明确，重点突出，问题通俗易懂，便于回答，同时还要便于计算机的统计汇总和处理。关于调查表设计的详细内容在第三节中将专门介绍。

3）选择调查方式

市场调查方式包括市场普查、重点调查、典型调查及抽样调查等几种。应根据调查的目的和要求以及调查对象的特点，选用适当的调查方式。

市场普查是对调查对象的全体进行的无一遗漏的逐个调查，是一种全面调查的组织方式。它需要花费很大的人力、物力、财力以及较长的时间，一般企业很难承受。所以，市场普查很少用于运输企业的市场调查工作中。

重点调查是在全体调查对象（总体）中选择一部分重点单位进行的一种非全面调查。所谓重点单位，是指所要调查的这些单位在总体中占重要地位或在总体某项标志总量中占绝大比重的单位。重点调查可用于运输企业对大宗货源的调查，以及有关流通渠道、经营条件、竞争对手等的调查。这种调查方式，能以较少的人力和费用开支，较快地掌握调查对象的基本情况。但需要说明的是，重点调查中选取的重点单位不具有普遍的代表性，一般情况下不宜用其综合指标来推断总体的综合指标。

典型调查是在全体调查对象（总体）中有意识地选择一些具有典型意义或有代表性的单位进行非全面的专门调查研究。这种调查方式由于调查单位较少，人力和费用开支较省，可以有较多的调查内容，因此有利于深入实际对问题作比较细致的调查分析。用典型调查的综合指标推断总体的综合指标，一般只能作出估计，不可能像随机抽样那样能计算出抽样误差，也不能指明推断结果的精确度，不过，在总体各单位的差异比较小，典型单位具有较大代表性情况下，以典型调查资料推断总体指标也可以得到较为满意的结果。

抽样调查是一种统计学方法，是从全体调查对象（称为总体）中抽取部分对象（称为样本）进行调查研究，用所得样本结果推断总体情况的调查方式。抽样调查可把调查对象集中在少量样本上，并能获得与全面普查相近的结果，有很强的科学性与准确性，同时又省时、省力、省费用，所以在市场调查中广泛采用。

4）实地调查

调查人员按照确定的调查对象、调查方法，进行实地调查，收集第一手资料。对于这一阶段，不同的调查人员可能有不同的调查结果，因此，调查人员必须具备一定的素质、知识水平和调查技巧，才能确保获得正确而又满足要求的第一手资料。

3. 调查结果处理阶段

调查结果处理阶段是调查全过程的最后一个阶段，又称分析和总结阶段，是将收集到的资料和数据进行加工整理及分析，得出调查结论，然后撰写调查报告。这一阶段分两个步骤。

1）整理分析资料

（1）调查资料的整理

调查所得的资料是大量的、零散的，还有可能有片面和不真实的，必须进行系统的编辑整理，去粗取精，去伪存真，如检查资料是否齐全，是否有互相矛盾的地方，数据口径是否一致，是否满足时效要求等，以便对发现的问题及时补充修正，保证资料的系统完整和真实可靠。

（2）调查资料的分类汇编

对经过编辑整理的资料，要根据要求进行分类，把性质相同的归在一起。分类后的资料还要加以统计汇总，编号归档存储，这样将方便以后的查找和使用。当采取计算机加工处理资料时，资料的分类编号更为重要。

（3）调查资料的分析

为了掌握被调查事物的内在联系，揭示问题的实质和各种市场现象间的因果关系，就必须对调查资料进行综合分析，以找出其内在的规律性和关联性。如可以运用各种统计方法（如相关分析、回归分析等）或根据需要制成各种统计表、统计图来进行分析，最终得出合乎实际的调查结论。

2）撰写调查报告

调查报告是市场调查工作的最后阶段，它是将调查分析的情况、得出的结论、提出的措施或建议写成书面报告，提供给管理部门和职能部门的管理人员作为决策时的参考。

市场调查报告的基本内容一般包括：调查的地点、时间、对象、范围、目的；采用的主要调查方法；调查结果的描述分析；调查结论与建议。

调查报告的格式一般由导言、正文、结束语和附件等部分组成。编写报告时，应注意报告内容要达到以下几点要求：紧扣调查主题，突出重点；引用数据要准确可靠，如实地反映客观情况；观点应明确，切忌模棱两可；文字要简明扼要等。

3.2 运输市场调查方法

运输市场调查方法是指调查者在实际调查过程中为获得信息资料所采用的具体方法。调查方法选择得是否合理，会直接影响调查结果。因此，合理选用调查方法是营销工作的重要环节。运输市场调查方法一般有传统调查方法和网络调查方法。

3.2.1 传统调查方法

传统调查方法包括询问调查法、观察调查法和实验调查法三种。

1. 询问调查法

询问调查法又称直接调查法，是调查人员通过某种方式向被调查者询问问题而收集所需要的资料的一种调查方法，它是市场调查中最常用的方法之一。通常应事先设计好一套调查表（或称问卷），以便有步骤地提问。

询问调查法在实际应用中，按传递询问内容的方式以及调查者与被调查者接触的方式不同，有面谈调查法、邮寄调查法、电话调查法、留置调查法等方法。这些方法各自具有自己的特点，应用于不同场合。

1）面谈调查法

面谈调查法是调查人员直接面对被调查对象了解情况、询问有关问题，获得资料的方法，是一种最常用的方法。

（1）面谈调查的形式

面谈调查时应根据调查的目的、要求，选择若干调查样本（个人、用户等），分别进行交谈。这种交谈可以采用个人面谈，也可采取小组面谈或集体面谈形式。根据需要，可以安排一次或多次面谈。

① 个人面谈。这是调查人员与被调查者面对面的单独谈话。个人面谈灵活方便，谈话问询伸缩性强，彼此可以沟通思想，并且谈话主题集中，有针对性，可获得较丰富的信息。但个人面谈成本高，费用大。

② 小组面谈。这是将选定的调查样本分成若干个小组进行交谈，调查人员分头听取反映、收集资料。每个小组由3～5个调查对象组成，可以按每个人的特点分组或按具体问题分组。这种形式既有个人面谈的优点，又能消除个人面谈的心理压力，还可以节省时间。

③ 集体面谈。即开调查会。这是将选定的调查对象以开座谈会的方式召集起来，听取意见，收集反映，获取信息。由于众多的调查对象同时出席，往往可以互相启发思路，使调查人员获得较多情况。这种方式在选择调查对象人数上要适当控制，人数过少，不能起到集思广益的效果；人数过多，则易使调查会的进行难以控制。

（2）面谈调查的优点与不足

面谈调查的优点主要有以下几点。

① 调查表的回收率高。调查人员与调查对象面对面的接触，往往可以避免被调查者因忙碌或其他各种理由拒绝回答的情况，因而可以得到较高的回收率。相对于其他调查法而言，面谈调查是回收调查表最高的一种调查方法。

② 真实性较强。调查人员能够直接接触调查对象，收集第一手资料。而且，调查过程中调查人员可以具体观察被调查对象，了解调查对象的心理状况，同时观察周围的环境、气氛，以掌握非语言信息，从而对信息的真实程度做出判断。

③ 可靠程度高，偏差小。面对面调查，调查人员可以对调查表中不清楚的问题加以解释说明，避免由于调查对象理解错误而产生的调查偏差，从而提高调查结果的可靠性。

④ 灵活性较强。在面对面的调查中，调查人员可以根据实际情况，灵活运用谈话技巧，掌握谈话气氛与进度，深入了解情况，有时甚至会有意料不到的收获。

面谈调查也存在明显的不足之处。

① 调查费用高。当调查样本多、分布地域广、需要分别面谈时，将花费较高的调查费用，而且也需花费较长的时间。这种方法是询问调查法中费用最高的。

② 主观因素影响大。在面对面调查中，调查人员能够启发、引导调查对象思考问题，这是有利的一面，但同时也不可避免地存在调查对象回答问题时受调查人员的见解、语气、态度的影响，从而影响调查结果的真实性。

③ 对调查人员要求高。调查结果的质量在很大程度上取决于调查人员的经验、技巧和工作态度。这就需要调查人员具有一定的调查经验，熟练的谈话技巧，善于启发、引导调查对象，及时记录归纳谈话内容。

面谈调查一般在调查对象不多，但需要了解较多、较深入的问题时采用。

2）邮寄调查法

邮寄调查法是指将事先设计好的调查问卷（调查表）邮寄给被调查者，由被调查者根据要求填写后寄回的一种调查方法。调查人员根据回答的问卷加以整理分析，从而得到市场信息。

（1）优点

① 调查面广。采用邮寄调查方式不受调查者所在地的限制，可以扩大调查区域，增加调

查对象的数量。只要是通邮的地区，都可选择调查对象进行调查。

② 调查结果较为客观。由于调查人员不在场，被调查者可以自由填写意见，而不受调查人员态度及主观因素诱导的影响，使资料更加客观，同时还可消除调查人员的错误记录和偏见。

③ 调查质量较高。被调查者有比较充裕的时间思考与作答，可以认真准备，慎重填写，因而回答的质量一般较高。

④ 调查费用较低。只需花费少量的邮寄费用和印刷费用即可，节省了大量费用。与面谈调查法相比，邮寄调查法所需的邮资费用远比面谈所需的差旅费用少得多。

（2）缺点

① 问卷回收率较低。被调查者往往因工作繁忙或对调查内容不感兴趣而不答卷。据国外统计资料表明，一般情况下，邮寄调查问卷的回收率只有5%～24%。为此，运用邮寄调查法，要尽量选择好调查对象，使调查内容易于被接受，提出的问题应尽量简单明了。

② 容易产生理解差错。由于调查人员不在场，当被调查者对调查项目和所提问题产生误解时，调查人员无法当面解释与纠正。

③ 问卷回收期较长。邮寄往返及被调查者填写都需要一定的时间，如果控制不力，很容易使资料失去时效性。

邮寄调查法在图书、报刊出版单位已广泛采用。近年来，一些社会调查机构、研究咨询机构、信息中心、工商企业也普遍采用此法，作为了解市场、收集第一手资料的方法。

3）电话调查法

电话调查法是指通过电话与被调查者交谈，从而获得调查资料的方法。

（1）优点

① 收集资料速度快。这是它的最大优点，只要接通电话，所需资料和要了解的问题，立即就可得到答案，节省时间。

② 费用低。电话费用与面谈所需费用相比少得多。

③ 回答率较高。那些在面谈中不易见到的调查对象或邮寄调查中嫌麻烦的调查对象，往往可以接受电话调查。在通话中往往能够提供面谈时不愿涉及的内容。

（2）缺点

① 只限于简单问题的调查。因电话交谈时间不宜过长，只能得到简单回答，不能深入获取信息。

② 被调查人的年龄、收入、身份、家庭情况等无法知道。在电话里询问这些问题时，一般容易遭到拒绝。

③ 照片、图表无法利用。

④ 调查范围只限于装有电话的单位或个人。

电话调查，在发达国家，由于电话普及率很高，使用这种方式进行调查比较普遍。对于简要的带有普遍性的急需问题，一般适于采用电话调查的方法。

4）留置调查法

留置调查法是指调查人员将调查问卷（调查表）当面交给被调查者，并对有关问题作适当解释说明，留下问卷，由被调查者事后自行填写回答，调查人员约定日期收回问卷，再进行汇总分析的一种市场调查方法。

（1）优点

① 理解偏差少。由于调查人员当面向被调查者说明调查的目的和要求，其理解偏差比邮寄调查要少得多。

② 受调查者主观影响小。这种调查法有利于被调查者独立思考问题，避免调查者主观意见对被调查者的影响。

（2）缺点

① 调查地域范围小。由于调查人员需要将问卷（调查表）亲自送给被调查者，在人力、财力、时间上都不可能允许访问地域范围相差甚远的被调查者。

② 调查费用高。留置调查法的费用与面谈调查法不相上下。

留置调查法是介于面谈调查法和邮寄调查法之间的一种方法。留置调查法设计的调查问卷与邮寄调查法的相似，但提问方式可以更灵活、更具体。与面谈调查法比较，留置调查法在调查人员与被调查者面谈时，其内容主要是说明调查的目的、要求，解答疑问，而不是询问调查内容。

2. 观察调查法

观察调查法是指调查人员在调查现场对调查对象的情况直接观察和记录，从而获得第一手资料的一种调查方法。这种方法的特点是调查人员不直接向调查对象提出问题要求回答，而是利用自身感官（视觉、听觉）或者某些器材（照相机、摄像机、录音机等）对调查对象的活动和现场事实间接地观察、记录以搜集资料。

1）观察调查法的种类

观察调查法主要有以下三种类型。

（1）直接观察法

直接观察法是指由市场调查人员直接到现场观察市场活动，以获取信息。这是掌握市场动态的简便易行的常用方法，在市场调查中广泛应用。例如，车站要确定售票窗口数，以满足旅客方便、快捷购票的需要，便可派出调查人员到售票现场观察记录旅客购票的习惯、态度与行为，从而了解旅客排队购票的拥挤度及满意度。

（2）行为记录法

行为记录法是指在调查现场安装某些仪器（如录音机、摄像机等），把调查对象在一定时间内的行为如实记录下来，从中获得定量的市场信息。

行为记录法可用于观察交通量。运输企业可选择一些有代表性的日子，如节假日、平常日，在某地点（车站、道路）安装仪器，记录下不同时期旅客流动量或车辆的数量、种类及行驶方向，然后汇总统计，分析出高峰期以及低谷期的客流量、道路拥挤状况。根据这些信息，对企业的营业时间、车辆开行时间进行合理安排，对劳动力加以适当调整，以改进企业的经营管理水平。

（3）痕迹观察法

痕迹观察法不是观察市场活动本身，而是观察市场上的特定活动留下的痕迹来收集市场信息。铁路部门常在货运营业大厅以及旅客列车上放有留言簿，请货主和旅客提出意见，通过这些顾客在留言簿上的留言，了解顾客的要求，收集市场信息。

2）观察调查法的优缺点

观察调查法与其他调查法相比，有其独到的优点。首先，由于调查人员不直接与调查对象接触，被调查者并不意识自己正在接受调查，因而其言行不受外界因素的干扰，处于一种完全自然的状态，这便使得获得的资料更为真实可靠；其次，在观察调查法中，调查人员不直接向调查对象提问，不会有诱导倾向，因而观察问题较为客观，尤其是当依赖仪器观察时，所得资料更为深入、详细。

观察调查法也有较为明显的缺点。首先，这种方法只能了解事实本身，而难以深入了解市场内在因素、调查对象心理动机和市场变化的原因；其次，观察调查法所获得的信息资料是在观察的现场以及观察的那段时间里发生的，而客观事件发生的地点和时间并不一定是人们所能预料的，这其中的差异导致了调查资料具有一定的片面性；最后，调查人员的不同素质也会对调查结果有较大的影响。观察调查法是靠调查人员的耳闻目睹来感知现场所发生的一切，调查人员要眼看、耳听、手记，这就要求调查人员具有敏锐的观察能力和良好的判断能力，并积累经验，熟练掌握观察法的要领。

3. 实验调查法

实验调查法是起源于自然科学中的实验求证法，它是指先在一个较小的范围内，并在一定的实验条件下对某种影响产品销售的因素进行实际试验，分析其结果，以判断这种方法是否有大规模推行的价值。所以这种实验常称为销售实验，或者称为试销。对试销效果的调查，需要限定在一个特定的地区和特定的时间。这种在特定时间里、特定范围内的特定市场称为“实验市场”。

实验调查法的应用范围很广，凡是某一种产品，在改变质量、设计、价格、广告、促销方式、销售渠道等因素时，都可应用本调查法，先作一小规模的实验性改变，以调查旅客或货主的反应。

下面介绍常用的实验调查法及其优缺点。

1）实验调查法的种类

实验调查法的种类主要有以下几种。

（1）无控制组的事前事后对比实验

这是最简便的一种实验调查方法，它是在不设置控制组（即非实验单位或企业）的情况下，考察实验组（即实验单位或企业）在引入实验因素前后状况的变化，从而来测定实验因素对实验对象（调查对象）影响的实验效果。

采用这一方法，是在同一个市场内，先对正常经营情况进行测量，收集必要的数据；然后进行现场实验，经过实验一段时间后，再测量实验过程中（或事后）的资料数据；最后，进行事前事后测量数据对比，了解实验变数的市场信息。这种实验法的实验效果 E 可表达为：

$$E = x_2 - x_1 \tag{3-1}$$

式中：x_1——实验组事前测定值；

x_2——实验组事后测定值。

上述实验效果 E 是一个绝对量，其值的大小与实验组原有销售规模有关，为了更真实地度量实验效果，可用实验效果的相对指标来反映，相对实验效果 RE 可表达为：

$$\text{RE} = \frac{x_2 - x_1}{x_1} \times 100\% \tag{3-2}$$

【例 3–1】某运输公司，从事将甲地的煤炭送往乙地的业务，由于发送量不大，公司运输此类货物获利较小。为此，该公司准备对运价进行适当调整，以提高发送量。为慎重起见，公司对该运输产品进行了事前事后对比实验调查，以了解产品价格变动对其在运输市场占有率的影响。

首先，运输公司测量了该产品在甲地一个月的发送量市场占有率；然后调整价格，降低运费，再测量一个月产品的市场占有率。实验结果如表 3–1 所示。

表 3–1 实验结果 %

项　目	调价前市场占有率 x_1	调价后市场占有率 x_2	变化量 x_2-x_1
煤炭运输	12	16	4

从表 3–1 中可以看出，实行调价，该运输产品发送量市场占有率上升 4%，因此，该措施是可以实行的。

无控制组的事前事后对比实验简便易行，当运输企业采取改变产品质量、品种、调整产品价格以及增减广告公关费用等措施时，都可作为一种决策依据。但应注意，在运用这种方法时，由于事前事后测量相隔一段时间，而各种非实验因素，如季节变化、消费心理、购买能力等，可能发生变化，这些非实验因素不可避免地会影响实验结果，因而影响实验结果的准确性。如何排除这种影响，目前尚无良策，一般凭经验加以分析区分。

（2）有控制组的事后实验

这是一种横向比较实验，它同时设定两组调查数据，一组为实验组（即实验单位或企业），另一组为控制组（即非实验单位或企业）。对实验组，按设定的实验条件（即引入实验因素）进行实验；对控制组，按原来的正常状况进行经营活动，即在实验前后均不受实验因素影响。最后将两组实验结果进行对比，以测定实验效果。

实验效果 E 可表达为：

$$E = x_2 - y_2 \tag{3–3}$$

相对实验效果 RE 可表达为：

$$\text{RE} = \frac{x_2 - y_2}{y_2} \times 100\% \tag{3–4}$$

式中：x_2——实验组的事后测定值；

y_2——控制组的事后测定值。

在应用此实验调查法时要注意必须满足一个前提条件，即控制组与实验组间具有可比性，也就是说，两组之间的各方面条件应基本相同，包括两组所处的客观环境、规模、设备、经营管理水平等。

【例 3–2】某铁路车务段在开展货运营销活动中，准备派出货运营销人员直接向货主推销运输产品，以组织货源。为观察市场反应，辅助决策，决定采用有控制组的事后实验法，以了解这种人员推销的促销方式对产品销售的影响。于是他们选择了车站规模、管理状况及周围经济环境等方面较为相似的 A、B、C、D 四个车站作为实验对象。其中车站 A 和车站 B 定为控制组，不进行促销活动，车站 C 和车站 D 定为实验组，派出营销人员到企业进行促销。经过一个月的实验，得到的实验结果如表 3–2 所示。

表 3–2 实验结果

组 别	装车数/车	组 别	装车数/车	比 较
控制组 A	850	实验组 C	1 050	+200
控制组 B	800	实验组 D	980	+180
总计	1 650		2 030	+380

总实验效果为：

$$E=(1\ 050+980)-(850+800)=380\text{（车）}$$

相对实验效果为：

$$\mathrm{RE}=\frac{380}{850+800}\times 100\%=23\%$$

从上述实验结果可以看出，每个车站开展促销后，装车数都有较大程度的增加，因此，可以说在相关车站开展人员推销在争取货源、增加货运量方面是有明显效果的。

这种实验方法的优点在于可以排除无控制组的事前事后对比实验中因对比时间不同可能发生的非实验因素的影响。但这并不是说，两组调查对象在同一时间就不会受到外来因素的影响，而是因为在同一时间，这些因素对控制组和实验组的作用大致相同，因而不考虑其影响。

这种实验方法的不足是选择控制组难度较大。实验效果的准确性直接取决于控制组与实验组的可比性，两者之间客观条件越相似，实验效果的准确性越高；反之，实验效果的准确性就越低。从理论上讲，这些条件只有完全一样时才能进行对比，但客观上是无法做到的，控制组与实验组之间总会存在一些差别，这就不可避免地要影响实验效果的真实性。因此，在评价实验效果时，一定要考虑两组条件的差别对实验效果产生的影响。

（3）有控制组的事前事后对比实验

这种实验法是上述两种实验法的结合。即在实验中同时设立控制组和实验组，通过考察控制组与实验组在实验前后不同时期的变化来进行对比的一种实验调查法。

实验效果 E 可表示为：

$$E=(x_2-x_1)-\frac{x_1}{y_1}(y_2-y_1) \tag{3–5}$$

相对实验效果 RE 可表示为：

$$\begin{aligned}\mathrm{RE}&=\frac{E}{x_1}\times 100\%=\frac{1}{x_1}\left[(x_2-x_1)-\frac{x_1}{y_1}(y_2-y_1)\right]\times 100\%\\&=\left[\frac{1}{x_1}(x_2-x_1)-\frac{1}{y_1}(y_2-y_1)\right]\times 100\%\end{aligned} \tag{3–6}$$

式中：x_1，x_2——实验组事前及事后测定值；

y_1，y_2——控制组事前及事后测定值。

现在我们进一步解释实验效果 E 表达式的含义。(x_2-x_1) 表示实验组的实验变量在实验前后不同时期的变化量，它不仅包含了实验因素的影响，也包含了其他非实验因素导致的变动量；(y_2-y_1) 表示控制组的同一变量在实验前后不同时期的绝对变化量，它完全由其他非实验因素引起，其相对变化量为 $(y_2-y_1)/y_1$，它表示控制组的变量受非实验因素影响后每单位上所产生的变化量，即反映了非实验因素的影响程度，由于控制组与实验组各方面条件大致相同，受各种因素的影响程度也大致相同，因而控制组的这一相对变化量也反映了非实验因素对实验组的影响，此时非实验因素对实验组所产生的绝对变化量可表示为$\frac{x_1}{y_1}(y_2 - y_1)$，从$(x_2 - x_1)$中扣除这部分非实验因素的影响，所剩下的便是仅受实验因素影响的净实验效果了，这就是表达式E的由来。

【例 3–3】某公司为提高水果的运输质量，延长保鲜期，研制了新的包装技术，为了了解改变包装后对运输量的影响，决定采用有控制组的事前事后实验法对下属的 6 家单位进行测定，3 家为控制组，使用原包装，3 家为实验组，实验期间使用新包装，实验前后对比期为 2 个月，实验前后各组运量如表 3–3 所示。

表 3–3　实验前后各组运量　　t

	实验前（旧包装）运量	实验后运量
实验组（3 家）	3 000	4 000
控制组（3 家）	2 900	3 500

其实验效果为

$$E = (x_2 - x_1) - \frac{x_1}{y_1}(y_2 - y_1)$$
$$= (4\,000 - 3\,000) - \frac{3\,000}{2\,900}(3\,500 - 2\,900) = 379\text{（t）}$$

相对试验效果为

$$\text{RE} = \frac{E}{x_1} \times 100\% = \frac{379}{3\,000} = 12.6\%$$

此结果表明，该公司对水果改用新包装技术后，2 个月内可使运量增加 379 t，增加 12.6%。

有控制组的事前事后对比实验，是一种优于无控制组的事前事后对比实验和有控制组的事后实验的实验方法，它既可以消除非实验因素的影响，有效地提高实验的科学性和准确性，又可以避免在有控制组的事后实验存在的选择比较市场（即控制组）的难题。但这种实验也有不足之处，即实际应用时操作较复杂，工作量也较大。

（4）随机对比实验

随机对比实验是指以随机抽样法选定实验单位所进行的实验调查。

前面所介绍的三种实验调查法，选择实验单位时是依据主观经验来判断的，适合于对调查对象的情况比较熟悉且实验单位数目不多的条件下采用，这种判断分析法选定实验单位，简便易行，效果也较好。但当实验单位较多，市场情况十分复杂时，若按主观判断分析选定实验单位，就会有一定的困难，这时可以采用随机对比实验。通过随机抽样法选定实验单位，使每个实验单位被选中的概率均等，从而保证实验结果的准确性。

随机对比实验有单纯随机抽样、分层随机抽样、整群随机抽样等多种形式，即与随机抽样做法相似。应用时应从实际出发，根据具体情况，以能获得较准确的实验效果为原则，确定采用某种形式的实验来选择实验单位，进行对比实验调查。

随机对比实验调查，可以和前面几种实验调查法相结合，进行随机选定实验单位的无控制组的事前事后对比实验、有控制组的事后实验和有控制组的事前事后对比实验。

2）实验调查法的优缺点

实验调查法是与自然科学的研究方法最为接近的一种调查方法，可以通过合理的实验设计来降低调查误差，其优点表现为如下几点。

① 实验调查法是通过实地实验来进行调查的方法，它将实验与正常的市场活动结合起来，因此，实验结果具有一定的客观性和实用性。

② 调查过程中，调查人员可以主动地引起市场因素的变化，并通过控制其变化来研究该因素对市场的影响，因而可以有效地观察分析市场变量之间的因果关系及其相互影响程度。

③ 通过实验，调查人员可以有意地使要研究的观察对象在相同条件下重复出现，反复进行研究，因此，能得出较准确的结论。

④ 实验调查中，可以针对调查事项的需要，进行合适的实验设计，有效地控制实验环境，使调查具有较高的精度。

⑤ 实验调查法是预先在小规模的市场环境中进行的实际实验，因而可以提高工作的预见性，减小盲目性。

实验调查法的不足之处有如下几点。

① 获取能反映客观实际的资料所花费的时间长，实验费用高。

② 难以选择具有充分代表性的实验市场，使实验结果的应用推广范围具有一定的局限性。

③ 难以选择一个主客观条件均相同或相似的“比较市场”，即控制组，从而使实验调查法获得的结果不可能很准确。

3）实验调查法的注意事项

采用实验调查法时，必须讲究科学性，遵守客观规律，应注意做到以下两点：

① 寻找科学的实验场所。市场调查大部分不能像自然科学一样，在实验室中处理各种现象，而要在社会中寻找实验市场。这个市场的实验条件与实验结果应尽可能符合市场总体的特征。

② 实验中要正确控制无关因素的影响，减少干扰，使实验接近真实状态。否则，将影响结果的可信度。

3.2.2 运输市场网络调查方法

网络调查是一种随着网络发展而兴起的最新调查方式。主要是通过网络来进行问卷的设计和填写工作，互联网给市场调查人员提供了一个全新的、具有很多先天优势的问卷调查工具。我们每天打开网页几乎都能看到一些网络问卷，其调查内容有关于产品的、公益事业等。随着 IT 技术的发展，网络调查会越来越得到市场调研人员的重视，在市场调查中发挥着非常重要的作用。

1. 网络调查法特点

网络调查法可以充分利用 Internet 作为信息沟通渠道的开放性、自由性、平等性、广泛性和直接性的特性，使得网络市场调查具有一些独特的特点和优势。

① 组织简单，执行便利，辐射范围广，不受区域制约；② 网上访问速度快，信息反馈及时，可以 24 小时全天候进行调查，这与传统调研方式有很大不同；③ 匿名性好，对于一

些不愿在公开场合讨论的敏感性问题，在网上可以畅所欲言；④ 费用低，简单易行，不需要任何复杂的设备，节省了传统调查中耗费的大量人力和物力；⑤ 可检验性和可控制性。利用Internet 进行网上调查收集信息，可以有效地对采集信息的质量实施系统的检验和控制。

网络调查法同时也存在以下缺点：① 网络的安全性不容忽视；② 调查结果的可靠性受受试者影响大，不合作的态度会降低研究效度；③ 网民的代表性存在不准确性，无法深入调查。

2. 网络调查方法介绍

1）电子邮件 E-mail 问卷调查

电子邮件问卷调查使用的是纯文本或附件形式。纯文本电子邮件类似于纸张问卷，因为需要应答者把答案输入到相应的地方。

这类问卷调查的优点是只要有一封电子邮件发送到用户的邮箱就会引起注意。进行这种调查相对更容易些，不需要太多的专门技术。另外，这种方法还能防止用户的重复应答，除非应答者有几个不同的电子邮件地址。

这种方法的缺点就是把调查问卷限制于平淡的文本，除非电子邮件系统支持超文本标注语言，否则它不能包括让用户填写的表格和量表。

2）转换式计算机辅助电话访问（CATI）系统

利用一种软件语言程序在 CATI 上设计问题结构并在网上进行传输。CATI 问卷结构语言编写的调查问卷通过 Web 服务网上发送，该 Web 服务器与接收和储存应答者答案的数据库相连接。

此方法的优点是拥有良好的样本和定额管理系统，也可以建立复杂的跳过模式。不像电子邮件问卷，转换式计算机辅助电话访问系统能够马上进行数据确认，并且立即要求非法输入的重要数据重新输入。在某种情况下，重新输入可以监控问卷调查数据的收集过程。

此种方法的缺点是 CATI 原来是为电话访问者在电脑屏幕上输入数据而设计的，所以应答者屏幕的格式在某些方面受到限制。另外，CATI 的语言不能展示图片和声音材料，所以没有把互联网的综合功能发挥到最大。CATI 提供商的技术和调查者 CATI 系统的不兼容也会带来一些问题。最后 CATI 的购买和使用也比较昂贵。

3）在线询问

在线询问是通过 Java 编写的网站应用程序，随机选择访问者，并弹出问卷窗口，邀请其参加访问。在线询问与传统询问法相似，只是调查人员可以根据计算机显示器上读出的问题，同时向多个被调查者提问，并将他们回答的数据直接输入计算机。此法可以消除从询问表到输入计算机的大量工作和差错，并在同一时间里向多人进行询问，具有较高的经济性。

网络问卷调查应注意的问题包括问卷调查个性化设计、个人隐私尊重、应答者关心的问题、问卷长短、设置时间限制、引起高度兴趣的话题、网页制作水平等。

3.3 运输市场调查技术

3.3.1 问卷设计技术

问卷又称调查表或询问表，是以问题的形式系统地记载调查内容的一种印件。通常在采用询问调查法过程中使用，为调查人员询问和被调查人员回答提供依据。问卷的使用，可以使调查内容标准化、系统化，便于统计处理和汇总分析。一份高质量的问卷，不仅对获取全面准确的调查资料有极大的帮助，而且还是能否实现调查目标的关键；一份设计粗糙、漏洞百出的问卷，不仅不能搜集到全面、准确与调查问题密切相关的资料，无法正确分析和综合说明市场变化的情况，而且还可能对以后的决策起误导作用。因此，我们必须足够重视问卷的设计工作。问卷的设计是一项技术含量较高的工作，必须遵循一定的原则和程序，运用一定的技巧。

1. 问卷设计的原则和程序

1）设计调查问卷的原则

（1）主题明确

根据调查主题，从实际出发拟题，问题目的明确，重点突出，没有可有可无的问题。

（2）结构合理，逻辑性强

问题的排列应有一定的逻辑顺序，符合应答者的思维程序，一般是先易后难，先简后繁，先具体后抽象。

（3）通俗易懂

问卷中语气要亲切，符合应答者的理解能力和认识能力，避免使用专业术语；对敏感问题采取一定的技巧进行调查，使问卷具有合理性和可答性；避免主观性和暗示性，从而造成答案的失真。

（4）长短适宜

问卷篇幅不宜过长；否则，会使答卷者失去耐心，从而影响调查结果。

（5）便于统计汇总

设计问卷时应考虑完成问卷后方便检查和整理，以及资料的统计分析。

2）设计调查问卷的程序

（1）明确调查主题，确定资料范围

在全面分析调查目的的基础上，确定调查主题，由此明确调查所需搜集的资料及资料来源、调查范围等。

（2）确定调查项目，即具体的调查内容

根据调查主题，拟订所要调查的项目，要全面考虑，把各种与调查主题有关的内容一一罗列出来。

（3）依据调查项目，拟定并编排问题，完成问卷的初步设计

在确定调查的具体项目后，针对每一个调查项目，设计若干问题，确定问句的类型，形成调查表的主干部分。最后设计调查表的其他组成部分，如被调查者本身情况、说明词、编号等内容，并按照问卷设计原则，编排问题的顺序。至此，形成问卷的初稿。

（4）对问卷的初稿在小范围内进行试验

为了达到调查目的，常需要对初步设计的问卷在少数被调查者中进行试填，以便在实际调查中发现问题。根据试填效果，对其中不合理的部分加以修正，形成最终的正式问卷。

2. 问卷的构成

一份完整的问卷，通常由以下几部分组成。

1）问卷的标题

概括说明调查研究主题，使被调查者对所要回答什么方面的问题有大概的了解。应简明扼要，易于引起回答者的兴趣。

2）调查说明

一般用在问卷的开头，包括两方面的内容：一是向被调查者说明进行此项调查的目的、意义；二是请求被调查者的合作。市场调查是一种协商性调查，只有使被调查人员了解调查的意义，才能引起兴趣，并给予支持与合作，也才可能取得调查的最佳效果。

3）被调查者的某些情况

被调查者分个人和单位两大类。对个人，一般包括被调查者的姓名、性别、年龄、文化程度、职业、工作单位、家庭人口及收入、居住地等；对企业单位，则应包括行业类别、所有制形式、职工人数、经营范围、营业额等。列入这些项目，是为了对调查资料进行分类和整理。

4）调查内容

它是问卷中最主要的组成部分，是指所需要调查的具体项目。这部分内容的设计直接关系到这项调查所能获得的资料数量和质量，是问卷的关键部分，设计时应遵循前面所介绍的原则和程序。

5）填表说明

包括填表的要求，调查项目必要的解释说明，填表注意事项，调查人员应遵守的事项、调查时间等的说明。

6）编号

对问卷加以编号，以便分类归档，或者便于电子计算机处理。

问卷的内容，根据调查目的的不同可繁可简，应从实际需要进行设计。对较为简单的调查，某些部分可以省略，但第二、第三部分一般是必备的。

3. 问句类型

理想的问句设计应能满足两方面的要求，一是使调查人员能获得所需的信息，二是被调查者愿意并可轻松地回答问题。为此，要求被调查人员依据具体的调查内容，设计选择合适的问句进行调查。常用的问句类型主要有几下几种。

1）自由回答式问句

又称开放式问句。这种问句的特点是，调查者事先不拟定任何具体答案，让被调查者根据提问自由回答问题。例如："您对车站货场工作有何意见和建议？""您认为我们的客运服务质量需要做哪些改进？"

这种询问方法能够制造一种活跃、宽松、随机的调查气氛，有利于被调查者思考和回答问题；同时，由于被调查者思维不受约束，可以畅所欲言，充分发表意见，因而有时能使调查人员搜集到一些忽视的答案和资料，获得意外的收获。但由于被调查者的回答漫无边际，答案词句各不相同，因此，对事后结果的整理、统计、分析造成一定的难度。

2）多项选择式问句

这种问句是调查人员对所提的问题预先拟定几种（三种及以上）可能答案，让被调查人员根据实际情况和自己的意见，从中选出一个或几个最能反映他的情况和意见的答案。例如，"你单位经常使用的运输方式是如下哪种？"答案 ① 公路运输（ ）；② 铁路运输（ ）；③ 航空运输（ ）；④ 水路运输（ ）；⑤ 管道运输（ ）。再如“你出行乘坐火车是因为火车的哪些优点？”答案 ① 安全（ ）；② 便宜（ ）；③ 正点（ ）；④ 舒适（ ）。要求被调查者在选择答案后的括号内打“√”号。

这种方法保留了二项选择式询问方法回答简单，结果易于分类与整理的优点，避免了其不足，能有效地表达意见的差异程度，是一种应用广泛、灵活的询问方法。但应注意，在设计选择答案时，答案必须包括被调查者所有可能答案，且要避免重复交叉；另外，供选择的答案数量应适宜，以不超出 10 个最为理想，也不能太少，太多不易记忆，太少了又不能概括各种可能情况。

3）二项选择式问句

又称是非式问句。这种问句所提的问题只允许被调查者在两个答案中选择一个，最常见的是在“是”与“否”，“有”与“无”，“好”与“坏”等类词中选答，二者必居其一。例如，“您认为目前铁路运价合理吗？”回答“合理”或“不合理”。

这种询问方法容易发问，也容易回答，且便于统计汇总调查结果，分析也比较容易，适用于互相排斥的二择一式的问题。但这种方法使被调查人在作答时没有说明原因的机会，不能表达出意见程度的差别，只能反映一种趋势和倾向，因而只适合询问一些简单的事实或意见。

4）顺位式问句

是在多项选择式问句的基础上，由被调查者根据自己的认识程度，对所询问的问题的各种可能答案定出先后顺序。例如，“如果您购买汽车，对下列各项，请按您认为的重要程度以 1，2，3，4 为序进行排序”：

耐用（ ）省油（ ）便宜（ ） 舒适（ ）

这种询问方式回答较为简单，便于被调查者表达其态度和重要程度，也便于调查人员对调查结果的归类统计。但需注意避免可供选择的答案的片面性。这种问句适用于表示答案的先后次序或轻重缓急的问题，如顾客要求、消费倾向等调查。

5）程度评等式问句

是指调查人员对所询问的问题列出程度不同的几个答案，并对答案事先按顺序评分，有利态度分数高，不利态度分数低，请被调查者选择一个答案。例如：

“您认为目前我国的多式联运状况怎样？”请在相应的（ ）内打“√”号。

很好（ ）	好（ ）	一般（ ）	较差（ ）	差（ ）
2	1	0	–1	–2

将全部问卷汇总并加以总分统计，便可了解被调查者的态度，即当总分为正值时，表明大多数被调查者持肯定看法；总分为负值时，表明大多数被调查者持否定看法；若总分为零，则表明肯定与否定意见持平。

程度评等式问句所列答案是围绕同一对象或同一因素的，调查内容是对某一对象或某一因素评定等级。应注意它与多项选择式及顺位式问句的区别，多项选择式及顺位式问句的调查内容是针对不同对象或对影响不同对象的不同因素作出选择或排序。

6）倾向偏差式问句

提出几个态度不同的答案，请被调查者按顺序回答，以了解被调查者的态度程度。例如，“从北京到天津你选用何种交通工具？”答：“汽车”。

“现在开通了北京至天津的城际高速列车，你今后是否仍乘汽车？”答：“是”或“不是”。

“（对答‘是’的人）城际高速列车的票价将下调，你还打算乘汽车吗？”

采用此种询问方式可以调查到底偏差到何种程度，才能改乘火车出行。当调查意见、态度的程度时采用本法。

上述六种问句类型，各有其特点，在应用时应根据调查的主题、所需资料的种类、问题的性质及调查方法加以选用。一般而言，对于面谈调查，所有类型的问句均可有效地应用；对于电话采访，较适合的是二项式问句，也可以与自由回答式问句配合使用；对邮寄、留置调查，所有类型的问句均可使用，但对于自由回答式问句所提出的问题回复率较低。

4. 问句设计中应注意的问题

一份问卷，问句设计是否合理，会直接影响到调查的结果。如对同一个问题的调查，不同的调查人员会设计出不同的问句。问句不同，被调查者会有不同的理解，因而做出不同的反应和不同的回答。因此，必须保证问句的科学性与合理性。

3.3.2 抽样调查技术

在市场调查中，抽样调查是普遍采用的手段。因为在激烈的市场竞争中，面对瞬息万变的市场，企业必须以最少的时间、费用、手续获得正确的调查结果，以制定运营政策。全面调查（普查）是调查全部对象，费力大、花钱多，调查时间较长，非一般企业所能负担，只适于小型母体的市场调查。抽样调查是从调查对象的全体中抽取一部分有代表性的若干个个体（即样本）进行调查研究，然后用所得样本结果去推断总体情况，所需的调查人员较少，可以对他们进行专门的训练。从而提高调查结果的准确性，而且省钱、省时、省力；其调查资料可以用统计方法加以计算，从而得到与全面调查甚为相近的结果。所以，抽样调查在市场调查中颇受重视，被广泛采用。

抽样调查方法按照调查对象总体中每一个样本单位被抽取的机会（概率）是否相等的原则，可以分为随机抽样调查方法和非随机抽样调查方法。

1. 随机抽样法

随机抽样法是按照随机原则从调查对象总体中抽取一定数目的样本单位进行调查，以样本调查结果推断总体结果的一种调查方式。这种方法对调查总体中每一个样本单位都赋予平等的抽取机会，完全排除了人为主观因素的影响，这也是它与非随机抽样方法的根本区别。

随机抽样中样本的抽选和组织方法大致有4种：简单随机抽样法、分层随机抽样法、分群随机抽样法和等距随机抽样法。

1）简单随机抽样法

简单随机抽样法，又称纯随机抽样，是指对总体中的所有个体单位不进行任何分组、排队，不加任何主观意愿，完全按随机原则，抽样选出调查单位。这种方法的特点是调查总体中的每个样本被抽中的概率相等，各个样本完全独立，彼此间无一定的关联性和排斥性，完全排除了抽样中主观因素的干扰。

在市场调查中，简单随机抽样的调查单位通常采用抽签法或随机数字表法抽选。

抽签法是将调查总体中各单位的名称或代号，逐一写在签条或卡片上，放于箱中，混合均匀，然后按抽签办法，不加任何选择地在全部签条或卡片中随机抽取，直到抽足预先规定的样本数目为止。

随机数字表法，又称乱数表法。随机数字表，是指含有一系列组别的随机数字的表格，它是利用特制的摇码机器（或利用电子计算机），在 0 到 9 的阿拉伯数字中，按照每组数字位数的要求，自动地随机逐个摇出（或由计算机打出）一定数目的号码编成，以备查用。采用随机数字表法抽取样本，也是先将总体各单位编上一个号码，然后使用随机数表查取，直至抽足预定的单位数目。

简单随机抽样法是随机抽样中最简单的一种。由于市场调研的总体范围较广，总体内部各单位之间的差异程度较大，一般不直接使用这种方法抽样，而是与其他抽样方法结合使用。只有在市场调查对象情况不明，难以划分组类或总体内单位间差异小的情况下才直接采用这种方法抽取样本。

2）分层随机抽样法

分层随机抽样法，又称类型抽样或分类抽样。就是将总体单位按一定标志（调查对象的属性、特征等）分组，然后在各个类型组中用简单随机抽样方式或其他抽样方式抽取样本单位。

采用分层抽样，可以把差异程度大的各单位划分为性质、属性相近的若干类，使类型内的各单位差异程度小于类型之间的差异程度，即类内方差小于类间方差。在不同类型中分别抽样，就能使样本单位分布更接近于总体的分布，从而提高代表性，减少抽样误差。

当市场调查对象是总体情况复杂、总体内各单位之间差异较大，单位数量较多的情况时，采用分层抽样比直接采用简单随机抽样的代表性要高，抽样误差要小。在市场调查实践中比较多地采用分层抽样方法。

3）分群随机抽样法

分群随机抽样法，又称整群随机抽样。它是先将总体分成若干群体，再从各群体中随机抽取样本进行普查，其抽取的样本不是一个，而是一群，所以称分群随机抽样。在分群之前，要尽量使不同特征的个体单位均匀分散在一个群体中，最典型的是地区分群抽样调查。

分群随机抽样与分层随机抽样的区别在于分层抽样法分成的各层彼此之间差异明显，而每层内部差异很小；分群抽样则正好相反，分成的各群彼此差异不大，而每群之内的差异明显。从抽取样本方式上看，分层抽样每层都要按一定数目抽取样本，而分群抽样是抽总群中的若干群，抽出的群全部为样本。

分群随机抽样法最主要的优点是，样本单位比较集中，进行起来比较方便，可以减少调研人员旅途往返的时间，节省费用。其缺点在于样本只能集中在若干群中，不能均匀地分布在总体的各个部分，用以推断总体的准确性较差。但当群体内各单位间的差异性大，而群与群之间差异性小时，采用此法可以提高样本的代表性。

4）等距随机抽样法

等距随机抽样法，又称机械抽样或系统抽样。它是把总体各单位按一定标志顺序排列，然后依固定的顺序和间隔抽取调研单位，将所选取的单位组成样本的调查方法。按顺序排列的方法有两种：一是无关标志排队，就是用于调查项目无关的标志，如按姓名笔画、地名、户口册等作为排队依据；二是有关标志排队，就是用与调查项目有关的标志为依据，如职工家庭调查中，按总收入或平均工资由低到高排队，再抽选调查单位。抽样间隔（或称抽样距离）可以依据总体单位总数和样本单位数计算确定。

等距抽样的有关标志排队法，可以看成是一种特殊的分层抽样，这种抽样能够保证抽取的样本在总体中均匀分布，从而能提高代表性，减少抽样误差，而且抽样方法比较方便，因此在市场调查中常被采用。然而采用有关标志排队法，同采用分层抽样一样，在调查之前，要掌握调查对象（总体）有关标志的全面资料，否则无法分类。这时只能采用无关标志排队等距抽样。

选用等距随机抽样法时应注意，当总体单位的变量值呈周期性变化时，如果抽样间隔恰等于周期或者是周期的整数倍，抽样效果会很差，可能产生严重偏误。例如，抽样调查开往某旅游地的某次列车的旅客数量，若抽取的第一个样本是星期六，抽样间隔为 7 天，那么以后的调查日均为星期六，这样就会使调查结果出现偏高的趋势，这样的抽查缺乏代表性。所以，当总体分布呈周期性变动时，应避免使用等距抽样法，而应改用其他抽样方法。

上述介绍的 4 种随机抽样法是市场调查中常用的方法。还应补充的是，根据总体中每次被随机抽出的样本单位是否仍放回总体后再抽的原则，它们又可分为重复随机抽样和不重复随机抽样。然而在市场调查中更多采用的是不重复随机抽样，对重复随机抽样则使用得极少。

2. 非随机抽样法

非随机抽样法是指从调查对象总体中按调查者主观设定的某个标准抽取样本单位的调查方式。这种抽样方式虽然在样本的抽取方法上带有主观性，并会对总体推断的可靠程度产生影响，但其简便易行，可及时取得所需的信息资料，因此在市场调查中也常采用这种调查方法。

非随机抽样方法主要有任意抽样法、判断抽样法、配额抽样法和滚雪球抽样法四种。

1）任意抽样法

任意抽样法，又称便利抽样法或偶遇抽样法。它是一种随意选取样本的方法，通常没有严格的抽样标准，譬如在街头作访问调查（看到谁就访问谁）就是任意抽样。

任意抽样法是非随机抽样中最简便、最节省费用的一种方法，但抽样偏差极大，结果极不可靠。这种调查方法在总体中各样本的同质程度较大的情况下，可能获得具有代表性的调查结果，在非正式探测调查中多用此法。

2）判断抽样法

判断抽样法，又称目的抽样法，是按照调查者的主观经验判断选定调查单位的一种抽样方法。判断抽样法有两种做法。一种是由专家判断决定所选样本，一般选取“多数型”或“平均型”的样本为调查单位。“多数型”是在调查总体占多数的单位中挑选出来的样本。“平均型”是在调查总体中挑选代表平均水平的单位。另一种是利用统计判断选取样本，即利用调查对象（总体）的全面统计资料，按照一定标准选取样本。

由于判断抽样法依照调查者的需要选定样本，所以能适合特殊的需要。如果调查者对调查对象的特征了解得比较清楚，调查单位又较少，那么运用判断抽样所选择的样本也会有较大的代表性。判断抽样具有挑选样本简便及时的优点，在精度要求不很高的情况下，常可使用此法。

3）配额抽样法

配额抽样法，又称定额抽样法。其具体做法是：先依据调查总体中的某些属性特征（控制特性）将总体划分成若干类型或层次，再按分类控制特性将各类总体分成若干层次，依据各层次样本在总体中的比重分配样本数额，然后由抽样者主观选定样本单位。

配额抽样法在对总体按特征分层并分别规定样本方面同分层抽样法有类似之处，各层样本数决定以后，层内的抽样方法则由调查者以判断抽样的方法去决定。因此，配额抽样实质上是一种分层判断抽样。

配额抽样法既简便易行又节省费用，而且样本不至于偏重于某一层，只要抽样设计完善，调查人员素质好，调查结果也就比较可靠。因此，在非随机抽样中被广泛采用。

4）滚雪球抽样法

滚雪球抽样法，又称推荐抽样法，是一种在稀疏总体中寻找受访者的抽样方法。所谓稀疏总体，是指总体单位数不多并且分布非常分散的总体，例如参加过某次会议的人员、从事某一专业的人员等。滚雪球抽样法的做法是先设法找到一名符合条件的受访者，在对其进行访问后，再请其介绍或推荐其他符合条件的人。由于具有某一特征的人相互之间或多或少都有一些往来，所以每名受访者都可能推荐出另一些受访者，访问员根据这种介绍寻找到其他满足条件的受访者，访问后再进一步请其推荐更多的受访者，一直到满足样本量的要求为止。

滚雪球抽样法的优点是可以增加接触总体中所需群体的可能性，便于有针对性地找到被调查者，而不至于“大海捞针”，而且大大降低了调查费用，一般抽样误差也相对较低。其缺点是要求样本单位之间必须有一定的联系，并且愿意保持和提供这种关系；否则这种调查方法将难以进行。

3.4 运输市场调查案例

［案例一］铁路货运市场服务质量调查

（本问卷内容选自中国铁路 95306 网，http://www.95306.cn/）

感谢您参与铁路货运服务质量调查，请您对铁路的货运服务质量作出评价。

您选择的评价车站：（　　）

1. 您对铁路货运的总体印象怎么样？（　　）

① 特别差　② 很差　③ 比较差　④ 一般　⑤ 比较好　⑥ 很好　⑦ 特别好

2. 您觉得铁路货运的品牌特征突出吗？（　　）

① 特别不突出　② 很不突出　③ 比较不突出　④ 一般　⑤ 比较突出　⑥ 很突出　⑦ 特别突出

3. 您对铁路货运服务质量的总体期望如何？（　　）

① 特别差　② 很差　③ 比较差　④ 一般　⑤ 比较好　⑥ 很好　⑦ 特别好

4. 您对铁路货运的安全性预期如何？（　　）

① 特别差　② 很差　③ 比较差　④ 一般　⑤ 比较好　⑥ 很好　⑦ 特别好　⑧未关注

5. 您对铁路货运的便捷性预期如何？（　　）

① 特别差　② 很差　③ 比较差　④ 一般　⑤ 比较好　⑥ 很好　⑦ 特别好　⑧ 未关注

6. 您认为办理发货方便吗？（　　）

① 特别不方便　② 很不方便　③ 比较不方便　④ 一般　⑤ 比较方便　⑥ 很方便　⑦ 特别方便

7. 您对办理托运手续满意吗？（　　）

① 特别不满意　② 很不满意　③ 比较不满意　④ 一般　⑤ 比较满意　⑥ 很满意　⑦ 特别满意

8. 您对铁路货运规范收费情况满意吗？（　　）

① 特别不满意　② 很不满意　③ 比较不满意　④ 一般　⑤ 比较满意　⑥ 很满意　⑦ 特别满意

9. 您对发货工作人员的服务态度满意吗？（　　）

① 特别不满意　② 很不满意　③ 比较不满意　④ 一般　⑤ 比较满意　⑥ 很满意　⑦ 特别满意

10. 您对发货车站提供的运输方式满意吗？（　　）

① 特别不满意　② 很不满意　③ 比较不满意　④ 一般　⑤ 比较满意　⑥ 很满意　⑦ 特别满意　⑧ 未关注

11. 您对上门取货服务满意吗？（　　）

① 特别不满意　② 很不满意　③ 比较不满意　④ 一般　⑤ 比较满意　⑥ 很满意　⑦ 特别满意　⑧ 未关注

12. 您对货物仓储保管情况满意吗？（　　）

① 特别不满意　② 很不满意　③ 比较不满意　④ 一般　⑤ 比较满意　⑥ 很满意　⑦ 特别满意　⑧ 未关注

13. 您对配车配箱及车箱状况满意吗？（　　）

① 特别不满意　② 很不满意　③ 比较不满意　④ 一般　⑤ 比较满意　⑥ 很满意　⑦ 特别满意　⑧ 未关注

14. 您对货物装车质量满意吗？（　　）

① 特别不满意　② 很不满意　③ 比较不满意　④ 一般　⑤ 比较满意　⑥ 很满意　⑦ 特别满意　⑧ 未关注

15. 您对装载加固服务满意吗？（　　）

① 特别不满意　② 很不满意　③ 比较不满意　④ 一般　⑤ 比较满意　⑥ 很满意　⑦ 特别满意　⑧ 未关注

16. 您对货物发车的及时性满意吗？（　　）

① 特别不满意　② 很不满意　③ 比较不满意　④ 一般　⑤ 比较满意　⑥ 很满意　⑦ 特别满意　⑧ 未关注

17. 对应目前的货运价格，您对铁路货运服务质量满意吗？（　　）

① 特别不满意　② 很不满意　③ 比较不满意　④ 一般　⑤ 比较满意　⑥ 很满意　⑦ 特别满意

18. 接受的服务与您的预期比较，差距如何？（　　）

① 特别大　② 很大　③ 比较大　④ 一般　⑤ 比较小　⑥ 很小　⑦ 特别小

19. 您对发货工作人员的仪容仪表满意吗？（　　）

① 特别不满意 ② 很不满意 ③ 比较不满意 ④ 一般 ⑤ 比较满意 ⑥ 很满意 ⑦ 特别满意 ⑧ 未关注

20. 您对货运工作人员业务熟悉程度满意吗？（ ）

① 特别不满意 ② 很不满意 ③ 比较不满意 ④ 一般 ⑤ 比较满意 ⑥ 很满意 ⑦ 特别满意

21. 您认为与货运服务人员沟通方便吗？（ ）

① 特别不方便 ② 很不方便 ③ 比较不方便 ④ 一般 ⑤ 比较方便 ⑥ 很方便 ⑦ 特别方便

22. 您对货物状态跟踪、实时查询服务满意吗？（ ）

① 特别不满意 ② 很不满意 ③ 比较不满意 ④ 一般 ⑤ 比较满意 ⑥ 很满意 ⑦ 特别满意 ⑧ 未关注

23. 总的来看，您对铁路货运服务满意吗？（ ）

① 特别不满意 ② 很不满意 ③ 比较不满意 ④ 一般 ⑤ 比较满意 ⑥ 很满意 ⑦ 特别满意

24. 与您理想的服务水平比较，差距如何？（ ）

① 特别大 ② 很大 ③ 比较大 ④ 一般 ⑤ 比较小 ⑥ 很小 ⑦ 特别小

25. 您有发货需求时愿意再次选择铁路吗？（ ）

① 特别不愿意 ② 很不愿意 ③ 比较不愿意 ④ 一般 ⑤ 比较愿意 ⑥ 很愿意 ⑦ 特别愿意

26. 与其他运输方式相比，您认为铁路货运的性价比如何？（ ）

① 特别低 ② 很低 ③ 比较低 ④ 一般 ⑤ 比较高 ⑥ 很高 ⑦ 特别高

27. 针对以上问题，请您选出最关注的问题并排序（ ）（ ）（ ）。

① 货物受理 ② 装车服务 ③ 其他

28. 针对以上问题，请您选出最满意的问题并排序（ ）（ ）（ ）。

① 货物受理 ② 装车服务 ③ 其他

29. 针对以上问题，请您选出最不满意的问题并排序（ ）（ ）（ ）。

① 货物受理 ② 装车服务 ③ 其他

30. 您对铁路货运服务有哪些意见和建议？（若无，可不填）

问题：试分析本案例中采用了哪几种问句类型？本问卷有何特点？

［案例二］客运市场调查与分析

某城际快速列车开行以来，受到了广大旅客的普遍欢迎。

为了更好地了解旅客对某城市间开行的城际列车的有关意见，优化列车开行方案，最大限度地提高铁路在客运市场中的占有份额，相关路局对管内所涉及的部分地区进行了一次详尽的客运调查。通过对调查结果的分析，提出了开好城际列车的建议。以下是相关内容。

一、调查问卷

对调查内容所设计的问卷具体如下。

（一）您的年龄是（ ）。

1. 15～20岁　2. 21～30岁　3. 31～40岁
4. 41～50岁　5. 51～60岁　6. 61岁以上
（二）您的职业是（　　）。
1. 工人　2. 干部　3. 农民　4. 军人　5. 学生　6. 商业人员
7. 外企人员　8. 科研人员　9. 文体人员　10. 新闻人员
11. 个体人员　12. 服务业人员　13. 离退休人员　14. 待业人员　15. 其他人员
（三）您此次出行的目的是（　　）。
1. 出差　2. 探亲　3. 旅游　4. 经商　5. 学习　6. 打工
（四）您知道城际快速列车有哪些特点（多项选择）？（　　）。
1. 速度快　2. 间隔时间短　3. 票价低　4. 正点率高
5. 公交化　6. 舒适度强　7. 候车时间短　8. 购票方便
（五）您对本次列车始发时间的意见是（　　）。
1. 合适　2. 开点太早　3. 开点太晚
（六）您对本次列车票价的意见是（　　）。
1. 合适　2. 票价较高　3. 票价较低
（七）您对本次列车设备的意见是（　　）。
1. 很好　2. 较好　3. 一般　4. 较差　5. 很差
（八）您在哪买的火车票？（　　）
1. 上车前在车站购买　2. 提前网上预购　3. 电话订票
4. 市内代售处　5. 绿色通道　6. 车上补票
（九）您购买火车票的感受是（　　）。
1. 很容易　2. 较容易　3. 一般　4. 较难　5. 很难
（十）您认为购票难的主要原因是（　　）。
1. 人太多　2. 窗口少　3. 售票速度慢　4. 票额少　5. 对车次不了解
6. 绿色通道不明显　7. 售票时间中断太多　8. 售票员态度不好
（十一）您认为哪种购票方式便捷？（　　）
1. 提前网上预购　2. 市内代售点　3. 上车前在车站购买
4. 电话订票　5. 月票　6. 磁卡购票　7. 铁路部门送票
8. 列车上购票
（十二）您对铁路服务中哪个环节不满意？（　　）
1. 车站购票　2. 托运接取行包　3. 车站问事　4. 进出站口检票
5. 候车室等车　6. 车站卫生　7. 列车饮水　8. 列车餐饮
9. 列车盥洗　10. 列车厕所　11. 列车秩序　12. 列车清扫
（十三）您对城际列车的开行及其他方面有何建议？

二、城际列车的开行状况分析

在针对此城市间开行的城际列车的调查中共发放问卷 6 000 份，全部收回。根据旅客对问卷的回答，结合座谈，对列车开行情况进行了分析，结果如下。

（1）在对城际快车的特点进行调查时，对速度快持肯定意见的占 24.2%。据调查，两城市间乘汽车至少要 3 个小时以上，而乘城际列车只需要 2 小时 42 分。认为购票方便的占 16.4%。据旅客反映，乘坐城际列车购票可以有多种选择，既可以在市内代售点购票，也可以提前到售票处预购，还可以上车前在车站售票厅和绿色通道处购票，来不及购票时到车上买票最方便。

认为舒适度强的占 15.4%。调查中，一些经常出门的旅客深有体会，他们说："大巴地方狭窄，行动不便，尤其身高体胖的人更不方便；而城际快车空间大，行动自如，比大巴要舒适得多。"

认为正点率高的占 14.3%。乘坐汽车在运行中经常会因堵车、雾、雨、风、雪等气候的影响而晚点，而城际列车则受这些因素的影响较小，因而正点率就高得多。

认为间隔时间短的占 9.3%，公交化的占 8.8%，候车时间短的占 6%，票价低的占 5.6%。这说明，铁路在参与市场竞争、开行城际列车时，采取了小编组、高密度、低票价，为旅客买票上车提供了最大方便的措施，具有明显的效果。

（2）在征求对列车始发时间的意见时，认为开点合适的占 76%，开点太早的占 9.3%，开点太晚的占 14.7%。反映开点太早及太晚的集中在两趟列车，这也是这两趟列车客流较小的原因之一。

（3）在征求对列车票价意见时，认为票价合适的占 65.9%，票价较高的占 26.1%，票价较低的占 8%。反映票价较低的车次客流较大。

（4）在征求对列车设备的意见时，认为很好的占 40.2%，认为较好的占 40.1%，一般的占 12%，较差的占 4.2%，很差的占 3.5%。这说明旅客对城际快车的设备比较满意，但在使用和利用上需要不断完善。

（5）在与旅客座谈时，很多旅客反映城际列车除具备以上优势外，安全系数要比汽车和飞机大，这也是出门首选火车的原因之一。

这说明，城际快速列车以其速度快、设备新、舒适度强、票价低、正点率高、安全系数大赢得了乘客的称赞和社会的承认。它的开行使铁路夺回了失去的部分短途客流，形成了公铁竞争的新格局，这表明铁路在参与市场竞争、开发适销对路的新产品方面迈出了可喜的一步。

（6）购票难的主要原因如表 3–4 所示。

表 3–4 购票难的主要原因

项目	人太多	绿色通道不明显	窗口少	对车次不了解
比例	18.6%	16.6%	16.3%	14.3%
序号	1	2	3	4
项目	售票速度慢	售票员态度不好	售票中断太多	票额少
比例	12.7%	12.1%	4.8%	4.6%
序号	5	6	7	8

表 3–4 说明，除"人太多"为不可变因素外，其他均为可变因素，尤其是应加强绿色通

道设备、增加售票网点和对城际列车的宣传尤为重要。

（7）对服务最不满意环节问卷调查结果如表 3–5 所示。

表 3–5　问卷调查结果

项目	车站购票	车站卫生	车站问事	列车餐饮	候车室等车	进出站检票
比例	15.1%	14.5%	14.3%	10.7%	10.6%	10.2%
序号	1	2	3	4	5	6
项目	列车厕所	托运行包	列车饮水	列车盥洗	列车秩序	列车清扫
比例	6.2%	5.8%	5.5%	3.6%	1.1%	2.4%
序号	7	8	9	10	11	12

从表 3–5 可以看出，旅客最不满意的环节主要在车站购票、车站卫生、车站问事等方面，因此，今后应进一步提高服务质量。

三、对开好城际列车的建议

通过此次调查，在听取广大旅客意见的基础上，提出如下建议。

（1）增设城际快车专用通道。为了将城际快车更好地推向社会，使其更具公交化特点，建议在最明显处所开设城际快车专用通道，并设明显标志，使旅客以最快速度进站上车。

（2）进一步扩大售（购）票方式。在现有售票方式的基础上，增设月票和磁卡购票等售票方式，最大限度地满足旅客的购票需求。

（3）千方百计地保证城际快车正点。在与旅客座谈时，有很多旅客提出城际快车的正点很重要，它所具备的票额多、运行时间短、速度快、正点率高是汽车和长途汽车所不具备的。例如，身在外地乘坐城际快车就可以大胆地预订北京的飞机票，所以保证正点、取信于民就显得尤为重要。

复习思考题

1. 运输市场调查的含义是什么？

2. 运输市场调查的基本内容有哪几个方面？具体包括哪些内容？

3. 运输市场调查的程序分为哪几个阶段？每个阶段应做好哪些工作？

4. 询问调查法包括哪些不同的形式？这些形式各有哪些优点和不足？

5. 什么是实验调查法？包括哪些种类？各自应用条件及注意事项有哪些？

6. 一份完整的问卷通常由哪几部分组成？设计问卷时应遵循的原则是什么？应按什么样的程序进行？

第4章

运输市场预测

【本章内容概要】

本章介绍运输市场预测的含义、作用、内容、分类、原则和步骤，叙述两大类运输市场预测方法：定性预测方法和定量预测方法。

【本章学习重点与难点】

学习重点：了解运输市场预测的含义、作用、内容、分类、原则及步骤；了解定性预测方法的优缺点；理解集体意见法、头脑风暴法和德尔菲法的应用条件。

学习难点：正确运用集体意见法、头脑风暴法和德尔菲法。

4.1 运输市场预测概述

4.1.1 运输市场预测的含义

运输市场预测作为市场预测的一种，属于经济预测的范畴。要准确地理解运输市场预测的内涵，必须首先明确预测和经济预测的含义。

所谓预测，就是人们根据事物以往发展的客观规律性和当前出现的各种可能性，运用科学的知识、方法和手段，对事物未来发展趋势和状态预先作出科学的估计和评价。人们研究未来，是为了探求客观事物未来的发展变化趋势和内在的规律性，以指导自己的行动，力求趋利避害，按客观规律办事，达到改造客观世界的目的。然而，在客观世界中，很多事物的发展具有不确定性，它们在一定的时间和空间范围内能否发生，如何演变，产生何种影响，往往是不确定的，人们很难预先进行完全肯定。这就要求人们通过科学预测，将未来事物发展变化的不确定性极小化，尽量减小事物的不确定性对人类活动的影响。这样，人们就可以在把握事物发展变化趋势的基础上，制定行动计划，以指导当前的行动，引导客观事物朝着有利于人类进步的方向发展。可见，预测不是凭空想象的猜测，而是根据过去和现在的客观实际资料，运用科学的方法，探求事物发展的规律，从现在预计未来，从已知或有根据的假设推测未知的可能的趋向。

预测研究的范围极为广泛，几乎涉及人类社会的各个领域，如社会预测、科技预测、政治预测、军事预测、文化预测、环境预测、经济预测等，虽然各类预测都有其各自预测的领域、对象、方式和手段，但它们共同的本质特征就是对各自领域研究对象的未来不确定的变化趋势进行估测和推断。

经济预测是目前预测研究领域中最主要的内容，它已成为世界各国政府实施国民经济宏观管理的重要手段，同时也是现代企业微观经济行为管理的重要工具。所谓经济预测，是指对未来不确定的经济过程或经济事物的变动趋势作出合乎规律的推断和预见，揭示经济现象错综复杂的内在联系及其发展变化趋势。经济预测包括对整个国民经济发展的综合性预测，各经济部门、各行业的经济发展预测以及各类经济目标的专项预测。

在市场经济条件下，市场预测是经济预测中最基本、最主要的内容。所谓市场预测，是指在市场调查的基础上，根据预测对象的有关资料，应用科学的预测方法，对市场需求和市场有关因素的发展变化趋势及变化程度进行的估计和推测。正确的市场营销决策，来自对市场供求变化的科学预见和推断。市场预测可为企业确定发展目标、制定生产经营决策提供科学依据，使企业实现发展生产、满足需求、提高效益、促进国民经济发展的目的。

运输市场是市场体系的重要组成部分，则运输市场预测也是一种重要的市场预测。运输市场预测是指在运输市场调查的基础上，揭示运输市场供求矛盾发展变化的规律性及影响运输市场供求关系的各类复杂因素，运用逻辑推理、统计分析、数学模型等科学方法，对运输市场上运输产品的供需发展趋势和未来状况及与之相联系的各种因素的变化，进行预计和推测，从而为运输企业确定发展目标、制定运输经营决策提供科学的依据。

4.1.2　运输市场预测的作用

运输企业进行运输生产，必须依靠运输计划。一个科学的运输计划来自运输决策人员不失时机的科学决策。而一个科学的运输决策，则必须建立在科学的运输市场预测的基础上。运输市场预测的作用具体表现在以下几个方面。

1. 运输市场预测是满足社会运输需求、促进国民经济发展的重要手段

交通运输业是国民经济的基础产业，它在整个国民经济中起着纽带作用，它把社会生产、分配、交换和消费各个环节有机地联系起来，是保证社会经济活动得以正常运行的前提条件。运输企业生产的目的是满足旅客出行的需要或货主移动货物的需要，其表现形式为运输市场需求。随着经济和社会的发展，国民经济将对运输产品的数量提出更高的要求，即要求运输企业运输更多的旅客或货物，同时，旅客和货主还将在安全、迅速、准确、经济、便利、舒适等运输产品质量方面提出更高的要求，鉴于运输产品的设计、生产需要有一个过程，需要一定的时间，这就要求运输企业不断根据运输市场已有的信息资料和其他影响运输需求变化的因素，对未来一定时期的运输市场需求作出预测，以及时向社会提供与运输市场需求相适应的运输产品，解决运输供给与需求之间的矛盾，最大限度地满足国民经济对运输产品在数量上和质量上的要求，促进国民经济的发展。

2. 运输市场预测是国家制定交通运输规划和运输企业编制运输计划的重要依据

社会主义市场经济特别强调国民经济的宏观调控作用，为使我国交通运输业的发展满足社会运输需求，改变目前我国交通运输业能力不足、基础设施薄弱、技术装备落后、综合运输体系尚不完善的状况，国家应以运输市场预测结果为依据，制定交通运输规划，确定交通运输在整个国民经济中的比重，确定各种运输方式之间的投资比例及投资方向。国家的交通运输规划只有建立在科学的运输市场预测的基础上，才能有效解决运输供给与运输需求之间的总量矛盾、结构矛盾、时间矛盾和空间矛盾，才能保证交通运输促进国民经济有计划、按比例、高效益地发展。同时，运输企业只有通过科学的运输市场预测，才能根据旅客和货主对运输产品在数量上和质量上的要求，制定合理的运输生产计划，保证提供适销对路的运输产品，实现运输企业的经济效益和社会效益，促进运输企业的良性发展。

3. 运输市场预测是运输企业改善经营管理的重要措施

运输企业的经营管理系统可划分为两个系统。一个是输入–输出系统，是指运输企业输入资源、劳力、指令、计划后，经运输生产过程和管理过程，完成旅客和货物的空间位移，即向社会输出运输产品。另一个是反馈系统，是指运输企业通过与外部环境的联系，了解运输市场的需求信息，了解用户对运输产品的反映和要求，通过对市场信息的加工处理，并通过运输市场预测，由运输决策人员据此作出科学的经营管理决策，从而确定再次输入的新内容。可见，运输市场预测对运输企业改善经营管理是至关重要的。运输市场营销决策人员必须通过对运输市场的细致调查，对各种细分运输市场的市场潜力作出正确估计，并结合运输企业自身的特点，确定企业的目标市场，并集中有限的人力、物力资源，提供目标市场需要的运输服务，制定相应的运输组织措施，才能达到不断改善经营管理、提高经济效益的目的。

4.1.3 运输市场预测的内容

运输市场预测的内容非常广泛。运输市场需求量、运输市场供给能力、运输价格和成本变化趋势、运输市场占有率、运输市场营销发展趋势、运输企业经济效益和社会效益、同行业的竞争能力和竞争战略策略的改变等，都可以是运输市场预测的内容。但对运输企业来讲，最基本和最重要的是运输市场需求预测，简称运输需求预测。

应该指出，“运输需求”和“运输量”是两个不同的概念，运输需求是指社会经济生活在人与货物空间位移方面所提出的有支付能力的需要。而运输量则是指在一定运输供给条件下所能实现的人与货物的空间位移量。社会经济活动中，人与货物的空间位移量是通过运输量的形式反映出来的。运输量的大小当然与运输需求水平密切相关，但运输量本身并不能完全代表社会运输需求。运输需求的实现还要取决于运输供给的状况，在运输能力完全满足运输需求的情况下，运输量基本上可以反映运输需求，但在运输供给严重不足的情况下，运输业完成的运输量仅是社会经济运输需求的一部分，如果增加运输设备、提高运输能力，被不正常抑制的运输需求就会迅速变成实际的运输量。

理解“运输需求”与“运输量”的不同，对预测运输需求是非常重要的。过去在很多预测工作中没有分清运输需求与运输量的区别，在预测过程中往往采用以过去的历史运输量数据预测未来运输需求的方法，以“运量预测”简单代替运输需求预测，这种概念上的混淆必然影响到预测的准确度。显然，在运输供给完全满足运输需求的情况下，运量预测尚可代表对运输需求的预测，但在运输能力严重不足的情况下，不考虑运输能力限制的运量预测结果，就难以反映经济发展对运输的真正需求。

运输需求预测可以分为运输需求总量预测和客货流预测两大部分。其中，运输需求总量预测是比较抽象意义上的预测，它只负责从总量上把握全国、某部门或某地区的客货运输需求量，包括发到量、周转量等，其特点是只考虑总量，基本上不涉及具体的发到地和具体线路上的客货流量。而客货流预测则负责把已预测出的客货运输需求总量，在分析地区间交流的基础上，分配到具体运输方式和运输线路上。可见，客货流预测更接近实际的客货位移。

4.1.4 运输市场预测的分类

1. 按预测的对象划分

按预测的对象，运输市场预测可分为客运市场预测和货运市场预测。由于旅客运输市场可根据旅客的年龄、职业、出行目的、出行距离、对旅行条件的要求等进行市场细分，则客运市场预测也可根据细分的客运市场划分种类，例如，根据旅客行程的长短，客运市场预测可分为长途、中途和短途客运市场预测；根据旅客的职业，客运市场预测可分为工人、农民、干部、学生、公司职员等客运市场预测；根据旅客的出行目的，客运市场预测可分为出差、探亲、旅游等客运市场预测。同理，货运市场预测也可根据细分的货运市场划分种类，例如，根据货物的运输距离，货运市场预测可分为长途、中途和短途货运市场预测；根据货物的运输批量，货运市场预测可分为大宗货物和其他货物运输市场预测；根据货物的运输条件，货运市场预测可分为一般货物、阔大货物、危险货物和鲜活货物运输市场预测。

2. 按预测的时间跨度划分

按预测的时间跨度，运输市场预测可分为长期预测、中期预测、近期预测和短期预测。对不同的预测内容，其预测期的划分也是不一样的。一般地，对于运输需求预测，1 年以内的预测为短期预测，1～5 年的预测为近期预测，5～10 年的预测为中期预测，10 年以上的预测为长期预测。

3. 按预测的空间层次划分

按预测的空间层次，运输市场预测可分为国内运输市场预测和国际运输市场预测。国内运输市场预测又可分为全国、各地区、国民经济各部门、各种运输方式运输市场预测等。

4. 按预测的主体划分

按预测的主体，运输市场预测可分为宏观运输市场预测和微观运输市场预测。宏观运输市场预测是指国家或地方政府为制定国家或地区交通运输发展规划而对运输市场所作的预测。微观运输市场预测是指运输企业为制定企业的运输计划、发展规划、竞争策略而对运输市场所作的预测。

5. 按预测结果的要求划分

按预测结果的要求，运输市场预测可分为定性预测、定量预测和定时预测。定性预测研究预测对象的未来状况和性质，只要求对预测对象有一个概括性的了解，如预测民航客运市场的发展前景等，这种预测大多是依靠人的直观判断能力进行的，所以也称为直观判断预测。定量预测研究预测对象在因果分析中的数量的确定，如客货运输需求量的预测等。定时预测要求确定预测对象未来的到达时间。

4.1.5 运输市场预测的原则

科学的运输市场预测，是在一定的原则指导下，按一定的步骤有组织地进行。运输市场预测一般应遵循以下原则。

1. 目的性原则

运输市场预测的目的性要求我们在进行预测时，必须明确预测信息的用户和用途，以及用户对预测结果的要求。一般情况下，运输市场预测信息的用户主要是运输市场营销决策者，因此预测者与决策者之间的沟通显得十分重要。在实际预测工作中，要求有关主管人员重视预测工作，从而促进预测者与决策者的相互沟通，以保证预测工作有明确的目的性，避免产生盲目性。

2. 连贯性原则

运输市场的发展变化同其他事物一样都有其前因后果和来龙去脉，具有一定的历史连续性，变化过程中的各个阶段既有区别又相互联系，甚至会有极大的相似性，现在的运输市场状况是过去运输市场的历史演进，未来的运输市场状况也将是现在运输市场发展的继续。因此，必须掌握历史的和现实的运输市场资料，分析其发展变化的规律，按照连贯性原则进行逻辑推理，才能预测出未来运输市场的状况。

3. 综合性原则

鉴于运输市场营销活动涉及政治、经济、社会和技术等多方面的因素，这就要求预测人员具有广博的知识和丰富的社会经验，善于进行综合性的、多向性的思考和分析，运输市场预测的资料应尽可能地全面，同时避免使用单一的预测方法，将定量方法和定性方法结合起来，既善于逻辑推理，又善于直觉判断。在预测成员中既要有熟悉数量方法的专业人员，又要有熟悉市场、有丰富实践经验的实际工作人员。

4. 模拟性原则

运输市场的发展变化有其特点和规律，是按照一定的模式进行的。根据运输市场发展变化的特点、规律和模式，可以将其抽象为一个简化的模型，那么就可以按照模拟性原则进行定量分析，从而推断出未来运输市场发展变化的趋势和动向。

5. 客观性原则

运输市场预测提供的信息必须客观、真实、可靠，整个预测过程必须严格认真、实事求是，坚持以市场调查为基础，不搞想当然的主观臆断，以保证预测结果的可靠性。

6. 及时性原则

运输市场预测是一项时间性很强的工作，运输市场营销决策者必须不失时机地作出正确决策，这就要求运输市场预测能迅速及时地提供必要的信息。预测信息一旦过时就变得毫无价值。

7. 修正性原则

由于影响运输市场变化的因素复杂多变，甚至有许多始料不及的因素，这就决定了运输市场预测的精度是一个相对概念，允许有其合理的误差，这种误差随着时间的推移，呈扩大趋势。运输市场预测不是一次完成的，它需要随着运输市场的发展变化，不断地将预测结果与实际值相比较，通过对预测误差的分析，找出产生误差的原因，提出改进预测的方法，并及时对原预测结果进行修正和补充，以减少误差，提高预测的可靠性和准确性。

8. 经济性原则

运输市场预测工作是一项复杂的超前性研究工作，需要投入一定的人力、物力、财力和时间，故运输市场预测本身也应讲求经济效益。按照经济性原则进行运输市场预测，就是要在保证预测结果精度的前提下，合理选择样本容量、计算方法和工具，恰当确定模型形式，以最低的费用和最短的时间，获得最佳的预测结果，切忌过于追求精确性，而不顾费用和时间的耗费。

4.1.6 运输市场预测的步骤

运输市场预测是调查研究、综合分析和计算推断的过程。一个完整的运输市场预测项目，一般应包括以下几个步骤。

1. 确定预测目标、制定预测计划

进行一项运输市场预测，首先必须明确预测的目标，即明确预测的对象、目的和要求。预测对象应视为预测系统的总体。预测目的是指通过预测要了解什么问题和解决什么问题。预测要求是指对预测结果的具体要求和附加条件，例如，预测是定性预测、定量预测，还是定时预测，对哪个时期预测，对预测时间和预测精确度有什么要求等。这些预测目标将直接影响着预测的内容、规模，对预测人员的组织、预测资料的搜集、预测方法的选择、预测费用的支出等工作及预测的效果都有很大关系。总之，只有目标明确，才能使预测工作有的放矢，避免盲目性，从而以较短的时间、较少的费用，取得较满意的预测结果。

为了保证运输市场预测目标的实现，要制定具体周详、切实可行的预测计划。预测计划应包括预测工作的负责人、预测前的准备工作、收集和整理资料的步骤和方法、预测方法的选择、预测精确度的要求、预测工作的期限、预测费用等。预测计划不是一成不变的，可以在实际预测工作中对原计划做必要的调整。

2. 收集和整理资料

资料是预测的基础，资料的质量直接关系到预测的精度。要根据预测对象的目的和要求，广泛收集影响预测对象未来发展的一切资料，既要收集预测对象本身的历史资料，也要收集对预测对象有影响作用或与之相关的因素的资料，包括对预测对象的未来会造成较大影响的间接因素资料。收集资料的范围包括统计资料、计划资料、方针政策和其他社会调查资料等。在收集资料时要注意资料的基本来源和不断补充更新的可能性。对所收集的资料要进行认真的审核，对不完整和不适用的资料要进行必要的调整。例如，应把偶然发生而将来不大可能重现的一次性事件从历史资料所呈现出的趋势中清除出去，从而保证资料的准确性、系统性、完整性和可比性，对经过审核和整理的资料还要进行初步分析、观察资料结构的性质，作为选择适当预测方法的依据。

3. 选择适当的预测方法

如何选择适当的预测方法是提高预测质量的一个重要因素。因此必须从实际出发，根据预测对象的特点、预测的目的、预测的期限和时间间隔及预测对费用、时间和精确度的要求，结合收集的资料和预测人员的技术条件，选择有效的预测方法。选用的预测方法要在满足预测要求的前提下，尽量简单、方便、实用。有些预测方法要建立数学模型，有些则可以采用匡算、推算、类比测算等简单的预测方法。

另外，在选用预测方法时要根据实际情况，有时选择一种，有时也可以几种方法结合起来，相互验证预测结果，以提高预测的准确性。

4. 进行预测

根据已选定的预测方法，利用所掌握的资料，就可以具体地计算、研究，作出定性或定量分析，推测判断预测对象未来的发展方向和发展趋势。

5. 分析预测误差

所谓预测误差，是指预测值和实际值之间的差异。由于预测是根据历史资料，利用简化了的模型进行的，不可能包罗影响预测对象的所有因素，因此误差是不可避免的。预测误差的大小，反映预测的准确程度。如果误差过大，就失去预测的意义，用于决策则会产生危害。因此，预测人员应该分析预测误差产生的原因，测出误差的程度，并找出把预测误差控制在预测目标所容许的范围内的措施。需要指出的是，预测总是有误差的，在任何给定的情况下，总还会有一些更有效的方法可用于改进预测水平。但是，使用这些方法要花费过多的时间和费用，从而使经济效益下降。所以，我们应对预测的不精确度持灵活态度，而不要力图改进预测方法。

6. 参照新情况，确定预测值，并进行评审

利用选用的预测方法得到的预测值，仅能作为初步预测结果。根据这个结果，还要参照当前已经出现的各种可能性，利用正在或将要形成的各种趋势、征兆，进行综合对比和判断推理，最后确定出预测值。不能简单地认为预测运算的结果就是最后的预测值。预测不仅是科学，而且是一种艺术，预测技术是工具，每个人都可以使用，但使用得好坏，则由使用者的技艺高低所决定。技艺是个人的才能、经验与教训等的综合体，不是通过简单传授所能获得的。另外，还要将确定的预测值请各方面专家评审，集思广益，做到专业预测人员与领导、群众相结合，定量预测与定性预测相结合，使预测效果更好。

7. 经常反馈，及时调整预测方法和预测值，发布正式预测报告

运输市场预测的目的是为决策提供依据。预测人员要及时根据预测值与实际值之间的差异和预测工作中的实践经验，以及评审意见，及时调整预测方法和预测值，并提出正式的预测报告和说明，递交给有关部门，供其决策时参考。

以上是运输市场预测的一般步骤，为提高预测水平和预测效果，预测工作应逐步走向规范化、制度化、程序化。

4.1.7 运输市场预测的方法

运输市场预测的方法很多，归纳起来，可分为两大类，即定性预测方法和定量预测方法。

1. 定性预测方法

定性预测是指建立在经验、逻辑思维和推理基础上的预测。定性预测主要通过社会调查，采用少量的数据和直观材料，结合人们的经验加以综合分析，对预测对象作出判断和预测。定性预测的优点是能集思广益，简便易行，在缺乏足够统计数据或原始资料的情况下，可以作出定量估价和获得文献上尚未反映的信息。定性预测一般不需要建立高深的数学模型，所以易于普及和推广。定性预测的缺点是：由于缺乏客观标准，往往易受预测人员经验和认识上的局限，可能会带有一定的主观片面性。在定性预测中，为了消除主观因素的影响，可对调查资料和经验判断资料进行一些计算或统计处理，以提高预测的准确性。

定性预测方法主要包括一般调查法、集体意见法、头脑风暴法、德尔菲法、情景分析法、类推法等。

2. 定量预测方法

定量预测是建立在数学、统计学、运筹学、计量学、系统论、控制论、信息论等学科基础上，运用方程、图表、模型和计算机仿真等技术进行的预测。定量预测法包括时间序列预测法、因果分析预测法、组合预测法等。

4.2 定性预测方法

4.2.1 集体意见法

1. 集体意见法的步骤

集体意见法是把预测者的个人预测通过加权平均而汇集成集体预测的方法。其程序如下。

① 要求每一位预测者就预测结果的最高限、最低限和最可能的值加以判断，并对这三种情况出现的概率进行估计。例如，第 i 位预测者得出的预测结果如下：最高限为 F_{1i}，其出现

的概率为 P_{1i}；最可能值为 F_{2i}，其出现的概率为 P_{2i}；最低限为 F_{3i}，其出现的概率为 P_{3i}。

② 根据预测者对预测结果最高限、最可能值和最低限的估计以及对三种情况出现的概率的估计，计算每一位预测者的意见平均值 F_i，其计算公式为：

$$F_i = \sum_{j=1}^{3} F_{ji} P_{ji} \tag{4–1}$$

根据每位预测者个人意见的重要程度 W_i，通过加权平均，得出集体的意见 F，其计算公式为：

$$F = \sum_{i=1}^{n} F_i W_i \tag{4–2}$$

式中：n——预测者人数。

2. 集体意见法举例

【例 4–1】 某港区现有泊位不敷使用，计划扩建。为对该项目进行可行性研究，需对未来的货船靠泊量进行预测。

预测采用集体意见法进行，其具体过程如下。

① 明确问题。要求预测该港今后第五年的日均货船靠泊量。

② 组织专家进行预测。组织了甲、乙、丙三位专家，要求三位专家对该港口今后第五年的最高、最可能和最低日均货船靠泊量进行预测，并对这三种情况出现的概率进行估计。设专家的预测结果如表 4–1 所示。

表 4–1　某港区日均货船靠泊量专家预测结果表

专家	预测值类别	预测值/（艘/日）	估计该情况出现的概率	专家意见平均/（艘/日）
甲	最高货船靠泊量	200	0.3	146
	最可能货船靠泊量	140	0.5	
	最低货船靠泊量	80	0.2	
乙	最高货船靠泊量	240	0.2	180
	最可能货船靠泊量	180	0.6	
	最低货船靠泊量	120	0.2	
丙	最高货船靠泊量	180	0.2	114
	最可能货船靠泊量	120	0.5	
	最低货船靠泊量	60	0.3	

③ 计算最终预测结果。首先要分别给三位专家的预测值赋一个权重，设甲、乙、丙三位专家的预测值的权重分别为 0.4、0.3 和 0.3。则三位专家最终的集体意见为 146×0.4+180×0.3+114×0.3=146.6（艘/日），这也是最终的预测结果。

4.2.2　头脑风暴法

头脑风暴法又称专家会议法、集思广益法，是指预测者邀请有关专家以开讨论会的方式，向专家获取有关预测对象的信息，经归纳、分析、判断和推算，预测事物未来发展变化趋势的一种预测方法。它是由主持人召集一个没有限制的自由讨论会，主持人首先提出一个要讨论问题的清单，然后请专家们各抒己见，提出自己的观点和看法。该方法是吸收全体专家参加积极的创造性思维过程，能使微观的智能结构形成宏观的智能结构，并通过专家信息交流而引起共振，所以也有人将该方法称为思维共振法。采用头脑风暴法进行预测时，邀请的专家通常包括：方法论学者，即预测领域的专家；设想产生者，即所讨论问题的专家；分析者，即所讨论问题领域的高级专家；演绎者，即具有发达的推断思维能力的专家。头脑风暴法包括直接头脑风暴法和质疑头脑风暴法两大类。直接头脑风暴法一般按下列步骤实施。

① 确定与会专家的名单、人数和会议时间。为了提供一个创造性的思维环境，与会人员尽量互不认识，会议人员以 10 人左右为宜，会议时间以 1 小时左右为好，不宜过长。

② 召开专家讨论会。在讨论会上，会议主持人首先要对预测问题作一简要说明，使与会专家明确要预测的问题，然后请专家们参加讨论、发表意见。在讨论中，主持人要创造一种自由、活跃、民主的讨论气氛，激发专家们参与讨论的积极性。会议主持人要严格限制讨论范围，对专家们提出的各种意见和方案不持否定和批评态度，在讨论会上提出的预测设想多多益善，因为讨论的问题愈广愈深，产生有价值的设想的概率越大。

③ 对各种设想进行归类、比较和评价。预测组织者要对所有提出的设想编制名称一览表，用专业术语表述每一种设想的内容和特点，找出重复或互为补充的设想进行比较分析，以此为基础形成一种较为完整的综合设想。另外，还要对每一种设想提出评价意见。

质疑头脑风暴法是指对直接头脑风暴法提出的已系统化的预测方案进行质疑分析的预测方法。其做法与直接头脑风暴法基本相同，只是要对某一具体预测方案实现的可行性进行全面质疑和评价。在对已提出的设想能否实现进行论证时，要着重分析存在的制约因素，以提出消除限制因素的建议。在质疑过程中，应鼓励提出可行性设想，从而进一步完善预测方案，形成一个更科学、更可行的预测方案。

头脑风暴法的优点是：① 由于该方法是在充分利用专家个人丰富的知识和经验的基础上，通过交换意见、互相启发，对过去发生的事情进行分析和评价，对未来的趋势进行探索和判断，因而能较全面地考虑到事件发生的可能性，从而达到预测的目标；② 这种预测方法简单易行，节省时间。

头脑风暴法的缺点是：① 由于参加会议的人数有限，故不能更广泛地收集各方面的意见；② 由于是面对面地讨论，所以可能会出现少数人的正确意见屈服于多数人的错误意见，或者大多数人受权威人士意见的左右，不能充分发表个人意见和看法。

4.2.3 德尔菲法

德尔菲法是由美国著名的咨询机构——兰德公司创立的。这种方法的名称“德尔菲”是以古希腊预言神殿所在的历史名城德尔菲命名的。该方法又称专家调查法或专家意见法。

德尔菲法是以匿名的方式，通过轮番征询专家意见，最终得出预测结果的一种经验意见综合预测方法。德尔菲法是定性预测方法中最重要、最有效的一种方法，它不仅可用于短期预测，而且也能用于中、长期预测，尤其是当预测中缺乏必要的历史数据，应用其他预测方法有困难时，采用德尔菲法预测能得到较好的效果。

1. 德尔菲法的特点

① 匿名性。在德尔菲法的每一轮征询中，均采用“背靠背”的办法向专家征询意见，这

样可以保证每位专家不制约、影响其他人的意见。所以，匿名性可以创造一种平等、自由的气氛，鼓励专家发表自己的见解。

② 反馈性。采用德尔菲法需要多次轮番征询意见，每次征询都必须把预测主持者的要求和上一轮专家意见的统计结果反馈给专家，因此，德尔菲法具有信息反馈沟通的特点。这样经过多次反馈，可以不断修正预测意见，使预测结果比较准确可靠。

③ 集思广益。在整个预测过程中，每一轮调查都将上一轮的许多意见与信息进行汇总和反馈，这样可以使专家们在“背靠背”的情况下，能充分了解各方面的客观情况和其他专家的意见，从而有助于专家们开拓思路，集思广益。

④ 趋同性。德尔菲法注意对每一轮的专家意见作出定量的统计归纳，使专家们能借助反馈意见，最后使预测意见趋于一致，即德尔菲法能使专家的预测结果“趋同”，而且这种“趋同”不带有集体讨论中盲目屈从权威的色彩。

2. 德尔菲法的实施步骤

1）准备阶段

该阶段主要完成两方面的工作：拟定征询表和选定征询对象。

首先要根据预测的目的和要求，拟定需要调查了解的问题，列成预测意见征询表。征询表的设计应做到：① 主题明确、中心突出；② 语言简练、文字表达准确；③ 问题简单明确，且数量不宜过多；④ 问题之间应有一定的内在联系，以使被征询者保持一个连贯性的思路；⑤ 问题要有启发性；⑥ 问题的解答应便于数量化处理；⑦ 表格的设计应当清楚，不要太复杂；⑧ 表格中应当提供一些已掌握的背景材料，供专家预测时参考。总之，征询表的设计要有利于专家充分发表自己的意见，同时又不离题。

接着要选定征询对象。选择的专家是否合适，是德尔菲法成败的关键。总的来说，德尔菲法所要求的专家，应当是对预测对象和预测问题有比较深入的研究，知识渊博，经验丰富，思路开阔，富于创造性和判断力的人。具体地说，专家的选择要注意以下几点。① 自愿性。选择专家时应考虑专家是否有时间和精力参加此项预测活动。只有充分考虑专家的自愿性，才能避免专家意见回收率低的问题，保证专家充分发挥积极性、创造性和聪明才智。② 广泛性。德尔菲法要求专家有广泛的来源，这也是定性预测本身需要多样化的知识面的要求。③ 人数适度。选择专家的人数要适宜，人数过少，缺乏代表性，信息量不足；人数过多，组织工作困难，成本增加。专家人数一般以20～50人为宜。

2）轮番征询阶段

准备阶段的工作完成以后，就进入向专家们进行调查的阶段。这一阶段主要是通过反复地轮番征询专家意见来实现的。第一轮，预测主持者首先向专家寄送意见征询表，请专家在限定时间内寄回预测结果。接到专家的预测结果之后，主持者要将各种不同意见进行综合整理，汇总成表，然后再分送给各位专家，进行第二轮征询，在这轮征询中，每位专家都能了解其他人的意见，以及其他人对自己意见的评价，这有助于专家们对上一轮的各种意见进行比较，据此修正自己的意见、判断。第二轮预测结果寄回后，主持者还要加以综合整理，并进行下一轮征询。一般情况下，专家意见经过三至四轮征询，就会基本趋于一致。

3）作出预测结论阶段

该阶段要根据几次征询所得到的全部资料，最后作出预测结论。在该阶段，最重要的工作是用一定的统计方法对专家的意见作出统计归纳处理。常用的统计处理方法有中位数和上下四分位数法、算术平均统计处理法等。

（1）中位数和上下四分位数法

这一方法主要用于预测结果为时间或数量时的统计处理，用中位数代表专家预测意见的集中或协调程度，用上下四分位数反映专家意见的离散程度。使用该方法时，要先将各专家的预测结果（包括重复的）按从小到大的顺序排列起来，在这个数列中，处于最中间的那个数即为专家预测结果的中位数。当有奇数个专家预测结果时，位于正中位置的预测意见即为中位数，当有偶数个专家预测结果时，以处于最中间的两个预测结果的算术平均值为中位数，并以此作为最终的预测结果。类似地，上下四分位数分别表示处于专家预测结果排序数列中3/4处和1/4处的数。用中位数和上下四分位数描述预测的结果，中位数表示预测结果的期望值，下四分位数表示预测期望值区间的下限，上四分位数表示其上限。

（2）算术平均统计处理法

即对所有的预测结果进行算术平均，并用该值作为专家预测的最终结果。该方法主要用于对预测结果为数量的统计处理。

3. 德尔菲法的优点和缺点

德尔菲法的优点表现在：① 该方法既能充分发挥每个专家的经验和判断能力，又能将个人的意见有效地综合为集体意见；② 该方法简单易行，且可靠性好。可以说，德尔菲法是一种科学性较强，适用范围广，可操作性强，较为实用的定性预测方法。

德尔菲法的缺点表现在：① 预测需要的时间较长；② 主要凭专家的主观判断，缺乏客观标准。该方法适用于没有足够信息资料的中、长期预测，还可用于决策和技术咨询等方面。另外，对于难以用精确的数学模型处理，需要征求意见的人数较多、成员较分散、经费有限、难以多次开会或某种原因不宜当面交换意见的问题，用该种方法预测效果较好。

4. 德尔菲法举例

【例 4–2】某公路部门准备将原有的一段普通公路改造为高速公路，为进行该工程的经济评价，需要对该公路今后第五年的车流量作预测。

预测采用德尔菲法进行，具体过程如下。

① 提出问题：用德尔菲法预测该公路今后第五年的日均车流量。

② 邀请专家：邀请了4位经济学家、3位研究人员、4位领导人员、6位业务管理人员、3位用户代表，发放征询表，要求每人对该公路今后第五年的日均车流量进行预测。

③ 意见汇总、整理、计算、分析，经过三轮的意见反馈，得到该公路车流量的预测统计表如表4–2所示。

表 4–2 某公路日均车流量专家预测结果表

百辆

专　家	第一轮意见	第二轮意见	第三轮意见
经济学家A	240	280	300
经济学家B	200	200	200
经济学家C	240	200	280
经济学家D	48	88	164
研究人员A	220	200	200

续表

专　　家	第一轮意见	第二轮意见	第三轮意见
研究人员 B	220	180	140
研究人员 C	100	140	140
领导人员 A	180	176	180
领导人员 B	88	112	112
领导人员 C	120	136	136
领导人员 D	88	100	148
业务管理人员 A	140	140	180
业务管理人员 B	140	140	200
业务管理人员 C	130	140	140
业务管理人员 D	140	130	130
业务管理人员 E	160	160	160
业务管理人员 F	150	140	150
用户代表 A	70	100	110
用户代表 B	250	220	220
用户代表 C	140	150	150
合计			3 440

④ 根据统计表，采用适当的计算方法得出预测结果。

方法一：用算术平均数计算。

公路车流量预测结果=3 440/20=172（百辆）=17 200（辆）

方法二：用中位数计算。

首先把 20 位专家的第三轮预测意见从小到大依次排列，从而得以下数列：110，112，130，136，140，140，140，148，150，150，160，164，180，180，200，200，200，220，280，300。则中位数为第十个数和第十一个数的平均数=（150+160）/2=155（百辆），即公路车流量预测结果为 15 500 辆。

4.2.4 情景分析法

情景分析法，又称构思分析法、前景分析法，是由美国 SHELL 公司的科技人员 Pierr Wark 于 1972 年提出来的。该方法是根据事物发展趋势的多样性，通过对预测对象系统内外相关问题的系统分析，设计出多种可能的未来前景，然后用像撰写电影剧本一样的手法，对事物发展态势作出自始至终的情景和画面的描述。情景分析过程实质上是用来完成对事物所有可能的未来趋势的描述，其分析结果主要包括三部分内容：事物未来可能发生态势的确定；各态势特性及其发生可能性的描述；各态势发展路径的分析。

1. 情景分析法的特点

① 由于预测是根据事物发展的过去和现在对其未来作出估计和推断，这种超前性的特点决定了在预测过程中不可避免地要遇到一些不确定因素，对不确定因素的不同处理方法，将

导出多种可能的发展趋势，各种趋势的差别很大，但各自都有存在的理由，情景分析法认为事物发展的未来具有多样性，因此，其预测结果是多维的。

② 在进行预测时，不应就预测对象论预测对象，而应从预测对象所处的社会、政治、经济环境出发，用系统工程的思想和方法分析问题，特别要注意分析那些对预测对象的发展起重要影响的关键因素，以对事物的未来发展作出有联系、多层次、组合式的描绘。情景分析法能够做到在系统环境变化条件下对事物的发展作深层次分析，因而，情景分析法是一种系统预测方法。

③ 情景分析法是在已经掌握的客观资料的基础上，融合专家的逻辑思维和形象思维能力，对事物发展前景进行分析。因此，情景分析法是一种认同并发挥人的主观能动作用的预测方法。

④ 情景分析法是一种定性与定量相结合的预测方法。情景分析法并不排斥趋势外推等定量预测方法，如对未来情景框架进行描述时，可运用趋势外推等方法作短期预测，并在此基础上对远期情景的不可靠部分进行必要的拓展和补充。情景分析法的定性分析主要是获取专家的经验和智慧，这一点与德尔菲法有一定的类似，因此，在情景分析法中通常用德尔菲法作为一项子技术。所以，情景分析法是一种定性分析与定量分析相互嵌入，以定性分析为主的综合性预测方法。

综上所述，情景分析法是一种适用于在变化的环境中进行预测的系统预测技术，它能够将定量分析与定性分析有机地融为一体，以德尔菲法等作为定性分析手段，以趋势外推等方法作为定量分析手段，并在其中嵌入大量的定性分析，以指导定量分析的进行。情景分析法的主要缺点是操作过程比较复杂，预测成本较高。

2. 情景分析法的实施步骤

1）明确预测问题，做好必要准备

首先要根据实际需要，选择预测项目，然后根据项目要求进行信息调研，调研范围不仅要涉及预测对象本身，还要考虑社会、经济、政治、生态等相关因素，从而为实施预测做好资料上的准备。同时进行的另一项重要工作是选择并邀请相关领域的专家，为实施预测做好人力上的准备。其次，要在专家的指导下，以预测要求和现实条件为基础，制定预测所要达到的目标，确定主要预测程序和方法。

2）确定影响水平和变量

要在系统分析的基础上，依靠专家智慧，将影响预测对象未来发展的主要因素划分为几大类（称为影响水平），然后在各影响水平下，确定影响较大的子因素（称为变量），在影响水平和变量的确定过程中，要在影响水平间及变量间进行交叉影响分析，以消除重叠因素和次要因素的影响。

3）构造情景

要充分发挥专家的逻辑思维和形象思维能力，从当前出发，根据各影响水平下变量的可能变化情况，沿其路径向未来延伸。在延伸过程中，要保证各因素的影响作用有理有据，最好能用量化指标说明。为了避免情景系统过于庞大、复杂，小概率事件一般不予以考虑。

4）编写预测报告

该阶段的主要工作是对前面的工作进行系统整理和总结，以及对以前工作存在的纰漏进行补救。同时，对各发展前景最好能提出相应的对策。

4.3　定量预测方法

4.3.1　时间序列预测法

把预测对象的观察值按照时间先后顺序排列起来，构成的序列称为时间序列。通过时间序列分析事物过去的变化规律，并推断事物的未来发展趋势，这就是时间序列预测法。

时间序列预测法基于这样的原理，一方面承认事物发展的延续性，因为任何事物的发展都和其过去有着密切的联系，因此通过对过去时间序列的数据进行统计分析，就能够推测事物未来发展的趋势；另一方面，又充分考虑到事物发展会因偶然因素影响而产生随机性波动，因此在对历史数据进行统计分析时，可用加权平均等方法加以适当的处理，进行趋势预测。时间序列预测法具有简单易行、便于掌握、能够充分利用原时间序列的各项数据及适于短期预测的特点。

时间序列趋势外推的方法很多，其关键是趋势的识别与拟合是否准确。常用的时间序列预测方法有增长率法、移动平均法、指数平滑法、灰色预测法、马尔可夫预测法、自回归预测法、神经网络预测法等。

1. 增长率法

增长率法是指根据预测对象在过去的统计期内的平均增长率，类推未来某期预测值的一种简便预测方法。该预测方法一般用于对增长率变化不大或预计过去的增长趋势在预测期内仍将继续的预测对象进行预测。

2. 移动平均法

移动平均法是指取预测对象最近一组实际值的平均值作为预测值的方法。所谓“平均”，是指求算术平均值，所谓“移动”，是指参与平均的实际值随预测期的推进而不断更新，且每次参与平均的实际值个数相同。移动平均的实质是使原数列中异常大或异常小的历史数据被修匀，尽可能消除数列图形上的大峰大谷，平滑其小峰小谷。

一次移动平均值与实际值相比，存在滞后现象。因此，直接用一次移动平均值作为预测值，存在一定的误差。在一次移动平均的基础上进行第二次修匀，即对一次移动平均值求移动平均数，称为二次移动平均。二次移动平均值与一次移动平均值相比，也存在滞后现象，因此，一般不用二次移动平均值直接作为预测值，而是通过建立二次移动平均预测模型进行预测。

3. 指数平滑法

指数平滑法实质上是一种加权移动平均法，它给近期观察值以较大的权数，给远期观察值以较小的权数。该方法能巧妙利用历史数据信息，并能提供良好的短期预测精度。

一次指数平滑值与实际值相比，也存在滞后现象。二次指数平滑是指对一次指数平滑值再进行一次指数平滑。二次指数平滑值与一次指数平滑值相比，也存在滞后现象，因此，一般不直接将二次指数平滑值作为下一期的预测值，而是通过建立二次指数平滑预测模型进行预测。

如果时间序列的趋势呈现二次曲线型，则需要采用二次曲线模型（三次指数平滑法）进行预测。三次指数平滑预测模型几乎适用于所有问题。二次指数平滑预测模型不过是在曲率为零时，三次指数平滑预测模型的特例。

4. 灰色预测法

灰色预测法一般利用时间序列数据，通过建立 GM（1,1）模型进行预测。该预测方法具有以下特点：① 不需用大量样本；② 预测精度较高；③ 用累加生成拟合微分方程，符合能量系统的变化规律；④ 可以进行长期预测。

5. 马尔可夫预测法

马尔可夫是俄国著名的数学家，他建立的马尔可夫方法主要用于研究事物的状态转移。他经过多次试验发现，一个系统的某些因素在转移中第 n 次结果只受第 $n-1$ 次的结果的影响，即只与当前所处状态有关，与其他无关。

经常使用马尔可夫预测法对市场占有率进行预测，其一般步骤为：① 调查目前的市场占有率情况；② 调查消费者的变动情况；③ 建立数学模型；④ 预测未来市场的占有率。

6. 自回归预测法

自回归预测法的原理为：因为时间序列的观察值之间往往是高度相关的，它把事物发展的某一特征看作是一随机过程，某一状态下的量是一随机变量，单个值的出现具有不确定性，但整个序列则呈现规律性。通过自回归分析，可建立预测对象第 t 期的值与第 $t-1$，$t-2$，…，$t-p$ 期的值的回归关系，通过这个关系可进行前向预测。自回归预测的实质是对事物发展特征曲线的拟合，并进一步推知其未来的发展轨迹。

7. 神经网络预测法

目前，神经网络方法，特别是反向传播（back-propagation，B-P）网络方法在许多领域都得到了广泛应用。该方法在函数逼近、模式识别、数据压缩等领域的应用实践表明，通过该方法获得的结果与实际结果非常接近，尤其在曲线拟合方面有很高的精度。利用神经网络方法建立数学模型，拟合历史数据的变化曲线，再用拟合结果对数据未来的发展趋势作出预测，这是神经网络方法在预测中的应用。神经网络预测法的应用实践表明，该方法能够反映事物的变化规律，预测的结果比较准确。

4.3.2 因果分析预测法

在定量预测方法中，因果分析预测法是与时间序列预测法不同的另一类预测方法，时间序列预测法侧重从时间轴来考虑预测对象的变化和发展，其数学模型一般都是时间的函数。而因果分析预测法则从预测对象与其影响因素的关系上来研究预测对象的变化和发展，建立“因”“果”之间的数学模型。在因果分析法中，时间成了隐含的因素，而与预测对象变化相关的因素成了应当直接考虑的因素。

因果分析预测法包括回归分析预测法、比例系数预测法、系统动力学预测法、投入产出预测法等。

1. 回归分析预测法

回归分析预测法是利用因素之间的因果关系，通过建立回归方程进行预测。该方法具有预测精度较高、使用方便、可以进行长期预测等特点，适用于运输市场预测。回归分析预测方法的步骤如下。

① 分析预测变量的影响因素，并找出主要的影响因素。

② 利用历史数据建立预测变量与主要影响因素的回归方程。

③ 利用历史数据对模型进行精度检验。

④ 利用预测期各影响因素的指标值，代入回归方程进行预测。

回归分析预测法包括一元线性回归预测法、多元线性回归预测法和非线性回归预测法等。

2. 比例系数预测法

比例系数预测法主要有产值系数预测法和产运系数预测法等。

1）产值系数预测法

产值系数预测法是根据预测期国民经济指标（如工农业总产值、国内生产总值、国民生产总值或国民收入等）和单位国民经济指标所引起的运量进行运量预测的方法。

2）产运系数预测法

产运系数预测法是根据某种货物的运量随其生产总量发生变化的规律性进行运量预测的方法。无论从全国还是从地区看，一些主要货物的发送量与其生产总量的比值（即产运系数）总是相对比较稳定的，这些货物包括煤炭、石油、钢铁、金属矿石、水泥、木材、粮食、化肥、盐等，可以根据它们的未来产量预测未来运量。

运用产运系数法的关键在于分析掌握各大类货物产运系数变化的原因。一般来说，生产布局的改变，大中小型企业产量构成的变化，基建投资结构的改变；进出口量的多少，产、供、运、销关系的变化和各种运输方式分工结构的变化，都可能引起货物产运系数的变化。预测期各主要品类货物的产运系数确定以后，就可依据有关预测公式计算各类货物的运量，然后还可通过汇总得到货物总运量的预测值。

3. 系统动力学预测法

系统动力学是由 J. W. 福雷斯特于 20 世纪 50 年代在麻省理工学院建立起来的。它将系统论、控制论和组织理论三者结合起来，为模拟复杂的非线性多回路反馈系统建立起一种有指导意义的哲学思想和一套描述方法。

系统动力学预测法具有以下特点：① 善于解决高阶、非线性的复杂问题；② 善于处理反馈性系统；③ 善于对政策的描述和对未来情景的描述，即善于将定性因素纳入定量模型。

由于交通运输是一个因素众多、关系复杂的大系统，用数量方法对其进行定量研究困难很多，因为大多数定量分析方法难以处理高层次非线性系统，也难以本质地、完整地揭示系统结构与功能的内在关系。系统动力学提供了综合考虑各种因素，并对复杂系统进行分析研究的方法。它以系统论及信息反馈理论为基础，通过观察控制系统动态的功能信息，获得描述系统结构的一般方法，并用因果网络分析和计算机仿真技术，研究系统的控制和决策问题。对于系统建模，系统动力学通过对系统的数据观测和系统构造信息的流程化，给出系统模型、系统行为的因果分析及数据流仿真，达到定量描述系统的信息构造及各种影响因素，从而建立起研究一般复杂系统的动态模型。

运用系统动力学方法进行运输需求预测时，先要建立运输需求发展趋势模型，从国家发展的总体上分析和把握交通运输系统的结构和关系，按系统发展过程中各种要素的纵向结构层次和横向相互作用，定量地确定系统的发展机制，描述其发展趋势，并就其行为进行系统模拟，以达到运量预测的目的。运输需求发展趋势模型的功能主要有三大类：① 运量预测。② 政策分析。通过改变政策变量、参数和外在条件，模拟系统发生的变化，从而进行政策分析。③ 结构分析。通过改变系统的结构，即系统的反馈机制，改变某些变量之间的相互制约关系，模拟系统内部结构性的变化及其生产的外部行为。

4. 投入产出预测法

投入产出预测法是在国民经济平衡表的基础上逐步发展起来的。它是研究和分析国民经济各部门在商品生产和消费之间技术经济联系的方法。该方法是 1936 年由经济学家列昂捷夫提出的，目前该方法已在世界许多国家得到应用。

投入产出预测法是以揭示经济领域中各种相互关系为基础的，属于因果或解释类方法。所谓“投入”，是指从事一项经济活动的物质消耗。如生产活动中消耗的原料、燃料、设备折旧、劳动力等。所谓“产出”，是指从事一项经济活动的结果。如生产活动的结果是得到了一定数量的产品，运输活动的结果是完成了一定的运输量。经济活动的投入和产出还体现了生产与消费之间的一种平衡关系，反映了事物之间相互联系、相互制约的本质规律和客观上的平衡倾向。预测工作者可以利用这种本质规律和平衡倾向进行预测。

投入产出预测法是利用数学方法和计算机技术来研究和综合分析各种经济活动的投入产出之间的数量关系。该方法是通过编制投入产出表和建立投入产出模型进行经济分析和预测的。

投入产出表是投入产出预测法的基础，它把国民经济所有部门的投入来源和产出趋向排列成一张纵横交错的棋盘状表格，反映各种经济部门内部和它们之间发生的交易，以及这些交易额的大小。

投入产出模型是反映国民经济（或地区、企业）各部门投入产出之间，在一定约束条件下经济参数保持相对平衡的联立方程组，也称投入产出经济数学模型。一般情况下，投入产出表与投入产出模型是相互对应的，即根据某一投入产出表，便可建立相应的投入产出模型。

投入产出分析是利用投入产出表和投入产出模型，对国民经济（或地区、企业）各部门投入与产出之间相互依存关系所做的经济数量分析和研究。

4.3.3 组合预测法

组合预测法是将几种预测方法的预测结果，选取适当的权重进行加权平均的一种预测方法。该方法是建立在最大信息利用的基础上，它集结多种单一模型所包含的信息，进行最佳组合。因此，在大多数情况下，通过组合预测可以达到改善预测结果的目的。常用的组合预测方法主要有等权平均法、方差–协方差法等。

复习思考题

1. 什么是运输市场预测？它有哪些作用？
2. 运输市场预测应遵循哪些原则？
3. 运输市场预测的主要步骤有哪些？
4. 简述头脑风暴法的步骤和优缺点。
5. 简述德尔菲法的特点和步骤。
6. 主要的时间序列预测方法有哪些？
7. 主要的因果分析预测方法有哪些？

第5章

运输市场细分及目标市场选择

【本章内容概要】

本章介绍运输市场细分的概念、步骤及客货运输市场的细分方法；阐述运输企业目标市场的选择策略，介绍运输产品市场定位的含义、步骤、依据、方法；并附有案例。

【本章学习重点与难点】

学习重点：了解运输市场细分的含义、作用、步骤及方法；理解客、货运市场细分条件，了解目标市场评价依据；理解目标市场营销策略及选择依据；了解市场定位的含义，掌握市场定位的步骤及依据。

学习难点：运用市场细分和市场定位的基本理论，进行运输市场细分和定位的实例分析。

5.1 运输市场细分

5.1.1 运输企业市场细分概念

市场细分的概念是由美国市场营销学家温德尔·斯密于 1956 年在《产品差异和市场细分——可供选择的两种市场营销战略》一文中首先提出来的。其背景是第二次世界大战以后美国许多产品的市场由卖方市场向买方市场转变。

1. 运输市场细分的产生和发展

运输市场细分的产生和发展主要经历以下三个阶段。

1）大量营销阶段

早在 19 世纪末 20 世纪初，西方经济发展的中心是速度和规模，企业市场营销的基本方式是大量营销。在当时市场环境下，大量营销方式降低了成本和价格，获得了较丰厚的利润，企业没有必要重视市场需求的研究，市场细分战略也不可能产生。

2）产品差异化营销阶段

在 20 世纪 30 年代，发生了震惊世界的资本主义经济危机，西方企业面临产品严重过剩，市场迫使企业转变经营观念，营销方式从大量营销向产品差异化营销转变。企业推出了许多与竞争对手不同的、具有不同质量和性能的产品，但是缺乏明确的目标市场，成功率较低。

3）目标营销阶段

20 世纪 50 年代以后，在科技发展的推动下，生产力水平大幅度提高，产品日新月异，生产与消费的矛盾日益尖锐。市场迫使企业再次转变经营观念和经营方式。由产品差异化营销转向以市场需求为导向的目标营销，企业在研究市场和细分市场的基础上，结合自身的资源和优势，选择其中具有吸引力和最能有效为之提供产品与服务的细分市场作为目标市场，设计与目标市场需求特点相匹配的营销组合。

2. 运输市场细分概念

运输市场细分是指运输企业的营销管理者通过市场调研，根据旅客或货主对运输的不同需求和欲望，按照一个或几个细分变量将某一运输产品的整体市场划分为若干个货主或旅客群的市场分类过程。被分割出来的每一个群体就是一个细分市场，即“子市场”。在每一个子市场上，货主或旅客的运输需求、欲望及行为具有相似性。因此，运输市场细分是对具有不同运输需求的旅客和货主的分类，而不是对运输产品的分类过程，市场细分的基础是运输需求的差异性。例如，根据“旅客出行目的”这个细分变量可以将旅客运输市场细分为出差、旅游、经商、通勤、探亲、打工、求学等子市场。

在理解运输市场细分概念时，要注意以下几个方面的问题。

1）运输市场细分的理论基础是“多元异质”理论

其理论的基本观点是消费者对产品的需求是多元化的，而运输需求本身的“异质性”是市场细分的客观基础。从需求角度可以把产品市场分为同质和异质市场两类。凡消费者对某种产品的需求、欲望、购买行为，以及对企业营销策略的反应等方面具有基本相同或极为相似的一致性，这种产品的市场就是同质市场，如食盐、大米等基本生活资料市场就是同质市场。而对运输市场来说其属于异质市场，旅客或货主对运输产品的速度、时间、服务水平及价格等方面的需求不同，在购买方式、购买习惯等方面也存在差异，正是这些差异使运输市场化细分成为可能。

2）运输市场细分的实质是对旅客、货主需求的整合过程

市场细分化是一个聚集而不是分解的过程。所谓聚集的过程，就是把某种运输产品的特点最易作出反应的旅客或货主集合成群。聚集的过程可以根据多种变量连续进行，直到鉴别出其规模足以实现企业利润目标的某一旅客或货主群。

3）运输市场细分的动力来自市场内部

因为运输产品最终是要实现与旅客、货主的交换，而运输产品只有具备了满足旅客、货主所需的使用价值，人们才可能愿意交换。但市场上没有哪个旅客或货主能够反映整个市场的需求，所以运输企业必须根据旅客或货主的需求、欲望、购买行为及购买习惯的差异性，将整个运输市场划分为若干个子市场，采取不同的营销策略，以满足不同的运输需要，从而运用最低的营销成本，达到最大的营销成果。

3. 运输市场细分作用

运输市场细分是运输企业致力于确认和分析运输市场需求差别，发现市场机会的过程，它是对于制定行之有效的营销组合策略具有重要的意义。因此，科学合理地细分运输市场，对于运输企业成功地进行生产和经营具有重要的作用。

1）有利于发掘新的市场机会

市场机会是指在市场上客观存在的但尚未得到满足或未被充分满足的消费需求。通过市场细分，运输企业可以了解和分析各旅客群和货主群运输需求的满足程度和运输市场上的竞争状况，根据竞争者的市场占有情况来分析市场的满足程度，发展那些未被满足或未被完全满足的运输需求，以求发现新的市场机会。需求满足程度较低的子市场上，通常都有着很好的市场机会，运输企业可以抓住这样的市场机会，根据本企业的资源状况及竞争能力，形成适于自身发展的较有力的目标市场。

2）有利于及时调整营销策略

运输市场细分后，每个子市场变得小而具体，运输企业在相对较小的子市场上开展营销活动，市场调研针对性强，信息反馈较快，企业容易把握市场需求的特点及变化情况，这有利于运输企业生产出适销对路的产品，及时地根据市场的变化调整运输产品的结构、运输价格、分销渠道及促销手段等，有利于运输企业尽快制定出相应的营销策略，提高企业的市场适应性。

3）有利于优化资源配置

运输企业要想根据自身的生产经营能力和条件，正确地选择目标市场，就要借助于运输市场细分。运输市场细分的思想在于，企业不是满足于在整体运输市场上仅占一席之地，而是要求企业追求在较小的细分市场上占有较大的市场份额。在市场细分的基础上，运输企业可以将有限的人力、物力、财力等集中地投入一个或几个运输目标子市场，同时还使企业更容易了解这几个子市场上竞争对手及产品的特点、优势及劣势，从而展开有针对性的生产和经营，这不但能为运输企业节省费用，而且还使企业增强了竞争能力，提高了经济效益。

4）有利于适应运输需求的变化

如果大多数运输企业通过市场细分来选择目标市场，那么旅客和货主的不同的运输需求就会及时被发现，分别成为不同企业的众多市场机会和目标市场，运输企业将会开发出适销对路的产品来满足这些需求。而且，随着人民生活水平的提高、价值观念的改变和社会分工的不断细化及企业经营观念的更新，旅客和货主的需求也在不断变化，不断形成新的需求，这又要求企业不断开发新的运输产品来满足不断变化的运输需求。因此，市场细分可以促进供给和需求的平衡，从而实现国民经济的协调发展。

5.1.2　运输市场细分的条件

运输市场细分无论对运输企业还是对旅客和货主都是有益的，但企业应用市场细分策略时必须要考虑到细分市场的实用性和有效性。有效的运输市场细分应具备以下几个条件。

1. 可进入性

可进入性是指运输企业的资源条件和市场营销能力必须足以使企业进入所选定的运输子市场，并有所作为。每个运输企业的设备、管理、比较优势等决定了该企业可以进入的运输市场是有限的，因而只能在可以进入的市场范围内进行细分。实际上，运输子市场的可进入性就是运输企业营销活动的可行性。显然，对于无法进入和难以进入的运输市场进行细分是毫无意义的。

2. 可盈利性

可盈利性是指细分后的运输子市场的规模和购买力潜量必须大到足以使运输企业实现其盈利目标。如果细分后的运输子市场上货主发送货物的数量或旅客乘坐该运输工具的人数较少，以及使用的频率不高等，说明该子市场的潜量不大，难以补偿运输企业的成本支出，更谈不上盈利。因此，有效的运输市场细分必须具有足够的运输需求规模和潜量、保证运输企业的盈利，否则这种细分对企业来说是没有意义的。

3. 可衡量性

可衡量性是指运输市场细分的标准和细分后的运输子市场是可以衡量的，这主要指以下两方面：一是用以细分运输市场的旅客和货主信息不仅能通过市场调研及时获得而且还具有可衡量性，否则这种特征资料就不能成为细分运输市场的标准；二是细分出来的各运输子市场不仅范围界定明晰，而且各个运输子市场的规模以及购买力是可以估量的，否则各运输子市场将无法界定和衡量，难以进行描述和说明，运输市场细分也就失去了意义。

4. 反应差异性

反应差异性是指细分后的每个运输子市场对运输企业市场营销组合中的任何一项因素的变动都能迅速地作出具有差异性的反应。例如，有的货物运输子市场对安全性的敏感度较高，有的货物运输子市场对时效性的敏感度较高，有的货物运输子市场对价格的敏感度较高等，这就要求运输企业针对不同的运输子市场制定不同的市场营销组合。如果几个运输子市场对于一种市场营销组合的变动具有相类似的反应，企业就没有必要为每个运输子市场分别制定不同的市场营销组合，运输市场细分的意义也就不存在了。

5.1.3 运输市场细分变量与方法

细分变量是指按照一个或多个影响市场需求的因素，可以将整体市场划分成可操作的若干个子市场，这些影响因素被称为细分变量。细分变量有两类：需求和特征组合。而顾客的需求是细分市场的基础。特征组合是指一些可以描述和测量的顾客特征，如地理位置、职业、年龄、收入水平等，但总的来说这两种变量是相互补充的。

运输企业进行市场细分，必须通过市场调研分析市场中旅客或货主的需求，要明确把握旅客或货主所寻求的利益，并发现不同旅客或货主期望值的差异程度。除此之外，运输企业还要将这些需求上不同的旅客或货主的特征组合或消费特征联系起来。运输市场细分变量一般有以下特征组合。

1. 地理因素

按地理因素细分是指按照旅客或货主所处的地理位置、自然环境来细分市场。其中，重要的具体因素包括地区地势、城市或地区规模、消费水平、气候条件等。地理因素是一种相对静态的变数，但处于同一地理位置者对于某一类产品的需求仍然会存在较大的差异。因此，还必须同时依据其他因素进行市场细分。

2. 人口因素

按人口因素细分是指人口统计因素。通常包括年龄、性别、职业、收入、民族以及教育程度、家庭生命周期、宗教信仰等进行细分市场。不同年龄、受教育程度不同的消费者在价值观念、生活情趣和消费方式等方面会有很大的差异。

3. 心理因素

按心理因素细分是按照旅客、货主的心理特征细分市场。按照上述两种标准划分的处于某个运输企业目标群体中的旅客及货主对同类运输产品的需求仍会显示出差异，可能原因之一是心理因素在发挥作用。心理因素具体包括个性、生活方式、购买动机、生活格调、价值观念、追求的利益。旅客、货主在选择的过程中，对运输方式的不同效用的重视程度是不同的。旅客、货主的个性、价值观念等心理因素对需求有很大影响，企业可以把具有类同的个性、爱好、兴趣和价值取向相近似的消费者集合成群，有针对性地制定营销策略。

4. 行为因素

按行为因素细分是根据旅客、货主对产品的了解程度、态度、使用情况及反应等将他们划分成不同的群体，即行为细分。许多人认为，行为变数能更直接地反映消费者的需求差异。

行为因素主要包括购买时机、出行频率、品牌忠诚度、出行或运送距离、出行或运送时间、产品认可程度、价格敏感性等。

市场细分的方法主要有单一变量法、主导因素排列法、综合因素细分法、系列因素分析法等。在市场细分时，可以选择不同的方法进行操作。

1. 单一变量法

单一变量法是指根据市场营销调研结果，把选择影响旅客或货主需求的最主要因素作为细分变量，从而达到市场细分的目的。这种方法以运输企业的经营实践、行业经验的了解为基础，找到一种能有效区分旅客、货主并使企业的营销组合产生有效对应的变量而进行细分。

2. 主导因素排列法

主导因素排列法是用一个因素对市场进行细分。这种方法简便易行，但难以反映复杂多变的顾客需求，如航空运输市场可以根据运输对象的不同分为客运市场和货运市场。

3. 综合因素细分法

综合因素细分法是用影响消费需求的两种或两种以上的因素进行综合细分。例如，可以按照旅客的出行目的和性别进行综合细分，可以形成男性公商务旅客、女性公商务旅客，以及男性休闲度假旅客、女性休闲度假旅客。

4. 系列因素分析法

当细分市场所涉及的因素是多项的，并且各因素是按一定的顺序逐步进行的，这种方法称为系列因素分析法。目标市场将会变得越来越具体。例如，某条线路上可以根据运输对象分为客运与货运，然后再根据旅客和货物的不同进一步细分。

5.1.4　运输市场细分的步骤及应注意的问题

运输市场细分是运输企业确定目标市场和设计市场营销组合的重要前提。运输市场细分通常包含以下几个步骤。

1. 选择市场范围

每一个运输企业都有自己的任务和追求的目标，作为制定发展战略的依据。各运输企业应在营销调研和市场预测等的基础上，结合本企业的实际能力及竞争实力，选择和确定营销目标，进而根据运输市场的需求选择市场范围。

2. 列出市场需求

这是对运输市场进行细分的重要依据。运输企业应根据已经存在、刚刚出现或将要出现的旅客或货主的运输需求，进行全面、详细的分类，以便针对旅客或货主运输需求的差异性确定细分运输市场的因素及其组合，从而为运输市场细分提供可靠的依据。

3. 初步细分市场

在第二步的基础上，运输企业通过分析评价不同的旅客或货主的运输需求特征，选出一些旅客或货主作为典型，研究他们需求的具体内容，然后按照具体的相应细分变量作为分析单位进行细分。

4. 筛选细分市场

在对运输市场进行初步细分的基础上，分析评价旅客或货主的运输需求特征，并根据本企业的具体条件，去除那些引起各运输子市场具有同等重要性的因素。然后，将各子市场进行比较，分析本企业在各细分市场上的盈利可能性，放弃不适合企业进入的细分市场，筛选出最有利于本企业发展的细分市场。

5. 细分市场命名

根据各细分市场上旅客或货主运输需求的主要特征，为筛选剩下的各细分市场命名。

运输市场细分有利于运输企业寻求新的市场机会，形成新的目标市场，增强企业的竞争实力，提高经济效益。但也并不是有百利而无一弊，在进行市场细分时应注意以下有关问题。

① 由于运输市场上旅客或货主的运输需求和行为具有多样性，因此运输市场可以依据不同的因素不断地进行细分。但实践表明，过分细化的运输子市场可能会给企业带来不利的影响。进行运输市场细分有可能增加运输企业的调研费用、生产成本和促销费用。因为细分将使运输产品的差异性增加，产品品种增多，生产批量减少，生产成本增加，推销潜力减小，这些因素使得企业效益受到影响。所以，在进行运输市场细分时，应注意把握市场细分的“度”，避免过细，以保证进行运输市场细分带来的利益超过由于运输市场细分而增加的投入。

② 运输企业在选择细分市场时，通常希望选择最有潜力的、利益最高的细分市场，但如果所有的运输企业都按照这样的规律选择，那么这样的运输市场上竞争将非常激烈，必然造成一部分运输企业受到严重的损失，同时影响社会资源的合理配置。因此，运输企业在选择要进入的细分市场时，应根据运输子市场上的竞争状况和企业的能力及优势选择适合本企业发展的、具有相当规模、足以使运输企业实行营销目标的细分市场。

5.1.5 客运市场细分

客运市场细分是指运输企业根据旅客运输需求和行为的差异性，将客运整体市场分为若干个旅客群体的过程。客运市场之所以可以细分，是由于旅客运输需求具有差异性，而这种差异性是由多种因素造成的，这些因素也就成了客运市场细分的依据。客运市场可按以下方法进行细分。

1. 根据旅客出行目的细分

旅客出行的目的差异性较大，归纳起来主要有出差、旅游、通勤、经商、探亲、打工、求学等，相应地，客运市场可以分为出差子市场、旅游子市场、通勤子市场、经商子市场、探亲子市场、打工子市场和求学子市场等。

2. 根据旅客收入水平细分

在客运市场上，旅客的收入有显著的差异，它将对旅客出行方式及交通工具的选择产生较大的影响。根据此项因素可将客运市场细分为高收入、中高收入、中等收入、中低收入及低收入子市场。

3. 根据旅客行程细分

对不同旅行距离的旅客进行分类，可以将客运市场分为长途（长距离）客运子市场、中途（中距离）客运子市场和短途（短距离）客运子市场。

4. 根据旅客对舒适度的要求细分

随着人民生活水平的提高和生活条件的改善，旅客对运输的要求已不仅仅是满足于到达目的地及一些基本的需求如有座位、有水喝、有饭吃、能上厕所等，而是呈现出多样性及高层次的需求，希望在旅行过程中享受一定程度的舒适。根据此项因素可将客运市场细分为舒适度高、舒适度较高、舒适度一般及舒适度较低等子市场。

5. 根据旅客对运输时效性的要求细分

随着社会的快速发展，信息传播速度及生活节奏的加快，人们的时间观念与过去相比有了较大的变化，因此旅客对各种运输方式均提出了旅行速度和时间准确程度等方面的要求，不同的旅客可以根据自身的具体需求进行选择。根据此项因素可将客运市场细分为快速、中等速度及慢速子市场。

6. 根据地理位置细分

我国是一个幅员辽阔的国家，不同地区的人口密度、经济发展水平、工业化发展程度等具有很大的差异性，因此不同地区的旅客的消费水平、消费需求及目的也有相当的差异。因此，根据地理区域范围细分，客运市场可以分为东北、东南、中部、西北和西南等子市场；根据行政区域细分，客运市场可以分为各省、市（自治区）子市场。

对客运市场还可以按照其他因素进行细分，如按年龄、职业、人员构成等还可以划分出不同的子市场。

5.1.6　货运市场细分

货运市场细分，是指运输企业根据货主运输需求、行为的差异性以及货物性质、运输条件要求的差异，将货物运输整体市场分为若干个货主群体的过程。货运市场之所以可以细分，是因为货主的运输需求及货物的运输条件具有差异性，而这种差异性是由多种因素造成的，这些因素也就成了货运市场细分的依据。货运市场可根据以下因素进行细分。

1. 根据货主生产规模细分

货主生产规模的大小是细分货运市场的重要依据。大货主虽然数量不多，但有大量的原材料运进及半成品运出业务，其货物发送量所占总发送量的比例相对较大，且相对稳定。中小货主的货物发送量虽然较小，但总发送量并不小，且其生产和销售具有较强的灵活性和机动性。因此，根据货主生产规模可以将货运市场细分为大规模货主子市场、中等规模货主子市场及小规模货主子市场，也可对应称为大宗货物运输子市场、中等批量运输子市场和零星货物运输子市场。

2. 根据货物运输条件细分

货物品类不同，其运输条件也有所不同。按运输条件，可将货运市场细分为普通货物运输子市场和特种货物运输子市场。其中，特种货物运输子市场还可以细分为阔大货物运输子市场、危险货物运输子市场和易腐货物运输子市场。

3. 根据货物运输距离细分

根据货物运输距离的不同，可以将货运市场细分为长距离货运子市场、中距离货运子市场和短距离货运子市场。

4. 根据地理位置细分

我国是一个资源分布和生产力布局不均衡的国家，资源丰富的地区，生产力水平却相对较低；生产力水平较高的地区，资源却相对匮乏。因此，在不同的地区主要运输的货物种类也有较大的差异。根据地理区域范围细分，货运市场可以细分为东北、东南、中部、西北和西南等子市场；根据行政区域细分，货运市场可以细分为各省（自治区、直辖市）子市场。

5. 根据货物运输时效性要求细分

随着市场经济的发展和不断完善，部分货主对货物运输的时效性提出了更高的要求。根据此项因素可将货运市场细分为快速货物运输子市场和普通货物运输子市场。

6. 根据货物运价率水平细分

不同种类的货物，其运价率水平也不相同。根据货物运价率水平的高低，可将货运市场细分为高运价率货物运输子市场和低运价率货物运输子市场。

7. 根据货物运输径路性质细分

可将货运市场细分为干线子市场、支线子市场及货运专线子市场等。

对货运市场还可以按照其他因素进行细分，如按运输组合方式等还可以划分出不同的子市场。

5.2 运输企业目标市场选择

运输市场细分的目的是选择目标市场。目标市场是指在运输市场细分的基础上，运输企业根据自己的实力及竞争优势相应地选择一个或几个运输子市场作为服务对象，即为目标市场。运输市场细分与目标市场选择既有联系，又有区别。运输市场细分是根据旅客或货主运输需求的差异性将运输市场划分为若干个旅客群或货主群的过程；目标市场选择是运输企业选择一个或几个运输子市场作为营销对象的战略的过程。目标市场选择是在运输市场细分的基础上进行的。

5.2.1 目标市场的评价和选择形式

目标市场的评价应当在市场调研的基础上进行。对于一个运输企业来说，某细分市场是否有价值，主要取决于该运输子市场上的竞争状况和需求规模。运输需求规模虽然较大，但竞争已经十分激烈的子市场，或者竞争不很激烈但运输需求很有限的子市场都不具有很高的价值。运输企业应综合考察细分市场的竞争状况和需求规模，以便更准确地选择目标市场。

1. 目标市场的评价

运输企业评价细分市场应主要从以下三方面考虑。

1）细分市场的规模和增长潜力

对于运输企业来说，它具有一定规模的细分市场才有意义。一定规模是相对于企业的规模和实力而言的，较小的市场规模相对于大的运输企业来说，不值得进入；而较大的市场规模相对于小的运输企业来说，又缺乏足够的资源进入，而且也无力与大企业竞争。

细分市场的规模是针对现状而言的，运输企业不仅关注细分市场的现状，更加关注细分市场的增长潜力。因为运输子市场增长潜力的大小，关系到运输企业收入和利润的增长，但有增长潜力的子市场也常常是各运输企业激烈竞争的目标，这又将减少企业的获利机会。

2）细分市场结构的吸引力

吸引力是指运输企业在细分市场上的长期获利情况，某细分市场可能具有一定的规模和增长潜力，但从获取利润的观点来看不一定具有吸引力。决定运输子市场是否有长期吸引力的因素主要有 4 项：现实的运输企业竞争者、潜在的运输企业竞争者、替代性运输产品、旅客和货主的数量。

3）运输企业本身的目标和资源

有些运输子市场虽然规模合适，也有一定的吸引力，但运输企业在选择时还必须考虑以下因素。首先，是否符合该运输企业的长远目标，如果不符合，就不得不放弃；其次，该运输企业是否具备在这些细分市场获胜所必要的生产、竞争能力和资源，如果不具备，也不得不放弃。

2. 目标市场的选择形式

运输企业将整体运输市场划分为若干细分市场后，既可以从中选择一个运输子市场作为目标市场，也可以将几个运输子市场选作目标市场，这就涉及运输企业如何选择目标市场的问题。确定市场范围是目标市场选择的重要内容之一。目标市场的选择形式关系运输企业营销活动的效果。通常地，运输企业选择目标市场有以下5种形式。

1）产品与市场集中化

产品与市场集中化是指某运输企业的目标市场集中于一个运输子市场，即运输企业只向市场提供一种运输产品，而且只供应给某一旅客群或货主群。例如，某公路运输公司只办理快速货物运输，而且仅为当地的中小型企业服务，这就是采用了产品与市场集中化的形式。这种形式经常被小型运输企业采用。这是因为许多小企业由于资源有限，生产经营和管理经验不足，若想在运输市场上得以生存和发展，多是以某一运输子市场作为继续发展和扩张的起点。由于小型运输企业的目标市场和产品单一，因而可以集中力量在一个运输子市场上获得较高的市场占有率，而且如果目标市场确定得恰当，企业也可以获得较高的投资收益率。但是，由于这种形式的运输子市场范围和运输产品都是单一的，因而经营的风险较大，所以采用这种形式的运输企业应密切关注市场上旅客或货主运输需求的变化及其倾向，及时地根据目标市场的变化调整企业的营销策略。

2）选择性专门化

选择性专门化是指运输企业有选择地进入几个运输子市场，为不同的旅客群或货主群提供不同的运输产品，满足不同运输子市场上的不同运输需求。例如，某公路运输公司为当地的中小型企业提供快速货物运输服务，同时为当地的大企业提供普通速度的货物运输服务。实际上，这是一种多元化的经营方式，可以较好地分散运输企业的经营风险。但是，采用这种策略时应十分慎重，必须以这几个运输子市场都具有相当的吸引力，即都能实现一定的利润为前提。

3）产品专门化

产品专门化是指运输企业只提供某种运输产品，满足不同的旅客群或货主群的需要。例如，某公路运输公司只办理快速货物运输，但不仅为当地的中小型企业服务，而且也为当地的大型企业提供快速货物运输服务。采用这种形式，运输企业的市场范围有所扩大，有利于企业摆脱对个别运输子市场的依赖，降低了经营风险；同时，由于运输企业的生产相对集中，有利于企业发挥优势，在某一产品方面树立较好的声誉和企业形象。

4）市场专门化

市场专门化是指运输企业面对同一旅客群或货主群，根据他们的不同运输需要，提供不同的运输产品。例如，某公路运输公司只服务于当地的大型企业，但该公司不仅办理快速货物运输，同时还办理普通速度的货物运输等。采用这种形式，有利于发展和利用运输企业与旅客群或货主群的关系，降低交易成本，并在这一群体中树立良好的企业形象。但是，一旦这一群体的运输需求或购买力下降，运输企业的收益将受到较大的影响。

5）全面覆盖

全面覆盖也称市场全面化，是指运输企业决定全方位地进入各个运输子市场，为所有不同的细分市场提供各种不同的运输产品，分别满足各类旅客群或货主群的不同运输需求，力求覆盖整个运输市场。显然地，这种形式只能被实力非常雄厚的大型运输企业采用。

如果用 M_1、M_2、M_3 分别表示不同的运输子市场，用 P_1、P_2、P_3 分别表示不同种类的运输产品，以上 5 种目标市场的选择形式可用图 5–1 表示。在这 5 种目标市场的选择形式中，运输企业一般总是首先进入最有利可图的运输子市场，在条件和机会成熟时企业会逐步扩大目标市场范围，进入其他运输子市场。

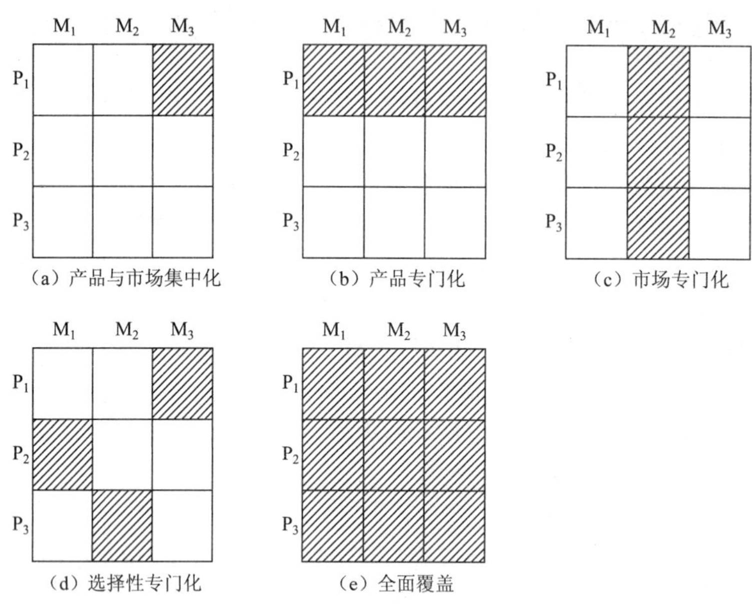

图 5–1　5 种目标市场的选择形式

5.2.2　目标市场营销策略

从目标市场的选择形式可以看出，各运输企业所选择的目标市场的范围是不相同的，有的运输企业目标市场范围较为狭窄，为少数运输子市场服务；有的运输企业目标市场范围较为宽泛，可以为多个运输子市场服务，甚至服务于整体运输市场。因此，各运输企业所采取的营销策略也有差别。

运输企业选定目标市场之后，能否在目标市场上取得预期的经营效果和效益，主要取决于是否制定并实施了正确的营销策略。一般地，企业所采用的目标市场营销策略主要有 3 种：无差异性营销策略、差异性营销策略和集中性营销策略。

1. 无差异性营销策略

无差异性营销策略是指运输企业将不考虑细分市场之间的差异性，只推出一种运输产品，设计一种市场营销组合吸引和满足更多的旅客或货主的需要，如图 5–2 所示。一般来说，这种无差异性营销策略主要适用于具有大量需求的运输产品。采用这种策略的运输企业一般规模较大，拥有广泛的销售渠道，能进行大量的广告和统一的宣传，因而往往在旅客或货主心里形成“超级产品”的印象。

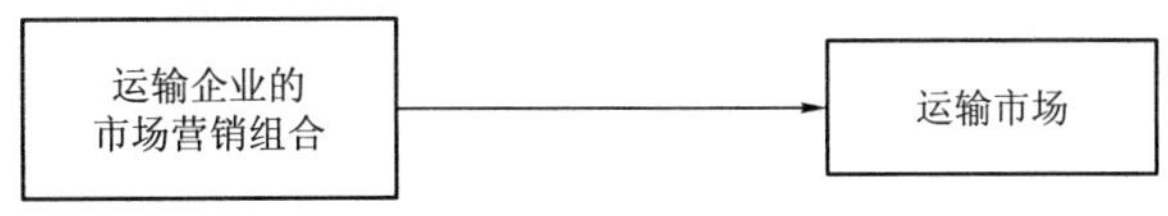

图 5–2 无差异性营销策略

无差异性营销策略最突出的优点在于它可以大大降低运输成本。运输产品的单一性及大批量性，必然会降低运输产品的成本；无差异性的宣传等可以节省运输企业用于促销的费用；不进行市场细分，也相应地减少了运输企业用于市场调研的费用；不用开发多种运输产品和设计多个市场营销组合方案，也减少了人力、物力及财力资源的使用。另外，单一的市场营销组合便于运输企业实行统一的计划、组织、实施和监督等管理活动，减少管理的复杂性，易于操作。因此，无差异性营销策略可以为运输企业获得运输成本和价格上的优势。一般地说，在运输产品供不应求、运输企业在市场上占据主导地位、运输市场的竞争程度较低、旅客或货主运输需求的差异性被运输能力不足所掩盖的情况下，运输企业采用无差异性营销策略往往是合理而且有效的。

但是，这种策略也有明显的局限性，尤其是在运输市场竞争日益激烈的买方市场条件下，运输企业不宜长期采用无差异性营销策略。这是因为：① 旅客或货主的运输需求实际上是千差万别且不断变化的，试图以一种运输产品和单一的市场营销组合去满足不同层次、不同类型的旅客或货主的所有运输需求是很难做到的，而且单一的运输产品长期被所有的旅客或货主接受是十分少见的；② 如果多数的运输企业在运输市场上都采用无差异性营销策略，必然会加剧整体运输市场的竞争，然而运输子市场上的需求却没有得到满足，这种状况将减少运输企业的获利机会；③ 采用无差异性营销策略的运输企业，其竞争能力相对较弱，在激烈的运输市场竞争中容易受到竞争对手的伤害。当其他运输企业根据不同细分市场上的不同运输需要，设计不同的运输产品和营销组合去满足这些要求时，采用无差异性营销策略的运输企业在市场竞争中就会处于劣势。正是由于以上原因，许多运输企业不得不放弃实行的无差异性营销策略，转而重视运输市场上的不同运输需求。

2. 差异性营销策略

差异性营销策略是指运输企业根据旅客或货主的不同运输需求，将整体运输市场细分为若干个子市场，从中选择两个或两个以上乃至全部运输子市场作为自己的目标市场，企业同时针对不同的子市场设计不同的营销组合方案，以满足不同旅客或货主的需求，如图 5–3 所示。实践证明，差异性营销策略能使企业更好地满足不同运输子市场的需求，符合现代市场营销观念的要求。目前，差异性营销策略被广泛采用，其客观基础是：① 旅客或货主的运输需求具有多样性和多变性，客观上要求运输企业采用差异性营销策略满足其需要；② 随着科学技术的发展，运输企业有能力提供多样化的产品及营销组合，有条件采用差异性营销策；③ 日益激烈的运输市场竞争迫使运输企业采用差异性营销策略，以利于企业在竞争中处于优势。

差异性营销策略的优点在于：① 采用差异性营销策略的运输企业通过制定不同的市场营销组合，采取有针对性的营销活动服务于不同的运输子市场，可以更好地满足不同旅客群或货主群的需要，同时有利于提高运输产品的竞争能力，有利于运输企业增加收益；② 如果某一运输企业同时在几个细分市场上都具有优势，就能够在市场上树立良好的企业形象，可以大大增强旅客或货主对该企业的信任感，争取到更多的品牌忠诚者；③ 差异性营销策略对运输企业分散其市场经营风险有重要意义。

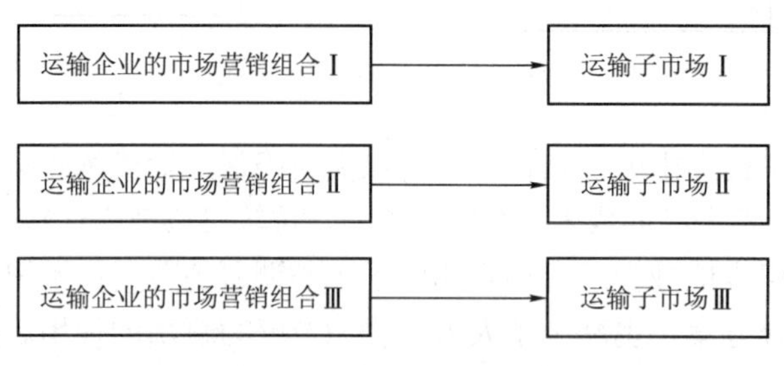

图 5–3　差异性营销策略

但是，差异性营销策略在实施过程中也会遇到一些问题，并不是任何时候都可以采用。它也存在以下几个方面的缺点。① 采用差异性营销策略必然大大增加运输企业的经营成本。这种策略必然要增加运输产品的种类，扩展销售渠道，使市场调研及促销活动变得复杂，从而大幅度地提高了运输产品的研制开发费用、运输企业的管理费用及促销费用等。因此，这一策略的应用必须限制在一定范围内，即运量增加所带来的收益必须超过运输企业营销总成本及费用的增加。② 由于差异性营销策略使运输企业的营销组合多样化和复杂化，因此要求运输企业必须具备相当的实力，如较雄厚的财力、较高的组织管理水平和较高素质的营销人员等。以上几个因素使得一部分运输企业，尤其是小型运输企业无力采用这种策略。

3. 集中性营销策略

集中性营销策略是指运输企业在运输市场细分的基础上，选择其中一个或少数几个运输子市场（或是对该运输子市场进一步细分后的几个更小的市场部分）作为目标市场，集中力量为其目标市场研制开发理想的运输产品，实行高度专业化的生产和经营，以求更好地满足目标市场上旅客或货主的需求，如图 5–4 所示。采用这种策略的运输企业不是将力量分散在广大运输市场上，求得在较大的运输市场上获得较小的份额，而是集中力量争取在较小的运输子市场上占有较大的甚至是支配地位的市场占有率。

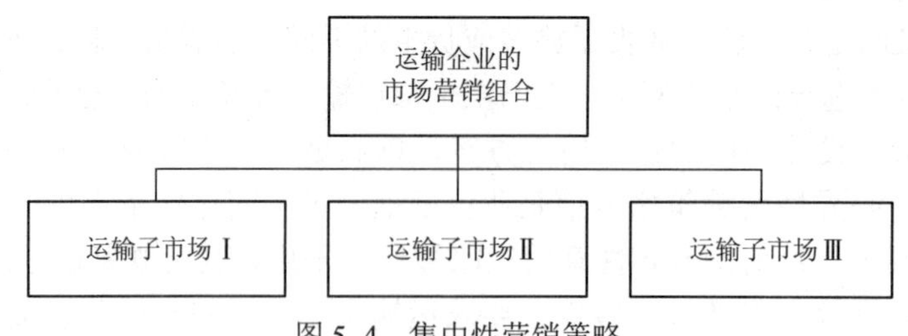

图 5–4　集中性营销策略

集中性营销策略的优点在于：① 由于运输企业将全部力量集中于一个运输子市场上，服务对象较为集中，企业可对它们进行深入的了解，信息较为正确，反馈较为灵敏，容易掌握旅客或货主的需求变化、对企业市场营销组合的反应及竞争对手的有关信息等市场动态，扬长避短，在竞争中处于有利地位；② 由于运输企业在较小的运输子市场上实行营销专业化，因而可以减少成本支出和经营费用，使运输企业获得较好的收益和较高的投资收益率。由于上述优点，集中性营销策略对资源力量有限的小型运输企业及初次进入该子市场的新企业特别适用。小企业没有实力与大企业在整体运输市场或多个运输子市场上进行竞争，从而选择大企业不愿进入、自己又有能力进入的运输子市场作为目标市场，往往容易取得经营上的成功，而且也有利于运输企业及运输产品树立形象，提高知名度。

但是，集中性营销策略也存在突出的缺点：运输企业面临的风险较大。由于企业的目标市场较为单一和狭窄，一旦该运输子市场上的情况发生突然变化，例如旅客或货主的运输需求发生突变、市场购买力下降或市场上出现了比本企业强大的竞争对手，运输企业可能会陷入无回旋余地的困境，造成严重的经济损失。因此，采用该策略的运输企业必须密切关注目标市场的动态，力求及时地根据运输市场的变化调整营销组合策略。而正是由于集中性营销策略具有这个缺点，很多运输企业更愿意根据企业的条件选择多个运输子市场作为目标市场，以分散经营风险。

5.2.3　目标市场营销策略的选择依据

三种目标市场营销策略各有优缺点，运输企业采用哪种目标市场营销策略更为合适，取决于其企业实力、运输产品及运输市场状况等因素。一般来说，运输企业在选择目标市场营销策略时，应综合考虑以下主要因素。

1. 企业的实力和资源

这是指运输企业规模、技术力量、资金状况、员工素质、竞争能力、经营管理能力及企业形象等。对于实力雄厚、管理能力强且拥有充足的人力、物力和财力及信息资源的大型运输企业，可以考虑采用差异性营销策略或无差异性营销策略；而对于实力不强、资源有限、无力把整体运输市场或多个运输子市场作为目标市场的运输企业，则适合采用集中性营销策略。

2. 运输产品及市场的特点

各种运输方式均通过实现旅客或货物的空间位置变化（即位移）为旅客或货主提供效用，但从产品整体看，运输产品不仅包括位移，还包括服务等。不同运输企业可以为旅客或货主提供不同运输产品，而且旅客或货主的运输需求、偏好及效用要求具有较大的差异性，因此运输企业更适宜采用差异性营销策略或集中性营销策略。

3. 运输市场供求状况

如果运输产品在未来一段时间内供不应求，旅客或货主的选择性大为弱化，他们更关心的是能否实现运输，此时运输企业可以采取无差异性营销策略；相反，运输市场上若是供过于求，则应当采取差异性营销策略或集中性营销策略。但应注意，在某些具体的运输产品供不应求而另一些却供过于求的情况下，运输企业仍应采用差异性营销策略或集中性营销策略。

4. 运输产品所处生命周期的阶段

运输企业可以根据产品在运输市场上处于引入期、成长期、成熟期和衰退期的不同特点，采取不同的营销策略。运输产品处于引入期和成长期前期时，竞争企业较少、产品种类较为单一，可以采用无差异性营销策略或集中性营销策略；而运输产品进入成长期后期或成熟期以后，同类企业及运输产品增多，市场上竞争较为激烈，采用差异性营销策略就具有重要的意义，该策略有利于运输企业开拓新的市场，尽可能吸引更多的旅客或货主，同时有利于更好地满足运输市场上的需求；当运输产品进入衰退期时，企业应设法保持原有的市场，力图延长该种产品的生命周期，因此适合采用集中性营销策略。

5. 竞争对手的营销策略

运输企业在选择目标市场营销策略时，应充分考虑竞争对手的营销策略。如果竞争对手采取无差异性营销策略，本企业也可以采取无差异性营销策略或差异性策略与之抗衡，在有效的运输市场细分的基础上，争夺更为有利的运输子市场。如果竞争对手采用差异性营销策略或集中性营销策略，这时本企业若采用无差异性营销策略，就难以与之抗衡，应进一步细分运输市场，实行更有效的差异性营销策略或集中性营销策略，突出本企业产品与竞争对手产品的差异性，从而提高本企业产品的市场占有率，使本企业在激烈的市场竞争中占据优势地位。

6. 营销宏观环境

市场营销的宏观环境，如国家的政治与法律环境、经济发展状况、物价水平与税率、投资方向与存款利息等因素，不同程度地影响着旅客或货主的运输需求。因此，营销宏观环境也是运输企业选择目标市场营销策略时不可忽视的重要因素。

总之，运输企业的条件和运输市场环境是复杂的，竞争状况也是多变的。企业在选择目标市场营销策略时应综合考虑以上因素，权衡之后才能作出决策。一般地说，目标市场营销策略应具有相对稳定性，但这并不意味着目标市场营销策略一旦确立就不能改变，当运输市场的形势和运输企业的实力发生重大变化时，目标市场营销策略也应进行调整和转换。

5.2.4 各种运输方式的客运目标市场选择及营销策略

在客运市场上，主要有三种运输方式：公路运输、铁路运输和航空运输。由于以上三种运输方式具有不同的特点，因此其优势亦不相同。在选择目标市场及营销策略时除应考虑目标市场的规模、增长潜力及吸引力外，还应着重考虑企业的优势，扬长避短地选择目标市场将更有利于运输企业的发展，有利于企业在激烈的客运市场竞争中占据优势地位。

1. 铁路运输企业

铁路运输安全性好，不受天气影响，舒适，成本低，一次载运旅客数量多，但不够灵活。因此，铁路运输企业在中长途旅客运输子市场上占有明显的优势，在大城市间（城际间）的旅客运输子市场上，它也占有相当的优势。

2. 公路运输企业

公路运输机动灵活，便捷，运输速度较快，但成本较高，一次输送旅客数量少，受天气影响较大。因此，公路运输企业在短途旅客运输子市场上占据一定的优势。

3. 航空运输企业

航空运输速度快，舒适程度较高，但成本高，受天气影响较大及一次输送旅客数量较少。因此，航空运输企业在中长途旅客运输子市场上占有优势。

随着人民生活水平的提高，旅客对旅行的舒适度、时效性、服务水平等方面有着不同的需求，而且呈现出日益多样化的趋势。而且，在旅客运输市场上，不同的运输企业为旅客提供的客运产品也具有较大的差异。例如，有的运输企业可以为旅客提供运输速度快、服务质量好的客运产品，有的运输企业既可以为旅客提供速度较快的客运产品，也可以提供一般速度的客运产品等，这表明客运产品之间具有较大的差别性。

另外，客运市场竞争较为激烈，且多数运输企业已对旅客运输市场进行了细分，实施的是差异性营销策略或集中性营销策略。通过以上分析可知，客运市场上的各运输企业均应避免采用无差异性营销策略。

5.2.5 各种运输方式的货运目标市场选择及营销策略

在货运市场上，主要存在 5 种运输方式：铁路运输、公路运输、水路运输、航空运输和管道运输。由于以上 5 种运输方式具有不同的特点，因此其优势亦不相同。运输企业在选择目标市场及营销策略时除应考虑目标市场规模、增长潜力及吸引力外，同时还应着重考虑企业的优势，扬长避短地选择目标市场将更有利于运输企业发展，有利于企业在激烈的货物运输市场竞争中占据优势地位。

1. 铁路运输企业

铁路运输全天候，安全性好，成本低，一次货物运输量大，但不够灵活，不能实现门到门（两端均有专用线的除外），因此铁路运输企业在中长距离、大宗货物运输子市场上占有明显的优势地位。铁路运输企业的主要目标市场应是中长途大宗货物运输子市场，在这一子市场上，铁路运输企业具有绝对的优势。小批量的高附加值的货物运输子市场也是较有吸引力的市场，铁路运输企业可以通过适当地调整或改变服务方式及运输组织方式，扬长避短来吸引这一部分货流，以获得更好的发展机会。

2. 公路运输企业

公路运输机动灵活，便捷，运输速度较快，可以实现门到门运输服务，但成本较高，一次货物运输量较少及受天气、路面状况影响，因此公路运输企业在短途、小批量的货物运输子市场上具有较强的竞争优势。公路运输企业可以将短途零星货物运输子市场作为主要的目标市场，同时积极开拓中长途货运市场，而且随着路面条件的改善、公路等级的提高和公路车辆的发展，公路运输企业正逐步涉足特种货物运输子市场。

3. 航空运输企业

航空运输速度快，时效性强，但对货物外形尺寸有限制，运输成本高，受天气影响较大及一次货物运输量少，因此航空公司在长途、小批量的贵重货物运输子市场上占有一定的优势。一般地，贵重且时效性要求很强的零星货物运输子市场（通常是国际小件货物运输）是航空运输企业的目标市场。

4. 水路运输企业

水路运输成本低，一次运输量大，但运输速度较慢，无法实现门到门运输，受地理位置及季节的影响大，因此水路运输企业只能在一定的地域范围内及一定的季节占据一定的优势地位。在一定时间及一定的地理范围内，大批量的货物运输子市场应成为水路运输企业的目标市场。

5. 管道运输企业

管道运输全天候，安全性好，运输批量大，速度快，但铺设成本较高，运输货物品类有限，受地理位置影响较大等，因此管道运输企业只在一定地域范围内、一定品类的货物运输子市场上占据优势。大批量的石油、原油等液体货物的运输子市场通常成为管道运输企业的目标市场。

随着市场竞争加剧，各生产经营企业不仅重视货物运输安全性及费用的高低，也不同程度地注重货物送达的速度和时效性等方面因素，同时货主对运输服务质量及水平要求也越来越高，因此货物运输市场上需求具有显著的差异性，这说明货物运输市场是异质市场。而且随着买方市场的逐步形成，货主的需求也日益向多样化发展。

此外，在货运市场上，不同的运输企业为货主提供的货运产品也有很大的差别。例如，有的运输企业可以为货主提供门到门的货物运输，有的运输企业却无法达到这一要求；有的运输企业只能为货主提供普通速度的货物运输，而有的运输企业既可以向货主提供普通速度的货物运输，还可以提供快速货物运输，这说明货运产品之间有很大的差别。

另外，货运市场上竞争较为激烈，且多数运输企业已对货物运输市场进行了细分，实施的是差异性营销策略或集中性营销策略。通过以上分析可知，货运市场上的各运输企业均应避免采用无差异性营销策略。

5.3 运输产品的市场定位

运输企业选定目标市场以后，就要进行市场定位。市场定位是运输企业战略的重要组成部分。在企业选定的目标市场上，往往还有其他运输企业的同种产品，企业要想获得更好的生存、发展的机会和空间，就必须了解目标市场上现有竞争企业的实力、经营特点和市场地位等，从而确定本企业的市场定位方式和策略。市场定位是 20 世纪 70 年代美国学者阿尔·赖斯提出的一个重要的营销学概念。

5.3.1 市场定位的含义及步骤

1. 市场定位的含义

运输企业及产品的市场定位，就是运输企业根据选定的目标市场上的竞争者现有运输产品所处的位置、竞争状况和企业自身的条件，针对旅客或货主对该类运输产品的某些特征或属性的重视程度，为本企业产品塑造强有力的、与众不同的鲜明个性，并将运输产品的形象生动地传递给旅客或货主，获得旅客或货主的认同，从而使该运输产品在市场上确定适当的位置。这里的位置，实际上是指运输产品及运输企业的总体形象在旅客或货主心目中的印象、反映和地位。这种印象、反映和地位也是其与竞争对手的产品及企业形象对照而言的。

运输产品的市场定位与运输产品的差异化有密切的关系。在营销过程中，运输产品的市场定位是通过为本企业的运输产品创立鲜明的个性，从而塑造出独特的市场形象来实现的。一种运输产品是多个因素的综合反映，包括安全性、速度、时效性、舒适度、服务质量、价格水平等，市场定位就是要强化或放大运输产品的某些因素，从而形成与众不同的独特形象。因此，运输产品的差异化是实现运输产品市场定位的手段，但是运输产品的市场定位不仅仅是运输产品的差异化。运输产品的市场定位不仅强调运输产品之间的差异，而且要通过运输产品之间的差异建立独特的市场形象，赢得旅客或货主的认同。但应指出，市场定位中所指的运输产品差异化，不是从运输企业（生产者）角度出发的单纯追求运输产品的差异，而是在对运输市场进行分析和细化的基础上，寻求建立某种运输产品的特色，它是现代市场营销观念的体现。

许多同类运输产品在市场上品牌繁多，各具特色，广大旅客或货主都有着自己的价值取向和认同标准，运输企业要想在目标市场上取得竞争优势和更大的效益，就必须在了解旅客或货主运输需求、竞争企业及竞争产品的基础上，确定本企业的市场位置，即为企业树立形象，为产品赋予特色，以独到之处取胜。这种形象和特色可以是实物方面的，也可以是心理方面的，或二者兼而有之，如质优、价廉、豪华、服务周到等，都可作为定位观念。例如，某运输企业 T 决定进入中长途货运市场。通过进行运输市场调查，该企业了解到货主最关注的是货物送达速度和运输价格；同时还了解到这一市场上已经有 A、B、C、D 四家运输企业提供了同类服务，它们在运输市场上所处的位置各不相同，如图 5–5 所示。

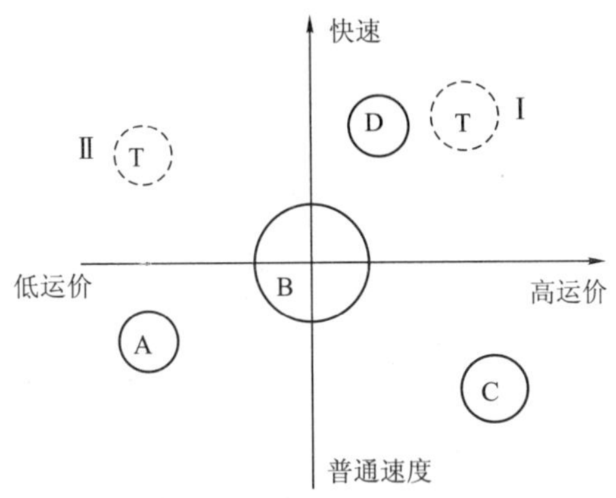

图 5–5　市场定位示意图

在这种情况下，T 企业运输产品的定位有如下两种方案可供选择。

方案Ⅰ是 T 企业在 D 企业附近定位，与它争夺货主。但如此定位需考虑以下条件：① 高运价、快速货物运输市场的容量足以容纳 D 和 T 两家运输企业的产品；② 本企业能为运输市场提供比 D 企业更好的产品，如时间安排更为合理，或能为货主提供特殊的效用；③ 这样的市场定位与本企业的资源、特长和声望等是相称的。

方案Ⅱ是 T 企业在左上角处空白处定位。这是一个期望低运价的快速中长途货物运输子市场，且目前还没有运输企业涉足。由于 T 企业选择的是低运价的快速运输市场，因此应具备以下条件：① 本企业具有为市场提供快速货物运输产品的实力和条件；② 从长远看，虽然货物运价较低，但仍然能保证 T 企业实现其利润目标；③ 通过宣传等手段，能够有效地使货主相信本企业为货主提供的货物运送速度远比 A 企业快且与 D 企业相当，以保证货运量及货运周转量的增加，提高市场占有率。

运输产品市场定位的实质就在于取得在目标市场上的竞争优势，确定本企业的运输产品在旅客或货主心目中的适当位置并留下值得消费的印象，以吸引更多的旅客或货主运输需求。因此，运输产品的市场定位是运输企业市场营销战略体系中的重要组成部分，它对于建立有利于运输企业及其运输产品的市场特色，满足旅客或货主运输需求的特殊偏好或效用，从而提高运输企业的竞争力具有重要意义。

市场定位的关键是运输企业要为自己的产品寻找相对于竞争企业和产品的竞争优势。竞争优势一般有两种基本类型：一是价格竞争优势，即在同样的条件下制定相对于竞争者更低的运输价格，这要求运输企业采取措施，努力降低运输成本；二是偏好竞争优势，即能提供一定的特色来满足旅客或货主的特殊偏好，这要求运输企业努力为产品形成特色。竞争优势的两种基本类型为运输企业及产品提供了市场定位的两大途径。

2. 市场定位的步骤

根据以上分析，运输产品的市场定位可以通过以下步骤来完成。

1）明确竞争优势

明确运输产品的竞争优势是市场定位的出发点。首先，运输企业要了解运输市场上竞争企业及产品的定位如何，有何优势；其次，运输企业要研究旅客或货主对某类运输产品各属性（如速度、价格、安全性、服务质量等）的重视程度，分析旅客或货主运输需求的满足程度，显然，试图突出强调旅客或货主不关心的那些属性是毫无意义的；最后，运输企业要根据自身的条件，针对竞争者的市场定位情况、旅客或货主所重视的运输产品属性，把握和确定本企业产品的潜在竞争优势。有些产品属性，虽然旅客或货主比较重视，但如果是运输企业力所不能及的，也不应成为市场定位的目标。综合考虑这几方面因素，运输企业就可以明确自己所要确立的运输产品竞争优势。

2）选择相对竞争优势

相对竞争优势反映运输产品在满足旅客或货主运输需求方面能够胜过竞争对手的能力。这种能力既可以是现有的，也可以是潜在的。准确地选择相对竞争优势就是运输企业各方面的实力与竞争者的实力相比较的过程。比较的指标应当是一个完整的体系，只有这样，才能够为运输产品准确地选择相对竞争优势。通常的方法是分析、比较运输企业和竞争者在以下几方面究竟哪些是强项，哪些是弱项：① 技术开发方面，主要分析运输企业的技术能力等；② 经营管理方面，主要分析领导能力、决策水平、运输计划及组织能力等指标；③ 运输生产方面，主要分析运输能力、运输设备、调度指挥水平及职工素质等指标；④ 市场营销方面，主要分析运输企业的销售能力、分销渠道及网络、市场调研、销售战略及促销策略等指标；⑤ 财务方面，主要考察运输企业长期资金和短期资金的来源及资金成本、支付能力、现金流量、财务制度及财务人员的素质等指标；⑥ 运输产品方面，主要考察运输产品的安全性、质量、特色、运输价格、服务水平、时效性、市场占有率、信誉等指标。通过对以上指标的分析和比较，运输企业可以选择最适合本企业及产品的相对竞争优势。

要使运输企业及产品的相对竞争优势发挥作用，影响旅客或货主的运输选择，就需要为运输产品树立特色，使其具有鲜明的市场形象，而且通过积极地与旅客或货主沟通，求得旅客或货主的认同。有效市场定位的关键是旅客或货主如何看待运输产品和企业，因此，市场定位的成功直接反映在旅客或货主对运输企业及其产品的态度和看法上。

3）显示独特的竞争优势

运输企业应首先通过一系列的宣传、促销等活动，使运输企业及其产品独特的竞争优势准确地传播给旅客或货主，并给旅客或货主留下深刻的印象。首先，运输企业应采取各种形式让旅客或货主知道、了解和熟悉本企业及运输产品的市场定位，进一步使旅客或货主认同、喜欢和偏爱本企业及运输产品的市场定位，在他们心目中建立与该定位相一致的形象。其次，运输企业应通过一切努力强化目标旅客或货主对市场定位的印象，保持目标旅客或货主对市场定位的了解，稳定目标旅客或货主对市场定位的态度，加深目标旅客或货主对市场定位的感情，以此巩固与运输企业及产品市场定位相一致的形象。最后，运输企业应注意旅客或货主对运输企业及其产品的印象和认识并不是一成不变的，由于竞争企业及其运输产品的调整及干扰，会使本企业及产品的市场形象产生模糊，旅客或货主对运输企业及产品的理解可能会出现偏差，态度可能发生转变，运输企业及其产品在显示独特的竞争优势过程中，必须及时矫正这种与运输企业及产品市场定位不一致的形象。

5.3.2 运输企业市场定位方式及依据

任何运输企业及产品要想在市场上生存和发展，就必须充分考虑各方面的相关因素，科学合理地进行市场定位，突出本企业及产品的竞争优势。

1. 市场定位的方式

市场定位是反映运输市场竞争中各方的关系，是为运输企业有效参与市场竞争服务的。市场定位通常可分为以下几种类型。

1）避强定位

避强定位是运输企业为避开强有力的竞争对手而采取的一种市场定位方式。其优点是：能够迅速地在运输市场上求得生存，获得发展的契机，并在旅客或货主心目中尽快树立一定的形象。这种定位方式的市场风险较小，成功率较高，常常为多数企业所采用。但也应注意到，避强定位有两种情况：一种情况是该潜在运输市场还没有被其他运输企业发现，此时如果本企业定位于这一市场，不需花费太大的努力，就可以获得较大的成功；另一种情况是许多运输企业发现了这部分潜在市场，但没有能力和资源去占领，此时本企业如果定位于这一市场，就需要有足够的实力才能获得成功。

2）迎头定位

迎头定位是一种把运输企业及产品定位在市场上占据主导地位的，即最强有力的竞争对手附近的方式，以争取同一个子市场上的旅客或货主。如在上面的例子中，如果D企业是中长途货物运输市场上实力最强大的企业，那么T企业实施的定位方式就是迎头定位。显然地，迎头定位有时是一种比较危险的商业战术，但也有不少运输企业认为这是一种更能激发本企业奋发向上的定位尝试，一旦成功就会获得巨大的竞争优势。采用迎头定位方式，运输企业必须做到知己知彼，应了解市场上是否可以容纳两个或两个以上的竞争企业，尤其应认真分析本企业的资源和实力，分析是否能比竞争企业做得更好。

3）重新定位

重新定位通常是指对于销路较少、市场反映较差的运输产品进行二次定位。初次定位后，随着时间的推移，新的运输企业进入市场，选择与本企业相近的运输市场位置，致使本企业的市场份额下降；或者由于旅客或货主的运输需求发生改变或转移，使得他们对本企业的运输需求下降；或者，初次定位位置或方案不合适，转而采用另一种定位方式。如在上面的例子中，如果T企业的市场定位方式在一段时间内实施方案Ⅰ未获成功，转而实施方案Ⅱ，就属于重新定位。

2. 市场定位的依据

显然，每个运输企业的产品具有差异性，面向的旅客或货主也有所不同，所处的竞争环境也不相同，因此市场定位的依据也是不相同的。

1）根据旅客或货主的类型定位

运输企业常常试图将它们的产品指向某一类特定的旅客或货主即某个运输子市场，以便根据该运输子市场的看法塑造合适的形象。例如，某公路货运公司可以将自己的产品定位于专门为中小型企业（中小货主）提供货物运输服务，或专门为大企业（大货主）提供货物运输服务。

2）根据运输产品的属性和效用定位

运输产品本身的“属性”以及由此获得的“效用”能使旅客或货主感受到它的定位。例如，公路货物运输具有“机动灵活”的特点，铁路货物运输则强调“大宗货物运输”及“安全”等特征。新的运输产品应强调一种属性，这种属性是其他竞争者所不具备或无暇顾及的，同时是旅客或货主能够认可和接受的，这种定位往往容易成功。

3）根据产品档次定位

可以根据提供给旅客或货主的运输产品（包含服务）的档次为运输企业及其产品确定市场位置。例如，航空运输企业为旅客提供不同档次的产品（含服务），有头等舱、公务舱、经济舱等，它们分别为旅客提供不同的舒适程度、服务等。

4）根据运输价格和服务质量定位

“运输价格”和“服务质量”都可以为运输企业及产品创立不同的市场位置，给旅客或货主留下不同的印象，这两项因素也是许多旅客或货主所注重的。例如，航空公司的飞机票价格虽然较贵，但强调服务质量好且旅行时间短；铁路旅客运输在服务质量和旅行时间上不如航空运输，但强调票价要便宜得多且较为舒适。

5）竞争定位

运输企业及产品还可以定位于同竞争直接有关的不同属性或利益。例如，铁路运输企业的某些客运产品强调，为旅客提供的服务质量及水平要向航空公司看齐。实际上，许多运输企业及产品在进行市场定位时，其依据往往不止一个，而是多个结合使用。因此，作为市场定位体现的运输企业及其产品的形象应当是多维的。

5.3.3 客、货运产品的市场定位

各运输企业可根据旅客或货主对客运产品或货运产品属性的重视程度、需求的满足程度及自身的实力和条件对不同的客运产品或货运产品进行市场定位。

通过调查和分析可知，旅客主要对旅行时间（或旅行速度）、旅行时段、舒适程度、票价、服务质量、方便性（包括购票、乘车等）等因素较为关注。而且不同的旅客群体，即不同的旅客运输子市场对以上因素的重视程度也不相同。例如，经商子市场（商务流），即商务流较重视旅行时间、时段及服务质量，票价则是相对次要关注的因素；而打工子市场（打工流）则较重视票价，对于其他因素的重视程度一般；求学子市场（学生流）具有较强的集中性，寒暑假期间流量很大，较重视票价、旅行时间、方便性，对其他因素的重视程度一般。各运输公司可根据本产品的目标市场组成，针对旅客的需求和对产品特性的重视情况，为本企业和运输产品塑造出特殊的形象，如价格低廉、速度快、车上旅馆、服务热情周到、舒适、高档、物美价廉等，并传递给旅客，即市场定位。

货主主要对货物送达时间（速度）、时效性、方便性（如能否实现门到门运输）、运输价格、货物的安全、服务质量等方面较为重视。但是对于不同的货主在托运不同的货物时，其运输需求并不相同，对以上各因素的重视程度也不相同，即使是同种货物（如销往国外和国内的同种类货物），重视程度也可能不一样。例如，有的货主在托运货物时十分注重货物的安全和完整及运输价格，其送达时间和服务质量则为次要重视的因素；有的货主较为关注运输的时效性，如托运季节性较强的货物、严格按照销售合同托运的货物、销往国外的货物等；有的货主较为重视运输的方便性，如能否提供门到门运输服务。各运输企业要根据本产品目

标市场的具体情况和特点，为本企业和运输产品塑造出与众不同、有特色的形象，如十分安全、运价较低、快速运输、准时运到、服务热情周到、门到门等，并将其准确地传递给货主，即实现市场定位。

当然，以上所说的运输企业及运输产品形象的塑造不是单一因素的，可以是多个因素的融合而形成的一种生动、多方位的运输企业或产品的形象。

5.4 运输企业市场定位案例

1. 联邦快递

成立于1973年4月的联邦快递所发掘的创新快递理念迅速袭卷全美国。联邦快递公司的服务范围涵盖占全球国民生产总值90%的区域，向220个国家及地区提供快速、可靠、及时的快递运输服务，能在24～48小时之内，提供门到门、代为清关的国际快递服务。联邦快递每个工作日运送的包裹超过320万个，其在全球拥有超过138 000名员工、5 000个投递点、671架飞机和41 000辆车辆，与全球100多万客户保持密切的电子通信联系。1995年9月，联邦快递在菲律宾苏比克湾建立了第一家亚太运转中心，并通过“亚洲一日达”网络提供全方位的亚洲隔日递送服务。

联邦快递于2005年7月宣布计划，将把公司的亚太转运中心从菲律宾迁往中国广州。此举表明中国对国际快递集团日益重要。该公司表示，由于进口中国的贸易日增，且菲律宾苏比克湾空间有限，公司将在广州新白云机场投资1.5亿美元建设一个转运中心，这将是该公司在美国以外的最大转运中心。

联邦快递表示，位于珠江三角洲的广州是更好的地点。珠三角约占中国出口的1/3，是亚太区客户的地理中心，而上海太偏北，难以成为高效率的亚洲转运中心。如今，这家拥有600多架飞机的美国航空物流业巨头的到来，每年将为广州新白云国际机场增加约60万t的货物吞吐量，可能使广州成为“空中丝绸之路”的另一个起点。引进联邦快递对提高我国货运航空业务水平有利，对珠江三角产业结构优化有利，对广州市和新白云机场的发展都有利。

2. UPS快递

1907年UPS作为一家信使公司于美国成立，通过明确的致力于支持全球商业的目标，UPS如今已发展成拥有360亿美元资产的大公司。如今的UPS，或者称为联合包裹服务公司，是一家全球性的公司，其商标是世界上最知名的、最值得敬仰的商标之一。作为世界上最大的快递承运商与包裹递送公司，同时也是专业的运输、物流、资本与电子商务服务的领导性的提供者，每天UPS都在世界上200多个国家或地区管理着物流、资金流与信息流。

2005年4月6日，UPS在广州白云国际机场举行的首航仪式上宣布其从美国到中国广州的直航服务正式启动。UPS是该机场首个快递与货运公司，同时也是首家提供连接广州与美国本土的不经停货运航班。

全球各地都为其进出口中国市场寻找更加高效和可靠的方法。UPS表示这将是UPS在满足客户需求方面，以及在中国这个全球发展最快的市场立足并在竞争中独占鳌头策略上的又一个里程碑。

UPS货机将每周6天往来美国本土和中国广州。广州坐落于具有战略重要地位的珠江三角洲地区，这里是世界上发展最迅速的生产中心之一，占中国对外贸易量的 30%～40%。现在从广州到美国的货运快递服务，UPS 能为客户提供业界最晚取件时间。

UPS 宣布将在 2007 年于中国上海建立一个转运中心。而在 2005 年 12 月，UPS 已宣布从其长期合作伙伴中国外运集团处获得在中国 23 个地区的国际快递业务的直接掌控权。在这些地区的运营将把 UPS 的服务延伸至 200 个城市，占中国国内生产总值的 80%以上。

UPS 供应链解决方案集团也宣布，计划于未来两年在中国一些主要城市增设 20 家机构。这将使 UPS 供应链解决方案集团在中国经营的物流中心数目超过 40 家。

3. DHL 快递

DHL 公司于 1969 年在加利福尼亚成立。目前 DHL 在 229 个国家有 675 000 个目的站、20 000 多辆汽车、60 000 多名员工并且在美国及欧洲地区有 300 多架飞机。DHL 在亚洲被评为最好的运输公司，同时被全球美运通公司评为最好的承运人。

世界领先的快递和物流公司 DHL 宣布开通上海至美国、北京至香港的两个隔夜快递专机航线。新专机的运营大大促进了中国客户和企业的对外贸易往来，实现从中国这个世界上增长最快的经济体到亚洲其他各国和美国各大城市之间的紧密连接。

上海至美国的每日航班将使用美国西北航空公司波音 747–200 货机。每周四班的北京至香港航班将使用国泰航空的 A330–200 客机，从位于香港的 DHL 亚洲转运中心起飞。

这些快递专机的启用是 DHL 致力于为中国客户提供最广泛航空服务网络承诺的体现。新专机航线开通，可为 DHL 客户提供最晚取件时间和更早派送时间。

中国一直是 DHL 的重要市场，同时也是 DHL 亚太地区业务增长的重要动力。在华发展近 20 年，DHL 意在通过全面提供国际、国内服务加强其在中国市场上作为“一站式”整合供应链解决方案供应商的领导地位。为此，DHL 实施了为期 5 年、总额 2.73 亿美元的对华策略投资计划。作为 DHL 的合资公司，中外运敦豪以 40%的市场份额稳居中国航空快递市场领导地位。除北京外，DHL 还开通了上海至香港的直航，广州和深圳通过陆路连接香港。随着两条快递专机航线的开通，DHL 快递专机航空网络服务覆盖的目的地达到了 27 个。包括两条专机航线使用的飞机，DHL 亚太地区专机业务使用的飞机已超过了 20 架。DHL 通过区域转运中心和作业口岸将首都城市及各大经济中心城市紧密连接，为亚太地区客户提供隔夜派送服务。

[思考]

1. 三大航空物流企业在中国市场定位策略有何不同？
2. 请运用市场定位的理论分析三大航空物流企业在中国发展策略的重要意义。

复习思考题

1. 什么是运输市场细分？有何意义？简述运输市场细分条件。
2. 简述客运市场和货运市场的细分依据。
3. 简述运输企业选择目标市场的方式。
4. 简述运输企业目标市场营销策略种类及其特点。
5. 简述运输企业及产品市场定位的含义、定位方式的种类。

第6章

运输产品策略

【本章内容概要】

本章在介绍产品与运输产品概念的基础上，分析运输产品生命周期理论，阐述运输产品组合策略、运输品牌策略、运输企业服务策略，叙述运输新产品开发过程及策略，并附有案例。

【本章学习重点与难点】

学习重点：了解产品的概念，理解运输产品整体概念及其意义；了解运输产品生命周期理论；了解运输产品组合和品牌的概念，理解运输产品组合策略、品牌策略及服务策略；理解运输产品的开发过程。

学习难点：运用运输产品策略的基本理论，正确进行运输市场产品案例分析。

产品是企业所有资源的核心，也是企业一切经营活动的目标所指。营销组合计划起始于如何形成一个提供物以满足目标顾客的需要或欲望。

运输企业在营销过程中，明确了目标市场定位后，就要根据目标市场的需要和分析有关的环境因素，制定市场营销组合（4P）。企业在制定营销组合时，首先需要回答的问题是开发什么样的产品来满足目标市场需求，产品策略研究将使这一问题得到全面、系统的回答；进而研究如何进行产品概念和产品的创新，使得企业能够通过不同的产品系列满足更广泛的顾客多元化的需求。营销组合中的其他三个要素，也必须以产品策略为基础进行决策，因此，产品策略是整个营销组合策略的基石。

6.1 运输产品概念

6.1.1 产品含义

菲利普·科特勒认为产品（product）是指为留意、获取、使用或消费以满足某种欲望和需要而提供给市场的一切东西。简单地说，产品是能够提供给市场以满足需要和欲望的任何东西。产品在市场上包括实体商品、服务、经验、事件、人、地点、财产、组织、信息和创意或上述实体的组合。

考虑到服务在世界经济中的地位越来越重要，人们给予它特别的关注。服务（service）是这样一种形式的产品，它包括本质上是无形的且不会带来任何所有权的可供出售的活动、利益或满意度。

产品往往同时包含有形的商品和无形的服务，实体商品、服务和创意被称为产品的三因素。例如，快餐店——商品（汉堡包、烤肉、软饮料），服务（销售过程、烹调、安排座位）

和创意（“节省我的时间”）；计算机制造商——商品（计算机、监视器、打印机），服务（送货上门、安装、培训、维护、修理）以及创意（“计算能力强”）。

6.1.2 产品整体概念

商家往往仅仅把产品看作他们所生产和销售的实物，然而消费者则把产品看作用来满足他们需求的复杂利益组合。营销人员在衔接这种分歧的过程中扮演着重要的角色。营销注重的是通过产品和与产品的创造、提供及最终的消费相关的一整套活动满足客户的需要。在产品开发的过程中，营销人员需要作为消费者的代表去收集信息、建议产品如何改进，以及测试营销组合要素。通过这样做，他们帮助商家开发比现有产品和竞争产品更能满足消费者需求的产品。因此，不仅可以生产出消费者想要的产品，也可以使公司在销售中获得利润，在竞争中获胜。

一个产品不仅仅是一组简单的有形特性。每个提供给顾客的产品可以从三个层次来认识，如图 6–1 所示。

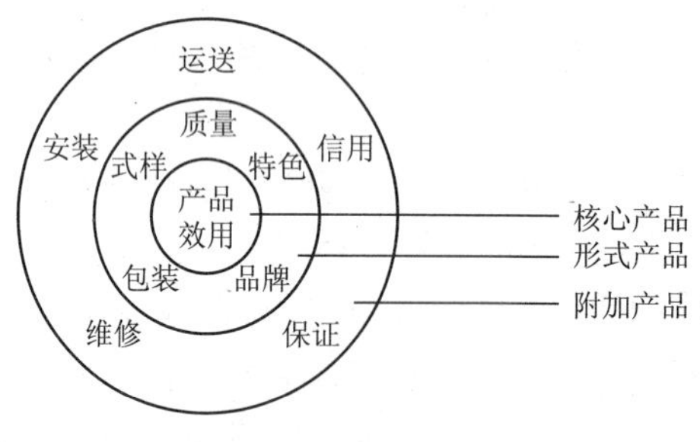

图 6–1　产品的三个层次

1. 核心产品

核心产品（core product）是产品最基本的层次，表示产品的实体利益，是满足顾客需要的核心内容，是实质性产品。例如，食品的核心是满足充饥和营养的需要；化妆品的核心是满足护肤和美容的需要。

2. 形式产品

形式产品（tangible product）是产品在市场上围绕核心利益的存在形式，即满足顾客需要的各种具体产品形式，包括质量、特性、式样、特色、品牌和包装等。

3. 附加产品

附加产品（augmented product）是指顾客在购买产品时所得到的附加服务或利益，如运送、安装、维修和售后服务（如信用、保证）等。

以上这三个层次的综合就形成了产品整体概念。产品整体概念体现了以消费者需求为中心的营销观念，使企业认识到消费者接受产品过程中的满足程度，既取决于三个层次中每一层的状况，也取决于产品整体组合的效果，它明确产品与企业营销策略之间的关系，指出产品的特征以及拓宽发展新产品的领域。当开发产品时，营销人员必须首先识别产品将要满足的核心的消费者需求；然后他们设计实际的产品，并找到附加价值，以创造出能够最大限度满足消费者需求的利益组合。

6.1.3　运输产品整体概念

现代市场营销学关于产品整体概念也同样适用于运输产品。运输产品整体概念的三个层次，如图 6–2 所示。

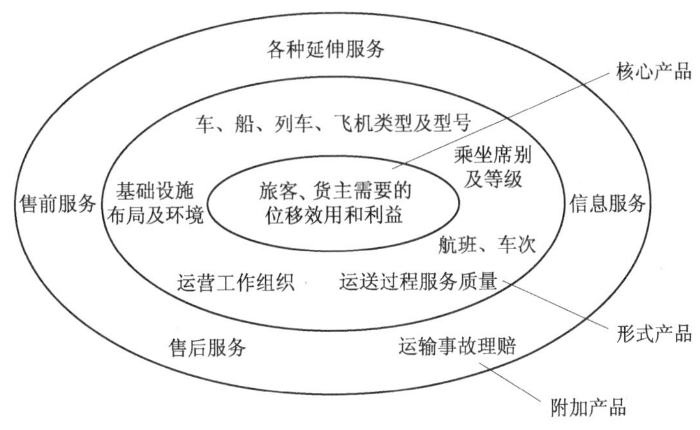

图 6–2　运输产品整体概念的三个层次

① 核心产品。就整个运输产业而言，运输产品的核心内容，就是要满足顾客需要的位移效用和利益。这是顾客所需购买的实质性的东西，是运输产品的实体利益，也是实质性产品。

② 形式产品。这是核心产品的外在表现和具体形式。一般行业中以其产品的品质、款式、特色、外观、品牌和包装等来表达，而在运输行业通常则由位移载体的外在特性（如车、船、列车、飞机的类型和型号，线路、航线、站、港等基础设施布局及环境，运营工作组织及运送过程服务质量，航班、车次以及座席等级等）加以展现，将位移核心产品转变为可以感知的形式产品，从而便于顾客判断和评估所提供的效用和利益程度的大小。

③ 附加产品。这是顾客在购买位移产品时所得到的附加服务和利益。例如，售前服务（客票预约预售，上门办理有关货运业务等）、售后服务（查询、旅客投诉、批评和建议）、运输事故理赔、运输信息服务以及各种延伸服务（代办货物仓储、包装、行包接取送达、地方搬运、送货上门、运输代理、旅行服务等）。

总之，由于运输产品具有独特的特点，其产品概念不容易为一般人所全面认识和准确把握，只有全面了解、准确把握运输产品概念，才能真正树立起以顾客为中心、全面满足顾客需要的经营理念，才能更好地运用营销组合策略，以保证企业在不断变化的激烈市场竞争中立于不败之地。

6.2　运输产品生命周期

6.2.1　产品生命周期原理

产品如同生物的生命历程一样，都经历着诞生、成长、成熟和衰亡的过程。产品的生命周期，或称产品寿命周期，是指产品从进入市场到退出市场所经历的市场生命循环过程。典型的产品生命周期一般可分为四个阶段，即引入期、成长期、成熟期和衰退期。

产品生命周期的理论基础，源于美国罗杰斯总结的新事物扩散和被采用过程的理论，即认为：一种新事物被社会广泛接受和采用要有一个过程，不可能立竿见影。科特勒的最新观点认为：典型的产品生命周期分为开发期、引入期、成长期、成熟期和衰退期。开发期是产品生命的培育阶段，始于新产品构思形成，但企业的投入却是与日俱增。这一新观点的不同处，在于产品生命周期不只是从产品进入市场时开始，而且是从产品的构思、开发时就开始。产品开发、产品创新、产品管理是一项连续不断和永无休止的工作，所有行业的市场营销都是如此。

产品生命周期（product life cycle）模型描述了典型的产品生命周期的五个不同的阶段，其与该种产品在市场上的销售额和企业获得的利润额的变化有很密切的关系，是一条理想曲线（如图 6–3 所示）。实际上，大多数产品生命周期并非完全如此理想化，具体的每一产品的生命周期变化是多种多样的。所以，企业要掌握社会对产品的需求变化，了解其变动趋势，研究产品的经营策略。

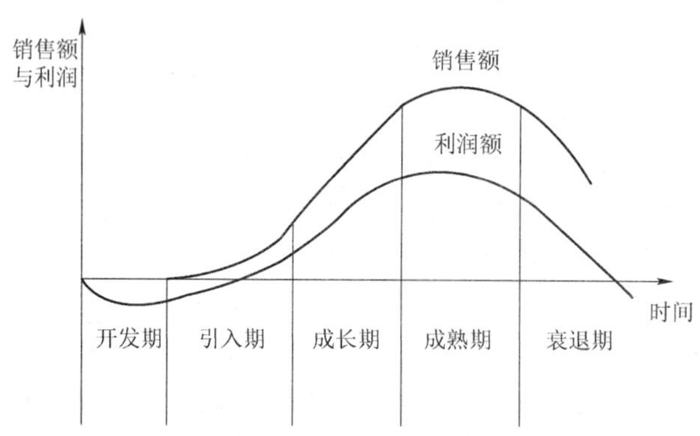

图 6–3　产品生命周期中的销售额和利润

产品只有经过研究开发、试销，然后进入市场，它的市场生命周期才算开始。产品退出市场，标志着生命周期的结束。产品的生命周期取决于市场，而非产品本身。如果市场已经不需要这种产品，哪怕它的品质再精良，也是没有生命力的。了解了产品的生命周期，优秀的营销者就会运筹帷幄，不故步自封，而是及时了解市场变化所发出的信号，调整节奏，适应产品的生命轨迹，通过产品系列开发、包装的变换、新渠道的建立、营销手段的不断更新等赢得和谐的市场，取得更多收益。

6.2.2　产品生命周期各阶段的特点及其策略

典型的产品销售呈现 S 形的曲线，由 5 个阶段组成。产品生命周期开始于产品开发阶段，此阶段公司发现和开发了新产品创意。在产品开发期，销售额为零，公司的投资成本攀升。引入期的特点是随着新产品分销到市场中，销售额增长缓慢，利润比较低。如果产品成功导入，产品就进入成长期。成长阶段提供快速的销售额增长和不断增加的利润额。当产品的销售额增长放缓，利润额趋于稳定时，产品就进入了成熟期。最后，产品进入衰退期，销售额和利润额逐渐萎缩。公司在衰退期的任务是认识到正在衰退的产品，判断公司是否保留收获或是放弃产品。

1. 开发期营销策略

新产品从多方面收集和征求构思（idea）或创意开始，经过优化筛选，形成比较完整的概念产品，即把新产品的构思具体化，形成一种产品形象。通过目标顾客的测试，作出决策，交由生产部门试制产品样品。在策略上要突出一个“快”字，力争尽快投产上市。在正式向市场推出新产品时要对上市时机、上市地点、目标顾客作出决策，对不同地区，不同市场和不同目标顾客应有不同的营销策略。

2. 引入期营销策略

在产品引入期，由于顾客对其还不熟悉，销售量增长缓慢，需要大力促销吸引潜在顾客，打通分销渠道，占领市场。若仅考察促销和价格两个因素，则至少有以下四种策略，如图6–4所示。

1）快速撇脂策略

这种策略采用高价格、高促销费用，以求迅速扩大销售量，取得较高的市场占有率。采取这种策略需有一定的市场环境，如大多数潜在消费者不了解这种新产品；已经了解这种新产品的人急于求购；企业面临潜在竞争者的威胁。在这种情况下，应该迅速使消费者建立对自己产品的偏好。

2）缓慢撇脂策略

以高价格、低促销费用的形式进行经营，以求得到更多的利润。这种策略可以在市场规模较小、市场上大多数消费者已熟悉该新产品，购买者愿意出高价、潜在竞争威胁不大的市场环境下使用。

3）快速渗透策略

以低价格、高促销费用的方式迅速打入市场，取得尽可能高的市场占有率。在市场容量很大、消费者对这种产品不熟悉但对价格非常敏感，潜在竞争激烈，企业随着生产规模的扩大可以降低单位生产成本的情况下适合采用这种策略。

4）缓慢渗透策略

以低价格、低促销费用来推出新产品。这种策略适用于市场潜量很大、消费者熟悉这种产品但对价格反应敏感，并且存在潜在竞争者的市场环境。

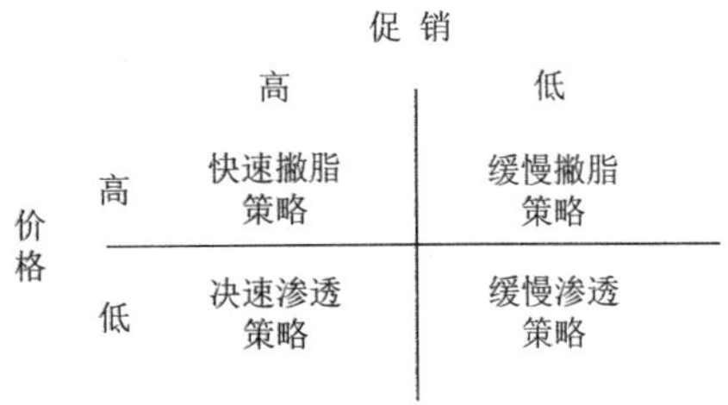

图6–4 引入期四种营销策略

3. 成长期营销策略

在成长期，企业继续推动潜在消费者和经销商了解产品。针对成长期的特点，企业为维持其市场增长率，延长获取最大利润的时间，可以采取以下四种策略。

1）改善产品品质

如增加新的功能，改变产品款式等。对产品进行改进，可以提高产品的竞争能力，吸引更多的顾客。

2）寻找新的子市场

通过市场细分，找到新的尚未满足的子市场，根据其需求组织生产，迅速进入这一新的市场。

3）改变营销沟通的重点

把广告公关的重心从介绍产品转到建立产品形象上来。树立产品名牌，维系老顾客，吸引新顾客，使产品形象深入人心。

4）适时采取降价策略

在适当的时机，可以采取降价策略，以激发那些对价格比较敏感的消费者产生购买动机和采取购买行动。

4. 成熟期营销策略

对成熟期的产品，只能采取主动出击的策略，使成熟期延长，或使产品生命周期出现再循环。为此，可以采取以下三种策略。

1）调整市场

这种策略不是要调整产品本身，而是发现产品的新用途或改变推销及促销方式等，使产品销售量得以扩大。

2）调整产品

这种策略是通过产品本身的调整来满足顾客的不同需求，吸引有不同需求的顾客。整体产品概念的任何一层次的调整都可视为产品再推出。

3）调整营销组合

即通过对产品、定价、渠道、促销四个市场营销组合因素加以调整，刺激销售量的回升。例如，在提高产品质量、改变产品性能、增加产品规格品种的同时，通过特价等方法降价让利；拓展分销渠道，广设分销网点，调整广告媒体组合，变换广告时间和频率，增加人员推销，强化公共关系等，多管齐下，进行市场渗透，扩大企业及产品的影响，争取更多的顾客。

5. 衰退期营销策略

在衰退期，其主要特点是产品需要量和销售量迅速下降，开始被新产品逐步代替，更多的竞争者退出市场，企业维持处于衰退阶段的产品，往往需要经常调低售价，处理积货。在衰退期营销策略总的是要突出一个“转”字，即有计划、有步骤地转移，可采取如下四种策略。

1）继续策略

继续沿用过去的策略，仍按照原来的子市场，使用相同的分销渠道、定价及促销方式，直到这种产品完全退出市场为止。

2）集中策略

把企业能力和资源集中在最有利的子市场和分销渠道上，从中获取利润。这样有利于缩短产品退出市场的时间，同时又能为企业创造更多的利润。

3）收缩策略

大幅度降低促销力度，尽量降低促销费用，以增加目前利润。这样可能加速产品在市场上的衰退速度，但也能从忠实于这种产品的顾客中得到利润。

4）放弃策略

对于衰退比较迅速的产品，应该当机立断，放弃经营，使其所占用的资源可转向其他产品上。

产品生命周期各阶段的特征如表 6–1 所示。

表 6–1 产品生命周期各阶段的特征

特征 \ 阶段	开发期	引入期	成长期	成熟期	衰退期
销售额	无	低	迅速上升	达到顶峰	下降
单位成本	高	高	平均水平	低	低
利润额	无	无	上升	高	下降
顾客类型	无	领先采用者	早期采用者	多数采用者	滞后采用者
竞争者数目	无	少	渐多	相对稳定开始减少	减少
营销目标	尽快投产上市	建立知名度 采取试用	提高市场占有率	保持市场占有率， 争取利润最大化	妥善处理比较产品， 实现产品更新换代

6.2.3 产品生命周期理论对运输产品的意义和作用

产品生命周期理论对于运输企业的实用价值主要有以下几方面：预测运输服务产品在市场销售各个阶段中的发展走势；帮助运输企业掌握成本、价格和利润的发展趋势；帮助运输企业采取措施来延长即将进入衰退期的产品品种的寿命。产品生命周期理论，对运输企业控制产品更新换代时机具有重要的参考价值。

6.3 运输产品组合策略

6.3.1 产品组合及其相关概念

当一种产品被开发出来，需要作出许多关于其最终形式和总体的产品组合的决策。营销人员从一种产品开始，不管它是一把牙刷、一辆汽车，还是一种服务或劳务，然后附加一些改进措施以使这种产品更满足其目标市场的需求。最后，他们决定品牌的名字、包装和可以使这种产品的用途更加满足消费者需求的附加物。

运输企业为了满足目标市场需要，增加利润，提高经营效益，必须根据运输市场需求和企业资源等主客观条件，研究决定生产或经营哪些产品，即要采取相应的策略，作出产品组合（product mix）决策；否则，企业经营将受到影响，陷于被动，因此必须重视和研究产品的组合问题。

1. 产品组合与产品线

产品组合（product mix，product assortment），又称为产品搭配、产品集合，是指一个企业所生产或经营的全部产品的组合方式，即企业生产和经营产品的范围、结构。大多数企业都生产或经营多种产品，企业的产品组合，一般是由若干个产品线（product line，又称产品大类、产品系列）组成的，而每个产品线又包括若干个产品项目（item）。

产品线（产品大类）是一组在功能、顾客购买需要和分销渠道上相互关联或相似的一组产品，一个产品线内往往包括多个产品项目。产品项目是指产品线内所罗列的每一项产品。

企业所生产或经营的不同功能、不同品质、不同商标、不同包装形态、不同价格的各项产品，都称为一个产品项目。

产品线可以用几种不同的方法加以开发。从一种产品扩展为几种产品最简单的方法是设置不同的产品类型。例如，相同的食品可以包装成三种不同的类型——单独提供、四个一组或十个一组。洁面纸可以用玻璃纸包装成口袋大小出售，也可以 250 张装在一个盒子里出售，也可以做成多盒包装在一起；另一种数量差异的类型是为同一种基础产品提供不同的型号，还可以由不同质量的纸浆制成。

运输业的一个很好的例子就是英国航空公司。它清晰地告诉公众英航旗下有 8 种不同的空中旅行产品或品牌：协和舱（超音速豪华服务）、头等舱（豪华的亚音速服务）、世界俱乐部（商务舱）和世界旅行者（经济舱），两个欧洲内部的品牌——欧洲俱乐部（商务舱）、欧洲旅行者（经济舱），一个英国内部的品牌——超短程，它提供的是舒适的经济舱座位和高频率的服务，还有一种是“英国航空公司快运”联合品牌。此外，有六家定期短途飞行的航空公司同英国航空公司开展合作业务，使用“英国航空公司快运”品牌，飞机颜色也采用英国航空公司的统一颜色。英国航空公司的每一个品牌都有一个关键性品牌计划和一套阐述清晰的产品说明，详细介绍上机前、在飞机上和到达后的各项服务要素。为了对产品、定价和营销沟通工作给予更多的关注，公司还把管理和发展每个品牌的责任委派给一个品牌管理小组，通过内部和外部的沟通，员工和乘客同样了解每个品牌的特点。

除了协和舱、超短程，英国航空公司机队的大多数飞机都装备了两三种级别的舱位。例如，公司 747 机队通常是为头等舱、世界俱乐部和世界旅行者的乘客而配备的。在任何一条特定的航线上，所有乘客得到的核心产品都是一样的，但大多数附加要素的特征和程度有很大的差异，无论地面服务还是空中服务都一样。例如，头等舱乘客不但能从更好的有形要素中获益，如更宽敞和舒适的座位、更好的食物和在起飞前使用机场休息室，而且能得到航空公司雇员提供的更加人性化的服务，如设专门通道以方便快速登机与查验护照、行李处理优先权等。当然，服务越好，价格就越高。

2. 产品组合的宽度、长度、深度和关联性

产品组合可用四个维度来描述：宽度、长度、深度和关联性。产品组合的宽度指企业拥有的不同产品线或产品大类的数目；产品组合的长度指每条产品线内不同规格的产品项目的数量；产品组合的深度是指产品线或大类中每种产品有多少个类型；产品组合的关联性则是指企业各个产品大类或各条产品线在最终用途、生产条件、分配渠道或其他方面的密切相关程度。如图 6–5 所示。

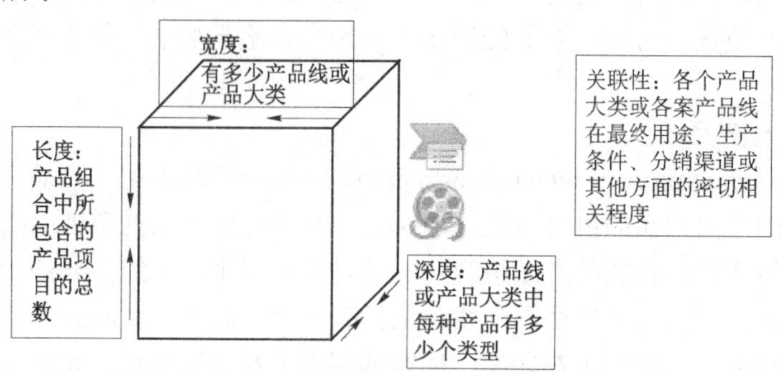

图 6–5 产品组合的宽度、长度、深度和关联性

产品组合的宽度越宽，说明企业的产品线越多；反之，宽度窄，则产品线越少。同样，产品组合的深度越深，企业产品的规格、品种就越多；反之，深度浅，则产品就越少。产品组合的深度越浅，宽度越窄，则产品组合的关联性越大；反之，则关联性越小。

产品组合实际取决于三个因素：产品组合的宽度、深度及关联性，这三个因素的不同集合，构成了不同的产品组合。按产品组合概念来划分产品，并引用产品组合的“宽度”“深度”“关联性”的概念来具体描述其相互间的联系，其优点是便于从产品组合方式上来研究一个企业的经营方针和经营的复杂程度。

产品组合维度展示了确定公司产品战略的处理方法。公司可以从四个方面发展其业务。它可以增加新产品线，从而拓宽产品组合。在这种情况下，新产品线建立在公司其他产品线声誉的基础上。公司可以延长已有的产品线而成为产品线更加完整的公司，或者可以为每个产品引进更多的类型以增加其产品组合的深度。最后，公司可以追求更强或更弱的产品线关联性，这取决于它是希望在单个领域还是在众多领域中赢得好声誉。

6.3.2　运输产品组合策略

运输企业产品策略，就是根据运输企业的目标，对产品组合的宽度、深度及关联性进行的组合决策，但企业的这种决策会受到市场需求变化、企业所拥有的资源条件、竞争条件等的限制，因此企业对其产品组合的宽度、深度和关联性的决策就有多种选择。

1. 扩大产品组合策略与缩减产品组合策略

扩大产品组合策略包括拓展产品组合的宽度和加强产品组合的深度，前者指在原产品组合中增加产品线，扩大经营范围；后者指在原有产品线内增加新的产品项目。当企业预测现有产品线的销售额和盈利率在未来可能下降时，就需考虑在现有产品组合中增加新的产品线，或加强其中有发展潜力的产品线。比如近些年随着人民生活水平的提高和国民经济的发展，快运需求上升很快，我国铁路也适时地推出了相应的行邮、行包快运产品。

缩减产品组合策略指在市场不景气或原料、能源供应紧张时期，缩减产品线以致总利润上升，因为剔除获利小甚至亏损的产品线或产品项目，企业可集中力量发展获利多的产品线和产品项目。例如，2000 年之后，伴随着公路快运的迅猛发展，我国铁路除一些大站外，停办了铁路零担运输业务。

2. 产品线延伸策略

产品线延伸策略是指企业把自己的产品线长度延伸超过现有范围的策略。它具体有向上延伸、向下延伸和双向延伸三种方式。

1）向上延伸

向上延伸是在原有的产品线内增加高档产品项目。实行该策略的主要目的是：高档产品市场具有较大的潜在成长率和较高利润率；企业的技术设备和营销能力已具备加入高档产品市场的条件；企业要重新进行产品线定位。采用该策略也要承担一定的风险，如处理不慎，会影响原有产品的市场声誉。

2）向下延伸

向下延伸是在高档产品线中增加低档产品项目。利用高档名牌产品的声誉，吸引购买力水平较低的顾客慕名购买此产品线中的廉价产品；高档产品销售增长缓慢，企业的资源设备没有得到充分利用，为赢得更多的顾客，将产品线向下伸展。当然，实行这种策略也有一定的风险。同样，如果处理不慎，会影响企业原有名牌产品的市场形象，而且也有可能激发更激烈的竞争对抗。

3）双向延伸

双向延伸即原定位于中档产品市场的企业掌握了市场优势以后，向产品线的上下两个方向延伸。

3. 产品线现代化策略

随着现代社会科技发展，产品现代化成为一种不可改变的大趋势，产品线也必然需要进行现代化改造。产品线现代化策略首先面临着逐步实现技术改造，还是以更快的速度用全新设备更换原有产品线。逐步现代化可以节省资金耗费，但缺点是竞争者很快就会察觉，并有充足的时间重新设计产品线；而快速现代化策略虽然在短时期内耗费资金较多，却可以出其不意，击败竞争对手。我国铁路运输企业近十年来采取的提速战略即是该策略的运用。

4. 产品线号召策略

产品线号召策略是指企业在产品线中选择一个或少数几个产品项目进行精心打造，使之成为具有特色的号召性产品去吸引顾客。有时候，企业以产品线上低档产品项目进行特别号召，使之充当开拓销路的廉价品；有时候，企业以高档产品项目进行号召，以提高产品线的等级。

6.4 运输品牌策略

品牌（brand）一词中文意思是“烙印”。在当时，西方游牧部落在马背上打上部落的标记，用以区分不同部落之间的财产，警告他人：“不许动，它是我的”，这就是最初的品牌标志和口号。一些分析师将品牌视为公司最持久的资产。品牌不仅仅是名称和符号——它体现了产品或服务对消费者所能表达的所有含义。

6.4.1 品牌概念

美国市场营销协会（AMA）为品牌下的定义是：品牌是指打算用来识别一个（或一群）卖主的货物或劳务的名称、名词、符号、象征或设计或其组合，并打算用来区别一个（或一群）卖主和其竞争者。品牌是一个集合概念，它包括品牌名称、品牌标志、商标等概念。

品牌名称（brand name，又称品名），指品牌中可以用语言称呼的部分。如可口可乐、海尔等。

品牌标志（brand mark，又称品标），是指品牌中可以辨别但不能用语言称呼的部分，通常是一些符号、图案、颜色、字体等。

商标（trade mark），是一个法律概念，是指在政府有关主管部门登记注册之后，企业享有某个“品牌名称”或“品牌标志”的专用权，是品牌或品牌的一部分，经过注册登记就享有法律上的保护。因此，在西方，品牌、品牌名称、品牌标志是属于商业或经营名词，而商标则是属于法律名词。

比如丰田公司的三个椭圆的标志 TOYOTA 是从 1990 年初开始使用的。标志中的大椭圆代表地球，中间由两个椭圆垂直组合成一个 T 字，代表丰田公司。它象征丰田公司立足于未来，对未来的信心和雄心，还象征着丰田公司立足于顾客，对顾客的保证，象征着用户的心和汽车厂家的心是连在一起的，具有相互信赖感，同时喻示着丰田的高超技术和革新潜力。

品牌就其本质而言，代表着卖方对交付给买方的产品特征、利益和服务的一贯性承诺。品牌内涵包括 6 个方面内容，如图 6–6 所示。

① 属性（attributes）：品牌首先带给人们某些特定的属性。例如，一提到梅塞德斯汽车人们想到的是昂贵、制造精良、耐用、高的声誉、高的再售价值及快速等。

② 利益（benefit）：品牌反映消费者的利益。消费者购买的是产品所带来的利益，因而需要把产品属性转化为功能型或情感型利益。例如，耐用性——我这几年将不需要购买新车；昂贵——该车使我感到自己很重要和令人羡慕；制造精良——万一出交通事故，我会是安全的。

③ 价值（value）：品牌也反映了制造商的某些价值观。例如，梅塞德斯车包含的价值有高绩效、安全和名声。

④ 文化（culture）：品牌可能代表了一定的文化内涵。例如，梅塞德斯车包含德国文化、组织性、效率和高质量。

⑤ 个性（personality）：品牌可能具有一定的个性。例如，把品牌联想为一个特定的个人、一头动物或一个物体。

⑥ 使用者（user）：品牌建议购买或使用该产品的消费者类型。它反映出品牌的用户形象。例如，使用梅塞德斯车的消费者应该是成功的人士。

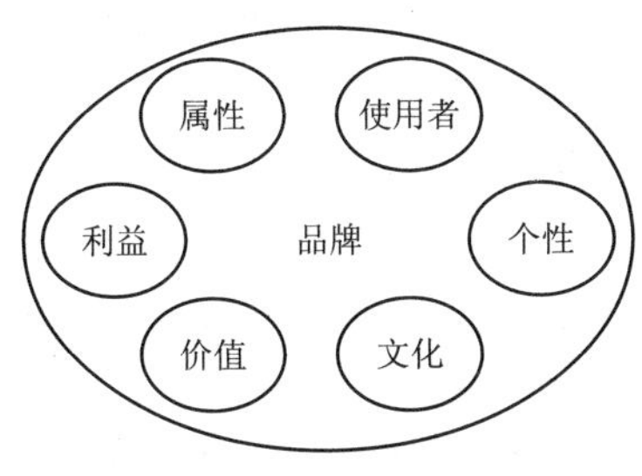

图 6–6　品牌的内涵

品牌最持久的含义是价值、文化和个性。它们构成了品牌的内涵，揭示了品牌间差异的实质。一个成功的品牌是一个用特定的方式进行说明的可辨认产品、服务、个人或地点，以便购买者与使用者能感受到与产品相关的、独一无二的、能持续创造利润的增加值，这些都与他们的需求紧紧地联系在一起。

强大品牌的真正价值在于它捕捉消费者偏好和忠诚的能力。一个强有力的品牌具有很高的品牌资产。品牌资产（brand equity）是消费者对品牌名称的知晓给产品或服务带来的有差别的、正面的影响。品牌资产是企业的无形资产和长期资产。品牌资产是一个系统概念，它由一系列因素构成。品牌名称和品牌标志物是品牌资产的物质载体，品牌知名度、品牌美誉度、品牌联想、品牌忠诚度、其他拥有所有权的品牌资产的有机组成，为消费者和企业提供附加利益是品牌资产的实质内容。

6.4.2　品牌策略

企业的品牌策略，是指企业如何合理地使用品牌，发挥其积极作用，以达到营销目的，一般企业都会面临如下选择。

1. 品牌定位与选择决策

品牌定位指营销人员必须将企业品牌清晰地定位在目标顾客的心中。可以将品牌定位在产品三个层次的任何一个。在最低层次，可以根据产品属性定位品牌；品牌可以通过将其名称与期望利益相连而更好地定位；最强大的品牌超出属性或利益定位，而定位在强烈的信念和价值上。品牌是企业向顾客持续传递特定的特征、利益、服务和体验的承诺。营销人员必须为品牌建立一个使命和品牌必须是什么以及做什么的愿景。如联邦快递的准时送达保证已深入人心，家喻户晓。

品牌选择指企业决定是否给产品起名字、设计标志的活动，也称为企业的品牌化决策。品牌化有三个主要目的：产品识别、重复销售和新产品销售。其中最重要的就是产品识别。品牌化使得营销人员能将其产品与其他产品区别开来。但并非所有的商品都必须拥有品牌。因为品牌在带来诸多好处的同时，其建立、维持和保护也要花费巨大的成本，如包装费、广告费、标签费和法律保护费等。

运输产品虽然品种并不繁多，更新换代也不频繁，但是在不同品种之间，其产品差异还是不小的，而且即使是同一品种，在品质、服务设施与方式等方面也可能存在一些差异。因此推行品牌化、建立产品品牌，无论是对买方还是卖方，以及对整个社会都是有益的。

2. 品牌归属决策

一般企业建立品牌，首先会面临的问题就是品牌归属问题，即品牌归谁所有，由谁负责。通常有三种可供选择的策略：一是企业品牌，也称制造商品牌或全国品牌；二是中间商品牌，也称自有品牌，即中间商向制造商大批购进产品或加工订货，用自己的品牌上市；三是联合品牌，即将两个或多个品牌名称使用于同一产品包装上。联合品牌化的三种常见类型是成分品牌化、合作品牌化和互补品牌化。成分品牌化将一件产品的一个构成部分形成品牌，如戴尔和联想中的英特尔微处理器。当在广告上接受同等待遇的两个品牌分享彼此的品牌资产时，合作品牌化现象就产生了。例如，由华美达（Ramada）、美国运通和大陆航空公司共同发起的促销竞赛就是运用了合作品牌化战略，华美达的客人如果用美国运通卡进行支付的话，就自动进入这个竞赛，使其有资格赢得 100 余个在美国大陆的任何一家华美达酒店双人度假旅游的机会，并附赠大陆航空公司的往返机票。互补品牌化是指将产品绑定在一起进行宣传或营销，以表明其用途。联合品牌化是一个非常有用的战略，当品牌名称进行联合时，产品声望和感知价值都达到增强，品牌所有者和使用者都从中获益。联合品牌化也有助于市场份额较少的公司提高其市场地位。

3. 品牌统分策略

企业使用自己的品牌名称，还要进一步确定企业所生产的各种不同种类品种、不同规格、不同质量的产品，是全部用一种统一品牌名称，还是分别使用不同的品牌名称。这里有 4 种策略可供选择。

1）个别品牌

多种不同的产品分别使用不同的品牌名称。采取个别品牌名称决策的主要好处是：可以把个别产品的成败同企业整个形象分开，不会因个别产品的失败而败坏整个企业形象，但这要为每一个品牌分别做广告宣传，费用较大，且较难树立企业形象。

2）单一的家族品牌

企业所有的产品品种都统一使用同一品牌名称。它的好处是，推出新产品时可省去命名的麻烦，并可节省大量的广告费用；如果该品牌已有良好声誉，可以很容易地用它推出新产品。但是，任何一种产品的失败都会使整个家族品牌蒙受损失，因此使用单一品牌的企业必须对所有产品的质量严加控制。

3）分类的家族品牌

企业所经营的各类产品分别使用不同品牌，即一类产品使用一个品牌。采取这种决策的主要原因是：企业生产或经营许多不同种类的产品，需要分别使用不同的品牌名称，以免互相混淆。有些企业虽然生产或经营同一种类的产品，但为了区别不同质量水平的产品，往往也分别使用不同的品牌名称。

4）企业名称与个别品牌名称并用

即企业决定其多种不同的产品分别使用不同的品牌名称，而且各种产品的品牌名称前面还冠以企业名称（trade name）。这种决策的好处是：可以使新产品合法化，能够享受这家企业的声誉，而且各种不同产品分别使用不同的品牌名称，又可以表明这家公司的各种不同产品各有不同的特色。

4. 品牌发展策略

当企业准备发展新品牌时，有4种方法可以选择。可以采用产品线扩展、品牌延伸、多品牌或新品牌。

1）产品线扩展

当企业使用相同的品牌名称在既定的产品类别中推出另外的商品。产品线扩展的原因是多方面的：可以充分利用过剩的生产能力；满足新的消费者的需要；率先成为产品线全满的企业，以填补市场的空隙；与竞争者推出的新产品竞争，或为了从分销商那里争得更多的货架空间。

2）品牌延伸

品牌延伸是指在新的产品类别中使用成功的品牌名称推出新的或改进的产品。品牌延伸使新产品被迅速识别和更快接受，还节省了创立新品牌成本费用。

3）多品牌

在相同的产品类别中引入多个品牌的策略称为多品牌策略。多个品牌可以建立不同的属性定位以迎合不同的消费者群体，从而有利于企业培植并最大限度地覆盖市场。主要缺陷是每个品牌只占有很小的市场份额，而且可能没有一个能获得丰厚的利润。

4）新品牌

当公司觉得现有品牌趋于衰落的时候，也就是需要新品牌的时候；或者公司投入一个新的产品类别，而现有的品牌名称都不合适时，它可以创立一个新的品牌名称。

总之，品牌是企业产品的主要标志，虽然它只是产品整体策略中的一个部分，产品质量才是品牌的内在生命力，但是适当的品牌策略有利于企业增加信誉和促进销售，是开拓市场和推销商品的主要基础，运输企业也必须十分重视品牌的作用和品牌策略的研究。

6.5 运输企业服务策略

6.5.1 运输企业服务的分类

运输企业提供的顾客服务，按不同的标准可划分为不同的类型。

1. 按服务时间与销售时间的关系划分

按服务时间与销售时间的关系，可分为售前服务、售中服务和售后服务。售前服务指在销售产品之前为旅客和货主提供的服务，如运输企业为旅客和货主提供信息咨询等。售中服务指在销售产品过程中为顾客提供的服务，如帮助货主办理托运手续，引导货主选择货运产品等。售后服务指在商品售出之后为顾客提供的服务，如货物到达后为货主送货、处理运输纠纷、货损理赔等。

2. 按服务与所需设备条件的关系划分

按服务与所需设备条件的关系，可分为以人为基础的服务和以设备为基础的服务。以人为基础的服务指提供服务不需要复杂或笨重的设备条件，服务人员运用知识、语言或简单的工具即可进行。例如，车站客运人员对旅客上车的引导，托运货物过程中的简单包装等。这种服务一般不受时间和地点的限制。以设备为基础的服务指提供服务需要依靠较为复杂或笨重的设备，提供这种服务受时间和地点的限制较多。

3. 按服务与产品技术的关系划分

按服务与产品技术的关系，可分为技术性服务与非技术性服务。技术性服务指提供与运输产品技术和效用直接有关的服务，如在危险货物、阔大货物等特种货物运输中提供技术鉴定、装卸方案等服务。技术性服务往往需要由专业技术人员提供。非技术性服务指提供与运输产品技术和效用无直接关系的服务。如一般货物的仓储、包装，车站提供的餐饮等。

4. 按服务的地点划分

按服务的地点，可分为固定服务、巡回服务和网络服务。固定服务是指运输企业根据产品的销售分布情况，在产品销售比较集中的地区设立固定的销售服务网点，在当地开展服务工作，如铁路运输企业在城市和沿线设立的车站、客票代售点、货运代办点等。固定服务的网点一般在人口密集、交通便利的地区，可以为尽可能多的顾客提供服务，但是距离服务网点远的地区的顾客难以享受到定点服务。巡回服务指服务人员按照顾客的分布区域巡回开展服务，如在每个寒暑假假末，铁路运输企业服务人员到各高校去集中售票或在每学年末，铁路运输企业服务人员在各高校为毕业生办理行李托运等。巡回服务可以集中地为更多的顾客提供服务和上门服务，扩大运输产品的销售市场。网络服务指服务人员利用互联网为顾客提供的网上交易服务，如一些铁路运输企业提供的网上购票服务。网络服务克服了服务地点和顾客之间的距离障碍，服务地点集中，交易地点广泛，交易费用低，交易速度快，但对设备和顾客的水平要求较高，目前只能为一部分顾客提供服务。

5. 按服务是否收费划分

按服务是否收费，可分为免费服务和收费服务。免费服务指在一定时期内免费为顾客提供某些服务。免费服务能够赢得顾客满意，提高企业竞争能力，但是免费服务项目过多将增加经营成本，减少利润。免费服务，可能会使运输企业难以承受，因而可采取收费服务的办法。例如，铁路运输服务企业为旅客在旅途中提供的餐饮就是收费服务。

6. 按服务所涉及流程的类型划分

按服务所涉及流程的类型，可分为针对人的过程的服务、针对物的过程的服务、针对心智刺激的过程的服务和针对信息的过程的服务。以上 4 类方法聚焦于服务过程对顾客的不同影响。例如，旅客运输，要求与顾客的直接实际接触；教育与娱乐，集中于与人们的思想接触；清洁与货物运输，涉及处理实际物品。由于顾客对不同类型的服务有不同的体验和涉入程度，因此营销战略也应有所不同。例如，针对人的过程的服务要求顾客需在服务生产点的现场；与之相反，针对物的过程通常不需要顾客在服务生产点的现场。与针对物的过程相比，针对人的过程的服务营销策略更加强调有吸引力的、舒适的实体环境以及在互动方面受过培训的员工。

6.5.2　运输企业服务质量

服务质量是产品生产的服务或服务业满足规定或潜在要求（或需要）的特征和特性的总和。服务质量较有形产品的质量更难被消费者所评价。

研究表明，顾客通过以下 5 个方面评价服务质量：可靠性（可靠地、准确地和一致地提供服务的能力）、响应性（提供迅速服务的能力）、保证性（员工的知识和礼仪及他们使顾客信任的能力）、移情性（对顾客的关心和个性化关注）和有形性（服务的实体环境，包括用于提供服务的实体设施、工具和设备，还包括员工的仪表）。

柴特哈姆、贝里和帕拉舒曼提出了服务质量差距模型（gap model）。如图 6–7 所示，该模型识别出了导致服务传递出现问题和影响顾客对服务质量评估的 5 种差距。当差距较大时，服务质量会较低。差距一是指顾客想要的服务和管理层认为顾客想要的服务之间的差距；差距二是指管理层认为顾客想要的服务与管理层设计用于提供服务的质量规格之间的差距；差距三是指服务质量规格与实际提供的服务之间的差距；差距四是指公司所提供的服务水平与顾客被告知公司所提供的服务水平之间的差距；差距五是指顾客接受的服务与顾客想要的服务之间的差距。

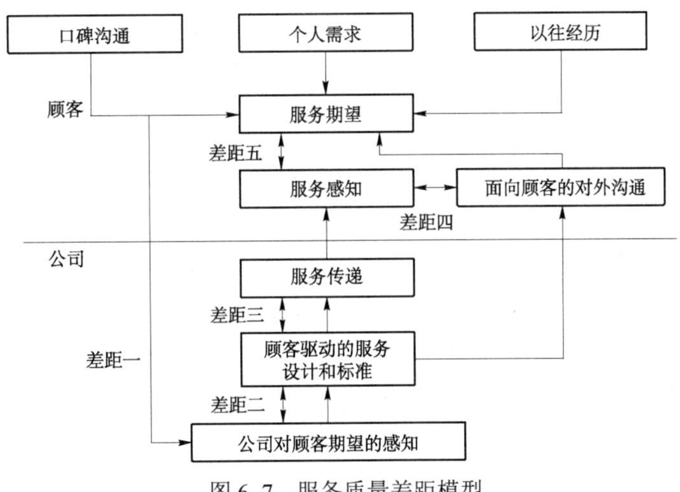

图 6–7　服务质量差距模型

他们也提出了缩短这些服务差距的方法，其中前四种差距的解决方法如表 6–2 所示。

表 6–2　缩短服务差距的方法

差距	解决方法
差距一	了解顾客的期望 ● 通过研究、投诉分析、顾客的小组讨论等途径更好地了解顾客的期望 ● 增加管理人员和顾客之间的直接沟通以增进了解 ● 改善从一线顾客接触人员到管理层的向上沟通，减少两者之间的层次 ● 把信息和观点转变为行动

续表

差距	解决方法
差距二	建立正确的服务质量标准 ● 确保最高管理层对从顾客观点定义的质量表现出不断的实践努力 ● 让中层经理为他们的工作单位设定、沟通和加强以顾客为导向的服务标准 ● 培训管理人员领导员工传递优质服务的技能 ● 接受新的业务方法，克服传递优质服务的障碍 ● 对重复性的工作进行标准化，通过用可靠的技术代替人工接触和改进工作方法（软件技术）来保证统一性和可靠性 ● 建立明确的、具有挑战性和现实性的详尽的服务质量目标以满足消费者的期望 ● 明确地告诉员工，谁的工作对质量影响最大，谁应当得到最高的优先权 ● 确保员工了解并接受目标和优先顺序 ● 对绩效进行衡量并提供定期的反馈 ● 对实现质量目标的管理人员和员工进行奖励
差距三	保证服务的实施达到标准 ● 阐明员工的角色 ● 确信所有的员工都了解其工作对顾客满意度的贡献 ● 通过挑选使岗位上的员工具备做好这一项工作所需要的能力和技巧 ● 向员工提供有效完成所分配工作所需要的技术培训 ● 设计富有创意的新的招聘和保留方法以吸引最优秀的人员和建立忠诚度 ● 选用最合适、最可靠的技术与设备提高员工的绩效 ● 向员工讲授顾客的期望、认知和问题 ● 培训员工的人际技巧，尤其是在紧急情况下同顾客打交道的技巧 ● 通过让员工参与设定标准的过程消除员工之间的角色冲突 ● 培训员工设定优先顺序和时间管理的方法 ● 衡量员工的业绩并将报酬和表彰与优质服务的传递联系起来 ● 设计有意义、及时、简单、准确和公平的奖励系统 ● 把决策权下放到组织基层，赋予管理人员和员工在工作现场作出决策的权利，允许他们在确定实现目标的方法上有更大的决定权 ● 保证在内部支持在岗工作的员工向顾客提供优质的服务 ● 建立网络，这样员工就可以很好地合作，同时使用团队奖励作为一种奖励手段 ● 把顾客看作“半个员工”，阐明他们在服务传递中的角色，培养和激励他们扮演好合作生产者的角色
差距四	保证服务传递与承诺相匹配 ● 在制作新的广告计划时，寻求生产人员的参与 ● 制作由实际承担工作的真正员工主演的广告 ● 允许服务提供者在顾客看到广告之前对广告进行审核 ● 让销售人员邀请生产人员同顾客进行面对面座谈 ● 设计具有教育性、激励性和广告性的活动以加强营销、生产和人力资源部门之间的联系 ● 保证在多个地点传递的服务标准是统一的 ● 保证广告内容准确地反映出那些在顾客同组织的接触中对他们最重要的服务特征 ● 通过让顾客了解什么是可能的和什么是不可能的以及各自的理由，对顾客的期望进行管理 ● 确定和说明造成服务实施中出现缺点的不可控的理由 ● 以不同的价格提供给顾客不同水平的服务，并说明这些水平之间的差异

6.5.3　运输企业服务决策

1. 服务内容与水平的决策

运输企业营销管理人员首先需要了解在向顾客提供服务时，顾客需要哪些服务，然后根据顾客所需要的服务项目进行相关重要性分析，并作出决策。

运输企业不仅要就提供的服务项目进行决策，而且还要就服务质量水平作出决策，因为质量既关系到顾客满意，也关系到企业成本。因此需要在服务质量与经济性之间进行平衡。一般来说，服务的水平越高，顾客的满意程度就会提高，销售量可能增加，但费用支出也会增加。因此，在进行服务水平决策时，运输企业应进行服务质量和销售量的相关程度分析。分析中，服务质量作为自变量，相应的销售量作为因变量，图 6–8 反映了运输企业所提供的服务质量水平与销售量可能的 4 种相互关系。

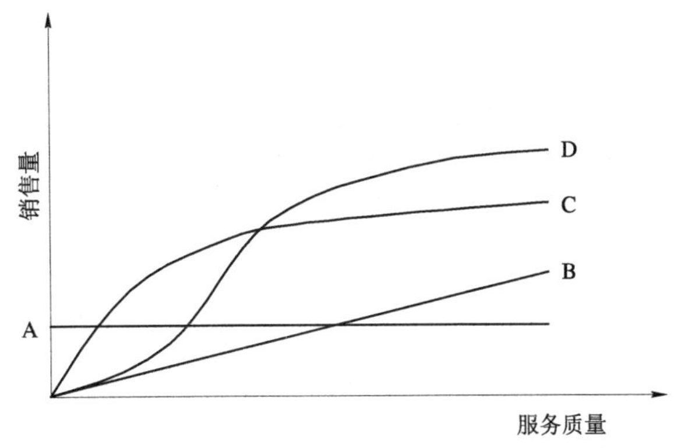

图 6–8　服务质量水平与销售量可能的 4 种相互关系图

A 种情况表示无论服务质量如何提高，销售量都不会增加，两者没有相关性；B 种情况是服务和销售量成正比关系；C 种情况表示随着服务质量的提高，开始时销售量增加明显，随后不再有显著的增加；D 种情况表示，提高服务质量，只在一定范围内对销售量有明显影响。因此，运输企业欲达到既保证顾客满意，同时又将开支控制在一定范围内，就需确定适当的服务质量。主要应通过对顾客的市场调查，将顾客最关心、最需要的服务项目作优先安排。根据成本控制的要求，在一定的预算和成本控制范围内，考虑适当增加顾客所需要的服务。

2. 服务方式决策

服务方式决策就是企业用何种方式提供服务项目，最主要的服务方式是免费服务还是有偿服务。决定服务方式，可以从三个方面进行考虑。

1）无特色（非独有）的服务应免费

所谓“无特色”服务，是指竞争对手普遍提供了这类服务，本企业也应该提供此项服务。如机场为航班不能按时起飞而滞留在机场的旅客提供免费的住宿服务便属于此类。

2）特色（独有）服务可采取“无溢价”定价

所谓“无溢价”，是指企业只收取等于或少于提供该项服务所需的成本，而不是追求利润。提供有特色的服务，是一种产品差异化的做法，可使本企业产品与竞争对手的产品进行区别。

3）专业性服务或特殊品服务可采取“溢价”定价

例如，运输企业在承担文物、名画等贵重物品运输时，为货物提供的安全保障服务，即可收取较高的费用。

6.6 运输新产品开发策略

新产品对于保持增长、增加收入和利润以及替换过时产品具有重要意义。新产品的含义很广，而且制定标准也因范围的不同而有所区别。所谓新产品，是指应能给顾客带来某种新的满足、新的利益的产品或劳务，不一定都指新的发明创造。开发新产品是企业制定最佳产品组合的重要途径之一。为了生存和提高利润，企业必须创新。

6.6.1 新产品的类型

营销学所谓的新产品，大体上包括以下几类。

① 全新产品，即运用新一代科学技术革命创造的整体更新产品。运输业在 20 世纪内出现的完全不同于传统、常规运输的高速运输即属此类。

② 换代新产品，指采用新技术使原有产品在性能、结构等方面有重大突破和飞跃发展的产品。如运输行业运载工具的动力由电力或内燃机取代蒸汽机后，其运输产品也实现了换代。

③ 改进的新产品，指改进老产品的性能或结构等，使原产品有显著变化的产品。如运输企业推出运输产品新的产品系列一般都是改进的新产品。

④ 新用途产品，指为适应新用途而从基本型派生出的变型产品。如许多运输企业对现有产品系列进行调整而派生出来的产品。

6.6.2 新产品开发策略

企业在开发新产品时，必须考虑以下原则。

1）用户要求的原则

必须根据用户需求和未来的可能需求作为开发的依据。用户需求是千差万别的，而且也经常在变化，这就促进企业要为此而不断改进自己的产品。

2）发挥技术优势的原则

企业要重视提高和发挥自己的技术优势，造成技术差距，使自己的产品受到用户欢迎。

3）连续的开发原则

企业开发新产品要有连续性，既要多样化，又要保持前后相接，保证企业在产品开发上连续不断的态势。

4）重视开发速度的原则

新产品从构思开始，直到设计、研制、试销的整个过程，企业不仅要重视质量，而且要讲究速度。往往由于开发过程的速度缓慢，以致新产品在开始研制当时可能是先进的，但到投入市场时已成为落后的产品，从而造成企业经营上的被动局面。

新产品开发是一项艰巨的任务，既要有相应的技术水平，又要有足够的投资和较高的组织管理水平，还要预测所承担的各种风险，这就要求企业必须重视研究新产品开发的策略。

一般新产品开发的策略有以下 5 种。

1. 技术引进策略

企业开发新产品受限于技术和资金，通过技术引进，从外部购进技术专利权和特许权，可使企业较快地掌握某一新产品的技术，减少企业的研发经费，缩短与其他企业在技术上的差距，有利于较快地发展新产品，投入市场。这对企业而言，总的风险性小，成功把握大。

2. 改进现有产品策略

采用这一策略开发新产品，企业可依靠现有设备和技术力量，相应开发费用低、速度快。

3. 扩大现有产品品种策略

采用此策略，往往是以本企业现有产品作为基础，根据用户要求形成各种不同结构或性能的系列产品，以适应用户需要。

4. 独立研制策略

企业采取这一策略开发新产品，必须经常组织力量来研究、探索产品的性能或技术等，从而独创性地发展全新产品。这要求企业在技术力量和投资能力上有较雄厚的实力，一般风险性较大。

5. 综合性开发新产品策略

企业在具有非常雄厚的实力情况下，可以同时采取以上几种发展新产品的策略，并使企业取得较快的发展。

6.6.3 新产品开发管理过程

新产品的开发管理过程是一个从搜集各种产品构思开始，到将这些思想转变为商业上成功的新产品为止的前后连续的过程。一般来说，可将其归纳为 8 个步骤，如图 6–9 所示。

1. 寻求产品构思

所谓构思（product idea），是指为满足某种市场需求而提出的设想。新产品开发过程是首先从寻求构思开始。企业为了寻求构思，必须事先明确准备开发新产品的目标市场、产品定位、资源分配和投资收益率等，使构思能有所遵循；同时，企业还要广开思路，从多方面、多渠道进行搜集和征求。

2. 筛选构思

即对大量的新产品构思进行筛选，及时选出好的构思，进一步进行评估。正确的筛选必须根据企业内外部的具体条件，全面分析衡量，审慎地决定取舍。

3. 形成产品概念

经过筛选出的新产品构思，企业还必须进一步把它发展成为更具体、更成熟的“产品概念”（product concept），用文字或图像描述出来。在市场营销学里，“产品构思”仅是可能性产品，而“产品概念”则是指已经成型的产品设想，离实际的产品更近一步。

4. 初拟营销规划

选定最佳“产品概念”后，还要制定该产品进入市场的初步营销规划。这只是一个粗线条的策略，以后还要补充、修正。初步营销规划一般包括三个部分：目标市场的规模、结构，购买者行为特点；产品的市场定位；预计短期内销售量；市场占有率；利润率等；预定价格、分销渠道和某一年市场营销预算等；长期的预计销售量和目标利润以及不同时间的营销组合等。

5. 商业分析

选出最佳“产品概念”和拟定了初步的营销规划之后，还要详细分析这一新产品开发方案在商业上的可行性。在这一阶段，企业要复查新产品未来的销售额、成本和利润的估计，看它们是否符合企业的目标，如果符合，就可以进行新产品的开发。

6. 产品研制

最佳“产品概念”经过商业分析，如有开发价值，则可送交研制部门或工程制造部门，研制成产品样品，把“产品概念”变为现实的实物产品。这样的产品既要具备“产品概念”中所阐明的主要特点，又要保证安全可靠，生产成本不超出预算。样品制成后，还要进行消费者测试。

7. 市场试销

新产品样品经过消费者试用满意后，即可投入小批量生产，投入一定范围的市场进行试销。

8. 投产上市

新产品开发过程的最后步骤就是实行商业化。经过试销成功的新产品，即可最后决定大批投产上市。

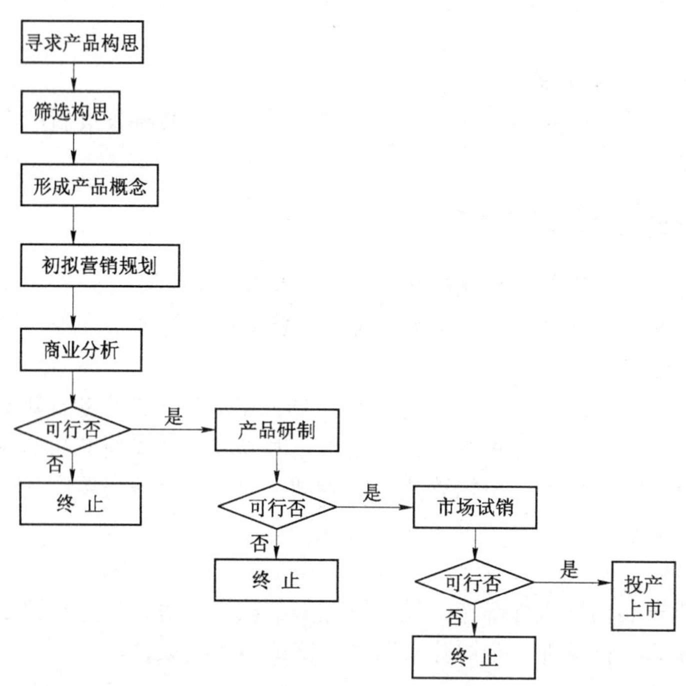

图 6–9 新产品开发管理过程的步骤

6.7 运输产品案例

案例 1：滴滴出行发展

2012 年 6 月 6 日，小桔科技在北京成立，9 月推出嘀嘀打车 App，初始投资 80 万元；同年快智科技在杭州成立，8 月快的打车 App 在杭州上线；双方均为用户提供出租车在线叫车服务。伴随着快的接入支付宝，嘀嘀接入微信支付，互联网两大巨头间移动支付场景与流量的争夺引发2014年1月嘀嘀和快的掀起轰动全国的补贴大战，用户规模迅速扩大，移动出行由此开始普及。

2014年3月，嘀嘀打车用户数超过1亿，司机超过100万人，日均单达到521.83万单。2014年5月“嘀嘀打车”正式更名为“滴滴打车”。2月14日滴滴打车和快的打车成功进行战略合并。9月，全面品牌升级，更名为“滴滴出行”，明确构建一站式出行平台。2015年10月，滴滴出行获上海市交委颁布全国首张网约车运营牌照。

2016年1月，滴滴出行宣布2015年完成14.3亿单，成为交易量仅次于淘宝的全球第二大在线交易平台；成立安全管理委员会，推出基于大数据技术的智能交通安全保障框架；开放平台上线；对第三方应用及个人开发者全面开放SDK接口。2月，首开春运跨城顺风车，共有约200万人通过滴滴出行顺风车平台合乘返乡返城。3月，全平台日完成订单突破1 000万单。

2016年7月，中国交通部等七部委联合颁布《网络预约出租车管理暂行办法》。中国成为全球第一个将网约车合法化的国家。

2016年8月滴滴出行收购优步中国。

2017年滴滴出行继续修炼内功，完善产品与服务并拓展全球业务。1月，上线滴滴快车和滴滴巴士的微信小程序。4月，ofo单车接入滴滴App。5月，无障碍专车、宝贝专车上线；双语功能在北京、上海、广州试运营；获得北京颁发的《网络预约出租汽车经营许可证》。7月，滴滴发布司机端护航系统，检测危险驾驶行为。9月，滴滴出行战略投资人人车。10月，滴滴出行“盖亚计划”开放脱敏数据，举办首届信号灯挑战赛。11月，滴滴出行拟投资1亿元在上饶建大型客服中心。滴滴出行发布智慧信号灯2.0版为智慧交通贡献新系统。2017年滴滴出行被《福布斯》杂志评为全球最有投资价值的十大公司之一。

目前滴滴出行是全球领先的移动出行平台；为逾4.5亿用户提供出租车、快车、专车、豪华车、顺风车、巴士、小巴、代驾、租车、企业级、共享单车等全面的出行服务，日订单已达到2 500万。在滴滴平台，超过2 100万车主及司机获得灵活赚取收入的机会。

滴滴出行拥有海量精准数据：截止到2018年3月初，每天处理数据4 500 TB，每天新增轨迹数据70 TB，日均定位数据150亿次，每天路径规划请求200亿次，预测未来15分钟出行需求准确率达85%，行业领先的ETA（预估到达时间）准确率，持续推进城市智慧交通解决方案的产学研合作。

滴滴出行运用大数据驱动的人工智能技术，帮助出租车、巴士行业转型升级并支持城市智慧交通建设，在积极布局智能驾驶及新能源汽车领域的同时亦加速推进国际化。滴滴出行的全球投资与合作网络包括Grab、Lyft、Ola、Uber、99、Taxify、Careem等全球七大领先的出行企业，覆盖全球超过60%的人口，服务超过1 000个城市。公司致力于与不同社群及伙伴协作互补，通过科技创新解决全球出行、环保、就业挑战；提升用户体验，创造社会价值，建设开放、高效、可持续的移动出行新生态。

2018年2月8日，滴滴出行公布其太极战略，称左边的太极是围绕着乘客、车主提供的服务，从围绕乘客的一站式出行平台，多元化的出行服务，再到围绕着车主和汽车生命周期的一站式服务平台，从专快、出租车、顺风车、代驾到加油、维保、充电、金融等所有业务，都会像太极球的中心一样互相联动，真正服务好车主和乘客。

图 6–10 为滴滴出行 2018 战略愿景。

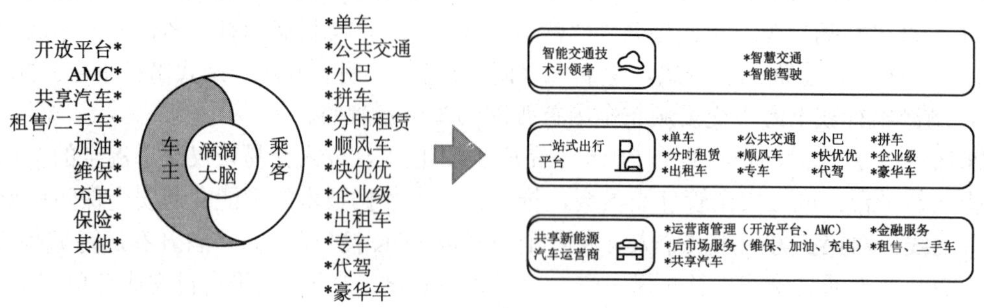

图 6–10　滴滴出行 2018 战略愿景

资料来源：滴滴出行微信公众号，2018 年 2 月 10 日

[思考]

1. 阅读案例及查阅相关文献，说明滴滴出行服务产品与传统出租车服务产品的比较。

2. 滴滴出行在不同的发展时期，是如何细分客户需求并进行产品迭代的？以及在不同的发展时期，是如何向客户传递其产品价值主张的？

案例 2：美国铁路货运服务的“关键时刻”及产品开发与设计

铁路货运产品是一系列包含价格、设备能否保证及时提供使用及设备质量、运送时间及可靠性、顾客服务的及时反应性、票据正确性以及许多其他“关键时刻”等复杂特性的组合，铁路产品开发需要铁路公司内各部门之间以及铁路部门与顾客和合作供应商之间的密切合作。

应对竞争与成本压力，美国铁路行业 20 世纪六七十年代流行的是工业工程，80 年代是重组、减员与合理化，90 年代初是流程再造，理解并改善流程就是再造的主旨。流程是一系列相联系的业务活动，通常是跨职能部门的，有特定的多个输入与输出要素但基于某一共同目标。由任务相连的输入与输出应该能够增加传递给顾客的最终产品或服务的价值。再造聚焦于改进流程以增进效率和提高产品与服务的质量。关键流程就是直接服务于顾客需要的流程，大多数关键流程包含几个与顾客直接接触的关键点或者说“关键时刻”。

“关键时刻”通常跨越传统管理结构的多个组织边界。这些边界常常引起有联系的作业间的协调、沟通、准时性和责任划分等问题。当管理上各个部门仅对单个作业过程负责而无人对整个流程负责时尤其如此。至于绩效，通常也没有对内外部顾客满意度及流程间的成本数据的追踪考查。网络型行业内的组织是像铁路这样大部分业务活动在很大的地理范围内展开，涉及大量跨部门以及联运时跨企业的流程。在网络型行业，许多职能部门不得不在许多分散的地点上重复设立（比如销售/营销、顾客服务、列车运营、线路维护、铁路车辆维修等）。在网络上任一地点的职能部门的代表通常要向部门的上级职能部门报告。通常是这种报告关系控制他们做什么、怎么做以及如何对他们进行绩效考核并付酬。

向顾客递送服务的关键流程要求职能部门与联运的有关合作方在客户所在地的经常互相沟通与拜访，但是这些当地关系包括职能部门间的合作、实时沟通与资源共享通常并不是实际完成这些活动的重心。

组织内部机构间协调不力及其延误常带来无效率和服务质量的损失。在战略层面上，传统的铁路组织结构通常导致强调列车编组和人员成本最小一方与强调车辆利用和服务可靠性的另一方两种运营组织策略的冲突。

再造通过建立跨职能部门的团队来进行基于实践的业务核心流程作业分析，是一个考察作业在组织内如何完成及聚焦于如何来增进顾客价值的强有力的管理工具。美智管理顾问公司的研究表明：货物运送前的合同及费率协商、车辆请求及可得性、门到门运输计划安排；运送途中的货物的追踪与查询；运输后的服务质量考核与顾客反馈是最有可能提升铁路市场份额的关键点。改进“关键时刻”的铁路产品设计如图 6–11 所示。

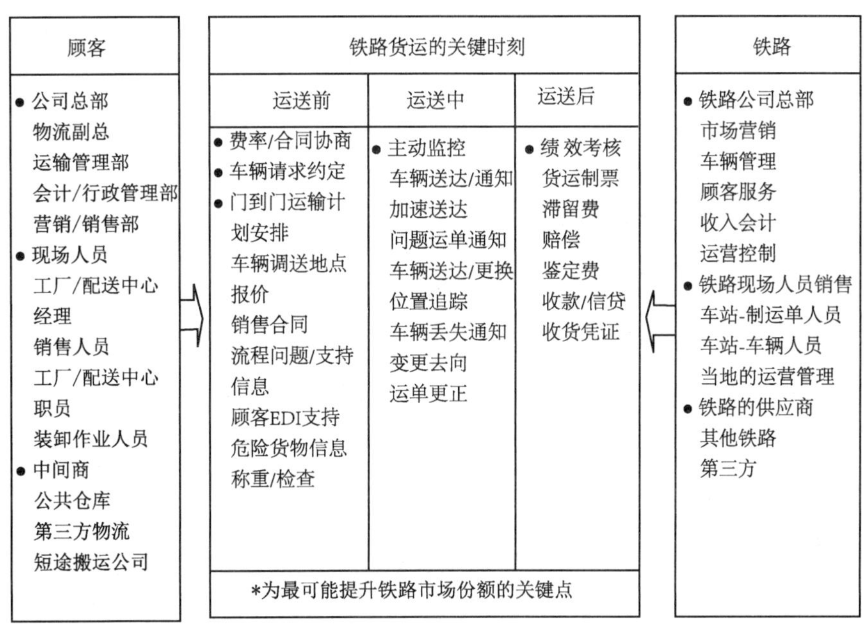

图 6–11 改进“关键时刻”的铁路产品设计

铁路货物运输产品开发包含三个层面的平衡：一是系统和网络层面的基础平台，这一层面要求铁路公司内部运营与营销部门和其他部门及铁路行业内的密切合作以实施流程再造，流程再造通过跨职能部门的团队来完成。通过聚焦于减少客户总成本的流程，流程再造在推动铁路行业的发展，提高铁路服务质量与生产率上起到至关重要的作用；二是细分市场层面，这一层面要求铁路公司营销部门应设立相应的组织机构与专门服务与研究人员来进行专门的市场研究与产品设计，如专用设备开发、专门服务场站网络布局等；三是顾客定制化服务层面，如专门列车与服务合同、定制账单服务等。铁路货物运输产品开发的三个层面如表 6–3 所示。

成功的铁路产品开发工作须不断进行以下检验。

（1）产品优先次序及重点。有没有系统化的阶段审查及筛选原则来确保入选项目获得相应开发资源？铁路产品开发的三个层面的项目是否均衡？

（2）标准产品定义。对于每个基础平台，如一般货物运输、多式联运或单元列车，有无对企业提供的或是顾客期望的标准产品及其各组成元素或特性的服务质量的定义？

表 6–3 铁路货物运输产品开发的三个层面

产品开发的中心	典型的开发努力	参与方
系统性的或者特定网络	核心流程再设计（如车辆需求预测、车辆调动指示、制票和赔偿流程） 列车网络运行图铺画 公司间联合运输的协调 装备设备自动识别装置 能力管理	顾客
特定的细分市场	设计费率结构 设备创新 服务场站网络设计 主动监督系统 换装及物流服务	供应商
特定顾客	个别合同 当地服务设计 单元/最小列车开发 定制的账单与总结报告	所有相关的铁路部门和职能单位

注：铁路产品开发的三个层面须保持适当的平衡。

（3）顾客提供定制化的产品。是否明确可以对标准产品进行改进以适应不同的细分市场或个别顾客的需求？关于“热门”货流是由谁来确定以及如何处理有没有明确的指导原则？

（4）改变的市场影响。如果运送时间增加或减少一天，或者服务可靠性提高 20%，或者单证的正确率提高到 99%，对某一细分市场或客户的运量或收入有何影响？

（5）产品设计活动。有多少人员和团队从事新产品开发或产品改进工作？他们消耗了哪些资源？期望得到什么结果？所有相关部门（比如车辆调度与管理、伤害预防、制票及安全保卫）是否积极参与到这些团队中？

（6）产品在市场推出的时间。将一个想法变成新服务或产品特性需要多长时间？

（7）新产品的地位。你知道新产品至今产生了多少收入？在未来五年中新产品收入的目标是多少？

美世咨询公司（Mercer Management Consulting）发现在许多公司包括铁路行业内也包括铁路行业外的，产品开发常常是一个缺乏协调的，缺乏职责和关注焦点的割裂的职能，因而缺乏系统化的影响。因而需要一个正式的产品开发机构与流程以保证其成功。正规化的产品开发框架包括以下三个方面，如图 6–12 所示。

（1）产品组合规划。这一过程提供了产品开发项目的优先次序的指导原则并决定对哪些产品予以支持。应指定一个由各部门高级管理人员组成的指导委员会来建立项目筛选原则并审批产品开发各阶段的项目。这一委员要考虑所有备选项目要消耗的人力、资金和信息系统资源。

（2）产品设计和执行。每一个确定的目标举措需要一个清晰的步骤及产品设计和执行过程来推进。对于顾客需求、竞争产品和现行服务设计的不断检验是必需的（这种罐装物品的新型棚车服务与现行的服务有何不同）、指导委员会应确保每个团队有一个有能力的领导人和最优的团队组成、更重要的是，一个明确的产品面市时间必须确定并保证按期执行。

（3）管理层支持。包括一个鼓励风险与创新的企业文化，鼓励部门合作和成功产品开发的奖励机制以及对团队领导人关于流程再造以及项目管理技能和工具——事先计划、任务排序、成本效益分析、建立目标期限、头脑风暴、流程蓝图、标杆对比和简单的市场研究技术的培训，如表6–4所示。

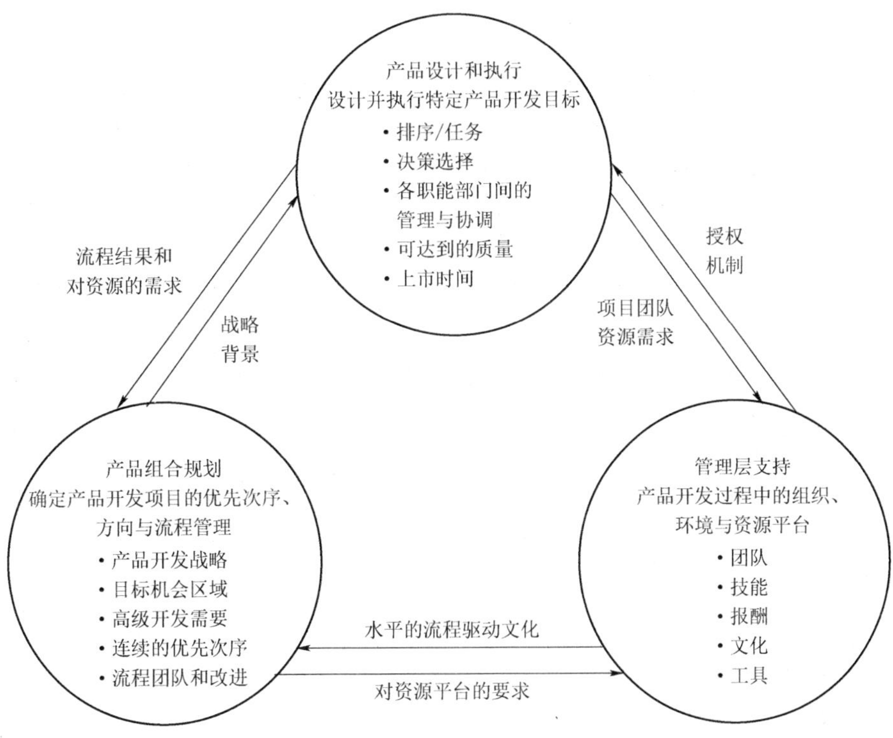

图6–12 产品开发框架

表6–4 产品开发的步骤与技术工具

任 务	工 具
♦ 召集适宜的团队 ♦ 确定目标 ♦ 定义流程 ♦ 分析顾客需要 ♦ 评估目前绩效 ♦ 分析关键点 ♦ 进行标杆对比 ♦ 确立设计目标和优先级别 ♦ 设计新的流程 ♦ 形成正式的改革文件 ♦ 计划并实施变革 ♦ 监控绩效	♦ 市场和顾客研究 ♦ 流程图 ♦ 流程分析 ♦ 模拟模型 ♦ 绩效考核 ♦ 情景测试 ♦ 标杆对比 ♦ 头脑风暴 ♦ 成本/效益分析

[思考]

我国铁路货运产品的整体概念是什么？其改进有哪些方向？请按你认为的重要性排序。

案例 3：联邦快递的 12 项服务质量指数

联邦快递（FedEx）并非仅仅依循营销调研数据开展业务，其经营倚重一套世界上最为综合的由顾客定义的服务标准与评估指数。这套服务质量指数（service quality indicator，SQI）作为“无免责的内部绩效评估标准”用以确保公司实施的服务达到既定目标：“每个环节、每次服务让顾客 100%满意，每件邮包处理达到 100%服务标准。”SQI 的开发与成功实施使公司获得了马可姆•波里奇国家质量大奖。

与其他公司使用的服务指数不同的是，联邦快递以顾客的反馈作为指数的基础。从 20 世纪 80 年代开始，联邦快递就开始记录和分析顾客的投诉，并把这些信息用于改进内部程序。它曾经使用过一种叫作“各类重大错误警示”的列表，其中列有 8 个顾客最常投诉的问题：投递日期错误，投递日期正确但送件太迟，无人取件，包裹丢失，给顾客提供错误信息，账单或文件差错，员工表现不佳，包裹破损。尽管这个列表起到一定作用，但它却做不到让管理层在投诉发生之前防范和排除这些问题。

1988 年，公司开发出含有 13 个指标项目的统计指数 SQI，用以评估“顾客满意与服务质量，是更为综合、更为主动、顾客导向的评估工具”。新的 SQI 包括以下组成因素和权重（以每个因素对顾客的相对重要性为基础），如表 6–5 所示。

表 6–5 FedEx 公司的 13 个服务质量指标

指　　标	权　　重
投递延迟不晚于一天	1
投递延迟晚于一天	5
顾客查询不予回复	1
投诉事件再次发生	5
送抵凭证丢失	1
修改发票	1
忘记取件	10
包裹破损	10
包裹丢失	10
飞机晚点	5
货物超载	5
不答复电话	1
国际间差错	1

新的 SQI 的另一显著特点是对“错误”的衡量用绝对数表示，而不是百分比。公司的管理层深信，百分比使公司与顾客之间距离拉长：每汇报 1%的包裹延误，意味着实际上有 15 000 位顾客不满意（每天大约运送的 150 万包裹的 1%）。服务质量指数报告每周在公司内传阅一遍，一旦收到报告，就要探究服务失误的根本原因。对表中每个因素，公司都指派专门的高级职员负责管理，而公司中每个人的奖金也与 SQI 的表现直接挂钩，正是这些做法使公司逐步接近其目标，每项服务均达 100%满意。

为保证对 SQI 中各个因素的持续关注，联邦快递建立了 13 个质量行动小组，各负责一个指标。各个小组被赋予找出问题的根本原因并予以改正的责任。

顾客定义的服务标准是实现顾客期望的关键，是把顾客表达出的期望和公司实现这些期望的行动联系在一起的桥梁。建立这些服务标准在美国企业中还没有普及。这样做要求公司的营销和运作部门通力协作，在运营管理上充分利用营销研究的支持。除非运营标准按顾客的目标取向和期望进行定义，否则它们对顾客的服务感知不会起什么作用。然而在大多数服务企业中，使营销职能与运营职能连为一体（更恰当地说是职能一体化）并不是一种常见行为，更为常见的情况是两种职能分别运行，各自设定自己的内部目标，开发最能满足顾客期望的运营标准。

营销职能与运营职能的一体化要求改变现有工作进行的程序，而这些程序在大多数公司中根深蒂固、血脉相承。改变程序往往需要更新设施设备或者新技术，还必须调整公司中不同行政部门，以便能从整体的角度理解涵盖面更广、基于顾客视角的服务质量观点。改变还要求公司具备开放的意愿，对其服务的运营结构、标准调整和检查监管尝试不同的方法。

[思考]

FedEx 公司是如何制定其服务质量标准的？对我们有什么启示？

复习思考题

1. 试简述产品整体概念，并以铁路客运和货运产品为例具体说明。
2. 简述产品生命周期各阶段的特点及其采取的策略。
3. 试论建立与发展品牌对运输企业有何意义。
4. 开发新产品应把握的原则是什么？
5. 谈谈服务质量差距模型的意义，提高服务质量有哪些方法？

第7章

运输价格策略

【本章内容概要】

本章介绍运输价格的特点、功能及影响因素；分析运输价格制定的程序和方法；阐述运输企业的价格策略；介绍收益管理的基本特点；并附有案例。

【本章学习重点与难点】

学习重点：了解运输价格决策的影响因素；理解运输企业定价的程序和方法；掌握运输企业的价格策略；了解收益管理的概念。

学习难点：运用运输价格策略的基本理论，正确进行运输市场价格案例分析。

7.1 运输价格的特点与功能

价格是经济运行的重要杠杆，也是影响资源配置的重要因素。通常情况下，价格具有传递信息、引导资源供给和消费的功能。运输价格更是由于其社会生活的基础产品的特性，对社会经济产生重要的影响。对消费者来说，运输价格是获得运输服务的成本；对运输企业来说，它直接关系着吸引运量的大小和运输企业利润的高低，并影响着运输市场营销组合的其他因素，在运输市场营销活动中起着重要作用。

7.1.1 运输价格的特点

由于运输产品不具有实物形态，只是所运输的对象发生位置的变化，而且运输产品的生产过程与运输产品的消费过程同时发生，这决定了运输价格与工农业产品价格有着不同的特点。

1. 运输价格只是销售价格一种形式

由于运输产品的消费过程与生产过程是同一过程，所以表现在运输价格上只有单一的销售价格形式，不像工农业产品因流通环节的不同，形成多种价格形式，如出厂价、批发价、零售价等。

2. 运输价格是社会产品价格的组成部分

运输需求是社会生产的派生需求，运输生产是社会生产过程在流通领域内的继续，它参与了社会产品价值的创造，其运输过程中创造的价值，最终转移到产品的价值之中，因此运价的变动直接影响到社会产品的价格。

3. 运输价格与距离有密切的关系

运输的核心产品是位移，其计量单位为“吨公里”或“人公里”，其运输成本是随着距离的变化越远越减的，因而决定了运输价格因运输距离的不同而有差别，如长途、短途，每个里程段的运价率各有不同。

4. 运输价格的种类繁多，结构复杂

运输业是社会公益事业，面向千家万户，联系各地区、行业。运输对象既有旅客又有货物；运输需求各不相同，需要提供的运输条件也是多种多样。如货物运输的种类、批量、使用车型、运输距离、线路条件和运输形式不同，在其运输过程中的劳务消耗也不尽相同。为使运输价格能够比较合理地反映不同条件下的价值，形成种类繁多的价格结构。

5. 运输价格的变动与运输方式的运量、成本变动有一定的关系

受价值规律的影响，运输价格的变动会影响运量的变动，而运量的变动又会影响单位运输成本的变动。因此，运输价格与运输成本有着非常密切的关系。

6. 运输价格受政府管制政策限制

由于运输产业所提供的服务必要性和产业具有一定的自然垄断性，其受政府的宏观控制强，企业的经营自主权受一定限制。在我国，从运输价格来看，铁路基本运价是由政府决定的，其他大部分运输部门的运价也必须得到政府的认可，运输价格受政府管制政策影响较大。

7.1.2 运输价格的功能

在市场经济中，价格机制主要发挥着两个功能。

1. 资源分配功能

在市场中，消费者根据价格决定各种商品和服务的消费量，因此各种商品和服务的提供量也间接由价格决定。各生产设施的利用程度也取决于价格。所以，价格起着决定把社会能够利用的珍贵资源分配给什么产品，由哪个生产者或哪个生产设施生产，分配给多少，为了哪部分消费者而生产等生产分配机能。价格不仅对现有生产设施下的短期资源分配起作用，而且也波及长期资源分配，高价格、高利润的部门吸引投资，从而使得对现有消费或其他部门（设施）所投入的资源减少。

运输价格具有对运输业与其他行业之间、运输业内部各运输方式之间的资源分配的调节功能，运输价格不仅在一定程度上决定了运输部门和各个交通设施的投资量及现有设施的利用程度，而且还决定各设施的利用者及其利用量。

2. 分配收入的功能

通过价格，生产者要补偿生产中所付出的成本。此时，价格低于成本，生产者就会发生亏损，这个亏损如果由其他产品销售的利益或政府补助、补偿，这就意味着其他产品的消费者及一般纳税者实质上与该产品的消费者重新分配收入（铁路的全国统一价格是一个例子）。

某产品消费者整体支付的金额正好补偿生产者的费用时，如果各个消费者所支付的价格不同，这样的差别价格也具有重新分配收入的作用，即由支付高价格的消费者对支付低价格的消费者进行补偿（如普通运费和折扣运费）。

7.1.3 运输价格决策的影响因素

运输价格受许多因素的影响，分析这些因素对于制定和有效调整运输价格是十分重要的。这些影响因素主要包括运输企业定价目标、运输成本、运输供求关系、运输市场竞争状况、运输服务的购买力、国家相关法律和政策等。

1. 运输企业定价目标

企业定价要遵守市场规律，讲究定价策略，而定价策略又是以企业的营销目标为转移的，不同的目标决定了不同的策略，乃至不同的定价方法和技巧。运输企业定价目标主要包括利润导向、销售导向、竞争导向、生产导向、社会责任导向的定价目标。

2. 运输成本

运输成本是运输企业为完成客、货运输业务所消耗的一切费用支出，是运输生产活动中所消耗的物化劳动和活劳动的总和，是制定运价的重要基础。运输业通过运价取得的收入只有补偿了运输成本，才能保证运输生产的持续进行。

按照财政部颁布的《运输企业财务制度》规定，运输成本由营运成本、管理费用、财务费用三部分组成：① 营运成本，指与营运生产直接有关的各项支出，包括实际消耗的各种燃料、物料、润料、用具、索具等，固定资产折旧费、修理费、租赁费、保险费、货物费、代理费、工资福利费以及事故净损失等；② 管理费用，指运输企业行政管理部门为管理和组织营运生产活动的各项费用，包括公司经费、工会经费、劳动保险费、财产、土地使用税、技术转让费、技术开发费等；③ 财务费用，指运输企业为筹集资金而发生的各项费用，包括企业营运期间发生的利息支出、汇兑损失、调剂外汇手续费、金融机构手续费以及筹资发生的其他财务费用等。

3. 运输供求关系

运输市场的供求关系是影响定价的重要因素。通常情况下，运输需求增加，运输价格相应提高；运输需求减少，运输价格相应降低。在市场经济不断发展，运输市场逐渐完善的情况下，根据市场供求关系变化确定和调整价格，是运输价格形成的一个重要特征。

4. 运输市场竞争状况

产品价格竞争是企业习惯使用的一种主要竞争手段。首先研究竞争因素，必须认识竞争的激烈程度，可以说正是市场竞争态势决定了企业定价的自由程度。当企业本身或极少数企业垄断了某产品市场时，企业就有较大的定价“自由度”，可以自主地为企业产品制定价格；当市场是由几个强有力的竞争对手控制并伴有激烈的市场竞争时，产品价格实质上是由几个强企业协调与平衡的结果，其他众多企业只有跟随的“自由”；当市场是由众多企业并存而进行“自由竞争”时，任何企业均丧失了为产品自由定价的“自由”，产品价格由市场供求决定，企业只有接受现行市场价格。其次，必须充分了解竞争者的情况，分析其主要竞争对手来自何方，主要竞争对手的实力如何，其提供的产品特点、价格策略及其变化情况。当企业欲采取变价策略时，应预测竞争对手会作出的反应，以便根据本企业实际情况确定本企业应采取的适宜的价格策略。

5. 运输服务的购买力

运输价格要制定在社会可接受的水平之上，换言之要与运输服务的购买力保持一致。如果价格水平低于购买力，会导致运输需求大量增加，从而出现交通拥挤的社会问题；如果运输价格超出了购买力，又会降低交通设施的利用率。

6. 国家相关法律和政策

基于运输基础设施与服务的准公共物品特性，运输企业常常受政府相关投资、税收、价格及补贴法律政策的影响，因而须注意与相关法律与政策的协调与配合。

7.2 运输企业定价程序和方法

7.2.1 定价程序

定价是一个复杂而困难的决策，企业制定基本价格的程序主要包括6个步骤。

1. 选择定价目标

企业在不同市场条件下可有不同的目标，从而决定了不同的定价方法和策略。

2. 测定需求

一是调查市场需求的结构，了解不同价格水平上人们可能的购买数量；二是分析需求的价格弹性，即产品价格变动对市场需求量的影响。

3. 估算成本

成本是定价的基础和最低界限，企业需要分析价格、需求量、产量、成本之间的关系，作为定价的依据。

4. 分析竞争因素

价格不但取决于市场需求和成本，而且还要取决于市场供给，即竞争者的情况。只有深入了解竞争者的产品与价格政策和非价格竞争因素，才能使企业定价适当，在竞争中取胜。

5. 选择定价方法

定价方法取决于企业的定价目标和影响价格的主要因素，还要结合产品本身的特点。

6. 确定最终价格

企业通过以上程序制定的价格可称为基本价格，企业还需要考虑其他有关情况，如政府的政策法令、顾客和中间商的要求、企业内部员工的意见等，采取各种灵活策略对基本价格作一些调整，制定出最终价格，以期最有效地实现目标。

7.2.2 定价方法

企业了解和掌握影响产品定价的各种内外部因素后，需按照一定的方法为产品确定一个切实可行、符合企业营销目标的初始价格。鉴于成本、需求和竞争是影响价格行为的三个主要因素，而企业在具体定价时，又往往侧重其中一个因素，这样就形成了成本导向、需求导向和竞争导向三大类定价方法。

1. 成本导向定价法

成本导向定价是指运输企业从运输成本角度出发，考虑运输企业产品（服务）的定价问题。成本导向定价法又可分为以下三种定价法。

1）成本加成定价法

成本加成定价法是以单位运输成本为基础，加上一定百分比的利润，作为运输价格。售价与成本之间的差额即为“加成”，“加成”与成本的比率称为成本利润率。其计算公式为：

$$\text{运输价格}=\frac{\text{运输成本}\times(1+\text{成本利润率})}{\text{运输周转量}}=\text{单位运输成本}\times(1+\text{成本利润率})$$

采用成本加成定价法，优点是能够确保企业达到目标利润，计算方便；缺点是忽视了市场需求与竞争；同时，在许多情况下难于将总成本精确地分摊到各种运输劳务上去，因而真实性有限。

2）利润最大化定价法

经济学原理告诉我们：一般企业在边际收入（单位产品价格）等于边际成本时企业利润最大化。对于运输企业来说，边际成本常常用短期可变成本来表示。在市场竞争激烈时，运输企业常采用边际成本（短期可变成本）定价作为价格底线，但由于运输企业的短期可变成本往往低于平均成本，长此以往，运输业的成本投入将难以得到收回而抑制企业对运输行业的投资，因而运输业往往采用两部分定价而非平均成本定价，即先收取一部分固定费用以收回部分固定成本，之后的使用费用按较低的短期可变成本计收，以达到收回成本并增加使用从而降低效率损失的效果。

3）盈亏平衡定价法

盈亏平衡定价法也称保本点定价法，这种方法是企业按照生产某种产品的总成本和该产品的销售收入保持平衡的原则来制定该产品的价格。设 Q 为生产产品数量，P 为产品价格，F 为固定成本，C_v 为变动成本，则由 $Q = F/(P-C_v)$；得

$$P=F/Q+C_v$$

其中，$P-C_v$ 称为单位产品贡献毛利率。

由于管理人员需要知道在什么销量水平上一项服务可以实现自负盈亏，因此首先必须把分摊给这项服务的固定成本和半变动成本同销售每个服务单位所实现的贡献毛利联系起来。例如，对于一项运输服务而言，用固定成本和半变动成本之和除以单位贡献毛利，就可以知道需要在什么价格水平上销售达到多少量才能保持盈亏平衡。然后把所需要的销量同价格敏感度（顾客是否愿意付这么多）、市场规模（市场是否大到足以支持这个水平的顾客量）和竞争度（竞争者对潜在顾客的吸引力如何）联系起来进行分析。

盈亏平衡分析的价值在于它把市场的需求特征同组织的成本特征联系起来，对于决定是否对组织的产品线进行扩展以及如何扩展，新产品应该定价多少时，它是一个特别有用的工具。

2. 需求导向定价法

需求导向定价法是指不以产品成本为定价的基本出发点，而根据消费者的感觉和需求程度来定价。需求导向定价法又可分为以下两种定价法。

1）理解价值定价法

按照消费者对商品价值的感受和理解程度为基础确定价格，而不是根据卖方的成本为基础制定价格的定价方法。我们生活中常见到同样一种瓶矿泉水，在超市内卖 1 元钱，在街边的报刊亭要卖 1.5 元，而在公园内的售货亭则可能卖到 2 元，这就是针对顾客的价值感来差别定价，其背后的定价逻辑在于：在没有时间多做选择的情形之下，而要立即饮用的价格最高。

应用理解价值定价法的步骤如下：

① 确定消费者认知价值，决定商品的初始价格；

② 预测在初始价格下的商品销量；

③ 预测目标成本，即由销量算出生产量、投资额及单位成本；

④ 把目标成本与实际成本相比较，计算能否达到预期利润。

2）需求差异定价法

该定价方法是指企业根据市场需求的时间差、数量差、地区差、消费水平及心理差异等制定价格。如果市场需求大，需求旺季定价高，对经济水平高的地区定高价；反之，则定低价。

3. 竞争导向定价法

竞争导向定价法即以竞争产品的价格为基础，制定本企业产品的价格。但需指出，竞争导向定价不是说把本公司的价格定得与竞争价格者的价格完全一样，可以略高或略低于竞争者的价格。竞争导向定价法要求建立竞争者情报系统，关注竞争对手产品、价格体系及其变动。竞争导向定价法又分为以下三种方法。

① 随行就市定价法（通行价格定价法）：根据同行业企业的平均价格或通行的价格水平制定价格。

② 竞争价格定价法（相关商品比价法）：以同类产品中的标准品的价格为依据，结合本企业产品与标准品的成本差率或质量差率来制定价格。竞争价格定价法一般为实力雄厚或独具特色的企业所采用。

③ 投标定价法：在商品或劳务的交易中，采用投标招标方式，由一个买主对多个卖主的出价择优成交的一种定价方法。

运输企业定价方法常常是三种方法的综合运用，而成本定价常常是基础，因而需求预测与盈亏平衡点分析是常用的分析工具。

7.3 运输企业价格策略

定价策略是指在制定价格和调整价格的过程中，为了达到企业的经营目标而采取的定价艺术和方法。它是市场营销组合策略的重要组成部分，是定价目标和定价方法的具体化，是具有灵活性、技巧性、竞争性和操作性的营销手段。企业正确选择价格策略，对于实现营销目标具有重要意义。

随着我国市场经济不断改革深入和完善，运输价格的逐步放开和企业一定范围内定价自主权的落实，运输企业能够根据内外两方面因素的变化来采取灵活的价格策略。如铁路旅客列车实行优质优价、季节浮动、团体票优惠，以及铁路局对管内列车可自主定价等；铁路货运对空车方向顺路装车、大批量运输、与其他运输方式竞争以及其他特殊情况的货源实行运输价格的下浮及杂费的灵活浮动等。

7.3.1 运输新产品的定价策略

运输新产品是指运输企业提供新的运输服务项目或采用新的运输组织服务方式，如开辟新的运输线路，使用新的运输工具提供运输服务，采用新的分销渠道与支付方式等。新产品能否在市场上站住脚并给企业带来预期收益，运输价格起着重要作用。通常采用的定价策略有以下三种。

1. 渗透定价策略

渗透定价策略是指在新产品投入市场时价格定得较低，使用户很容易接受，以利于快速打开市场。这是一种低价策略，采用这种定价策略的产品，其特点是潜在市场很大，企业生产能力较大，同时竞争者容易加入。

2. 撇脂定价策略

撇脂定价策略是指在新的运输方式或项目开拓时期，价格定得很高，以便在较短的时间就获得最大利润。这是一种高价策略，适用这种定价策略的新产品，一般在投入市场时竞争较小。企业利用消费者求新求奇的心理，以高价厚利迅速实现预期利润，同时使产品提高威望、抬高身价，为以后广泛占领市场打下基础。一旦竞争加剧，可采取降价策略，限制竞争者加入，稳定市场占有率。缺点是由于当新产品尚未在用户心目中建立声誉时，高价不利于打开市场，而如果市场销路旺盛则很容易引起竞争者加入，竞争者加入太多必然造成价格下降，使经营好景不长。

3. 满意定价策略

这是一种中间的价格政策，容易使运输企业与货主或旅客双方面都满意，故而得名。这种定价策略既可避免高价策略带来的市场风险，又可使企业避免低价策略带来的产品进入市场初期收入低微、投资回收期长等经营困难。采用这种策略时，企业将行业或社会平均利润率作为确定企业目标利润的主要参考标准，比照市场价格定价，避免不必要的价格竞争，通过其他促销手段扩大销售，推广新产品。

7.3.2 折扣和让价策略

企业为了鼓励顾客大量购买、在淡季购买，以及早付清贷款等，还可酌情降低其基本价格。这种价格调整叫作价格折扣或折让。常见的折扣和让价策略一般有以下几种。

1. 数量折扣

这是因用户托运货物数量大、购买客票数量多所给予的折扣优惠。数量折扣又分为累计数量折扣和一次数量折扣，其中累计数量折扣是规定在一定时期内购买量达到一定数量即给予的折扣。这一策略鼓励用户大量或集中向本企业购买。

2. 提前付款折扣

这是指企业对以提前付款用户给予一定比例的价格折扣优待，以促进确认成交，加快收款，防止坏账。

3. 季节折扣

运输生产的季节性很强，在运输淡季时给予一定的价格折扣，有利于刺激消费者均衡需求，便于企业均衡运输。

4. 代理折扣

这是运输企业给运输中间商的价格折扣，以便发挥中间商的组货、组客功能，提高企业的市场占有率。

5. 回程和方向折扣

这是指在回程或运力供应富裕的运输线路与方向，给予价格折扣，以减少运能浪费。如铁路货车回空方向上的捎脚运输所给予的价格优惠。

6. 复合折扣

在竞争加剧环境下，同时采用多种折扣组合，争取顾客购买，如给予货主或旅客在本企业办的饭店、旅馆中住宿的优待等。

7.3.3 心理定价策略

心理定价策略即运用心理学原理，根据不同类型的用户在购买运输服务时的不同消费心理来制定价格以诱导用户增加购买的定价策略。其主要策略有以下两种。

1. 分级定价策略

分级定价策略是指在定价时把同种运输分为几个等级，不同等级采用不同的运输价格。这种定价策略能使用户产生货真价实、按质论价的感觉，因而较易为用户所接受。采用这种定价策略时，等级划分不能过多，级差也不能太大或太小，否则会使用户感到烦琐或显不出差距而起不到应有的效果。

2. 声誉定价策略

声誉定价策略是根据用户对某些运输企业的信任心理而使用的价格策略。有些运输企业在长期市场经营中在用户心中树立了声望，如服务态度好、运输质量高、送达速度快等，因此这些企业可以采用比其他企业稍高的价格。当然，这种价格策略要以高质量作保证，否则就会丧失企业的声望。

7.3.4 产品组合的定价策略

如某种产品只是产品组合中的一部分时，企业需要制定一系列的价格，从而使整个产品组合取得整体的最大利润，其主要策略有以下 5 种。

1. 产品线定价

当企业生产的系列产品存在需求和成本的内在关联时，要依据产品在产品线中的不同地位而制定不同的价格。如铁路集装箱各箱型运输价格的制定须综合考虑货主需求结构、各箱型的供应数量与发展方向、运输成本等综合确定，以便企业整体收益最大。

2. 单一价格定价

在企业销售品种多而成本差别不大的商品时，为了便于消费者挑选和内部管理的需要，企业所有销售商品实行单一价格。如城市公共汽车运输中不论乘车距离远近统一实行单一票价制等。

3. 捆绑定价与统一费率

通过捆绑定价以方便和鼓励购买运输及多种增值服务，或是通过事先报出统一的固定价格及服务标准来降低服务的不确定性，吸引顾客购买。

4. 客户分级与差别定价

差别定价是指企业根据不同顾客群、不同的时间和地点对同一产品或劳务采用不同的销售价格。这种差别不反映生产和经营成本的变化，它有利于满足顾客不同需求和企业组织管理的要求。美国的航空公司将形式上一致的座位人为地加以区分，以满足不同层次旅客的需求。它们将不同的消费者群体细分为质量敏感型、价格敏感型和中间型乘客，考虑其分别希望享受什么样的服务，然后据以设计和提供相应的航空运输产品（即不同的空运服务、价格体系、购买限制等特征的组合），供消费者选择。在满足不同市场需求的情况下，实现公司利润最大化。

5. 对大客户实行定制价格与服务组合

“80/20 原则”使得企业越来越重视优质客户的保持与满意。随着信息技术的发展，客户关系管理的应用也使得相关数据收集与分析变得更加容易。

7.3.5 价格调整策略

运价制定以后，主客观情况的各种变化会影响到已定运价，需要调整价格。调整运价分为主动调整和被动调整两种情况。

1. 主动调整

主动调整指企业因市场供求、成本变动需要调高或调低自己的运价。调低价格策略适用于运力供过于求、运输市场竞争激烈，或是本企业成本降低，有较强成本优势，企业欲利用该策略扩大市场占有率等情况。调高价格策略适用于运力供不应求、企业因非经营因素所导致的成本上涨等情况。

无论采用调低还是调高价格策略，企业在价格调整之前须对竞争者、顾客、企业自身情况进行认真分析，包括竞争产品的成本结构、竞争者过去的价格竞争行为和习惯、竞争者生产能力的利用情况、顾客对该产品的市场需求量大小、顾客对该产品价格敏感程度、企业各项产品与竞争者产品线之间的竞争关系、企业的经济实力和优劣势等。在此基础上做好调价的计划，包括调价的时间、幅度、是一次调整还是分多次调整以及调价后整个市场营销策略的变动等。调价后要注意分析顾客和竞争者对调价的反应以及企业市场占有率和收入利润的变化。

2. 被动调整

被动调整是指在竞争者率先调价后，本企业据此做出的反应。企业同样须对竞争者、顾客及本企业情况进行分析研究进而作出决策。一般来说，企业对调高价格的反应较容易。竞争者具备某些差别优势，考虑到提价的不利因素，没有把握不会提价。若本公司也有相似优势，正好跟进；若本公司不具备类似优势，则不宜紧随，待大部分公司提价后，本公司再提较为稳妥。对于竞争者率先降价，企业一般反应较慎重，通常有三种处理方式：一是置之不理，这在竞争者降价幅度较小时采用；二是价格不变，但增加服务内容或加大销售折扣；三是跟随降价，一般在竞争者降价幅度较大时采用。当然，提高和降低价格对企业都是有风险的，实际操作较妥当的方法则是企业稳定价格策略。

7.4 运输企业收益管理

收益管理，又称产出管理（revenue management，RM；yield management，YM），是指企业以市场为导向，通过对市场进行细分，对各子市场的消费者行为进行分析、预测，确定最优价格和最佳存量分配策略以实现收入最大化的过程。其核心是在适当的时候将适当的产品以适当的价格销售给适当的顾客，取得最大的经济效益。

收益管理诞生于 20 世纪 50 年代，当时航空业还处于价格管制状态，为了应付由于退票和误机乘客导致的座位虚耗，使公司收益损失的情况，部分航空公司采用超订策略。超订技术在需求大于供给的市场条件下效果明显，而在供给大于需求的市场却难以奏效。

到了 20 世纪 70 年代末，美国航空业放松了管制，废除了对航线和票价的管制，航空公司之间的竞争变得异常激烈，也使收益管理理论和实践得到快速发展。主要表现为如下两个方面。

1. 多级票价产生

由于旅客行为和需求特性的变化，航空运输市场的划分越来越细，特别是低成本价格策略灵活的航空公司参与竞争，使得波音公司提出的简单两级旅客市场分割模式（商务和旅游）越来越不合理。许多航空公司认识到，两级票价结构比单一票价结构给航空公司带来的收入更多。但是，进一步分析表明，采用的价格级别越多，航空公司满足旅客细分市场的需求程度越高，航空公司获得的收入就越多。多级票价结构对航空公司和旅客都是有益的，因而被航空公司广泛采用。

2. 网络化的收益管理

以往航空公司进行航班经济性分析时，常常是以航节为基础的，通过对某一航节历史数据的统计分析，预测和估计这一航节中不同舱位等级对应的旅客需求，然后再根据旅客的需求特性和市场竞争状况，确定价格策略，进行座位分配，力求使收入最大化。但是，航节收益最大化并不等于整个网络收益的最大化，因此，基于网络化的收益管理开始成为新的研究方向。

收益管理的应用领域也扩展到其他行业。航空业应用收益管理取得巨大成功后，收益管理思想渐渐为与航空业相似的如饭店、汽车租赁、电视广告等行业所应用。饭店业是最早引入该思想的行业。1989 年，Marriot 酒店率先应用收益管理系统。该饭店推出“双人共进早餐”（two for breakfast）计划：把周末房价降到平时的一半吸引顾客来旅馆度周末，结果成功地提高了客房入住率和饭店的经济收入。

收益管理理论随着运筹学、计算机技术等理论和技术的发展，得到不断充实和发展，研究已从两级票价到多级票价，从单航段到网络优化，从需求独立性假设到基于旅客选择行为的需求预测；同时应用领域也在不断扩大，包括酒店、汽车租赁、铁路客货运输、餐馆、电台广告、零售业、医院、电信、制造业等。

7.4.1　收益管理的特点

1. 通过价格来平衡供需

企业传统的做法是当产品供不应求时，就扩大生产；当供过于求时，就减少产品的产量。这样的短期行为往往不利于企业的发展，收益管理是通过定价来应对需求的波动，通过调节产品的价格来调整供需以达到平衡。如图 7–1 所示，收益管理致力于使运能利用率最大化，收益管理与传统单一定价的比较如图 7–2 所示。

2. 基于细分市场进行定价

传统的经营理念是根据产品的成本制定产品价格，尽量压缩成本来提高利润，忽略了消费者的异质性，即不同消费者对产品的需求程度、支付能力和购买欲望等的不同。收益管理强调收益最大化来代替成本最小化，针对不同的细分市场，通过合理的价格策略，在成本不变或变化不大的情况下，提高收益，增加利润。

3. 把产品尽量留给最有价值的顾客

传统的“先到先服务”原则体现了市场的公平性。然而对于供不应求的产品，该原则将给企业带来损失。收益管理思想基于科学的预测，将产品保留给能为企业带来更大收益的、往往倾向于较晚消费产品的顾客。

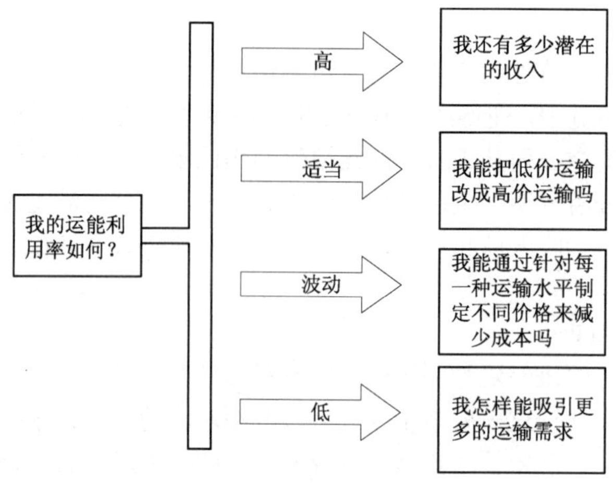

图 7–1　收益管理致力于使运能利用率最大化

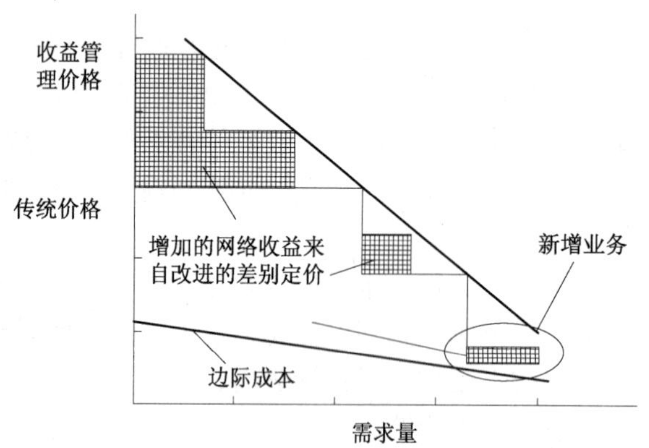

图 7–2　收益管理与传统单一定价的比较

收益管理致力于通过两个途径获得更多的收入：一个是根据顾客愿意支付的费用来提高价格，另一个是通过针对性的折扣来吸收更多的需求量。因此，收益管理需要价格篱笆，以防止在一个价值细分市场的顾客购买比他愿意支付的价格更便宜的产品。常见的价格篱笆的主要类别及其实例如表 7–1 所示。

表 7–1　常见的价格篱笆的主要类别及其实例

主要类别	举　例
实体区隔（与产品相关的）	
基本产品	▪ 旅行级别（公务舱/经济舱） ▪ 旅馆房间的大小和设备 ▪ 剧院的座位位置
附加的令人愉快的产品特性	▪ 旅馆免费早餐、机场免费便车 ▪ 高尔夫球局的免费高尔夫小车
服务水平	▪ 优先的等待队列 ▪ 增加允许行李标准 ▪ 专门的服务热线 ▪ 专门的客户管理团队

续表

主要类别	举　　例
非实体区隔	
交易特征	
订单及预订时间	▪ 要求提前购买 ▪ 在出发前两周需付全费
下订单及预订的地点	▪ 不同国家同一线路的航空旅客票价不同
机票使用的灵活性	▪ 取消或变更订票的费用/罚金（最高至全部票价） ▪ 不退还订金
消费特征	
使用的时间或期限	▪ 6 点前在餐馆就餐的特殊优惠 ▪ 必须在飞机上、旅馆度过周六 ▪ 必须至少停留五天
消费地点	▪ 价格依赖于出发地点，尤其在国际旅行中 ▪ 地点不同价格不同（城市间，城市中心相对于城市边缘）
消费者特征	
消费的频度与数量	▪ 是公司某一忠诚级别的成员在价格、折扣及忠诚利益上有优先权
会员资格	▪ 小孩、学生、老人的折扣 ▪ 属于某些团体（校友）
消费群体规模	▪ 基于团体规模的团体折扣

7.4.2　收益管理的关键技术

1. 需求预测

无论是票价的制定、存量控制还是超订，都要求需求的准确预测。可以说，收益管理的成功与否，关键在于需求预测。对相关产业收益管理系统的评估表明，需求预测的误差每降低 20%，就可以使收益提高 1%。需求预测是建立在大量历史数据的收集、整理的基础上的，需要收集的数据包括需求数据、退票数据、误机数据、票价数据等。

2. 定价策略

价格是影响产品市场需求的最有效工具。收入管理的定价策略基于细分市场的存在，即根据消费者需求的多样性以及不同时刻消费者对于产品价值认同的差异，将产品或服务设定在不同价格水平上。如以商务乘客为主的航班，乘客对时间、服务较价格更为敏感，则应以全价票为主；旅游热线上对价格比较敏感的休闲旅客占多数，则应以折价票为主。通过差别定价，可满足不同价格弹性的消费者对产品的需求，最大限度地增加收入。

3. 存量控制策略

存量控制是指将尚未售出的产品在不同的消费等级中适当分配，在航空公司称为舱位控制。尽管定价对收益有非常直接的影响，但企业在进行价格调整时必须考虑到竞争对手的反应。从这个角度来讲，存量控制是一种完全由企业控制的收益管理技术。航空运输中，常见的存量控制方法包括预定限制（非嵌套、嵌套控制）、投标价格法等。

4. 超订

在民航客运业，超订（overbooking）是指售出的机票多于飞机的最大允许座位数。它主要是为了减少由于退票和误机带来的座位浪费。退票和误机都给民航业的收入造成巨大威胁，据一篇研究报告，50%的飞机订座在起飞前或起飞时被取消或放弃，如果不采用超订策略，航空公司将损失15%的收入。然而，如果起飞时登机人数超过了座位总数，超订策略又会带来超售（oversale）的风险。收益管理理论有助于航空公司建立精确的数学模型。通过对历史订座数据的分析，结合未来订座数据的预测，准确地计算出航空公司应超订的座位数量。

7.4.3 收益管理的应用条件

收益管理一般用于“易腐性”或“易逝性”产品/服务，该类产品/服务具有以下特征。

1. 产品/服务时效性强

产品/服务不能存储，只能在某一时间段提供，过后产品/服务就不复存在或已经过期。一旦过了该销售期或保质期，通过销售产品/服务获得收益的机会也随之降低或消失。

2. 需求波动性大

产品/服务的需求曲线随时间（季节、月份、星期、天）发生较大波动。

3. 生产或服务能力相对固定

尽管市场需求波动频繁，但由于建设周期及技术操作的原因，产品/服务供给能力相对固定，短期内难以调节。

4. 固定成本高，运营成本低

产品/服务最初的投资十分巨大，但是每额外销售一单位产品/服务的可变成本却很小，甚至可以忽略不计，如在酒店、航空、广告业等。

5. 需求可以按不同的市场分类

由于不同的顾客对于产品/服务的消费偏好不同，因此，企业可以根据消费者对产品/服务的价格敏感性以及消费时间、地点、方式的不同对市场进行细分。航空公司票价制定与使用限制案例如图7–3所示。

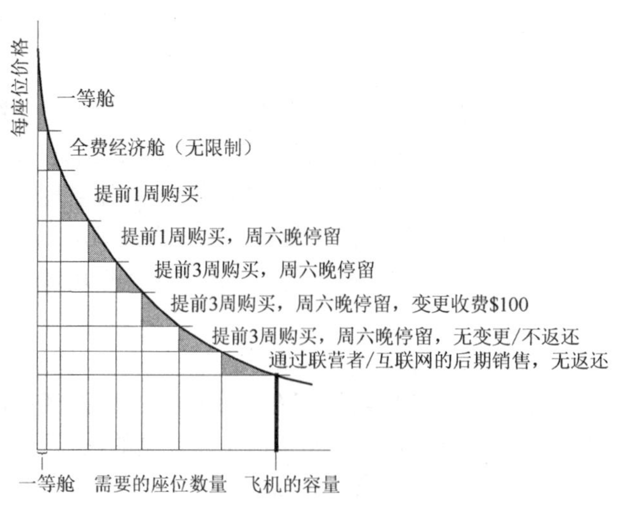

图7–3 航空公司票价制定与使用限制实例

7.5 运输企业价格管理案例

案例 1：上海成协建立价格标杆

上海成协物流配送有限公司（简称上海成协）是从事大型超市配送和供应链管理的专业的第三方物流公司，具有丰富的物流运作和超市配送经验。公司于 1999 年在上海成立，业务范围涉及商业配送、专线运输、仓储、企业物流和供应链管理，现有员工 1 200 多人，物流网络覆盖全国 140 余个大中城市，自有物流园区 100 余亩，年营业额 2 亿元，固定资产 4 000 万元。公司总部坐落于上海市松江区。仓储面积 60 000 m^2，有 100 余辆厢式车参与营运，并有 40 余条专线车队加盟运营。在 90 多个大中城市设有办事处，每个办事处均配有仓库，办事处总仓储面积达到 40 000 多 m^2。2006 年在北京、沈阳分别建立分公司。

公司经营业务涉及沃尔玛、家乐福、大润发、麦德龙、欧尚等二十几家大型超市 1 000 余个门店配送，拥有上千家客户群体及仓储服务，并有工厂供应链管理及合同物流。

上海成协初期得以迅猛发展的一个撒手锏是价格。董事长杨文华并不了解当时其他公司的报价，他通过自己的成本核算，得出一个结论：南京到上海每立方货物 60 元，或每 500 克货物 0.15 元，就能有赚头。上海成协的价格报到市场上，一下子炸开了锅。实际上，当时同线路上的市场报价是每立方货物 110 元，而用这个价格，上海成协可以把货物送到广州！

低价成就了上海成协的基础客户群，但价格战是有代价的。从 2000 年 3 月开始做商业配送，到当年 9 月份，上海成协就赔掉了 100 多万元。杨文华后来坦承，他当时并不知道做商业配送“水这么深”。不过，随着客户数量的增加，集中配送的优势显露出来，上海成协可以把更多的货拼在一起，降低了货车的空载率，上海成协逐渐实现了扭亏，走出了低谷。

度过艰难期之后，上海成协逐渐建立起自己的市场地位。之前的四五家民营商业配送公司逐渐淡出，成协成为供应商首选的客户。一家物流配送商在转行之前，甚至心甘情愿地把所有客户送给了这家竞争对手。无论是家乐福，还是大润发，抑或是麦德龙、沃尔玛，这些零售商的供应商都开始选择这家此前默默无闻的公司为其服务。

上海成协无意之间找准了商业配送的命门。当时的零售企业在国内规模尚不具备，无论是总仓，还是统一配送均难以操作。以麦德龙为代表，当时实行的以上海为中心的集中采购和配送模式，遭遇到了很大的困难，这甚至拖累了其开店的速度。这些零售企业被迫利用自己的强权，把配送的职能转嫁给供应商。做“小本生意”的供应商在选择配送商时，最关心的无疑就是价格，而上海成协模式的出现显然是一个最理想的选择。

上海成协 2000 年制定的价格直到今天都是一个标杆。除了 2005 年油价上调，每立方的运价上调过 10 元之外，这个价格标准没有发生过任何变化。

[思考]

试用运输需求弹性概念分析上海成协的运量、价格、收入、利润间的关系，并解释成协现象。

案例 2：K 物流公司的定价依据

K 物流公司在某大城市对超市进行市内配送时，由于受到车辆进城作业的限制，转而寻求当地的搬家公司（M 公司）提供配送车辆支持。但是 M 公司开出的配送价格是半天（6 小时）200 km 以内为 200 元/车，大大超过了 K 物流公司可接受的 120 元/车的底线。

K 物流公司经过仔细调查分析后发现，M 公司 90%的搬家作业均在上午进行并在中午左右结束，这就意味着 M 公司大部分的车辆和人员在下午基本上处于空闲状态，其上午搬家作业的收益已经足够支持其成本的支出和期望得到的利润。而 K 公司的市内配送业务却基本上在 14:00 以后进行，K 公司支付给 M 公司的费用除去少量的燃油费作为额外成本外，其余的都应该是 M 公司得到的额外利润。如果按每天下午一辆车行驶 200 km 计算，燃油费不应高于 50 元。从这个角度上看，K 物流公司的市内配送业务带给 M 公司的不仅是新增加的业务和实在的收益，而且对其资源的合理应用也是非常有利的。

最后的结果是，经过 K 物流公司与 M 公司在价格和服务方面的仔细测算，双方就 80～90 元/车的价格达成了共识。

[思考]

K 物流公司与 M 公司形成价格共识的理论依据是什么？

案例 3：提供“比汽车划算”服务的德国铁路

一直以来，德国铁路的惯例是，列车乘客每次根据乘车距离支付运费，他们所采用的系统很简单，任何乘客都可以选择一等或二等车厢，并按照相应的每千米价格支付运费。在这一系统下，乘客总是会和开汽车行驶相同距离时的汽油费作比较，判断它是贵还是便宜。当然铁路的费用更高，和汽车相比就不划算了。

不过，随着铁路民营化，国家出台了旨在减少亏损、恢复铁路活力的各种方案，于是关于运费定价的大变革开始了。1993 年，为了使售票和付款更方便，消除管理上的烦琐，引进了铁路磁卡，如此一来情况马上不同了。只要使用新的折扣系统购买有效期一年的国铁会员卡“铁路卡”，有效期内所有票价均可享受半价。

“铁路卡”带来的效果出乎意料地好。如果能够有 50%的折扣，就比汽车的油费便宜了。尽管并不清楚自己实际乘坐火车的频率和距离，客户还是毅然支付了手续费。

一旦付清了手续费，“既然买了就不要浪费”，于是火车利用率提高了。由于是提前收取手续费，对铁路公司的财务很有利。另外，一直以来仅仅拿油费作为汽车的成本和火车作比较的客户也有机会接触到新的铁路收费系统，重新认识到汽车会产生庞大的初始成本（固定成本）。

“铁路卡”的引进并非单纯的精算、结算手段的变革，它使铁路本身变成了“比汽车划算”的交通工具。借助新系统，乘车距离飞速增加，德国国铁成功扩大了销量和利润，如今每年能售出 500 万张“铁路卡”。

在德国，为了保护环境，作为取代汽车的交通工具，铁路的价值进一步凸显出来。德国国铁不仅有“铁路卡”，还与其他交通部门一起和文化、娱乐设施捆绑推出“组合票（套票）”，策划丰富多彩的旅游团，提供“没有汽车的乐趣”。德国国铁尤其投入精力的是瞄准了德国人喜欢骑自行车而推出的自行车相关方案。列车连接着用于搬运自行车的货车，并与各地自行车俱乐部联手推出廉价国家铁路火车票和地方详细自行车路线图，这一举动获得了极大好评。

德国国铁的这个例子，从一锤子买卖式的交易（使用）转为持卡人进行长期交易（使用）。同时也是高举令客户心动的价值，从汽车到铁路，把客户引导到永久性关系上来的例子。对

“一锤子买卖中，铁路运费与汽车油费相互竞争”这一课题的把握，是洞察客户心理的结果，将购买铁路卡和运费分开的定价也是极具创造性的。

[思考]

试从竞争、成本、价格的关系解释德国国铁会员卡“铁路卡”的成功。

复习思考题

1. 运输企业产品定价的主要影响因素有哪些？
2. 运输企业定价目标有哪些？
3. 简述运输产品的定价方法。
4. 成本导向型定价有哪些方法？
5. 企业为什么要作出价格折扣？运输企业常用的折扣策略有哪些？
6. 什么是收益管理？

第8章

运输企业分销渠道策略

【本章内容概要】

本章介绍运输产品分销渠道的概念、特点、类型、作用；阐述分销渠道的设计过程，包括因素分析、分销渠道的设计、中间商的选择、方案评价内容；介绍分销渠道管理内容，并附有案例。

【本章学习重点与难点】

学习重点：了解分销渠道的概念，了解运输产品分销渠道系统内容，了解影响分销渠道选择因素；理解运输企业分销渠道的概念、特点及类型；了解运输市场中间商概念和类型、功能，了解运输企业分销渠道设计内容；理解运输企业分销渠道管理内容；掌握运输企业中间商选择分销渠道的策略形式。

学习难点：运用运输分销渠道策略的基本理论，正确进行运输市场分销渠道案例分析。

8.1 运输产品分销渠道概述

8.1.1 运输产品分销渠道定义

1. 分销渠道

分销渠道（distribution channel）也叫分配渠道或交易渠道，是指产品从生产者传递至消费者所经过的由一系列营销中介机构连接起来形成的路径或通道。

在现代商品经济条件下，商品价值的实现是通过交换过程进行的，商品在流通领域内的转移一般包括由商品交易活动完成的商品所有权转移的商流过程和由伴随商流过程可能发生的商品实体空间转移的物流过程。商流过程和物流过程所经过的中间环节不一定相同，一般来讲，商流过程往往经过批发商、零售商等环节，而物流过程往往经历运输、装卸和仓储等环节。因此，分销渠道的起点是生产者，中间环节包括参与交易活动的各种批发商、零售商、经纪人、代理商等中间机构，终点是消费者。以上这些渠道成员相互联系，各自承担不同的营销职能，起到促进交换和确保渠道畅通的作用。严格地说，经纪人和代理商只是帮助双方达成了商品运输的买卖交易活动，并不对商品拥有所有权。

商品在流通过程中伴随的商流、物流环节如图 8–1 所示。

2. 运输产品的分销渠道

运输产品是指运输企业为旅客或货主提供的“空间位移”服务，是一种具有无形性、即时性等特点的特殊商品，运输企业分销渠道是运输企业和运输需求者之间的连接通道，与生产制造企业有形产品的分销渠道有相同点，但也存在较大差别。有形产品的分销渠道是指从企业到消费者之间的整体销售网络，其数量众多，形式多样；而运输产品分销渠道包括运

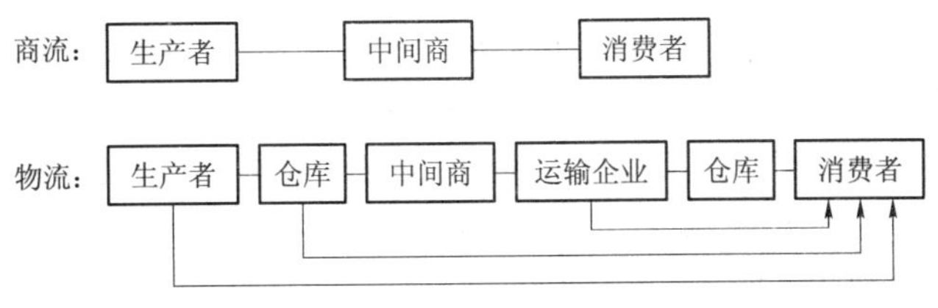

图 8–1　商品的商流、物流环节图

输企业、旅客和货主、运输中间商等环节，起点是运输企业，终点是对运输有需求的旅客或货主，中间环节是为达成运输活动而进行客流、货源组织的各种中间商，具体包括：场站组织——车站、码头、机场等；代理商——客运代理、货运代理、船务代理等；联运公司——公路、水路、铁路等方式的联合运输企业，或者某运输公司负责办理铁路、公路、水路联合运输业务的某运输公司；委托商——由运输企业或代理商委托而成立的为运输企业组织客流与货源的组货点、代售处等。运输企业分销渠道模式如图 8–2 所示。

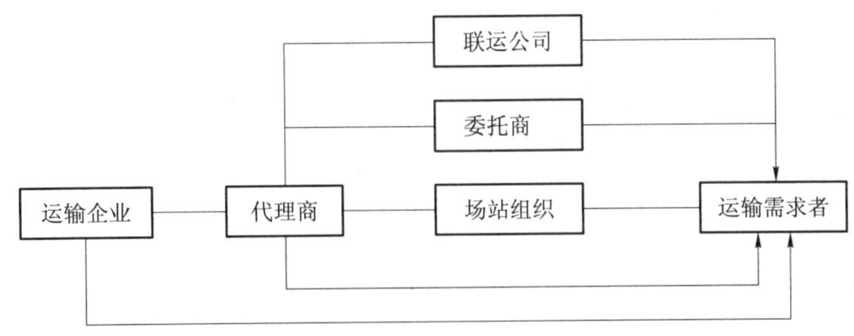

图 8–2　运输企业分销渠道模式图

3. 运输产品分销渠道的特点

1）前置性

运输产品的前提是运输企业或运输中间商通过各种形式组织客流、货源，根据客货源的组织情况或事先约定好的服务方式组织运输，实现运输产品的位移。运输企业应根据客流、货源的分布情况和自身特点，在网点布局、组织方式等方面采取不同的策略，确保运输生产的顺利进行。与有形产品分销渠道不同的是，运输企业分销渠道是在运输产品形成之前，而不是形成之后。

2）多样性

消费者对运输有多种需求，这决定了运输产品分销渠道的多样性。长期稳定的大量客流、货源要求运输企业以固定的运输方式完成位移活动，而零星客流、货源大都通过中间商进行组织，并采用灵活的运输方式完成位移活动。从渠道的构成看，消费品的运输渠道往往比工业用品的运输渠道长。这种有形产品的特点决定了运输产品分销渠道的不同形式。

3）稳定性

运输企业采取使用中间商的分销渠道，往往会通过签订合同的形式确定与中间商的长期合作关系，这种稳定的合作关系能使双方在合作的基础上互惠互利，共同管理分销渠道，即使市场情形发生变化，分销渠道不会轻易改变。因此，运输企业在设计和选择分销渠道时要考虑与企业的长期发展目标相适应，确保渠道的稳定性。

4）关联性

运输产品的分销渠道不仅与所涉及的渠道成员有关，而且与产品的其他营销策略以及竞争对手所采取的策略相关。例如，针对公路运输企业形式多样的营销策略，铁路货物运输也开始试行使用中间商揽货和全程承运等形式的分销渠道。

8.1.2 运输市场中间商

1. 运输市场中间商的概念和类型

中间商是指商品在生产领域转移到消费领域的过程中，从事商品交易活动的专业化经营组织或个人。商品从生产者流向消费者的过程中，中间商参与商品流通业务、促进交易行为实现，对促进商品生产和流通起到了重要作用。

运输市场中间商是指专门为运输生产企业组织客流、货源，或为运输生产供需双方提供中介服务，促进运输交易行为实现的运输经营者。

按其发挥功能的不同，运输市场中间商可以分为以下几种类型，如图 8–3 所示。

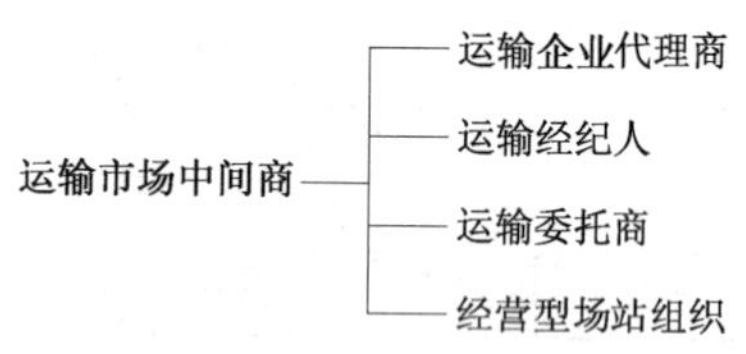

图 8–3 运输市场中间商的类型

1）运输企业代理商

运输企业代理商包括客票销售代理商和货运代理商，我国目前的运输企业代理商大多是大型运输企业自己设立或者有针对性地选择具有一定实力和信誉的商家，代理运输生产企业负责客流、货源业务的组织工作，为运输需求者提供咨询业务及运输方式和服务项目的选择。运输企业代理商不拥有商品的所有权，是运输生产者的经营代理。运输生产者选择代理商，主要依据代理商的实力、信誉和所拥有的渠道网络。

2）运输经纪人

运输经纪人是指沟通委托运输方与运输方之间联系，促进达成交易并从中取得佣金的联系人、中间人、经理人或介绍人。与运输企业代理商有些类似，不拥有商品所有权，不控制运输价格及运输条件，其主要作用是充分了解卖方和买方的需求，为运输生产者和运输需求者双方建立密切联系，促进谈判，促成交易。交易完成后，向委托方收取费用，因与运输需求双方没有固定关系，所以也不承担风险。

3）运输委托商

运输委托商是指由运输生产者以合同的形式委托其他经营者为其组织客流、货源的经营者。由于运输生产具有分散、零星等特点，决定了运输委托商在分销渠道中发挥着替代运输企业组织客流、货源的重要作用。

4）经营型场站组织

经营型场站组织包括机场、客运站、货运站、港口、码头等。这些场站组织面向全社会的运输需求者，根据其需求提供各种运输服务。例如，客运站主要办理客票销售、旅客候车和乘降、行包托运、保管等业务；货运站主要办理发送货物的托运、保管、装车，到达货物的卸车、保管、交付等货运作业。

我国运输市场中间商是在改革开放以后逐渐发展起来的。最初运输市场代理商限于港口的船代、信息服务等，随着运输体制的不断完善，逐渐发展到公路、航空、铁路等运输方式，在促进运输交易实现的过程中发挥了重要的作用。

2. 运输市场中间商的功能

在运输产品分销渠道中，中间商起着十分重要的作用，运输产品分销渠道研究的重点就是选择哪一类型的运输市场中间商为其销售运输产品。一般来说，运输市场中间商主要有以下功能。

1）客流、货源组织功能

由于运输市场客流、货源分布面广、流动性强等特点，任何一个运输企业都无法在短时间内单独完成客流、货源的组织工作和运输生产。而运输市场中间商能利用其丰富的社会关系和广泛的网点布局，以经济的手段进行客流、货源组织工作，使运输企业能够专注于运输生产工作。

2）运输服务功能

运输市场中间商根据社会对运输的需求程度提供各种运输辅助服务。例如，货运代理服务，为运输需求者代办各种运输业务，包括代办订单处理、供应链方案解决、逆向物流等业务；技术咨询服务，为车主和货主提供车辆配装技术、运输径路及方式的选择等咨询服务。

3）运输信息咨询功能

运输市场中间商由于专业知识丰富，经营网点众多，能深入到车站、港口、工业园区及居民小区，掌握运输市场供求信息，进一步沟通运输生产供求双方之间的关系，也可以为运输生产和需求双方提供市场预测、运输评价等方面的咨询服务。

8.1.3　运输产品分销渠道类型

运输服务是实体转移的过程，在这一过程中不存在商品所有权的转移，因而运输产品分销渠道比有形产品的分销渠道更直接。运输产品分销渠道类型按中间商层级结构、每一层级使用中间商的多少、渠道成员之间的关系等分类标准可以划分为不同的类型。

1. 间接渠道和直接渠道

运输产品分销渠道按照在分销活动中是否有中间商参与，可以分为间直接渠道和接渠道两种类型。

直接渠道是运输企业在分销活动中不通过任何中间商，而直接为运输需求者提供运输服务。供需双方按运输合同规定的条款实现产品的运输过程。采用这种方式，可以加深运输企业和运输需求者之间关系，企业可以随时了解客户需求，了解市场发展动态，及时反馈信息，为运输企业根据市场情况提供服务创造条件。但由于受运输企业人员、资金等因素的限制，客流、货源组织面小，成本高，效率低。

间接渠道是指有一级或多级中间商参与，产品经由一个或多个商业环节销售给消费者的渠道类型。采用这种方式可以利用运输中间商丰富组织经验和扩大关系网，组织大量客流、货源，并且相对稳定，便于运输企业组织均衡运输，提高运输效率，有利于运输供需双方简化手续。但这种渠道容易造成运输企业无法了解运输市场需求信息，有一定的市场风险，而且由于中间商的存在，企业一般对其实行折扣价格、优惠政策等原因，使运输企业利润减少。

2. 短渠道和长渠道

按渠道中间商层次的多少，分销渠道又可分为长渠道和短渠道。一般将有两层或两层以上的中间商介入的分销渠道称为长渠道，将直接渠道和只有一层中间商介入的称为短渠道。

分销渠道短，有利于减少运输产品的流通环节，避免中间商利润分配，使产品价格更具有竞争力；有利于运输企业控制渠道，更多地了解市场信息和消费者对运输的需求；有利于运输企业更好地宣传运输服务项目，提高企业声誉和树立企业形象。但采用短渠道分销策略，不仅消耗运输企业大量资源，而且使运输企业保留的运输责任增多，因此，并不是所有的产品都适合短渠道销售。

分销渠道长，有利于运输企业组织客流、货源，并根据实际情况选择合适的运输方式，能满足众多零星客流、货源对运输的要求，运输企业保留的运输责任减小。但由于中间环节多，必然导致货流速度减慢，途中耗时过长，产品价格上升。

运输企业应根据不同地区的差异、产品的属性、中间商的特点和竞争者的情况综合确定渠道的长短，而不应局限于现有的确定结构。表 8–1 列出了货运分销渠道长度的决定因素。

表 8–1　货运分销渠道长短的决定因素

长渠道	短渠道
单位产品价格低	单位产品价格高
单位产品利润低	单位产品利润高
不需要特殊服务	需要特殊服务
货源零星、流向分散	货源集中
对时效性要求不高	对时效性要求高
普通货物	特殊货物

由于运输服务具有时效性强且不可储存等特点，所以运输产品应尽可能采用短渠道进行销售，减少不必要的中间环节。目前，多数运输企业采用直接渠道和短渠道。

3. 窄渠道和宽渠道

从横向分析，根据运输企业使用中间商的多少，分销渠道又可分为窄渠道和宽渠道。宽渠道选用中间商多，分销面广，可以迅速推销运力，有利于中间商竞争；窄渠道选用中间商少，对中间商依赖性强，但比较容易控制，短而宽的分销渠道成为运输企业的一种发展趋势。

4. 多渠道和单渠道

从整个分销渠道结构来看，按运输企业采用的渠道类型数量的多少，又可分为单渠道和多渠道。这体现的是分销渠道的广度。现在随着市场的发展和竞争需要，单渠道分销缺乏灵活性，很难使企业有较高的营销效率。多数企业都实行多种分销渠道，运输企业也不例外。

5. 固定渠道和流动渠道

运输产品分销渠道根据其是否有固定场所，可以划分为固定渠道和流动渠道。固定渠道是指运输企业通过某些固定场所，去满足客户对运输的需求，实现运输产品的销售过程。一般运输企业都有固定的服务场所，如车站、客票代售点、物流中心等，运输需求者到这些场所来办理各种乘坐或托运手续。这些地点往往是客货位移的开始，适用于旅客运输、零担货物运输等方式。

流动渠道是运输企业为了方便客户，采取上门提供运输服务的方式。这种渠道方式适用于公路运输企业组织货源，可以随时根据货主的需求提供运输服务，如部分快递企业开展的移动式营业部。

6. 网络分销渠道

网络分销是建立在互联网基础之上，借助于互联网技术来实现分销目标的分销方式。从渠道的作用来看，网络分销具有传统分销渠道所不及的大容量信息传递、快捷的产品销售等优点。网络分销减少中间环节，降低了运输企业渠道成本。此外，网络分销为客户提供了迄今为止最快捷、足不出户的产品销售流程，为客户节省时间、体力、精神等成本。

从渠道的构成来看，网络分销也可分为直接销售和间接分销渠道两种类型。相对于传统渠道，网络分销的渠道构成简单明了。网络分销渠道构成如图 8–4 所示。

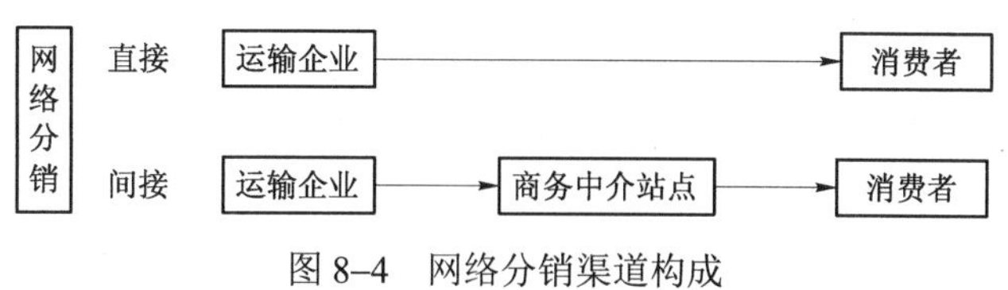

图 8–4　网络分销渠道构成

以上渠道类型存在相互交叉的部分，只是划分的标准不同。例如，短渠道中的零层渠道就是直接渠道，而短渠道中的一层渠道就是间接渠道，长渠道都属于间接渠道。渠道的长短和宽窄只是分别从纵向和横向来考虑的结果，立足整个渠道结构，则有单渠道和多渠道之分。

企业选择哪种类型的分销渠道，会受到各种因素的影响与制约。运输企业应充分考虑产品因素，消费者需求因素，中间商和竞争对手因素，企业自身的产品组合、经营能力和范围、管理能力因素，以及国家在交通运输方面的政治、经济环境因素，对分销渠道的类型进行评估和选择。

8.1.4　运输产品分销渠道系统

分销渠道系统是渠道各成员相互联系形成的一种整体，传统分销渠道系统由于渠道各成员之间是一种松散的合作关系，往往为了各自的利益互不相让，相互讨价还价，渠道结构十分不稳定。

根据运输产品特点，其分销渠道系统主要包括水平渠道系统、垂直渠道系统和综合渠道系统。

1. 水平渠道系统

水平渠道系统又称为共生型营销渠道系统，是由两家或两家以上的运输企业联合，形成自愿性的短期甚至长期联合关系，共同开拓新的营销机会的渠道系统，如在联运组织方式中铁路运输企业与汽车运输公司、航空运输公司的联合形成的渠道系统。水平渠道系统产生的原因很多，通常有以下几方面。

① 一个运输企业单独无法聚集足够的生产资金、周转资金、技术条件及缺少各种营销设施，以顺利从事运输生产业务。

② 由于运输市场竞争日益加剧，不确定因素导致的未来市场冲击不断出现，运输企业没有能力或者不愿意单独承担全部风险责任。

③ 与其他相关企业合作，分享各自的营销资源，会产生更多的经济效益，期望实现共赢。

水平渠道系统的优势是通过合作可以实现优势互补和规模效益，节省成本，快速拓展市场；但也存在一定的缺陷，合作可能会有冲突和困难。因此，水平渠道系统适合实力相当而营销优势互补的企业。

2. 垂直渠道系统

垂直渠道系统由运输企业和运输中间商组成统一系统，其中一个成员拥有另一成员的所有权，如该渠道系统成员均属于同一家运输企业，形成中央集权式渠道系统，或者其中一个成员有足够的能力使其他成员合作。这种系统能够有效地控制渠道各成员的渠道行为，消除渠道成员为追求各自利益而引起的冲突。各渠道成员通过规模经营和减少重复服务获得稳定、长远效益。这种渠道系统可以分为三种形式。

1）管理式

管理式垂直渠道系统是渠道中一个或少数几个实力强大的运输企业通过强有力的管理，把众多的分销商聚集在一起，综合协调整个客流、货源组织过程和运输径路的渠道系统。例如，某运输企业由于企业实力强、信誉好，赢得了中间商在产品促销和价格政策方面的良好合作。

2）所有权式

所有权式垂直渠道系统是在单一所有权体系下组成一系列的分销机构，形成巨大的企业体系。例如，由一家运输公司拥有的若干运输企业、代理机构和运输车队，该公司对下属各单位实行统一管理，并规定各单位的经营权限和利益分配比例，控制分销渠道的若干层次，甚至整个分销渠道，综合经营运输、客流货源组织、代理业务。

3）合同式

合同式垂直渠道系统是指不同层次的独立的运输商和中间商，以合同、契约等形式为基础建立的联合经营形式，以期能产生比单独经营时更大的经济、社会效益。包括：① 代理商组织的代理网点，这些网点使用标准化的名称和服务标准，联合起来以对抗竞争者的挑战；② 委托商合作组织，该委托组织从事运输业务，各成员按照工作量的多少分取利润，也从事其他经营业务；③ 特许经营组织，该组织以特许专卖权将特许单位在共同的合约下连成一体，其成员是拥有特许经营权的单位，在这些特许条件下将运输、组货过程中的几个阶段衔接在一起。如运输商组织的代理商特许经营系统、汽车站特许经营系统。合同式垂直渠道系统与管理式垂直渠道系统的最大区别是用契约或合同来规范各方的行为，而不是用权利和实力；与所有权式垂直渠道系统的最大区别是成员之间不形成所有权关系。

3. 综合渠道系统

综合渠道系统是指对同一或不同的运输市场，运输企业采用多种渠道进行营销活动的分销体系。如铁路运输企业、公路运输企业等不仅可以通过自己设立的网络系统来组织客流、货源，而且也可以通过代理公司为自己组织客流、货源。这种渠道系统虽然会导致不同渠道之间的竞争日趋激烈，影响每一渠道的单独客货数量，产生疏远原有渠道的危险，但各渠道组织客流、货源总量仍会高于单独一个渠道系统的组货数量，并且可以根据不同类型的运输产品实行多种营销策略，以满足不同货主的需求。

8.2 运输企业分销渠道设计

运输企业分销渠道的设计是根据运输企业的营销战略目标和市场需求来确定，要求运输企业以市场需求为导向，寻找合适、有效的分销渠道。

运输企业分销渠道设计过程主要包括以下步骤：渠道选择中的影响因素分析、设计分销渠道、评估分销渠道方案。

8.2.1 影响分销渠道选择因素分析

运输企业分销渠道选择的实质是以什么样的客流、货源组织方式满足需求者对运输的需求。影响运输企业选择分销渠道因素很多，主要有客户需求、运输产品因素、运输企业内部因素、市场竞争、宏观环境等。

1. 客户需求

运输企业分销渠道设计首先必须考虑目标客户的需求。分析客户需求即了解消费者需要什么样的运输产品、需要什么时间服务和服务水平的高低、运输企业能够给消费者提供的便利条件和优惠措施等，这些需求是运输企业分销渠道设计的目标。根据运输企业提供产品的固有的属性，可从以下几方面进行分析。

1）时效性

时效性是指运输企业按约定时间实现空间位移，不同旅客、不同种类货物对运输时效性要求不同。例如，许多货运企业在选择运输方式时主要考虑运到期限问题；同时，不同货物对时效性要求也不一样，如鲜活易腐货物等对期限有较高的要求，快速消费品物流配送要求小批量、多批次；而煤炭等大宗货源对时效性要求不高，运输企业应提供不同形式的运输产品以满足消费者对时效性的要求。

2）安全性

安全性是指旅客在车站及乘车途中人身财产安全，不发生意外；货物在运输过程中不应发生破损、丢失和其他影响货物质量和性能的现象。若在上述情况发生时，运输企业能否及时给客户满意赔偿。

3）便捷性

便捷性是指运输企业及中间商能否为消费者提供方便的服务。如货物接取送达、代办各种运输手续，“一条龙”服务、“门到门”运输，订票与送票服务等。

4）经济性

经济性是消费者选择运输方式考虑的主要因素之一。它要求运输企业能够合理收费，按收费项目提供服务，并能根据运输市场行情变化而浮动。运输价格往往影响消费者选择采用哪一种运输方式。

2. 运输产品因素

1）产品价格

分销渠道过长会导致由于运输、仓储保管等中间费用增加，从而使得产品价格上涨。产品价格越高，越应减少渠道数量，以避免因渠道过多而导致产品价格高而影响销售；产品价格越低，往往经过很多中间商、零售商，因而可以采用长渠道分销渠道方式。

2）鲜活易腐、危险品货物

对于鲜活易腐、危险品货物，由于其对运输时效性要求很高，应尽量缩小分销途径，最好采用直接渠道，并且减少因中间商存在而造成的时间损失，以保证货物按期保质保量到达。

3）产品体积、重量和数量

不同体积、重量和数量的产品对分销渠道的选择有很大影响。例如，体积大而重的产品如矿石、煤炭、机器设备等，应尽量缩短营销渠道，以减少搬运、装卸次数。

4）特种货物

由于特种货物运输需要专门的运输工具和技术，甚至需派人押运，应采用直接渠道方式，以满足货主对运输的特殊要求。

5）新产品

新开辟的运输服务项目，由于客户不太了解它的服务质量、运输价格，需要大力推销和花费较多促销费用，许多中间商不愿承揽这项业务，宜采用直接渠道方式。直接销售能够使信息及时反馈，密切企业与客户联系，以便服务项目及时调整和改进工作的进行。

3. 运输企业内部因素

1）企业规模和信誉等因素

运输企业的自身情况如规模、信誉、财力等因素都会影响到分销渠道的选择，而且分销渠道一旦确定，往往很难改变。因此，运输企业的规模、信誉等因素对选择中间商、扩大市场范围和争取更多客流、货源有很大影响，企业可以根据这些因素综合决定是否使用中间商和挑选合适的中间商。例如，企业的规模大、声誉好，可以建立自己的客流、货源组织网络或者有固定的代理商，宜采取较易控制的“短而窄”渠道；企业有很强的运输能力或者能够提供较好的服务，也可以采用“短而窄”渠道甚至直接销售渠道。

2）企业促销策略

运输企业所采用的促销策略对分销渠道的选择影响很大。对于新增设的服务项目，为方便消费者的了解，取得消费者的信任，需要企业组织得力的推销队伍，面对面了解和沟通信息，实行“推”的策略，这种策略一般宜采用直接销售方式；反之，对于处于成熟期的项目或服务，实行“拉”的策略，这种策略一般宜采用间接销售方式。

3）企业控制渠道愿望

企业为了形成自己优势，并有很强的控制渠道愿望，不惜花费建立自己的客流、货源组织网络，可以采用短而固定的渠道。

4. 市场竞争

运输企业选择分销渠道时，要考虑竞争者的分销渠道策略，根据实际情况采取开辟新的分销渠道或同竞争者相同的分销渠道方式。其目的是确保足够的客流、货源。

5. 宏观环境

社会经济形势好，运输需求量增加，渠道选择方式会灵活一些；经济萧条时期，运输需求量降低，应尽量减少各中间环节，取消不必要的加价以降低商品价格，一般采用较短渠道甚至直接销售的方式。

运输企业应根据一定时期内的国家政策法规要求，如综合运输体系的建立、反垄断法规、运价调整、物流促进政策等，及时调整分销渠道，更改渠道类型，适应市场需求和政策环境的变化。

8.2.2 设计分销渠道

运输企业确定分销渠道时可考虑分销渠道效率、分销渠道控制程度、分销渠道收入和支出等目标。分销渠道效率包括客流、货源数量、客货源组织效率、市场占有率等指标；分销渠道控制程度包括运输企业在渠道中的角色、与中间商关系、对渠道控制欲望等指标；分销渠道收入和支出包括企业利润率、中间商提成、渠道成本等。

分销渠道设计三个方面内容：确定分销渠道模式、选择中间商和明确渠道成员的权利和责任。

1. 确定分销渠道模式

确定分销渠道模式是运输企业根据消费者需求特点、渠道限制因素、企业自身和中间商等因素，决定采用哪种类型的分销渠道。分销渠道的设计可分为规模设计和渠道组织系统设计。分销渠道规模设计是指确定分销渠道的长度、宽度和广度。

对于运输产品分销渠道的选择，渠道管理者大致可以从三种基本分销渠道中进行选择：中介分销渠道、销售队伍、直复营销。中介分销渠道是指运输企业通过一系列的中间商来实现产品的分销，是由参与向最终顾客提供运输服务的各独立中间商组成的网络。运输企业可以建立自己的销售队伍，也可以利用其他企业的销售队伍，一般销售队伍属于直接渠道，如运输企业直接派自己的销售人员对企业、集团等大客户实行上门推销货源运力或客票等。运输企业还可以与其他企业的销售队伍以合同形式开展合作销售。直复营销指主要通过大众传播媒介向顾客销售运输产品。这些媒介包括互联网、电话营销、报纸和杂志、广播和电视等。由于信息技术的发展和互联网的普及，这种直复营销形式在很多国家发展十分迅速。

2. 选择中间商

选择中间商是指确定营销渠道中每一层次中所使用中间商的数量，这主要取决于运输企业在运输市场中地位和服务能力等因素。运输企业决定在每一渠道层次使用中间商数量的多少可以形成以下三种可供选择的分销渠道策略。

1）选择分销

选择分销渠道是指运输企业在某一地区有选择地确定少数几个具有一定规模、有丰富市场经验的中间商组织客流、货源。这些中间商在顾客群中有良好的信誉，有利于吸引具有长期、稳定等特点的客流、货源。这种策略由于减少了中间商数量，比密集分销策略更容易控制和节约成本，还能保持与中间商的良好合作关系，调动了中间商的积极性，减少了中间商之间盲目竞争与冲突，提高了渠道转运效率；但在选择中间商时，中间商往往会提出一定条件和要求。

2）密集分销

密集分销渠道是指使用大量客、货运代理商组建运输企业的营销网络，使客、货运网点广泛分布在社会的各个角落。采用这种策略的目标是快速进入目标市场或者扩大市场覆盖面，使消费者随时随地办理各种运输手续，满足其运输要求。这种策略能够与潜在顾客广泛接触，组织更多的客流、货源；但企业不易控制渠道，增加了各种成本费用，与中间商关系松散。

3）独家分销

独家分销渠道指运输企业在某一特定市场内只选用一家信誉好的中间商为本企业推销产品和组织客流、货源，授权其独家代理，独家分销。这种策略大多是基于运输产品的特殊要求，如特种货物等。由于竞争对手少，利润较大，中间商最喜欢企业的独家分销策略。这种策略使运输企业与中间商关系非常密切，中间商工作积极性高，运输企业能够在价格、服务等方面有效控制渠道，但灵活性小，过分依赖某中间商，一旦中间商选择不当，会使运输企业遭受损失。因此，往往针对有特殊需求的运输服务，一般不宜广泛采用。

3. 明确渠道成员的权利和责任

运输企业通过合同等形式与渠道成员确定合作关系，必然要对其规定权利和责任，促使渠道成员有效地执行渠道功能，完成营销任务。影响双方这种“交易关系”组合中的主要因素有价格政策、中间商地区权利、销售条件、双方权利和责任等内容。

1）价格政策

在双方交易关系组合中，价格政策是一项重要因素。为提高中间商的积极性，运输企业通常根据制定出的价目表和折扣明细表对不同类型的中间商及其任务完成情况按制定的标准给予一定的价格折扣或优惠条件。运输企业在制定折扣、优惠条件标准时，应确保条件的公平、合理，因为中间商对自己得到折扣和优惠或其他中间商得到折扣和优惠十分敏感。

2）中间商地区权利

运输企业对于中间商的地区权利要求相应明确，中间商不仅希望把所在地区的所有相关交易活动都由自己进行，同时也关心在同一地区或相邻地区运输企业有多少中间商和运输企业给其他中间商的特许经营范围。这些因素不仅影响着中间商的业绩，也影响着中间商的工作积极性。

3）销售条件

销售条件中重要的是“付款条件”和“生产者保证”。付款条件对于运输企业和中间商的利益实现非常重要，对于提前付款或按时付款的中间商，运输企业可根据付款时间给予不同的折扣，如“提前 60 天按 1%折扣”，这种特殊条件可以减轻企业资金不足的负担和刺激中间商提早或按时付款。运输企业对于运输质量、服务水平等要严格按要求给予保证。这种保证可以提高双方的信誉，增加中间商与运输企业合作的信心；同时运输企业向中间商保证运输产品质量，可以吸引更多的中间商。

4）双方权利和责任

运输企业和中间商双方应通过签订合同来明确双方的权利和责任，包括广告宣传、业务范围、责任划分、人员培训等。合同规定的内容在不超出企业权限情况下尽量使中间商满意。对于选择分销和独家分销两种方式，由于双方关系密切，在相互服务项目和双方应承担责任方面应该尽量明确详尽。

8.2.3 评估分销渠道方案

由于不同类型中间商的组合和渠道成员之间的分工情况不同，对于运输企业而言会产生多个可供选择的分销渠道。因此，运输企业在明确分销渠道后，还需要对分销渠道进行评估。

对于供选择的分销渠道方案可从经济性、可控性和适应性三方面进行评估。

1. 经济性

1）收入与成本分析

经济性要求运输企业在追求营业收入增长的同时还要尽可能降低渠道成本。对于任何一个企业来说，最佳的分销渠道不是可以获得最大的收入或者最低的渠道成本，而是可以获得最大利润的渠道。

每种分销方案的评估都应以该渠道对企业的贡献程度即收入为重要考虑因素。运输企业的收入与其客、货运数量直接相关，可以以一段时间渠道承揽的客票销售量或货源量为依据。

在收入估算后，还需对不同渠道的成本进行核算。渠道设置需要消耗很多成本，对运输企业选择分销渠道起很大作用。评估分销渠道成本要考虑的主要影响因素有：① 处理客户订单；② 服务项目和服务水平；③ 给渠道成员的优惠条件；④ 分销渠道信息传递和反馈；⑤ 运输、库存、仓储、装卸管理和控制。

2）评估分销渠道

运输企业可以通过以下两种方法评估所选择的分销渠道。

（1）收入–成本分析

通过对每条渠道的同一收入下的不同成本进行比较，选择成本低的渠道方案，如图 8–5 所示。

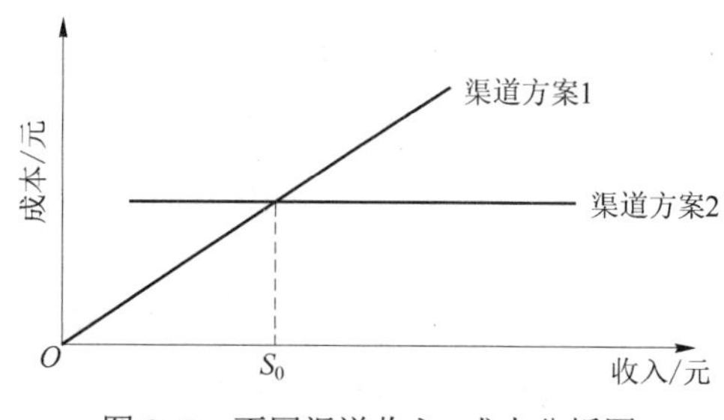

图 8–5　不同渠道收入–成本分析图

图 8–5 显示出采用两种不同渠道方案组织客流或货源的收入与成本之间的关系。从图中可见，两种方案在 S_0 处收入和成本相同，因此当收入在 S_0 以下时采用渠道方案 1 较好；当收入在 S_0 以上时，采用渠道方案 2 较好。

（2）投资回报率法

投资回报率的计算公式为：$R_i = \dfrac{S_i - C_i}{C_i}$

式中：R_i——运输企业选择渠道 i 的投资回报；

C_i——运输企业选择渠道 i 的估计成本；

S_i——运输企业选择渠道 i 的估计收入额。

如果其他条件相同，运输企业应选择 R_i 值最高的渠道方案。

2. 可控性

使用中间商会产生控制问题，运输企业对中间商的控制程度对企业的经济效益产生直接影响。这是因为中间商是一个独立的组织，往往不十分了解运输企业内部生产、经营情况，不会主动宣传运输企业。中间商与运输企业的合作主要考虑的是能争取较多利益。分销渠道越长，运输企业越不易控制，产生问题越突出。

3. 适应性

适应性要求运输企业选择分销渠道时要适应市场的不断变化，及时改进服务。任何一种分销渠道的选择都会使运输企业因承担一定义务而丧失部分经营的灵活性，渠道承诺时间过长，必然会使其失去部分弹性。如运输企业采用独家分销渠道组货时，会给中间商特许经营权，涉及长期义务承诺，而在承诺期间内，随着一些先进的组货方式如电子商务或电话预约的出现，企业就会逐渐地从中间商手中收回特许经营权。所以，运输企业在选择涉及长期承诺的渠道方案时，应该慎重考虑经营效果、控制范围、承诺期限等因素，以免使企业丧失更好的选择其他渠道机会。

8.3 运输企业分销渠道管理

运输企业分销渠道管理的中心任务是要解决渠道中可能存在的冲突，努力提高渠道成员的营销积极性和满意程度，促进渠道的协调发展。渠道管理的内容包括在了解渠道冲突原因的基础上，对渠道成员的选择、激励、评估以及进行必要的渠道调整。

8.3.1 分销渠道的冲突、竞争与合作

1. 分销渠道的冲突

分销渠道的冲突是指其渠道成员意识到另一个渠道成员正在从事损害、威胁其利益，或者以牺牲其利益为代价获取稀缺资源的活动，从而引发他们之间的争执、敌对和报复行为。运输企业分销渠道是一个复杂的营销系统，这一系统中的各运输商、代理商等成员由于在运输生产过程中所处的地位不同，其目标和任务往往存在各种各样的矛盾。例如，运输企业可能会通过各种优惠条件追求稳定的货源，而中间商往往会通过高价来追求更大的利润。因此，当渠道成员对交易条件等问题意见不一致时，必然会产生冲突。由于渠道成员追求的是尽可能多的经济利益并希望减少任务风险，这种利益分配关系产生的冲突范围和表现方式有所不同。

一般地，渠道冲突主要有两种类型，即垂直渠道冲突和水平渠道冲突。垂直渠道冲突是指同一分销渠道系统内不同渠道层次的各成员间的利益冲突。例如，运输企业与代理商之间的冲突，代理商与下一级中间商之间的冲突等。渠道管理者对于垂直渠道冲突应该加以引导，使各方都能受益。具体方法包括强化系统内的管理职能，增加渠道成员之间的信任感，理顺成员之间的信息传递和反馈渠道，消除成员之间可能存在的冲突。水平渠道冲突是指同一分销渠道系统内同一层次的各企业之间的冲突。例如，某运输企业会抱怨另一运输企业随意降低运价，增加或减少服务项目，扰乱运输市场秩序；或者运输企业因服务不佳，损害了在客户中的形象而招致代理商的不满引起冲突。渠道管理者对于这种冲突应该采取强有力的措施，

通过各种政策、条令等消除这些冲突，以免影响和损害运输分销渠道的形象。

分销渠道冲突有些是结构性的，需要通过调整分销渠道的方法来解决；有些则是功能性的，可以通过管理手段来加以控制。当冲突发生时，有关各方可以采取裁判、调解和仲裁的方法，根据法律程序解决冲突，以保证继续合作，避免冲突升级。

2. 分销渠道的竞争

渠道竞争是指不同系统之间或同一系统内不同运输企业之间为了同一目标市场而展开的竞争。一般地说，如果某种运输方式或运输企业在同一地区内享有很高的服务信誉，能够控制市场需求信息，那么在竞争中就能处于有利地位。渠道之间的竞争对于消费者和用户来说十分有利。因为可以通过对运输价格、运输时间、服务水平等因素作多方比较后再选择采用什么样的运输方式或选择哪一家运输企业。

3. 分销渠道的合作

分销渠道的合作是指同一分销渠道中不同运输企业之间的相互结合与依赖，是渠道成员之间的通常行为。合作的目的是谋取各方共同利益，各种运输、代理商之间互通信息，相互间各有需求，使各方实现各自目标。合作意味着比单独经营有更高的经济效益，避免各自损伤，是各方结合在一起的基础，也是解决各种冲突的最基本的方法。

8.3.2 选择渠道成员

良好的中间商不仅是运输企业形象的代表，而且还可降低分销渠道管理成本。企业在选择中间商时，要综合考虑中间商的经营状况、合同履约、财务支付、服务水平、企业信誉等方面因素，选择符合条件的渠道成员。

8.3.3 激励分销渠道成员

激励渠道成员是指运输企业激发渠道成员的动机，使其产生内在的动力，朝着所期望目标前进的活动过程。其目的是调动渠道成员的积极性，增加运输企业的经济效益。运输企业通过合同规定与中间商合作条件的同时，还要不断地给中间商以鼓励。这是因为中间商是独立的经济实体，一方面中间商往往偏向于客户，是客户的采购者和代言人；另一方面中间商和不同运输企业保持着联系，有权选择满意的运输方式，因此为了取得有关运输信息，使中间商能够努力工作，运输企业应采取各种措施保持和中间商的联系，具体包括以下两种方式。

1. 激励中间商方式

激励是通过采取一定措施提高中间商与运输企业合作的有效方式。一般可采用奖励、惩罚、分享部分管理权等方式。

1）奖励

对于工作成绩突出的渠道成员，可以采用提高其利润水平、补贴或按业绩提成等方式，激励成员努力工作。

2）惩罚

对于工作不负责任的渠道成员，可以通过警告、减扣业绩提成甚至取消合作关系等方式，以经济和法律的方式迫使渠道成员努力工作。

3）分享部分管理权

运输企业与中间商通过合同、契约等形式联合起来，通过双方的密切合作，努力减少双方冲突的可能性，由运输企业牵头，会同中间商各成员共同协商管理、经营等问题。

运输企业激励中间商的原则要适度，应以能增加取得利润为原则。如果给予中间商过分的优惠条件，尽管能刺激其提高兴趣，但不一定能获得更高的利润，甚至会造成利润下降，失去了激励的意义。

2. 加强与中间商的合作

1）与中间商建立长期合作关系

由于运输中间商在客流货源组织、选择运输方式等方面有较大优势，运输企业应与部分中间商结成长期的战略合作伙伴关系。双方共同协商销售区域、行业规范、服务水平、市场信息和开发等方面内容，并通过合同形式确保双方的权利和义务。

2）提供适销对路产品

中间商在选择使用哪种运输方式之前，要综合考虑运输企业的服务水平是否能满足要求，例如，在时间上能否满足客户要求，价格是否合理等，因此，运输企业要根据运输市场的需求，提供适销对路的产品来满足客户需要。铁路开行的夕发朝至列车、公路的“门到门”运输等方式都是这方面的反映。

3）合理分配利润

运输企业要充分利用价格策略，根据中间商的客流、货源组织情况、运输任务完成情况等方面对其进行综合评价，以此作为利益分配的标准。

4）加强促销活动

运输市场在由卖方市场向买方市场的转变过程中，应该加强促销活动，利用各种广告媒介，推销自己产品，会使中间商对运输企业经营有更深刻的了解，增加双方合作的可能性。

5）资金支持

对于长期合作且关系密切的中间商，运输企业可以考虑在付款期限、付款方式等方面给予一定优惠，确保双方的长远利益。

8.3.4 渠道绩效评估

渠道绩效评估是企业通过系统化措施对其营销渠道系统的效率和效果进行客观的考评和评价。运输企业对分销渠道绩效评估的目的是及时发现存在的问题，以便有针对性地解决问题，提高渠道的效率。当发现某一成员的绩效低于既定标准时，渠道管理者应该找出问题的主要原因，及时开展各种补救工作；对于实在不能令人满意的渠道成员，还应该考虑更换或将其从营销渠道中剔除。

渠道绩效评估主要根据渠道的性质、经营要求以及中间商的合作关系，确定适宜的标准。一般来说，主要评价指标包括：客流、货源完成情况、对客户服务水平、对损坏商品处理、存货及交货情况、与其他成员配合程度、财务结算等。

如果渠道管理者和渠道成员能事先制定出工作标准，并对违规达成协议，就可以避免许多问题和失误。渠道管理者应该牢记评价的目的是奖优罚劣，提高企业的信誉。

8.3.5 分销渠道调整

促使运输企业调整分销渠道的主要原因是运输市场需求发生变化、新型分销渠道的出现等。另外，现有渠道结构通常不可能总在既定的成本下带来最高效益的产出，伴随着渠道分销成本的增加，需要对原有分销渠道进行调整。

1. 增减某一渠道中的中间商

对于没有完成运输任务量、有损渠道形象或严重影响渠道正常运行的中间商，渠道管理者可以考虑将其剔除。根据市场需求的变化，运输企业还可以选择合适的中间商加入分销渠道，或者根据竞争对手采取的扩大渠道宽度的策略，拓展渠道成员。在决定增减中间商时，运输企业首先需要进行经济效益评估，以便分析增减数目对企业效益是否产生影响，是否会影响其他中间商利益，并采取相应的措施，防止产生可能出现的渠道矛盾。

2. 增减某一分销渠道

当运输企业在市场中通过增减个别中间商不能解决问题时，应考虑采取增减某一分销渠道的方法来解决。例如，企业发现某一渠道没有起到应有作用时，从提高渠道效率、节省有限资源等角度出发，取消这一渠道。随着电子商务的不断成熟，网络分销渠道在市场上很受欢迎，运输企业应经积极开展网上交易服务，适当减少成本较高的传统分销渠道。

3. 调整改进整个渠道

在原有渠道冲突无法解决时，可以考虑解体整个营销渠道，对运输企业分销体制作整体调整。例如，运输企业不再直接组织客流、货源的方式，而改为充分完全依靠中间商的力量时，会给整个分销渠道带来彻底变化。这种情况会使运输市场发生某种重大变革，应该慎重决策。

上述调整方式，第一种属于结构性调整，基于增加或减少原有渠道的某些中间商层次；后两种属于功能性调整，基于将一条或多条渠道工作在渠道成员中重新分配。企业现有渠道是否需要调整，调整到什么程度，取决于分销渠道是否处于平衡状态。如果渠道成员之间存在冲突，通过调整能解决一定的矛盾，并且增加获利机会，一般就应当进行调整。

8.4 运输企业分销渠道案例

香港国泰航空有限公司市场营销渠道策略

香港是国际自由港，其优越的地理位置和良好的经济商业氛围吸引了世界众多著名航空巨头纷纷在香港开展货运业务。比如大韩航空、极地货运航空、UPS、联邦快递、美西北航、汉沙航、英航、快达航，可以说世界五大洲的航空公司都有航班来往于香港。面临激烈的市场竞争，香港国泰航空有限公司（以下简称国泰航空）采取了以下营销战略。

1. 经营理念

国泰航空货运认为，作为基地航空公司如果运价还低于其他公司的话，就有可能造成市场混乱，给代理人造成负面影响。并且香港专门成立了由各航空公司组成的运价政策委员会，目前由国泰航空出任该委员会会长，主要任务就是协调各航空公司之间的运价。航空公司之间的竞争比较规范，因为各公司也不愿意看见市场出现无序竞争的混乱局面。香港97%的货运市场被代理人所占据，而且代理人在航空货运市场行为规范，不乱杀价竞争。

2. 优质服务

国内航空也经常提及“优质服务”的营销概念，但是往往只是形式，国泰航空在优质服务方面则有不少创新，比如积极推行电子商务，代理人可以通过网络信息平台查询货物的在途状况。这种网络服务既节省人工成本，同时也让代理人方便快捷地获得信息，国泰航空企业宗旨之一是 service straight from the heart（服务发自内心）。作为世界知名的航空企业，它并不是只简单地要求其一些表面的、形式化的东西，管理层每年都要对下属进行两次业绩考核，考核内容一共四个方面，其中一个方面就是服务改善方面。

3. 良好的产品组合

任何一家企业都需要依赖其产品组合去赢得市场份额，国泰航空货运具有比较广泛的航空网络，在北美洲、欧洲和澳洲、东南亚，以及日本和韩国都具有每日定期航班，并且使用 747、777、340 等大型客货机运营，其频率、起降时间都占有优势地位。香港国际机场是世界第四大空港和第二大航空货运口岸。国泰航空货运在此有利的经营环境下不断推出新产品。比如，国泰航空货运自己推出航空快递服务 AAX，在限定时间内确保货物安全运抵日的地，提前收货时间并提供优质服务。在欧洲和北美洲，国泰航空还和一些卡车公司达成合作协议，利用卡车运输继续提供延伸的货运服务。

4. 强强联手

国泰航空货运和汉莎货运联手，香港至法兰克福的货机航线上只有这两家公司运营，因而它们就采取类似联营的方式，保持运价的稳定。同时，国泰航空还和 DHL 敦豪国际这家世界快运企业合作，DHL 利用国泰航空客运飞机运送其快件物品。在客机中，国泰航空限制旅客人数，将舱位让给快件货物。因为通过仔细核算，国泰航空发现承运快件的收入要高于满座情况下的机票收入。因此，国泰航空管理层同意和 DHL 合作时“重货轻客”，并且这类航班都是利用夜航飞机。通常是在凌晨 1—2 点在香港国际机场运作。

5. 和代理人建立伙伴关系

国泰航空将代理人视为合作伙伴，以平等的地位对待各类代理人，与其建立长期的合作关系。在客运方面，“常旅客俱乐部”的概念已经深入人心。国泰航空货运部根据此概念也建立了“常货主俱乐部”，取名为“Cargo Elite Club”。国泰航空根据代理人每年发货量的大小，确定 30～50 家公司，然后每家公司确定 1～2 人为俱乐部成员，成员可以享受一系列优惠政策，比如在乘机时，可以优先登机，可以免收逾重行李费。此俱乐部的目的主要是让代理感受到一种被尊重的地位。国泰航空货运销售人员经常拜访代理人，而不是等着代理人上门，而且货运销售人员是专线专管，每人专门负责某一航线，并且负责和所有利用这条航线的代理人打交道。（资料来源：中华管理学习网，www.100guanli.com）

[思考]

1. 国泰航空采用的是哪种分销渠道系统？

2. 面对着激烈的市场竞争，国泰航空采取的渠道策略体现在哪些方面？给国泰航空带来了哪些益处？

复习思考题

1. 什么是分销渠道？运输企业分销渠道有哪些类型？
2. 运输市场中间商有哪些类型和功能？
3. 运输产品分销渠道系统主要包括哪些内容？
4. 影响分销渠道选择因素有哪些？
5. 运输企业分销渠道设计过程主要包括哪些步骤？

第9章

运输企业促销策略

【本章内容概要】

本章介绍促销的含义、功能、方式，阐述人员推销、广告、营业推广、公共关系等促销组合方式的概念、特点以及在运输市场上的具体运用，并附有案例。

【本章学习重点与难点】

学习重点：了解运输企业的促销特点；理解运输企业促销组合的概念及内涵；理解运输企业广告、人员推销、营业推广及公共关系促销的特点。

学习难点：运用运输企业促销策略的基本理论，正确进行运输企业促销策略案例分析。

促销策略是企业营销组合策略之一。美国 IBM 公司的创始人沃森曾这样评价促销："科技为企业提供动力，促销则为企业插上了翅膀。"可见，在现代市场营销组合中，促销越来越受到企业的重视。运输企业自然也不例外。随着我国运输市场的发展，运输市场结构已发生了很大的变化，面对激烈的市场竞争，运输企业不仅要设计开发能满足旅客、货主位移需要的运输产品，制定有吸引力的运输价格，通过顺畅的销售渠道使目标顾客能够较为容易地获得运输产品的使用权，而且还要求企业能够灵活运用各种促销工具，设计并向目标顾客传播有关运输产品方面信息，才能够影响目标顾客对本企业所提供的运输产品的态度，保证营销活动的成功。

9.1 运输企业促销概述

9.1.1 运输企业促销的特点

1. 运输企业促销的含义

促销（promotion）被理解为"促进产品或服务的销售"，是指企业通过人员推销或非人员推销的方式，向目标顾客传递商品或服务等信息，帮助消费者认识商品或服务所带给购买者的利益，从而激发消费者的购买欲望及购买行为的活动。因此，促销的实质是企业与购买者及潜在购买者之间的信息沟通。

运输企业促销就是运输企业运用各种促销工具，向目标顾客提供有关运输产品的信息，或树立本企业的形象，说服目标顾客作出购买行为或影响目标顾客购买态度而进行的市场营销活动。

2. 运输企业促销的特点

运输企业促销具有一般企业促销的共同特点，主要表现在以下两个方面。

1）促销活动是在企业与其目标顾客或社会公众之间进行的

这是促销活动与其他市场营销活动的不同之处。产品的设计与开发、产品定价、产品分销渠道的选择主要都集中在企业内部或企业与其营销伙伴之间。而促销的主要目的是影响目标顾客的态度和行为，因此，促销活动主要面向目标消费者和社会公众，是企业的外部行为。

2）促销是一种说服性的沟通活动

交换是建立在买卖双方信息沟通基础上的。为了达到交换的目的，运输企业首先需要就运输产品及服务的信息与目标顾客进行沟通，以完成交换所需的条件，达到目标顾客知晓、认识企业产品的目的。面对激烈的市场竞争，沟通者必须有意识地安排有说服力的信息，对沟通对象的态度和行为产生有效的影响，激发消费者的购买欲望，促进目标顾客的购买行动。

由于运输产品并不具有实物形态，运输生产和消费过程同时进行，所以运输企业促销既具有一般企业促销的特点，同时又有其特殊性，具体表现在以下两个方面。

（1）运输企业促销需要借助一定的有形展示

运输产品是运输企业提供的旅客或货物的位移，具有明显的服务产品的特点。旅客、货主虽然看不到运输服务，但能看到运输工具、设施、员工、价格等有关的信息资料，所有这些有形物都是看不见的服务的载体，它们传递着运输产品的信息。旅客、货主在作出购买决定之前，会对这些服务的载体格外注意，通过这些载体来推断服务的质量。因此，要使运输企业的促销具有说服力，除介绍运输产品的安全、质量、时间等基本特性外，还必须借助于载体进行有形展示。所谓“有形展示”，是指在运输市场营销管理的范畴内，一切可传达运输产品特色及优点的有形组成部分。运输企业有形展示的内容包括运输环境以及所有用以帮助完成运输服务的一切实体设施和人员。这些有形展示，可帮助顾客了解运输产品的特点并提高其享用运输服务时所获得的利益，有助于建立运输产品和企业的形象，支持相关营销策略的推行。例如，员工是运输企业有形展示的重要内容之一，员工的服饰、能力、态度等都是有形展示的构成要素。目前，运输企业根据从事航空及高速铁路动车组服务的特点，会将笑容甜美、富有亲和力、普通话标准等因素列为挑选服务人员的重点考核内容。在面试过程中，除了考察形象、气质及综合素质之外，考官最关心的是考生会不会笑、笑得是否亲切自然。空乘及高铁动车组服务人员从事的是服务行业，不仅要具备一定的形象条件，更重要的是要有亲和力，善于与乘客交谈与沟通。

（2）运输企业促销活动不仅存在于消费过程之前，而且贯穿于生产消费过程始终

由于运输产品的生产和消费不可分离，运输产品具有明显的服务产品的特点，通常缺乏统一质量标准，没有稳定的质量保证，顾客在购买前难于了解到产品的特征，相对于有形产品，顾客购买运输产品时要承担较大的风险，因此顾客在购买过程中总是倾向于尽力减少风险，而减少风险的一个重要方法就是尽可能多地获取信息。

运输产品的信息可分为两类。一类是可寻找特征方面的信息，如运价、速度、到发时间等，这类信息可以通过大众传媒获得；另一类是经验特征信息，这类信息在购买运输产品前没办法了解和评估，在运输结束后才可体会到，如办理手续的方便性，途中服务的周到性、安全性及满意度等。关于运输产品经验特征方面的信息，消费者喜欢听取有经验的亲戚朋友或专家的意见和建议，他们认为，口头传播是较为可靠的信息来源。可见，取得良好的口碑

是运输企业促销活动的重要目标之一。

良好口碑的形成与有经验的旅客、货主对运输产品的评价密切相关。研究表明，旅客和货主对运输产品的评价贯穿于购买和消费过程始终，随着运输过程的延长，对消费过程的评价已占据更为重要的地位，这一点在旅客运输中表现尤为明显。运输消费过程是旅客同服务人员及其设备相互作用的过程。服务提供者和旅客构成了消费过程的两大主体，各种服务的质量将直接影响到旅客对企业服务质量的判断。可见，良好口碑是在运输生产和消费同时进行的过程中逐步形成的。因此，运输企业的促销活动不仅像一般有形产品促销一样存在于消费过程之前，而且还贯穿于运输消费过程的始终。

9.1.2 运输企业的促销作用

由于运输需求是一种派生需求，运输产品不可储存，不可调拨，运输产品促销作用的特征，概括起来主要表现在以下几个方面。

1. 建立市场对某运输产品的认知和兴趣

随着经济的发展，运输市场的竞争加剧，运输需求呈现多样化。为了在激烈的市场竞争中站稳脚跟，各运输公司纷纷推出能更好满足旅客货主的新产品。无论在运输新产品正式推出之前或推出之后，运输企业均需要及时向市场介绍该产品，增进市场对新产品和现有产品的认知。并且尽可能地对本公司的产品和服务提供详尽的解说，包括运价、时间、频率、服务质量以及其他有关的咨询活动。对目标顾客来讲，运输企业促销活动所提供的信息情报起着引起注意和激发购买欲望的作用；对中间商来讲，则为其代理决策提供依据，调动经营的积极性。

2. 改变目标顾客运输需求时间

运输产品在生产的同时就被消费了，因此运输产品不可储存，不可调拨，运输企业只能储备一定的运输能力。所以从短期看，运输产品的供给缺乏弹性。但是运输需求则因时间不同而有很大的差异，呈现出周期性的波动。如何平衡运输需求，成为运输企业提高经济效益的重要问题。有效的促销活动可以改变顾客对运输产品需求的时间。例如，在运输高峰期及时向目标顾客宣传高峰期前后将进行的折价优惠、高峰期期间的运价上浮措施，都可使需求弹性较大的那部分需求避开高峰期。同样，在运输需求的淡季，利用消费者的购买行为具有可诱导性，往往易受企业促销宣传等外界因素影响的特点，采取适当的促销方式，刺激人们出行的欲望或诱导其改变出行的时间，可达到平衡需求的目的。

3. 告知市场有关本公司服务的特殊项目、附加服务

随着运输需求层次的提升，运输企业在不断地调整和提升服务项目以满足需求，这就需要将运输企业推出的新项目及时告知公众。例如，新开通的行李接送、取达等业务及时通过广告或公共宣传告知公众。服务渠道的拓展有利于运输企业更密集地接触顾客，及时告知市场有关的新的服务渠道可大大增加顾客主动接触运输企业的范围，不仅方便现有顾客，而且利于开拓潜在市场。例如，告知市场本企业设有网络售票、电话订票业务。

4. 提高企业知名度，改善企业形象

运输市场竞争激烈，各运输公司提供的运输产品在为旅客和货主提供的核心利益——位移上是完全一致的。而对于运输产品的其他层次，只能在运输过程终结后才能评价。由于获得运输服务信息的困难，同时很难全面了解有关替代品的情况，顾客愿意选择知名度较高的企业提供的运输服务以减少服务中可能遇到的风险。因此，企业可以通过广告、公共宣传等促销手段提高公司的知名度。在运输企业已拥有了一定的知名度后，企业应着力建立和维持公司的整体形象和信誉。此时，借助于各种促销手段使消费者明确公司所提供的运输产品的服务内容和运输公司本身与竞争者之间的差异，使人们形成对公司的偏好心理，克服其在购买运输产品时的犹豫不决，建立起与众不同的企业形象。这样不仅可以使顾客感受到购买过程中风险的降低，从而保持现有顾客不转向其他竞争者，而且可以在公司将来开发新服务产品时，让新的目标顾客群更容易接受。

9.1.3　促销信息沟通过程及有效传播的步骤

促销的本质是信息交流活动。为了做好促销工作，营销管理人员有必要了解信息沟通过程是如何运作的。

1. 促销信息沟通过程

促销信息沟通过程由 8 个部分组成，如图 9–1 所示。

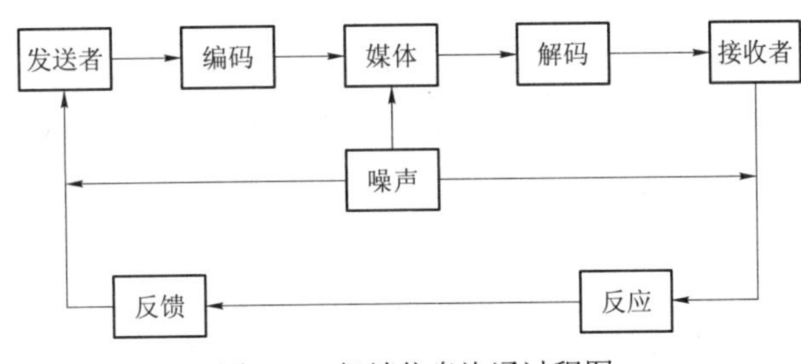

图 9–1　促销信息沟通过程图

① 发送者。又称信息源或沟通者，是发送信息的主体。

② 编码。将信息编译成可传递的符号或形式的过程，如文字声音、图像、动作等编译。

③ 媒体。发送者把信息传递给接收者的渠道，包括各种传播媒介、传播机构、推销员等。

④ 解码。接收者破译发送者传递过来的符号的过程。

⑤ 接收者。也称目标受众，是接收信息的主体。

⑥ 反应。接收者获取信息后所采取的行动，如顾客看到某种产品的广告后，决定购买这种产品。

⑦ 反馈。信息接收者将其反应返回发送者的过程，以便发送者评价传播过程是否有效，是决策调整的依据。

⑧ 噪声。信息传递过程中的非预期的干扰和扭曲，导致接收者收到的信息与沟通者发出的信息不一样。

2. 有效市场营销沟通的步骤

一个有效的市场营销沟通过程，要求营销传播人员必须做到以下 5 个步骤。

1）确定目标受众

营销传播人员首先要做到对其目标受众了然于胸。目标受众可能是潜在购买者、现在的使用者、购买决策者或影响者等，可以是个人、群体、特定公众或一般大众。目标受众决定信息应当由谁来说、说什么、怎么说、何时说、何地说。

2）确定受众反应和沟通目标

明确了目标受众之后，营销传播人员需要确定沟通欲达到的反应。当然，最好的反应是购买行为，但购买行为是购买者经过长时间决策过程的最后结果，在此之前要经过一系列的准备阶段。营销传播人员需要了解受众正处于购买准备过程的哪个阶段，进而确定自己的沟通目标。

3）设计沟通信息

营销传播人员在确定目标受众和沟通目标后，要针对目标受众设计恰当有效的信息。理想的信息应该具备以下 4 个条件：引起注意，唤起兴趣，激发欲望，导致行动。在实际运作中，很少有信息能同时具备以上 4 个条件，影响到消费者的所有购买准备阶段。可以针对消费者所处的阶段设计相关信息，在设计沟通信息时，营销传播人员必须决定说什么和如何说。

4）选择信息沟通渠道

信息设计完成以后，营销沟通人员必须选择有效的信息沟通渠道来传递信息。信息沟通渠道有以下两大类型。

① 人员沟通渠道。这是指两个及其以上的人直接互相交流。他们可以面对面交流，也可以通过电话或邮件交流。这是一种双向沟通，能立刻得到对方的反馈，因此效率较高。人员沟通渠道可分为销售人员渠道、专家渠道和社会渠道。销售人员渠道是由企业控制，由企业销售人员与目标顾客直接联系而构成。专家渠道是由具有专门知识的专家向目标买主作出声明而建立。专家渠道被认为信息来源具有较高的可信度，从而传播的信息有较强的说服力，影响较大。社会渠道又叫口头传播渠道，由家人、朋友或邻居、同事与目标购买者的交谈组成，顾客之间互相提供信息。人员影响对于价值高、风险大的产品销售很有价值。运输企业要重视利用各种人员沟通渠道为自身服务。

② 非人员沟通渠道。这是一种单向沟通，它无须通过人员联系和反馈来传播信息。这种渠道包括大众媒体、氛围和活动。大众媒体包括报刊媒体、广播媒体及展示媒体等。氛围是特别设计的环境，建立并加强买主购买某一产品的导向。如商店的商品陈列，餐厅的布置、音乐等，都可以制造一种氛围，使受众了解产品并强化对产品的认识，从而产生购买欲望并导致购买行动。活动是事先安排好的事件，向目标顾客传达特殊的信息，如新闻发布会、开幕式、展销会等，可由公共关系部门举办。

5）收集反馈

信息发出后，应该调查了解目标受众接收的效果。这种调查包括询问目标受众是否注意到信息的内容，看了或听了几遍，哪些内容能回忆起来，对信息印象深刻的是什么，对信息的感觉如何，对产品或企业的态度前后是否有所转变等。此外，营销沟通人员还需要衡量沟通信息引起的行为变化，如多少人购买了产品，多少人向别人介绍或议论过产品等。营销宣传的反馈可能暗示促销方案的改变或者产品本身的改进。

9.2 运输企业促销组合方式

促销组合是一个企业的总体营销传播计划，由广告、营业推广、人员推销和公共关系混合组成。广告是对构思、商品或服务所做的有偿性非人员介绍，形式不拘，经办人明确；营业推广是企业运用各种短期诱因，鼓励购买或销售企业产品或服务的一种促销方式；人员推销是指公司的销售人员为完成销售和建立顾客联系而作的人员演示介绍；公共关系是指为了获得较高的知名度，建立良好的企业形象，企业以非付款的方式通过第三者在报刊、电台、电视、会议、信函等传播媒体上发表有关企业及其产品的有利报道、展示和表演，从而与公司的各个公众建立良好的关系。

促销有两种基本的组合战略：推动战略和拉引战略。这两种促销组合对各个具体的促销工具的相对重视程度不尽相同。推动战略主要是应用人员推销和营业推广手段把产品通过销售渠道“推动”到最终消费者手中。生产者将营销活动对准销售渠道成员，引导他们赊购这种产品并将它们推销到最终消费者手中。拉引战略主要指生产者采用广告、公共关系等手段将其营销活动对准最终消费者，引导他们购买该产品。如果拉引战略行之有效，消费者就会向销售渠道人员求购该产品，引致销售渠道人员向生产者求购。目前大多数公司把两种战略结合起来，具体以哪种战略为主则要考虑许多因素，包括促销目标及预算、产品及市场类型、买主准备阶段等。

9.2.1　运输企业广告

1. 广告的概念

根据广告的目的与付费上的差异，可以把实际生活中大量存在的广告分为两类：非经济性广告和经济性广告。非经济性广告是以宣传为目的，为了获得某种社会效果，如电视台的“广而告之”等道德教育广告就属于非经济性广告。经济性广告又称狭义广告，其目的是推销产品或劳务，获取经济利益，属于营利性广告。促销中的广告几乎都是经济性广告，因此经济性广告是我们所要研究的内容。

关于广告的定义很多，美国市场营销协会（AMA）对广告的定义是：“由明确的广告主在付费的基础上，采用非人际传播的形式，对观念、商品及劳务进行介绍、宣传的活动。”我国 1992 年出版的《中国广告实务大全》认为：“广告是一种大众传播手段，它以特定媒介传播商品或劳务信息，达到促进销售，树立形象的目的，为此，广告主应支付一定的费用。”

对于广告的定义，表述虽然很多，但它们都包含以下 4 层含义：广告必须有明确的主办人即广告主；广告需要支付一定的费用；广告必须通过一定的传播媒体；广告是一种信息传播手段，是说服的艺术。

2. 运输企业广告的分类和作用

根据广告的目标不同，运输企业广告可以分为公关广告和产品广告。

1）公关广告

广告是最大、最快、最广泛的信息传递媒介。运输广告多以公关广告为主，其目的是介绍运输企业的技术水平、经营理念，其主要作用是提高声誉、树立形象、创建品牌。

公关广告对运输企业的形象塑造有着特别重要的作用。由于运输需求的多样化，消费者在购买运输产品时关注的侧重点不同，因而会选择不同的运输产品。运输企业如果在消费者心中树立了鲜明的品牌形象，消费者容易产生偏好，为运输企业提供的产品销售建立长期稳定的市场，从而给企业带来高额的客户资产。例如，日本航空货运公司为了传递自己“细心照顾”的经营理念，用模样可爱的三只雏鸡在踩钢琴键的一张照片，配以“由小鸡到钢琴”的醒目的广告语来说明公司无微不至的工作作风。因为日本航空货运公司可以将最需要照顾的刚孵出的小鸡和贵重的钢琴安全地运往目的地，还有什么不能运输的呢？日本航空货运公司的这则广告树立了其细心入微的形象，激起了准客户究其所以的欲望，所以其货运业务因此而应接不暇。又如，乘飞机旅行，晚点起程、误点到达的情况时有发生，既破坏旅客的情绪，又延误旅客的计划，因此，航班的准时与否，直接影响着公司的信誉和利润。美国泛美航空公司针对这一问题，使用了“不久，人们就会根据泛美航空公司的航班来对表了”的广告，树立了泛美航空公司“航班准时”的美好形象，使人印象深刻并感欣慰。

虽然广告促销可以对产品销售起到很大的正面作用，但在实际运用中也需慎重考虑。在对欧洲 8 个国家的 25 个市场进行 10 年以上调查的基础上，1976 年专家们对广告的作用得出如下的基本结论。

① 社会经济力量才是销路大小的决定因素，广告刺激总市场而使其膨胀的力量是有限的。

② 当市场容量有限时，广告泛滥，竞争加剧，其受害者最终是消费者，因为广告的费用要转嫁到消费者身上。

③ 广告的经济效果必须同企业整个市场营销结合起来，才能评价广告效果。

④ 广告的内容比广告的数量更重要，广告的真实性是广告的生命。

以上这些基本结论对运输企业广告策略尤为重要，因为运输过程是一个消费者高度参与的过程，消费者在运输终了之后才能对运输质量作出评价，并影响消费者的下一次选择。因此，运输企业在运用广告促销时，要格外注重广告的内容、形式、数量等，以使广告真正地发挥其促进销售的作用。

2）产品广告

产品广告以介绍运输企业推出的运输产品为主。它主要有以下三个作用。

（1）传递信息，沟通供需

广告的基本职能就是通过一定媒介把企业和产品的信息生动形象地传递给顾客，解决顾客与生产者之间信息不对称的问题，起到沟通供需的作用。随着经济的发展，运输企业根据市场情况不断地调节自身的产品结构，推出许多新产品，通过产品广告运输企业可以及时、迅速、广泛地向旅客、货主传播有关运输产品的信息，在运输企业、中间商、消费者之间建立信息纽带。

（2）突出特点，激发需求，促进销售

运输产品在为旅客和货主提供位移的核心层次上，具有较大的可替代性，但在运输服务上却各具特点，因此运输产品的竞争力主要表现在运输服务上。运输企业通过运输产品广告可以将自己独具特色的运输服务传递给消费者，提高企业在市场上的竞争能力。例如，英国伦敦市区与郊区间的地铁为了突出其运输环境舒适的特点，采用了这样一则广告：“公共汽车没有这样的头等座位。”它向那些经常出入伦敦市区的乘客作出承诺：凡是乘地铁上下班的人都能保证有座位坐。该广告拿地铁同拥挤的公共汽车相比，突出了伦敦地铁的优点，达到了良好的效果。

（3）提高信息生动性，增强说服力，指导消费

广告通过简明扼要的说明、生动形象的演示，向顾客全名介绍产品的性能、质量、用途、售后服务等，起到售前指导的作用，从而促进交易达成。运输产品的特性，如价格、速度、安全性等，都较为抽象，适当利用广告视听的优越性，提高产品信息的生动性，给旅客和货

主留下直观、深刻的印象。例如，2000 年 7 月 27 日，纽约的电视艺术和科学学院宣布，由 BBDO 创作的联邦快递广告“action figure”成为当年的黄金时段艾米奖获奖作品。这则广告讲述的是一个玩具公司的故事：他们生产的功夫片人物玩具在拍摄广告时，并没有穿上他们自己的服装，而是别扭地穿着芭蕾舞裙。玩具公司的老板询问原因，沮丧的工作人员告诉他，那些服装没能及时抵达，因为公司没有使用联邦快递，而它是唯一拥有直航中国的美国快递公司。“功夫片人物”于当年的大学生橄榄球赛期间推出，在客户和广告行业中引起了巨大反响。通过这则广告，联邦快递是“唯一拥有直航中国的美国快递公司”的信息被加强，对消费者产生了重要的影响。

3. 运输企业广告决策过程

广告决策包括 4 个过程：确定广告目标，制定广告预算，设计广告策略（信息决策和媒体决策），评价广告效果。

1）确定广告目标

广告目标是在一定期限内，针对特定目标对象设定的一项具体的沟通任务。明确可行的目标有利于后续具体工作的顺利执行。一个明确的目标应该是一个 SMART 的目标，即具体的（specific）、可衡量的（measurable）、可行的（actionable）、现实的（realistic）、有明确时间限定的（time specific）。在不同时期，企业广告目标各不相同，一般分为以下 4 类。

（1）销售目标

在某些情况下，企业可以根据产品的销售情况确定广告目标。但这种方式的采用应建立在广告是促进产品销售增加的唯一因素或者至少是最主要因素的基础上。因此，以产品销售额作为广告目标往往只适合少数产品，对于大多数以普通方式销售的产品，这种方式并不适用。

（2）创牌目标

这类广告目标在于开发新产品和开拓新市场。在新的运输线路、班次或服务刚投入市场或将要投入市场时，运输企业通过对运输产品到发时间、车型、价位及其他服务项目的介绍宣传，来提高新产品的知名度，加深消费者对新产品的了解和印象。

（3）保牌目标

其目的为巩固已有的市场，深入开发潜在市场和刺激购买需求，提高产品的市场占有率。在运输产品已投放市场一段时间后，企业对运行良好的运输产品通过连续广告的形式，加深消费者对已有运输产品的认识，保持消费者对该产品的好感、偏好，增强其信心。而对运行中反应不良的运输产品，运输企业在改进该产品质量的基础上，通过广告消除消费者对产品的偏见，改善社会对产品的评价，进而促进该类产品的销售。

（4）竞争目标

其目的在于加强产品的宣传竞争，利用广告扩大影响，增强说服力，提高产品的市场竞争能力，树立运输企业的良好形象。该类广告的诉求重点是宣传本产品比其他同类产品的优异之处，使消费者认识到本产品的优点，以增强产品偏爱度。

2）制定广告预算

广告预算是整个广告计划的有机组成部分。确定广告目标后，企业就要为每个产品编制广告预算。进行广告策划及编制广告策划书等都要建立在广告费用预算的基础之上，广告费用作为企业的生产成本费用，被企业所重视，因此要合理编制广告预算。

3）设计广告策略

广告策略包括广告信息和广告媒体两种要素。广告媒体是广告信息和广告创意的物化形象的载体，其使用直接关系到信息传播的影响范围和准确程度，也影响到策划创意的广告形象的渲染力、影响力。巧妙地运用媒体，周密地策划媒体策略，是广告整体运作的一个重要组成部分。运输企业选择广告策略主要考虑以下因素。

（1）确定广告信息

运输产品广告信息，主要包括有关运输产品运行时间、价格、去向、质量、附加服务等方面的信息。运输企业在选择媒体时，要充分结合自身的特点，考虑广告涉及的范围、播出的时效。由于运输产品有较强的地域性，因此，对于有特定的始发到达地点及运输方向的航空、铁路运输产品，可选择在运输产品沿线、停靠站点的大众传播媒体或其他媒体上发布广告，不宜选择覆盖面过广的媒体，因此，易选择时间性强的媒体，如报纸、广播、电视等。

（2）选择广告媒体

广告媒体可以分为大众传播媒体和其他媒体。大众传播媒体分为报纸、杂志、广播、电视、网络、户外广告等。各种媒体均有自己的传播优势和缺陷，其优缺点如表 9–1 所示。企业应从目标对象的不同决策时期合理选择不同媒体，传达多层信息，从而使广告达到最佳效果。

表 9–1　各种媒体优缺点比较表

媒体	优　点	缺　点
报纸	传播面广，传播迅速，便于查找、保存，无阅读时间限制，费用低，发布时间选择性强	时效性短，易被忽略，传播方式单一
杂志	针对性强，读者群相对稳定，时效长，发行区域广，印刷精美	出版周期长，声势小，影响面窄
广播	传播迅速，传播范围广，受众广泛，费用低，制作简单，亲切感人	有声无形，转瞬即逝，不易查找、保存
电视	传播面广，影响巨大，声形兼备，威望高，能吸引不打算收看广告者	制作费用高，视听者不稳定，播出时间限制较多，不能传递较多信息
网络	受众范围广，交互性强，针对性明确，受众数量统计精确，实时，灵活，成本低，感官性强	信息纷繁复杂，缺少视觉冲击力，可信度差
户外广告	灵活性好，复视率高，费用低，媒体竞争少	观众选择性差，创造性差

运输企业在选择广告媒体时，既要充分考虑产品特性，又要考虑产品广告费用和播出时间安排。运输企业提供的产品形式多样，针对不同的产品应选择不同的媒体以达到最佳的传播效果。如对于普通的客货运产品应选择大众传媒，对于针对某一特定目标市场开行的运输产品，如球迷列车、民工专列、学生专列，就要采取目标顾客经常可接触到的传播媒体。各种媒体的广告收费标准不同，企业应根据自身的财力合理选择广告媒体。广告商还必须决定如何在节目中安排广告播出。如运输产品销售的淡季和旺季，公司可以根据季节的变化制定播出安排。此外还需选择广告形式：持续播出是指在一定的时期内安排广告均衡地播出；而脉冲式播出是指在特定阶段内轻重不同地安排广告，这种播放是为了在短时间内重点播放，并且花费较少。

4）评价广告效果

广告评价是对广告播出后的交流效果和销售效果进行评估。一般可以从广告交流效果以及销售效果两方面来测定广告影响。衡量广告交流效果，即广告是否传播得好，可采用问卷调查的形式。问卷调查可以在广告推出前后进行。在广告播出前，广告商通过问卷询问消费者的态度；广告播出后，广告商可以测试广告如何影响消费者的记忆或对产品的认知和偏好。销售效果比交流效果更难衡量。衡量广告销售效果的一种方式是与过去的销售量及广告开支进行对比；另一种方法是通过实验来衡量，即在不同地区或同一地区不同时间内改变广告的投入量，测定销售额的变动情况。

9.2.2 运输企业人员推销

人员推销是一种传统的促销方式，但在现代企业市场营销活动中仍起着十分重要的作用。国内外许多企业在人员推销方面的费用支出要远远大于在其他促销方面的费用支出。

1. 运输企业人员推销的特点

人员推销是指企业通过派出推销人员直接与顾客接触、洽谈，向其宣传、介绍产品和服务，以推销商品，促进和扩大其销售。与其他促销方式相比，人员推销具有以下几个特点。

① 直接性。这是人员推销最基本的特点，也是人员推销与广告等其他促销工具的主要区别。推销人员直接向顾客进行详细的产品介绍和演示；同时，如果推销对象有疑问或问题时，推销人员还可以当场对其解释，避免了间接沟通时的信息传递失真。

② 灵活性。因为推销人员与顾客可以进行面对面的接触，因而便于发现目标顾客，并根据目标顾客的特点，及时调整自己的推销策略，采取灵活有效的劝说方式，提供顾客需要的信息，回答顾客提出的问题，并向顾客提出建议。

③ 信息沟通双向性。人员推销是一种双向的促销方式，在推销过程中，推销人员向顾客传递产品或服务的有关信息，同时也可以从顾客那里获得其对企业、产品等方面的建议和意见。

④ 针对性。人员推销目标十分明确，主要针对那些具有较大可能购买的顾客进行，并可事先对潜在顾客作一番研究，采用适合目标对象的策略和方法，提高沟通的效率。

⑤ 完整性。人员推销从寻找顾客开始，到接触、磋商最后达成交易，推销人员独立承担了整个销售阶段的任务，此外还可承担售后服务的职能。

⑥ 亲切感强。人与人的直接交往，有利于买卖双方的沟通、理解和信任，推销人员可帮助顾客解决实际问题，充当顾客的购买顾问，建立良好的人际关系，促成销售效果。

⑦ 说服力强。顾客从了解商品信息到决定购买商品之间有一定的时间距离，而通过推销人员耐心地讲解与劝告，容易使顾客信服，促使顾客尽快作出购买的决定，达成交易。

2. 运输企业应用人员推销的条件

人员推销是一项昂贵的促销手段。据国外公司估计，人员推销的开支约是广告开支的5～8倍，因此不可滥用。此外，人员推销的传播面窄，影响力小，接触的顾客有限，因而使用人员推销只有在购买批量大、市场集中度高的范围内才能取得明显的效益。

运输产品根据运输对象可以分为客运产品和货运产品。客运产品的运输对象是旅客，覆盖面广，购买零星，运输需求多样化，市场分散。所以，对客运产品不易直接采用人员推销的方式直接向目标市场推销，人员推销的重点是中间商。比较而言，货运产品就易于采用人员推销的方式。货主数量相对较少，一次运输量较大。通过运输企业的组货人员深入企业，承揽大批货源，能充分发挥人员推销的优势。此外，对于运输手续复杂、环节较多、货物运到期限不确定的运输方式，如铁路货物运输，货主在托运过程中感到不便，对运输过程也有疑虑，增加了货主购买货运产品的阻力。利用人员销售，组货人员为货主办理手续，提供多种服务，可消除购买的阻力，打消货主疑虑。

美国学者麦克·莫里说："一个有效的推销人员是一个习惯性的'追求者'，是一个强烈需要赢得和支配别人感情的人。"一般而言，推销人员应具备的基本素质主要包括：对企业忠诚，工作积极进取，心理素质良好，知识渊博，经验丰富，举止端庄，外表得体，服务热情，善于应变。

3. 运输企业人员推销的目标

传统观念认为：人员推销的目标就是追求最大的销售额。现代营销观念则认为：人员推销的最终目的是为企业带来最大的、长期的、稳定的利润及有利的市场地位。因此，推销人员不仅要懂得推销技巧，更要懂得整体营销战略，并且用于推销实践。

运输企业应该让推销人员担负起寻找货主、传递信息、推销运输产品、提供运输服务、收集货源信息等方面的任务。运输企业在确定人员推销目标时应考虑以下因素的影响。

1）企业营销目标

如果企业在某一时期内的营销目标是实现一定的销售增长率和利润率，人员推销的目标应是巩固老顾客，开拓新市场。如果企业的营销目标是改善企业及产品的形象，则人员推销的目标应是把更多的注意力放在调查与回访用户上面。

2）企业促销策略

在实行拉式策略的情况下，要求推销人员对中间商的促销活动予以支持，鼓励其推销热情；在实行推式策略的情况下，要求推销人员充分运用推销技巧和推销手段，进行创造性的推销工作，促成顾客的购买行为。

3）市场供求形势

在运输需求的旺季，运输产品供不应求，运输企业推销人员的主要任务是合理安排货物的运输，对于无法及时由本企业运输的货源，积极帮助货主联系其他运输企业或运输方式，保证货主的经济利益不受损害，从而缓和产需矛盾，维持并发展与货主建立的长期、良好的关系。在运输需求淡季，市场供过于求，推销人员的目标则是运用各种推销手段努力争取货源。

4. 运输企业人员推销的过程

要确保推销成功率的提高，推销管理人员需要对推销活动过程有一个全面的认识，这样既有利于管理人员对推销活动进行有效的控制，也有利于推销人员的自我管理。推销活动一般可以分为5个过程：推销准备、访问顾客、处理异议、达成交易、顾客关系维持。

1）推销准备

推销准备阶段是推销活动的基础，包含三个方面的内容。第一是推销人员的自我准备，主要是要树立自信心，确立推销的目标和把握推销的原则。自信心是成功的必要条件，适当的目标可以提高推销的效率，运输企业推销人员在推销中还需要把握的原则是：既满足顾客需要，照顾顾客利益，又能为企业盈利。第二是要寻找与把握顾客。寻找顾客的方法有很多，大体可分为两类：一类是推销人员通过个人观察、访问、查阅资料等方法直接寻找；另一类是通过广告、朋友介绍或社会团体与推销人员之间的协作等方法间接寻找。在访问顾客之前，推销人员需要尽可能详细地了解顾客相关的现状和历史，如选用的运输方式、运量大小、运输要求、满意程度、存在问题等，做到心中有数。第三是要了解本企业能提供的产品。针对即将访问的目标顾客的特点，掌握本企业可为其提供的相关产品的所有信息，包括到发时间、运输期限、运输条件、办理手续、运输价格等目标顾客关心的信息，以及竞争产品的相关信息。知己知彼是推销准备阶段要达到的总体目标。

2）访问顾客

访问顾客包括：拟订访问计划，约见顾客，倾听顾客意见。为了顺利达到访问的目的，需要制定周密的访问计划，访问计划中应确定访问时间和地点、访问中的一些行动提要，以及准备好的资料。在约见顾客时要争取取得与顾客面谈的机会，可事先通过电话、信函等与顾客取得联系。在约见顾客时要注意倾听顾客的意见，要明确货主对运输过程最看重的是什么，是速度、价格、安全，还是其他，从而使说服工作具有针对性。

3）处理异议

运输企业的推销人员在上门与货主联系时，可能会碰到两种截然不同的态度：一种是货主非常欢迎，推销工作进展顺利；另一种是货主曾在本企业有过不愉快的经历，或对本企业抱有成见，态度很不友善。面对货主的敌对态度，推销人员要耐心地找出症结所在，针对顾客的问题，切实提出解决的方案，以诚心打动顾客。

4）达成交易

达成交易是整个推销过程的关键时刻，推销人员要善于捕捉顾客发出的成交信号，利用建议成交的一些技巧，把握成交的机会和分寸，达到签订运输合同的目的。

5）顾客关系维持

交易达成并不意味着推销工作的结束，而应看作新的推销工作的开始。推销人员应认真执行运输合同中所保证的条件，做好用户回访，听取用户的感受、要求并尽量满足，以促使顾客产生对企业有利的后续购买行为和吸引新顾客。

9.2.3 运输企业营业推广

营业推广也称销售促进（sales promotion，SP），是一种成熟的促销手段。曾任美国促销协会主席的罗宾逊曾说："广告创造了有利的销售环境后，营业推广就可以将商品推进输送管中。"在过去的十年里，国际性的发展趋势是营业推广的费用在全部促销费用中的比例越来越大，甚至比广告费用还高出许多。运输企业也越来越多地采用营业推广方式进行促销，并在实践中取得了积极的成果。

1. 营业推广概念

营业推广是构成四大基本促销组合的一个重要元素。不同的机构、学者对营业推广有不同的解释。美国市场营销学会（AMA）对营业推广的定义是："营业推广是人员推销、广告和公共关系之外的，用以增进消费者购买和交易效益的那些促销活动，诸如陈列、展览会，规则的、非周期性发生的销售努力。"国际营销大师菲利普·科特勒对营业推广所作的定义为："营业推广是刺激消费者或中间商迅速或大量购买某一特定产品的促销手段，包含各种短期的促销工具。"狭义的营业推广定义为："在给定的时间及预算内，在某一目标市场中所采用的能够迅速产生激励作用、刺激需求，并达成交易目的的促销措施。" 营业推广的定义虽然表述很多，但都包含以下基本特征。

1）不规则性和非周期性

典型的营业推广不像人员推销、广告、公共关系那样作为一种常规性的促销手段出现，它往往是由于短期和额外的促销工作，其着眼点往往在于解决一些更为具体的促销问题，因而常常不规则、非周期地出现。

2）短期效益显著

一般来说，只要营业推广的方式选择运用得当，其效果往往可以很快地在经营活动中显现，不像广告、公共关系那样需要一个较长的周期。因此，营业推广适宜作为实现短期具体目标的促销方式。

3）灵活多样

营业推广由刺激和强化市场需求的花样繁多的各种促销工具组成。现今的营业推广活动比过去的折扣、赠券、抽奖等方式更加丰富，出现了联合促销、服务促销、以顾客满意（CS）为目的和标准的满意促销等新的形式。

2. 营业推广的作用

一般而言，营业推广具有以下方面的积极影响。

1）加速新产品进入市场的过程

当旅客或货主对刚投放市场的运输新产品还未能有足够的了解，并未作出积极反应时，通过一些必要的营业推广可以在短期内迅速地为新产品开辟道路。比如采取欲取先予的战术，先让消费者免费试用新产品的样品，以此来引起消费者对新产品的兴趣和了解，提高重复购买的频率。

2）说服初次使用者再次购买，以建立购买习惯

如果运输产品交付了承诺的利益，营业推广就能帮助获得再购，这样可以建立起旅客和货主的购买习惯。一个持续的营业推广计划，会设法要求消费者换取赠品或换购，以此鼓励重购，最终形成购买习惯。

3）与竞争者争夺市场

当市场上同类商品种类较多，消费者预购而又犹豫不决时，用赠奖和折价的做法能在短时间内刺激消费者选择品牌、转移原有的偏好，把竞争对手的顾客拉向自己这方，使之产生兴趣，并采取购买行动。

4）平衡供求关系

由于运输产品是不可储存的，营业推广可以帮助运输企业在任何一个给定的时间，使需求能力和供给能力尽可能相符。最简单的策略就是：在需求旺季努力减少需求，而在需求低谷时期刺激需求，使之增长。特别是在受运输企业形象、顾客满意度影响而导致旅客或货主光顾频率下降的情况下，营业推广效果尤为明显。

然而，营业推广计划同样会在某些方面束手无策，也存在其局限性。

（1）营业推广不能挽回已经衰退的产品的销售趋势

如果产品的销售已大幅度地衰退，或产品在生命周期的较后阶段，营业推广只能引起瞬间的收益以延缓最后的死亡，但却不能拯救一个垂死的品牌或产品。

（2）单靠营业推广不能建立品牌忠诚度

营业推广能增加知名度和试用度，若运用得当，也有利于维护品牌忠诚度。但这是一项短程的激励，一般难以建立品牌的忠诚，消费者只有对某产品或服务感到满意才会建立起品

牌的忠诚度（loyalty）。用推广得来的生意，也往往会被推广所遗弃。如果企业只注重短期销量的增长，一味采用营业推广活动促销，而忽视产品品质形象的建立，最终会失去竞争市场。

3. 营业推广方式

在现实的销售活动中，营业推广是由刺激和强化市场需求的花样繁多的各种营业推广工具实现的。这些工具根据所采用的技术手段的激励性质，分为 4 类：免费类、优惠类、竞赛类，以及组合类，它们组成了营业推广整体。

1）免费类

免费营业推广是指旅客或货主免费获得赠给的某种特定的物品或利益。在提供短程激励的营业推广领域里，免费赠送类营业推广的刺激和吸引强度最大，消费者也最乐于接受。运输企业使用的主要免费工具有赠品和交易印花两类。

① 赠品。一般以消费者为对象，以免费为诱因，来缩短或拉近运输产品与消费者的距离。运输企业常用的赠品有车票、纪念品和旅行过程中其他的附加服务。如很多航空公司在航线开航的首航仪式中会向重要公众、大众传媒公众赠送机票，向每位乘客赠送纪念品。冬季北方乘客去南方旅行，换装是一件麻烦事情。1999 年韩亚航空公司推出免费提供衣物寄存服务，受到飞往南太平洋岛国和东南亚国家乘客的广泛欢迎，尤其受到旅行归来需要立即上班工作的乘客欢迎。这些运输企业都是以赠品的形式开展营业推广的，起到了刺激消费的作用。

② 交易印花。这是一种古老而极具影响力的营业推广手段，其受消费者喜爱的程度不尽相同。它是指在活动期间，消费者收集积分点券、标签等证明（印花），达到某个数量，或是重复购买某项商品达到要求次数时，可向厂商兑换赠品的一种营业推广方式。如上海航空公司不定期地更换机票封面的底色，在一定时期内，如某乘客保有 4 种不同底色的机票封面，可赠予免费机票一张。

2）优惠类

优惠类的营业推广能让消费者或中间商用低于正常水平的价格获得某种特定的产品或服务。其核心概念是：推行者让利，接受者省钱。优惠营业推广重点是折扣的运用，主要采用折价券和折扣优惠两种形式。

① 折价券。这是最古老但至今仍风行的最有效的营业推广工具之一。它采用邮寄、附于商品或广告中赠送的方式，向潜在顾客发送小面额有价证券，持券人可凭券在购买运输产品时享受优惠。折价券在某种运输产品未能如期销售或获利时，为协助运输产品达到如期的目标而特别策划的促销活动，即赠送折价券是最有效的手段。

② 折扣优惠。这是下调运输产品价格，即降低利润，让利于顾客。这种促销方式因其最能与竞争产品的价格相抗衡而深受大多数运输企业的喜爱。在运用折扣优惠上，航空公司是所有运输企业的先行者。在航空公司整个旅客运输收入中，始终占有较高收入比例的是一部分为数不多的经常乘坐航班的公务、商务旅客，这部分旅客被称为“常旅客”，航空公司为之推出了“常旅客优惠计划”。海南航空公司是我国最早推出常客优惠办法的：凡购得常客卡的旅客一年内乘坐海航航班里程累积超过 30 000 千米时，可获赠一张六折机票；累计里程超过 50 000 千米时，可得一张免费机票。除常旅客计划外，海南航空公司还对在各地提前 15 天购买海航往返机票的乘客、团体票提供 95%的优惠；对新婚夫妇蜜月旅行、三人以上家庭旅行给予相应的折扣等一系列折扣优惠措施。

3）竞赛类

竞赛类营业推广是利用人们的竞争、好胜和追求刺激的心理，通过举办有奖竞赛、抽奖等富有趣味和游戏色彩的活动，吸引消费者、中间商的参与兴趣，推动和增加销售。运输企业常采用的方式是抽奖。海南航空公司在海口—北京、海口—上海的航线上，每个航班都会进行一次机上抽奖，旅客在欢快兴奋之余，还有机会获得海南航空公司提供的任意航班的免费机票一张。在海口—上海的航线上，还推出“泰国七日游幸运大抽奖”活动，每星期抽取一名幸运旅客，享受公司提供的免费泰国七日游。

4）组合类

组合类营业推广是一种综合的手段，一般包括联合促销、信用卡积分计划等形式。

① 联合促销。这是指两个以上的企业，基于相互利益，共同进行广告及共同推广产品和服务。比如运输企业可以与旅游业、宾馆、购物超市联合促销，顾客只要与其中一家有交易活动，便可在各个环节均享受到优惠。如泛美航空公司和 Sheraton 宾馆推出的名为“高尚享受”（experience with style）的联合促销活动，凡乘坐泛美航空公司飞机头等舱的旅客，可在 14 个国家的 41 家 Sheraton 宾馆住宿时享受折扣优惠，且每晚可获得价值 10 美元的小礼品兑换券一张。再如美国联合航空、达美航空、美国航空与美国长途电话业巨头 AT&T 公司进行联合促销。AT&T 公司长途电话的顾客可以享受这三家航空公司提供的优惠。因此，常乘坐这三家航空公司的旅客在打长途电话时多数会选择 AT&T，而常使用 AT&T 长途电话的顾客外出时也多数会在这三家航空公司中选择。联合促销的费用是由参与者分摊的，所以它既可以降低他们各自的促销费用，又可以使不同的公司分享彼此的市场份额，提高品牌的知名度。

② 信用卡积分计划。与传统的赠品印花本质上是相同的，但它改造了印花的方式，消费者不再有收集和保存印花的麻烦，而换成信用卡的自动积分或集点。这同样起到了鼓励消费者重复购买的作用。航空公司与银行联合推出的飞行里程积分信用卡可能是加拿大人最普遍使用的一种积分卡。温哥华的 CIBC 银行提供一种信用卡，可以积累加拿大航空公司的飞行里程。它有一种金卡，每年交一定年费，但一开户就送 5 000 个积分，然后每用它购买 1 元的东西，就可积累 1 飞行里程。加拿大 45%的百万富翁拥有这种信用卡，如果他们一年平均购物 12 000 元，他们就积累了 12 000 飞行里程。加拿大航空公司再根据换算表告诉旅客多少积分可以飞到什么地方。比如，15 000 个积分可以免费从温哥华飞到邻省阿尔伯特，或飞到邻近的美国华盛顿州。

4. 营业推广策划过程

在运用营业推广的过程中，需要进行一系列的策划活动，其中主要的企划包括：建立营业推广目标；选择营业推广工具；制订营业推广方案；试验、实施和控制方案；评估营业推广效果。

1）建立营业推广目标

一般来说，这一目标是从总的促销组合目标中引申出来的。从根本上说，它是受企业市场营销总目标所制约的，表现为这一总目标在促销策略方面的具体化。

运输企业的营业推广目标与其他企业的营业推广目标相比，更侧重于缓和过剩或过低的市场需求。具体目标可能有：提高目标市场对运输产品的认知度；介绍运输产品的附加利益；鼓励对新型运输产品的尝试性消费；鼓励非目标市场对已有的服务项目进行尝试；劝说已有顾客继续购买该企业提供的运输服务，而不转向其他企业；缓和顾客需求模式，在需求过旺时降低顾客需求，在需求偏低时鼓励顾客消费；针对一个或几个运输服务竞争者不定期地进行一些防御性或进攻性的促销活动，以保持或扩大自己的市场份额等。运输企业促销部门要根据企业和产品所处的不同阶段，确定一定时期内具体的营业推广目标并尽可能使其量化。

2）选择营业推广工具

营业推广的工具多种多样，各有其特点和适用范围。在选择营业推广工具时要考虑以下影响因素。

（1）营业推广目标

特定的营业推广目标往往对工具的选择有着较为明确的条件要求和制约，从而规定着这种选择的可能范围。

（2）竞争条件和环境

这包括企业本身在竞争中所具有的实力、条件、优势、劣势及企业外部环境中竞争者的数量、实力、竞争策略等因素。

（3）促销预算

市场营销费用中有多少用于促销费用，促销费用中又有多大份额用于营业推广，这些往往对营业推广工具的选择形成一种硬性约束。

3）制订营业推广方案

制订营业推广方案时，需要注意以下几点。

（1）比较和确定刺激程度

要使促销取得成功，一定程度的刺激是必要的。随着刺激程度的增加，市场销售量会增加，但到了一定程度后，其效应出现递减现象，因此，要对以往的促销实践进行分析、总结，并结合新的环境条件确定适当的刺激程度。

（2）营业推广对象的选择

这种刺激是面向目标市场的每一个人还是有选择的某类群体，群体范围控制在多少，哪类人是促销的主要目标，这种选择的正确与否都会直接影响到促销的最终效果。

（3）营业推广媒介的选择

比如，我们选定折价券这种促销工具，那么还要进一步确定有多少用来邮寄，多少用来放在杂志、报纸等广告媒介中，而这些又涉及接受水平和开支水平不同的问题。

（4）营业推广时机的选择

在什么时间开始发动这场促销战役、持续多长时间效果最好等也是值得研究的重要问题。推广时机选得好，能起到事半功倍的效果；时机选择不当，效果会适得其反。比如，在我国，航空旅行的客商正在迅速增加，哪家公司先提出常客标准，推广实施常客优惠，就可能领先一步把航空旅行常客揽到本公司来。一旦成为某公司的常客，其他公司就难以吸引这批旅客了。营业推广若持续时间短，由于在短时间内无法实现重复购买，很多应获取的利益就不能实现；但若持续时间过长，又会引起开支过大而降低刺激购买的力量，并容易使企业产品在顾客心目中的身价下降。有关研究表明，每次营业推广的持续时间以平均购买周期的时长为宜。

（5）营业推广预算的分配

即营业推广预算在各种促销工具和各个产品之间的进一步分配。这就要考虑各种促销工具的使用范围、频度以及各种产品所处生命周期的不同阶段等多种因素的平衡和确定。

4）试验、实施和控制方案

在具体运用各种营业推广方式之前，如果有条件，应进行试点效果测试，以确定推广方式和途径是否有效，并及时决定取舍。试点成功后再全面推广。在执行过程中，应实施有效的控制，及时反馈信息，如发现问题，应立即采取有效措施进行方案的调整与修改。

5）评估营业推广效果

评估营业推广效果是一项重要而困难的工作。应当明确，评估工作事实上在选择促销手段之前就已经开始了。在营业推广方案实施结束之后对其有效性要进行总的评估，最简单而普遍的方法是比较促销前、促销间和促销后的销售变化，还可以通过变更刺激程度、促销时间和促销媒介来获得必要的经验数据进行比较、分析，最后得出结论。

9.2.4 运输企业公共关系

在买方市场下，公共关系的促销功能越来越受到青睐，通过公共关系的谋略和手段，达到树立运输企业良好形象、促进销售的目的，已成为现代企业的战略选择。

1. 公共关系的概念

公共关系（public relation）是指一个社会组织通过信息传播与沟通手段，与社会公众建立良好的关系，增进公众对组织的认识、理解与支持，树立良好的组织形象而进行的一系列活动。公共关系是一种间接的促销方式，不求直接的经济效益，具有可信度高、传达力强的特点，较其他促销方式有其特殊的意义。在实践中，人们常常把公共关系与其他社会活动相混淆，为了有效地利用公共关系的促销功能，需要正确地认识公共关系，将它与其他社会活动区分开来。

1）公共关系与广告

公共关系与广告的关系相当密切，它们都要借助传播媒介来传递信息。公共关系活动可以采用广告来扩大影响，“公共关系广告”就是公共关系与广告的结合。但公共关系与广告又有区别，主要表现为以下三个方面。

（1）传播原则不同

公共关系要求传播的信息既真实可靠，又要公开事实真相，不能歪曲事实，遮掩事实。因此，真实性和公开性是公共关系的传播原则；广告要求传播的信息既真实可靠，又要有感染力，允许采用旨在引起人们的兴趣但又不致使人们受骗的夸张、渲染，虚构等手法，因此，真实性和艺术性是广告的传播原则。

（2）目的不同

公共关系的目的是树立企业整体形象，使企业能够长期地健康生存和发展；而广告主要是以推销企业的产品或服务为目的。

（3）影响力不同

公共关系旨在协调企业的社会公众关系，树立企业的良好形象，争取企业的长期健康发展；广告是针对某种产品或服务的销售目标而制定的促销活动，它只对某种商品或服务的销路产生直接的影响。

2）公共关系与社交

社交与公共关系一样，是人们相互接触、了解和沟通的一种最常见的方式，社交在某种意义上是公共关系的一种活动方式和手段。但二者又有很大的差异。

（1）主体不同

公共关系的主体是组织，着重处理社会组织与其公众的关系；而社交的主体是个人，着重考虑个人与个人的关系。

（2）目标不同

公共关系是以塑造良好的企业形象为目标；社交则是为了建立个人之间的和谐的人际关系。

（3）手段不同

社交主要是通过个人之间的语言符号和非语言符号进行相互间思想与感情的传递、交流和沟通；公共关系虽然可以利用社交手段，但更主要是利用大众传媒与公众进行沟通。

3）公共关系与宣传

宣传是社会组织通过传播一定的观念来影响或控制他人的信仰、态度或行为的有系统的劝说活动。公共关系和宣传都是一种劝说活动，都经常使用各种传播媒介来开展社会活动，二者有相似之处，但公共关系与宣传有很大的不同，主要表现在以下三个方面。

（1）目的不同

公共关系的目的是争取社会各界的理解、支持和合作，而宣传则是通过传播活动来影响和控制他人的思想。

（2）传播方式不同

公共关系是社会组织与社会公众之间信息的传递和交流，它既强调及时、准确地向公众传播社会组织的有关信息，又注重社会公众的信息反馈，因此，公共关系重视信息的双向沟通。一般的宣传只是一种单向传播，即仅仅是向外的宣扬，虽然有时也有信息反馈，但不一定非要反馈信息。

（3）工作方法不完全相同

新闻宣传是事实的反映，不能为了某种意图有意识地制造事实。但公共关系却经常采用“制造新闻”的工作方法，达到轰动舆论效果、提高本企业及其产品知名度的目的。

2. 运输企业公共关系的基本职能

公共关系活动的作用正日益受到营销者的关注，其基本职能有以下几方面。

1）树立企业形象

良好的社会形象是运输企业竞争的重要法宝，是企业一项重要的无形资产。公共关系活动的主要目的就是塑造运输企业良好的社会形象，提高企业的知名度和美誉度。对于一个运输企业来说，如果它在社会公众中信誉卓著，形象好，它就能因此吸引更多的旅客和货主，能招揽到优秀的拔尖人才，能增强职工的凝集力和归属感。而塑造并维护组织的美好社会形象，正是公共关系工作的中心所在。另外，通过运输企业各种公益和社会活动，可以起到宣传企业产品的作用，不仅能使公众对企业产生良好、深刻的印象，还能对其产品的质量产生信任感。

2）协调沟通

公共关系活动可以沟通、协调企业与政府、新闻机构、消费者等内外公众之间的各种关系。如企业与新闻媒体界建立良好的关系，能保证对企业经营有利的信息传达通畅。与消费者建立良好的关系，能增强消费者对企业及其产品的信任并起到防患于未然的作用。而公共关系对于运输企业危机事件的处理更是其他管理活动无法替代的。运输企业的生存和发展是处在一个纷繁复杂的内外部关系之中，在企业成长过程中，常常发生各种纠纷。例如，最常见的是在运输过程中由于货损货差，服务质量与旅客、货主发生冲突，以及企业与附近居民在大气污染、噪声等问题上发生冲突。这些冲突纠纷，往往涉及社会公众如新闻界、法律界、政府部门等，有的纠纷还会引起地方的、全国的及至世界的关注，造成广泛的社会影响，对企业的信誉具有极大的危害性。因此，运输企业要充分发挥公共关系的协调功能，妥善处理与外部公众的关系，尽量减少与外部公众的纠纷，缓和冲突，形成一种友好合作、共同发展的宽松和谐的外部环境。

3）咨询决策

公共关系的咨询决策是指运输企业的公关人员为决策层和各管理部门提供公共关系方面的建议和资料，使决策更加科学化、系统化，并照顾到社会公众的利益。

3. 运输企业应处理好的几个关系

运输企业运用公共关系手段促销，主要应处理好以下几个方面的关系。

1）与消费者的关系

公共关系要树立以消费者为中心的思想，积极主动地争取消费者，处理好与他们的关系。具体工作有三个方面。

① 做好旅客、货主的需求调查，加强与他们之间的沟通。

② 在为旅客、货主服务过程中推进公共关系，赢得他们的理解和信任，树立良好的企业形象。

③ 重视旅客、货主的投诉。企业公关人员无论遇到何种投诉，都应认真地对待和处理，切莫偏袒内部职工而对投诉置之不理。只有正确处理投诉，才能消除与旅客、货主的误会和摩擦，增进相互了解，建立持久的合作关系。

2）与相关企业的关系

现代企业市场营销，无时无刻不与相关企业发生联系。运输企业的相关企业有两类：一类是与企业进行竞争的同类企业，另一类是与本企业有着业务往来的协作单位。在处理与竞争企业的关系时，公关工作要树立公平竞争的思想，正确处理竞争过程中的纠纷，绝不采用不合法、不正当或不道德的手段，以免损害企业自身的形象和声誉。在处理与协作单位的关系时，应当加强联系、互通信息、互惠互利、共同发展。

3）与政府的关系

政府不仅是国家权力的执行机关，还是国家经济发展的宏观调控者。企业的活动应服从政府的监督，因此公共关系工作必须正确处理好与政府的关系。

4）与社区及新闻媒介的关系

社区是指企业所在地的组织和居民，企业与社区有着千丝万缕的联系，只有建立融洽的社区关系，企业才能立脚生根。新闻媒介对企业的影响也较大，它可以创造社会舆论，影响企业的形象。运输企业应主动与新闻媒介保持经常的联系，积极合作，通过新闻媒介树立良好的社会形象。

5）企业内部的关系

企业内部员工之间、各部门之间的关系是否融洽，直接关系到企业的生产经营。加强企业内部的沟通与团结，增强企业凝聚力，激发员工的主人翁意识，是公共关系的目标之一。由于运输产品是多部门联合生产的结果，运输企业内部更是需要团结合作，才能保证生产安全、顺利、高效地进行。

4. 公共关系促销的原则

1）公众利益原则

现代市场营销观念要求企业注重与环境的和谐，实现社会的可持续发展。大量事实表明：在现代社会中，任何一个企业为了生存，只顾追求自身利益，而忽视社会整体效益，其结果必然会破坏自己赖以生存的条件。因此，在公关促销策划时必须注意企业在追求自身利益时，还要兼顾公众利益，维护社会整体效益。通过公共关系的宗旨来指导企业的经营，能减少企业与市场营销环境的摩擦。特别是运输企业，运输生产场所流动，涉及面广，更要考虑公众的利益。如旅客在铁路沿线产生的白色垃圾，汽车废气对大气的污染，飞机起降时对机场附近居民的噪声危害，都将损害公众利益，运输企业应该本着为公众利益着想的原则出发开展公关促销活动，为自身长足发展创造一个良好的整体环境。

2）把握时机原则

运输业深入社会生活的每一领域，在社会中发生的诸多受全社会瞩目的大事件都或多或少地与运输业发生关系，如果运输企业善于把握这些时机开展公关活动，往往能达到“事半功倍”的效果。例如，“9·11”事件是世界上的一次重大历史事件，对世界的运输业，尤其是航空业产生了重大的影响。“9·11”周年纪念活动备受世界关注。美国一家航空公司 Spirit Airline 独树一帜，在“9·11”周年祭来临之际，宣布“9·11”周年祭乘机免费，立即接到超过 10 万个的订票申请，仅一天该公司提供的所有 1.34 万张机票在几个小时内被预订一空。公司机票预订中心的电话响个不停，公司网站也因为访问者过多而发生网络大塞车。董事会成员和所有公司高级官员在 2002 年 9 月 11 日这一天亲自到机场为乘坐免费航班的乘客送行。美国大小媒体都报道了此事，一时间“Spirit Airline”成了媒体上出现频率最高的公司。虽然公司估计此举带来 50 万美元的经济损失，但这一活动带来的社会效应和广告效应，远远超过了公司的 50 万美元机票损失。可以说，Spirit Airline 已经从一个名不见经传的小公司，一下成为全美著名的“爱国航空公司”。

3）诚实信用原则

任何企业不可能十全十美。在公关促销策划时，企业要敢于面对自己的不足之处，以坦诚的态度向公众介绍自身的客观情况，借以获得社会公众的信任。企业作出的各种承诺，必须真正兑现。使用虚假宣传，可能会获得短时的利益，但最终必会失去公众的信任与支持，被社会所抛弃。

4）奇特性原则

企业在进行公关促销策划时，应力求新颖别致，不落俗套，不可人云亦云。要用既大众化又奇招迭出的方法吸引公众。有些企业虽也重视公关宣传，但由于公关促销活动单调沉闷，毫无新意，导致花了大价钱却收效甚微，这是不可取的。

5. 运输企业公共关系促销的方式

1）公共关系宣传

公共关系宣传就是运输企业利用各种宣传途径有意识地向外宣传自己，形成有利的社会舆论。宣传途径主要指报纸、广播、电视等新闻传播媒介等。

2）公共关系广告

公共关系广告是指组织为了提高自身的知名度和美誉度，树立良好的组织形象，而有计划地通过传播媒介向公众宣传有关组织的信息，密切组织与公众的感情联系的一种活动。公共关系广告，目的不是直接推销商品，而是希望人们接受组织的观点，以此影响公众意向，树立良好形象，因此又称之为形象塑造广告。

3）公共关系专题活动

公共关系专题活动也称公关特殊事件，是为了达到预期的公关目标，公共人员有计划开展的各种社会活动。运输企业公共关专题活动中可以采取展览会、赞助活动、参观游览等各种形式。

（1）展览会

展览会是通过实物、文字、图表、图片等，来展现企业成果、特征，以及推广产品、宣传企业形象的活动。运输企业特别是大型运输企业通过办展览会，可以集中展示企业的成果和发展趋势，有利于双向沟通，并能利用这一机会制造新闻，及时宣传，扩大影响。

（2）赞助活动

赞助活动是企业通过无偿地提供资金或物质，支持某一项公益事业的活动。通过赞助活动，可以树立企业关心社会公益事业的良好形象，培养企业与某类公众的良好感情，承担必要的社会责任，有效地体现企业的社会责任感。

（3）参观游览

组织参观游览可以使参观者对运输企业的工作环境和工作过程等有一个真实、生动的了解，是开释人们对一些事件或某一机构产生怀疑的一剂良药。它能客观地证明企业的存在是有利于社区，有利于公众的，以得到公众的理解和支持，使公众对企业产生兴趣和好感，增强企业的美誉度。

4）危机公关

危机公关是指由于企业遭遇突发事件或重大事故而引发的对企业不利的宣传报道，使其正常的生产经营活动受到影响，特别是原来良好的企业形象遭到破坏时，如何从公共关系的角度应对处理，通过协调努力和适当沟通减少或消除对企业形象的负面作用，使得企业在最短的时间内，以尽可能低的成本度过危机的公关活动。在危机公关中，企业应保持镇定，判明情况，找准病因，对症下药。要以诚取信，使用真实报道，争取公众的谅解和配合。公关人员在开展危机公关时，要秉公处事，不能有所偏向，既要维护企业形象，又要注重保护公众利益，并与媒体界保持良好关系，控制事态的发展，尽快恢复企业的社会声誉。

9.3 运输企业促销策略案例

英国航空公司“全球头号大奖”活动

英国航空公司成立于1924年，提供150多个航点的客运和货运服务，飞行网络覆盖全球，获得很多国际殊荣。但由于海湾战争，公司航空业收入滑到成本线之下，机位大量闲置，经济衰退更是雪上加霜。管理层眼见公众逐渐远离自己的航空公司，于1991年3月在全球推出“全球头号大奖”活动。

“全球头号大奖”分两步进行。第一步是“免费飞行日”。这一天，英航在世界各地的国际航线上的 5 万个座位中，每一个都有可能是免费的，这些座位可能出现在世界每一个地方的每一架飞机上。想参加活动的旅游者可以申请免费座位，幸运者将从公司在各国市场同时举行的系列抽奖活动中产生。第二步是为期 6 个月的促销计划，让乘客免费乘船旅游和用免费购物券在购物场所购物。为了帮助促销这项活动并在各客源市场最大限度地提高此项活动的知名度，世界各地有 1 000 余名旅游代理商和他们的夫人被邀请到伦敦，在伦敦市政厅和汉普顿宫受到了款待，此外还开展了众多的特别活动，如在唐宁街与首相和交通部长合影，在美国参加全国广播公司《今日》特别节目等。并与英国的入境旅游局协作，开展多种优惠促销活动，发展英国旅游业。

为了激发公众的兴趣与好奇心，在最短时间内营造最大的广告认知度与宣传效应，英国航空公司对活动时间安排的精确无误，对筹备活动加以保密，没有向公众泄露任何活动内容，直至活动开始前三天才通过各项完全整合沟通渠道报道活动的详细行程。营销活动的消息一发布，公共关系部门就用各式各样的关于"全球头号大奖"的新闻故事和图片来保持活动的强劲势头，从约翰内斯堡到吉达，从悉尼到旧金山，从东京到多伦多，从罗马到里约热内卢，从香港到赫尔辛基，在所有 67 个有英航服务网点的城市一一举行，60 个国家的 435 名记者、摄影师和节目制作组成员分别登上了 87 个航班。并且英国航空公司在电视、车内、报纸、杂志和其他户外媒体大做宣传，扩大认知度；再加上路演，增加参与率。3 月 30 日举行了抽奖仪式，邀请新闻电台对中奖者进行实时报道；于 4 月 23 日起飞，命名为"起来飞走的日子"，这一天正好是圣乔治节，增加了节日的喜庆。

英国航空公司通过周密的安排和各个环节的紧密配合，使这次营销活动获得很大成功，达到多赢局面，表现在以下 4 个方面。

① 树立英国航空公司作为首选的航空公司的领袖形象和良好的企业形象，使旅客们重新回到空中。通过这次活动，恢复了旅客对航空的信心，改变了航空业不景气的现象，促进了英国旅游业的发展，为英国的经济增加了动力。

② 拉近了与公众的距离，开拓了市场。增强了公众对英航的认知和亲近感，并且此次营销影响巨大，影响力延伸到了航线以外，吸引了更多的旅客。

③ 增加营业额。此次活动吸引了全球各地的人们，积极订票以期成为幸运儿，使航空收入重新回到成本线以上。

④ 商号连手产生巨大的辐射效应。

英国航空公司的此次活动产生了巨大的辐射效应，所有搭乘英航航机的旅客均获赠优惠册子，优惠由 140 多家食肆、酒店、零售、娱乐及交通等机构提供，全面照顾旅客的吃、喝、玩、乐、衣、食、住、行，实现了多赢的目标。

[思考]

1. 英国航空公司使用了哪些促销手段？
2. 这次促销活动获得成功的原因是什么？

复习思考题

1. 运输企业促销有哪些特点？

2. 简述运输产品促销组合概念及各组成部分的具体含义。
3. 运输企业的广告分为哪两类？有何作用？
4. 试分析运输企业应用人员推销的条件。
5. 营业推广的目的是什么？有何特点？
6. 营业推广有哪些方式？
7. 理解运输企业公共关系促销的原则与方式。

第 10 章

运输企业网络营销

【本章内容概要】

本章在介绍网络营销的基本概念和特点的基础上，阐述运输企业网络营销的基本策略，并附有营销案例。

【本章学习重点与难点】

学习重点：了解运输企业网络营销的基本概念及特点；理解运输企业网络营销的基本策略。

学习难点：运用运输企业网络营销的基本理论，正确进行运输企业网络营销案例分析。

10.1 网络营销基本概念

10.1.1 网络营销的含义

20 世纪 90 年代初，Internet 的飞速发展在全球范围内掀起了互联网应用热潮。网络技术的应用改变了信息的分配和接受方式，改变了人们的生活、工作、学习和交流环境。互联网的商用潜力被挖掘出来，世界各大公司纷纷依托互联网积极改组企业内部结构和探索新的营销方法。如今，企业正面临前所未有的激烈竞争，消费者主导的营销时代已经来临。市场出现个性消费的回归，消费者能够甚至渴望作出选择，个性化消费将再度成为消费的主流。企业已经很难从传统营销中找到新颖独特的方法来从竞争中出奇制胜，必须组织更深层次的经营形式，增强企业的竞争优势。

网络营销是一种建立在互联网基础之上的全新营销方式。网络营销不单纯是网络技术，而是一种新型的市场营销形式；网络营销不单纯是网上销售，而是企业现有营销体系的有利补充。网络营销是 4C（顾客的欲望和需求，consumer’s wants and needs；满足欲望和需求的成本，cost to satisfy wants and needs；方便购买，convenience to buy；与消费者的沟通，communication）营销理论的必然产物。

网络营销是以 Internet 为中介媒体的市场营销形式，其实质是利用 Internet 对产品的售前、售中、售后各环节进行跟踪服务，包括寻找新客户、服务老客户，它是企业以现代营销理论为基础，利用 Internet 技术和功能最大限度地满足客户需求，从而开拓市场、增加盈利为目标的经营过程。本章从市场营销的角度出发定义网络营销。它是在传统营销理论指导下，对营销手段和营销策略实行网络化的创新性变革，并在此过程中丰富和发展传统营销理论。网络营销的价值在于可以使商品从生产者到消费者的价值交换更便利、更充分、更有效率。

10.1.2 网络营销的特点

市场营销中最重要也最本质的是企业和个人之间进行的信息传播和交换。如果没有信息交换，交易就成了无源之水。正因为如此，互联网也使得网络营销具备了以下特点。

1）跨时空

由于互联网具有超越时间约束和空间限制的功能，通过网络企业能够有更多的时间和更大的空间进行营销，24 小时随时随地提供全球性营销服务。

2）多媒体

互联网可以传输多种媒体信息，如文字、声音、图像等。这使得信息交换可以存在多种形式，营销人员可以充分发挥其创造性和能动性。

3）交互式

互联网可以展示商品目录，为顾客提供有关商品信息的查询，就交易内容与顾客进行沟通，对产品的售后情况进行跟踪调查等。它是商品信息提供和服务的最佳工具。

4）人性化

互联网上的促销可以避免推销员强势推销的干扰，通过信息提供与交互式交流和消费者建立长期良好的关系。

5）成长性

互联网使用者数量快速增长并遍及全球，大多数都是年轻人、中产阶级、高教育水准人群，由于这部分群体购买力强，是一种极具开发潜力的市场渠道。

6）整合性

企业可以借助互联网将不同的传播营销活动进行统一规划和协调实施，以统一的传播活动向消费者传达信息，避免传播不一致性产生的消极影响。

7）超前性

互联网是一种功能强大的营销工具，它同时兼具电子交易、互动服务以及市场信息分析与提供的多种功能。它所具备的一对一营销能力，正是企业营销的未来趋势。

8）高效性

计算机可储存大量的信息，传送的信息数量与精确度，远超过其他媒体，并能适应市场需求，及时更新产品或调整价格，因此能及时、有效地了解并满足顾客的需求。

9）经济性

通过互联网进行信息交换，代替实物交换，减少印刷与邮递成本，可以无店面销售，免交租金，节约水电与人工成本；另外，可以减少由于迂回多次交换带来的损耗。

10）技术性

网络营销是建立在以高技术作为支撑的互联网的基础上，企业实施网络营销必须有一定的技术投入和技术支持，引进懂营销与电脑技术的复合型人才，才能保证企业的竞争优势。

10.2 运输企业网络营销的概念

10.2.1 运输企业网络营销

1. 运输企业网络营销含义

现代网络营销学以彻底的“以消费者为导向”的营销哲学为指导，以先进的网络技术和信息技术为依托，包括与市场有关的一系列企业网络营销管理活动。网络营销可以联结市场需求和企业生产，企业可以通过它来把消费者需要和市场机会变为有利可图的公司机会，并通过它提高企业的经营效益。

运输企业网络营销属于微观市场网络营销的范畴，是指在网络经济时代，借助于互联网来更有效地满足运输市场上顾客的运输需求和欲望，从而实现运输企业营销目标的一种手段，是利用互联网所进行的一切实现运输产品交换的营销活动。它始于运输生产之前，贯穿于运输生产活动的全过程：在提供运输产品之前，要充分利用网络和信息技术研究服务对象的需求，科学分析运输市场机会，研究目标市场，从而决定运输产品类型、运输生产组织形式以及运输范围和数量；在组织生产经营过程中，要使运输网络产品策略、网络运价策略、网络渠道策略、网络促销策略和网络服务策略有机地结合起来，通过良好的信息追踪去实现运输生产过程；运输生产结束后，还要做好运输结束后的网络服务和信息反馈工作。这样周而复始，形成良性循环，不断满足社会运输需求，提高运输企业的经济效益，更好地发挥网络营销的作用。

2. 运输企业网络营销理论体系

运输企业是现代企业的一种类型，是专门从事旅客或货物运输生产经营活动的经济组织。现代企业网络营销理论的基本原理完全适用于运输企业，其内容包括以下几个相关联的部分。

1）网络营销环境

企业进行网络营销活动时所面临的各种内外部营销因素的总称为网络营销环境，包括宏观环境如政治环境、法律环境、经济环境等和微观环境如企业性质、竞争者状况、供应商等两大部分。

2）网络市场调研

运输企业网站能够提供大量免费的信息，企业也可通过 Internet 搜集竞争对手信息，查看竞争对手的网址，借鉴竞争对手的网站特色等，查漏补缺，对于一个企业的成败都至关重要。

3）目标市场

网络营销规划的最初，便要做好评估细分市场与选择细分市场这两项工作。在市场调查研究的基础上，依据消费者的差异性，将运输网络市场分成若干个细分市场，运输企业需根据自身的核心竞争力，评估各细分市场的规模和增长速度，选择适当的细分市场作为目标市场，并以此作为本企业的最佳网络营销方案和策略。

4）网络营销战略规划

网络营销战略规划要经历确定目标优势、分析计算网络营销的成本与收益、综合评价网络营销战略三阶段。互联网提供了企业与顾客双向交流的通道，使企业得以发展规模化的交互式市场营销方式。这种营销方式让企业更直接、更迅速地了解顾客的需求，还能为用户提供更具价值的售前服务和售后服务。互联网的应用改变了传统的买卖关系，对市场营销提出了新的要求。

10.2.2 运输企业网络营销的特点

运输企业网络营销行为依托于运输市场，是运输企业市场营销的一种，但又是在网络技术和信息技术飞快发展的基础上产生和发展的，因此它既有一般市场营销的共性，又具有自身所独有的特性。

1. 软营销的营销导向

网络时代下的个性消费者是主动方，会在某种个性化需求的驱使下，主动到网上寻找相关的信息、广告。这就决定了运输企业的网络营销必须遵循一定的规则——绝不向顾客进行强制性的信息灌输，绝不在未经顾客允许的情况下让企业的任何信息闯进顾客的私人生活，或将消费者的个人资讯向第三方透露，使企业的网络营销成为真正的软营销。

2. 价格公开

在网络营销的环境下，运输企业的价格是几乎完全公开的。不但消费者可以得到各运输企业的价格标准，以进行选择前的比较，各竞争对手间也很容易得到彼此的价格信息，以调整自己的网络营销价格策略。

3. 增加顾客的感性认识

运输产品营销的最大局限在于服务的无形性和不可触摸性，因此在进行网络营销时，需要对服务进行有形化，通过一些有形的方式表现出来，以增强顾客的感性认识。

4. 综合的网络营销模式

目前，一般企业的网络营销模式有以下几种。

- 顾客服务→增强与顾客的关系→留住顾客→增加销售；
- 高品牌知名度→获取顾客忠诚→更高的利润；
- 实用信息→刺激消费→增加购买；
- 娱乐→促进顾客的参与→重复购买；
- 购买方便+折扣+直接销售+减少管理费用；
- 数据库营销。

运输企业的网络营销一般采用以上几种模式综合运用的方式。网络营销过程中将增强与顾客的关系、提供有用的信息、提供方便而带有折扣的购买方式以及提高品牌的知名度等手段综合运用，作为企业网络营销的总体目标服务。一些在网络营销方面做得较好的运输企业，如联邦快递、UPS，其网络营销模式并不是单一的，而是多种模式的有机结合，充分吸取每种模式优点，发挥 1+1＞2 的整体效果。

5. 运输企业的规模要求降低

在网络营销环境下，一个企业的网站营销做得好，提供更多的信息和方便给顾客，就可能给顾客留下良好的印象，而使其忽视企业的规模。网络营销为各种规模的运输企业提供了相同的机会，从而降低了运输企业规模对销售的影响。

6. 突破时空不可分离性

由于运输服务受到时间和空间的限制，当顾客寻求服务时，往往需要花费大量时间去等待和奔波，而互联网的远程服务则可以打破这种限制。运输企业所提供的远程订票、网上托运等服务，通过互联网都可以实现消费方和供给方的空间分离。

7. 营销中介减少，营销组织虚拟化

Internet的发展带动企业内部网的蓬勃发展，使得企业内外部沟通与经营管理均需要依赖网络作为媒介，从而使组织机构层次减少，销售周期缩短，业务人员减少，虚拟经销商、虚拟门市、虚拟部门等企业内外部虚拟组织盛行。

8. 运输企业网络营销的超前性

运输服务是运输对象的"位移"，要求运输企业的销售活动在生产之前，先有资源、客源，再组织运输生产，实现其"位移"。因此，运输企业的市场营销活动是运输生产的前提。互联网是一种功能强大的营销工具，它同时兼具销售渠道、促销、电子交易、顾客互动服务以及市场信息分析与提供的多种功能。拥有如此先进的营销工具的运输企业网络营销也必须具有超前性。

9. 运输企业网络营销还处于成长阶段

在当前后工业化社会中，第三产业中服务业的发展是经济主要的增长点，传统的以制造业为主的经济正向服务型转变，新型的服务业如交通运输产业如日中天。这样的行业性质决定了运输企业面临无限广阔的发展空间。运输企业的网络营销还处于成长期，各个企业对其越来越重视，网络营销的开展范围也越来越广，网络营销人员越来越专业，其未来大有可为。

10.3　运输企业网络营销策略

10.3.1　运输企业网络营销服务策略

1. 网络营销服务的内容

运输企业网络营销服务通常分为网上售前服务、网上售中服务和网上售后服务。

1）网上售前服务

运输企业在网上提供售前服务的方式主要有两种。一是通过企业自身的网站宣传和介绍产品信息及相关信息，这种方式要求企业的网站要有一定的知名度，否则难以吸引顾客。如联邦快递、美国航空公司等知名度很高的运输企业网站，依靠自身的网站就可以完成售前服务。二是通过网上虚拟市场或网上专业商城提供信息。企业可以免费在上面发布产品信息广告，提供产品的技术特性、收费标准等信息。如中国航运网、中国航空网等都可以为企业发布信息提供平台。此外，网上售前服务还可以为顾客提供订货服务，可以根据顾客的特殊需要，按照顾客的设计提供运输产品，使得消费者直接参与营销过程，有助于提高顾客的满意度。

2）网上售中服务

网上售中服务主要是指运输产品的买卖关系已确定，在等待产品送到指定地点过程中的服务，如列车运行准点情况、货物运输情况等。网络营销的售中服务要求在设计销售网站时，要做到在提供网上订购运输产品的同时，还能提供订单执行情况查询功能，方便顾客及时了解订单执行情况，满足顾客对售中服务的需求。对以提供位移为产品的运输企业来说，应将旅客或货物在运输的中间环节信息都输送到数据库，顾客可以直接通过互联网查看某一车次到达某一站的准确时间、货物到达了哪一站、货物的保险状态如何等顾客关心的信息。顾客不用打电话去询问任何人，上述服务信息都可以在网上获得，即让顾客免予为查邮件而奔波，同时公司又大大减少了邮件查询方面的开支，实现企业与顾客的共同增值。

3）网上售后服务

运输产品是无形产品，因此运输企业的网上售后服务不能像很多提供有形产品的企业一样，对客户提供产品帮助、技术支持、使用维护等服务，运输企业的网上售后服务主要内容是调查顾客对产品的满意程度，接收顾客提出的改进意见及不满意投诉，解决顾客投诉的问题等。

2. 网络营销服务策略

运输企业的网络营销策略要服务于旅客出行计划和货物运达计划的制定，因此要提供全面的信息服务，包括介绍各个时期客运新产品、到发及途经车站、列车的有关信息、运输车辆的数量和型号以及送达时间等。旅客出行通常有以下需求：一是希望得到清晰、全面的列车信息咨询；二是旅客希望得到车站中转、换乘列车信息及其他运输方式的换乘信息等；三是希望得到车站周边的旅馆、酒店、商场、旅游景点、商务中心等的信息；四是外国旅客希望能够提供相关服务的英文信息。货主托运货物通常有以下需求：一是希望得到准确、全面的车辆信息和送达时间；二是希望得到货物运输追踪信息和货物在途状态；三是希望得到准确的最终到货时间和货物的毁损情况；四是希望了解货物运输相关的索赔政策等。

1）加快网络基础设施建设

各种网络各自为政，制约着我国网络营销的发展。因此，要加快国家 Internet 主干网和企业内联网建设，加快企业营销网络资源库建设，充分利用和改造原有的信息和服务系统，进一步实现信息资源的同步共享，为我国的网络营销发展创造良好的条件。例如，铁路运输系统内部有许多运营信息，长期以来只供铁路自身管理使用，如客票的存票信息、行包运输情况、货物在途信息等，因多种原因，这些对于旅客和货主非常有用的信息，在现有的铁路网站还没有得到充分的体现。要想实现信息资源的同步共享，就需要将网站上的客运服务系统与客票系统、TMIS 系统、车站客货运咨询系统等相连接，对网上数据进行不间隔同步刷新，铁路企业的运输服务信息实现网络化作业和发布，使具有不同权限的管理者、业务人员、旅客和货主，能够方便、及时地在客户端或 Web 浏览器上获取信息。通过接口处理，这些内部管理信息都能为网络营销信息服务。

2）设计出色的网站主页，做好网址宣传

网站主页是企业网站形象的缩影，企业发布的各种信息和采用的交流方式都将在这里产生，是网络营销员推广企业产品的一种有效方式。运输企业主页的设计应以产品为核心，目的是把“活”的产品搬上网站，并融于网页之中，通过多媒体工具、三维设计等方式，使其实现艺术性、宣传性、娱乐性的完美组合，使顾客自觉自愿地接受它。然而运输企业网站的最大吸引力莫过于提供有用并免费的信息。提供免费资源，在时间和精力上的代价都是昂贵的，但其增加站点流量的功效可以得到回报。运输企业提供的与运输产品相关的免费信息，吸引来的访问者，同时也就可以成为良好的业务对象，给访问者留下良好的企业形象；同时，这些来访者也可能成为企业潜在的服务对象。

3）利用 E-mail 进行营销服务

E-mail 也是网络发展的产物，在网络时代 E-mail 也可以作为运输企业进行营销的一种有效手段。运输企业通过 E-mail 与顾客保持经常性的沟通，建立良好的顾客关系，以期更大程度地开发顾客价值，并且通过 E-mail 收集、管理顾客历史购买行为和该顾客经营的业务领域等数据库信息，以维持与该顾客的关系。另外，将有关运输企业生产、经营和发展中的具有良性因子的新闻性事件制作成规格统一、合乎本企业 CIS 的邮件，定期发送到与本企业相关的行业站点，也可以起到宣传作用。除此之外，还可将企业有关活动、广告、优惠等最新信息以 E-mail 的形式发给客户，以达到营销的目的。美国航空公司通过每周向 170 万名客户发送降价机票 E-mail，为客户提供购买打折机票的机会，既增加了飞机的载客率，又降低了公司的成本。

4）个性化网络营销服务

个性化服务也叫定制服务，就是按照顾客的要求提供特定服务，满足消费者个性的需求。提供个性化服务可以根据不同客户的不同需求，最大限度地让顾客满意。一般采取页面定制服务、E-mail 定制服务、客户端软件支持的定制服务等形式。在运输企业的网络营销服务中，由于个性化的定制服务在满足客户需求方面可以达到相当深度，所以只要运输企业对目标群体有准确的细分和定位，对其需求有全面的总结和概括，应尽量采用个性化网络营销方式，这可以有效地吸引广大的消费者。运输企业根据自己掌握的客户信息，为长期或稳定的客户提供客户独特的信息服务，如列车或航班时刻的更改、新增航班的信息、客票价格的浮动等，将客户最关心的信息及时地发送给客户，让其在第一时间了解企业所提供产品的情况。具有较强竞争力和资金技术优势的货运企业更可以根据客户情况，为客户提供最优的运输计划，一方面方便客户运输和节省客户运输成本，另一方面因为客户忠诚度的提高而增加企业盈利，达到企业与客户的双赢。

5）建立自动网络服务系统

运输企业根据自身的政策、策略、资金等条件，适度建设自动网络服务系统，为旅客或货主提供更加高质量的服务。比如建立自动应答的 E-mail 回复系统，以便能够及时回复顾客通过 E-mail 提出的各种要求与疑问，定时跟踪已购买了运输产品的顾客，进行回访和提示注意事项；建立在线咨询系统，随时随地回答顾客提出的运价、运量等相关问题，解决顾客在购买过程中出现的各种矛盾；在网上建立旅客（货主）论坛，请旅客（货主）自由发表对运输产品的意见和建议，倾听旅客（货主）的声音，了解旅客（货主）的需求，以便能够适时地进行运输产品改造、运输服务改进和新产品的开发；建立 24 小时呼叫中心，利用计算机电话集成技术为旅客（货主）提供及时、准确、贴心的运输信息服务，处理旅客（货主）的投诉，解决旅客（货主）的疑问。

案例：冷藏运输，用心服务

客户通过某冷藏运输企业的主页，进入客户页面，填写货运申请表单，填入发站、到站、货物品名，选择货运种类，完成订单。确定后系统便自动计算出运费，随即转到支付页面进行网上安全支付。待银行及时确认款项到位后，该公司便派出冷藏货运汽车到客户指定的地点接货，同时把提货凭证移交给客户，或者用电传形式把提货凭证发给客户指定的收货单位。

在货物运输过程中，客户随时可以通过网络了解和掌握货物的在途状况。待货物送达之前几个小时，公司利用现代通信手段向客户发出送达预报，方便客户提前做好提货准备。

10.3.2 运输企业网络营销品牌策略

1. 网络营销品牌内涵

品牌是代表产品一定质量的标记，是用以区别本企业与别的企业产品的一种标记。互联网的交互性、快捷性、全球性、多媒体特性等优势，为提高企业知名度、树立企业品牌形象、更好地为用户服务等方面提供了有利的条件，网络的这些特性对于每一个企业都是公平的，因此，企业应该根据自身的产品与服务特点，利用网络创建自己的网络品牌。在我国传统的商业世界，品牌的概念就类似于“金字招牌”；但在现代西方营销领域，品牌是一种企业资产，涵盖的意念比表象的文字标记或是注册商标更胜一筹。品牌是一种信誉，由产品品质、商标、企业标志、广告口号、公共关系等混合交织形成。从网络品牌资产角度讲，品牌是知名度、信誉度、认同度、忠诚度。网络品牌是极具效率的推广手段。网络品牌形象有极大的经济价值，它能吸引风险投资者的兴趣。

2. 运输企业域名品牌内涵

传统企业的市场营销借助各种媒体树立企业形象，提高品牌知名度，促使消费者购买本企业产品，企业的品牌就是顾客识别和选择对象。企业上互联网进行商业活动，同样存在被识别和选择的问题。由于域名是企业站点联系地址，提高域名的知名度，就是提高企业站点知名度、提高企业被识别和选择的概率。域名在互联网上可以说是企业形象的化身，是在虚拟网上市场环境中商业活动的标志。也正因为域名具有商标特性，与商标一样具有“域名效应”，使得某些域名已具有潜在价值。如以 FedEx 作为域名，使用者很自然联想到 FedEx 公司，联想到该站点提供的服务或产品同样具有 FedEx 公司一贯承诺的品质和价值。因此域名不但具有商标标志企业的功能，还具有了传递企业提供产品或服务的品质和属性的功能。

3. 网络营销域名品牌策略

目前，许多商业机构纷纷建立自己的网站，虽然大多数企业还未能从中获取商业利润，但作为未来重要商业模式是具有战略意义的。大多数商业机构注册域名与企业商标或名称有关，许多企业也已经意识到域名的商标特性。

互联网域名管理机构没有赋予域名以法律上的意义，域名与任何公司名、商标名没有直接关系，但由于域名的唯一性，如果某一家公司注册在先，其他公司都无法再注册相同的域名，因此可以说域名已具有商标、名称类似的意义。由于世界上著名公司大部分直接以著名产品名命名域名，加之大多数使用者对专业知识知之甚少，很容易被一些有名的域名所吸引，使一些显眼的域名很容易博得用户的青睐，如美国著名快递公司域名为 www.ups.com。

1）域名的选取

一般情况下，域名的选取要与企业已有商标或企业名称具有相关性，要简单易记易用，要有多个域名。

例如，著名的联邦快递服务公司的域名（http://www.fedex.com/）选取了与企业商标相同的域名，中国国产运输品牌宅急送的域名（http://www.zjs.com.cn/）则选取了公司名称首字母的缩写，这些都符合域名选取的相关性和简单易记易用的原则。由于域名命名的限制和申请者广泛，极易出现申请类似的域名、减弱域名的识别和独占性，导致顾客的错误识别，因此企业一般要同时申请多个类似相关的域名以保护自己。

2）域名商标管理

（1）信息服务定位

域名作为商标资源，必须注意与企业整体形象保持一致，提供信息服务必须和企业发展战略进行整合，避免提供有损企业已建立的形象和定位的信息服务。

（2）内容的多样性

丰富的内容才能吸引更多用户，才有更大的潜在市场。企业网页一般可以提供一些与企业相关联的内容或站点地址，使企业页面具有开放性。例如，中国航运网页上与数十个相关航运企业网站链接，并提供中国航运政策和大部分港口情况的简介。

（3）时间性

页面内容应该是动态的、经常变动的，固定页面访问一次即可，没有回头访问的必要，因此应及时更换新页面内容，以吸引更多的访问者。

（4）信息快速获取

由于互联网发展迅猛，使用者的选择机会大大增加，对站点的等待时间是极其有限的几秒钟，因此，企业网页的首页一般可设计简洁些，以便用户可以很快查看内容，减少等待时间。

（5）国际性

由于访问者可能来自国外，企业提供的信息必须兼顾国外用户。一般对于非英语国家都提供两个版本：一个是母语，另一个是英语。

（6）用户审计

加强对域名访问者的调查分析，针对特定顾客提供一对一的特殊服务，如采取cookie技术对用户进行记录和分析，以提高与顾客交互的质量，提高顾客域名忠诚度。

3）运输企业网站的建设

（1）网站定位

运输企业在实际市场运作中要突出自己的特点，运输企业在网站建设上要有自己独特的网站定位。旗帜鲜明的网站定位，不仅可以为网站的建设和日常管理找准方向，同时可以为企业树立良好的网上形象，为企业争取到更多的顾客。如联邦快递网站注重与客户的亲和力，将网站定位在宣传“整体大于部分之和”的营销理念、力求与客户协同动作、共谋最佳效益的目标上。

运输企业网站是面向实际作业的服务窗口，在网站结构的设计中每层页面都要有业务宣传、实地作业和树立企业形象的功能。一般情况下页面大致分为两类：一类是业务页面，按业务种类平行组织；另一类是宣传页面，按企业介绍及业务进程组织。两类页面相互链接，便于切换。所有页面均应界面友好、简洁大方，页面间脉络清楚，链接关系简单。

（2）鼓励顾客对话

网络是一种崇尚自由的媒体，对顾客之间的对话，公司的态度应该是积极鼓励，而不是冷漠、忽视甚至强行遏制，反网络文化的企业必将会落入新时代的淘汰之列。顾客对话的主要场所是各种新闻组、网络论坛、邮件等。网络顾客服务部门一定要将网络论坛上的顾客议论监测作为一项重要的任务列入工作日程，发现对公司有不利影响的议论、问题时应及时、态度积极地解决，切勿漠视网络传播的速度和范围。

在企业站点上设立论坛或新闻组，这样做可以集中地获取顾客对公司的反馈意见。在建立这类新闻组时，最好预先设立好议题，顾客在反馈意见和评论时可按不同的议题归类；同时要保证每个议题有足够大的空间让顾客发表演讲。运输企业还可根据自身的情况设立在线问答，及时处理顾客提出的各种问题，增加与顾客的直接交流，从而使企业了解顾客的真正所需，也使顾客增强对企业的亲切感和信任感。

（3）反馈信息的管理

网络双向互动的特性决定了网上企业会收到大量的反馈信息，企业要有专业的人员对这些信息进行管理。反馈信息一般都是通过发给企业的 E-mail 而获得的，这样对于大型运输企业，若只有唯一的 E-mail 地址，则需要设立一个专门负责 E-mail 分类的管理员管理这些信息。

反馈信息中有一部分内容是顾客提出的各类问题，对这些问题公司有关部门应尽可能快速、详细地给予答复。对一些常问的问题可以通过预先设置自动应答器立即给出预备的答复，让顾客查询企业的 FAQs（frequently asked questions，常见问题）；对一些不能及时答复的问题，公司应回复提问者已收到的问题，并承诺答复的时间限制——通常应该在 24 小时内。

此外，运输企业的特殊服务性决定企业网站应设立专门的咨询栏目，并设专门的管理员负责在线回答各种咨询的问题。对于传统的运输企业来说，运输服务的需求者为了得到可靠的信息，通常需要亲自或打电话到运输企业问询运输服务的相关信息，这么做会浪费顾客的大量时间和财力。在网站上的问询台进行咨询，不但可以得到准确详尽的信息，而且不必浪费时间在去问询的路途中，也降低了咨询的费用，可谓是一举多得。

案例：UPS 品牌成就辉煌

UPS 快递（UPS Express）于 1907 年成立于美国，如今的 UPS 已经成为世界上最大的快递承运商与包裹递送公司。UPS 的商标是世界上最知名、最值得景仰的商标之一。UPS 拥有自己独立的域名（http: //www.ups.com/），它的主页可转换成全世界所有的主流语言；用户可通过自己的 ID 与 UPS 进行一对一的交流。主页内容丰富，有快递查询跟踪、重要新闻信息、计算时间取件等。UPS 的一部“我们爱物流”系列广告，将动感的音乐和物流包裹递送企业联系起来，完全颠覆了原来消费者对物流企业那种繁重沉闷的印象。通过电视、网络媒体的推广，UPS 新的爱心 logo 和它经典的金色盾牌 logo 一样在全球范围内迅速得到认同。

10.3.3 运输企业网络营销促销策略

网络促销是利用 Internet 来进行的促销活动，也就是利用现代化的网络技术向虚拟市场传递有关产品和服务的信息，以引发需求，引起消费者购买欲望和购买行为的各种活动。与传统促销方式相比，网络促销在时间和空间观念上、在信息传播模式上以及在顾客参与程度上都发生了较大的变化。网络使时空得到了大大的拓展，订货或购买可能在任何时间、任何地点进行。独有的、双向的、快捷的、互不见面的信息传播模式为网络营销提供了更加丰富多彩的表现形式。

1. 运输企业网络营销促销形式

运输企业网络营销是在网上市场开展的促销活动，相应的形式有 4 种：网络广告、站点推广、销售促进和关系营销。其中，网络广告和站点推广是网络营销促销的主要形式。网络广告类型很多，根据形式不同可以分为旗帜广告、电子邮件广告、电子杂志广告、新闻组广告、公告栏广告等。

案例：DHL 携手网易的奥运之旅

DHL 是全球快递、洲际运输和航空货运的领导者，也是全球第一的海运和合同物流提供商。DHL 首选网络媒体进行品牌推广，与网易首页和九大频道的合作。在 2008 年奥运会期间，由 DHL 赞助的置顶浮动播报条，第一时间让网友了解各大赛事奖牌榜信息及赛场热点信息，让 DHL 和网友们一同体验惊心动魄的赛场瞬间；DHL 跟网易这样的主流网络媒体进行合作，无论内部反馈还是外部反应，都获得了不错的口碑。网络媒体的最大优势就是速度。DHL 认为，为用户提供快速、高品质的服务，是 DHL 和网络媒体奥运报道的共同点——这也是 DHL 在奥运期间选择借助网络媒体进行品牌推广的主要原因。

网络营销站点推广就是利用网络营销策略扩大站点的知名度，吸引网上流量访问网站，起到宣传和推广企业以及企业产品的效果。站点推广主要有两类方法：一类是通过改进网站内容和服务，吸引用户访问，起到推广效果；另一类通过网络广告宣传、推广站点。前一类方法，费用较低，而且容易稳定顾客访问，但推广速度比较慢；后一类方法可以在短时间内扩大站点知名度，但费用不菲。

销售促进就是企业利用可以直接销售的网络营销站点，采用一些销售促进方法，如价格折扣、有奖销售、拍卖销售等方式宣传和推广产品。

关系营销是通过借助互联网的交互功能，吸引用户与企业保持密切关系，培养顾客忠诚度，提高顾客的再购率。

2. 运输企业网络营销促销

1）网络广告策略

商品销售离不开广告，传统的广告媒体有报纸刊物、广播电视以及信件标语和各种形式的广告牌等。网上商品销售也需要做广告。由于网络营销广告主要在网上进行，是一种吸引网络消费者眼球的方法和艺术，因此，网络广告的特点和类型、应用发布和效果统计均与传统广告有很大的不同。随着经验的增加和技术的发展，网络广告发展很快，被称为新兴的第四类媒体，已经在广告业中占据了较大的份额。重视对网络广告的应用和研究，对开展网络营销的企业十分重要。

目前，随着网络广告的功能、作用和效果的日益增强，在网上发布广告的做法已经越来越多地被运输企业所采用。

（1）主页形式

建立自己的主页，对运输企业来说是大势所趋，这不但是一种对运输企业自身形象的树立，也是一种良好的宣传工具。运输企业的主页本身就是广告，同时也是作为企业标志的一种形式。

（2）利用专类销售网

利用专类销售网是指一种专类产品直接在 Internet 上进行销售的方式。将企业的产品广告直接与同类产品的相应销售网络关联，从而无须付出太大的代价就可以将公司的产品及时地呈现给全球的相关用户。在中国航运网上就有上百家与航运相关的企业链接，并且按照企业的性质进行了分类，当客户需要寻找航运企业，客户很自然地会想到国内最大的航运平台——中国航运网，而拥有该网站链接的航运企业，无疑通过此链接为自己平添了许多被客户认识和选择的机会。

（3）借助网上报纸或杂志

在 Internet 日益发展的今天，一些世界著名的报纸和杂志纷纷将触角伸向了 Internet，在 Internet 上建立自己的 Web 主页。而更有一些新兴的报纸和杂志，完完全全地成了一种“网上报纸或杂志”。对于注重网络广告宣传的运输企业，在这些网上杂志或报纸上做广告也是一个较好的传播渠道。尤其值得提倡的是，企业并不直接宣传自己的产品，而是参与一些社会公益或娱乐活动，并借此机会宣传企业的理念和发展趋势，并将该新闻发表在 Internet 上，读者在读到该新闻时也了解到此运输企业的一些情况。中国东方航空公司于国庆期间制作了国庆荧屏特别节目：东航世博品牌启动主题电视晚会，并在上海东视文艺频道播出，通过节目展现了“东航为世博添光彩”的品牌实力，该新闻被广大传统和网络媒体播出，无形中为企业本身做了宣传。

（4）电子邮件发布广告

应用电子邮件发布广告的优点在于：可准确地向目标消费群投放广告，节约广告成本；制作维护简单快捷，成本低；具有快速反应能力，能在短短几个小时内将广告信息传递给数十万目标消费群；对目标市场的覆盖率远高于其他形式的广告。1996 年年初，美国航空公司给公司的网络客户以发送电子邮件的方式，告诉旅客每周的“特别票价”（如在周末还有很多打折机票），结果这种方式——“电子邮件预告”预想不到地流行，一年之间超过 77.5 万人次加入了客户电子邮件服务。

2）网络营销站点推广策略

作为企业在网上市场进行营销活动的阵地，网络营销站点能否吸引大量用户是企业开展网络营销成败的关键，也是网络营销的基础。站点推广就是通过对企业网络营销站点的宣传吸引用户访问，同时树立企业网上品牌形象，为企业的营销目标实现打下坚实基础。站点推广是一项系统性工作，它与企业营销目标是一致的。

网络营销站点推广方法有以下几个方面。

（1）搜索引擎注册

根据调查显示，网络营销网站的推广主要是通过搜索引擎来实现的，因此在著名搜索引擎进行注册是非常必要的，而且在搜索引擎进行注册一般都是免费的。在全球最大的中文搜索引擎——百度上搜索“运输企业”字样，找到相关结果约 24 800 000 个，而这也正是一般人最常用的寻找有用信息的办法。搜索引擎网站一般情况下对这些信息的排序是按照网页的点击次数从多到少排列。而对于那些本身知名度不高的运输企业，可以通过给搜索引擎网站交纳一定费用的方式，来提高自己网站网址在其搜索结果中的排位，并通过提高自己网站点击率，来增加企业自身知名度。

（2）建立链接

互联网的一个特点就是通过链接将所有的网页链接在一起。国外学者经过大量统计分析发现，任意两个不同的网页之间间距为 8.9 次链接，也就是说只需要经过 9 次链接单击后，就可以从一个网页找到另一个网页。因此，与不同站点建立链接，可以缩短网页间距离，提高站点的被访问率。运输企业可以通过交纳一定的费用，在比较知名的网站（如雅虎、搜狐等），建立自己主页地址的链接，尤其是以动态图片形式和弹出框的形式效果较好。

（3）发送电子邮件

电子邮件的发送费用非常低，许多网站都利用电子邮件来宣传站点。这和利用电子邮件来发送网络广告的途径和作用都近乎相同。

（4）发布新闻

首先，要及时掌握具有新闻性的事件（如新业务的开通），并定期把这样的新闻发送到服务对象的行业站点和印刷品媒介上。其次，将站点在公告栏和新闻组上加以推广。互联网使得具有相同专业兴趣的人们组成成千上万的具备很强针对性的公告栏和新闻组。几乎所有拥有自己公司网站的运输企业都在网站上设立了公司新闻栏目，但是该栏目要随时注意更新，紧跟企业发展趋势，否则就失去了新闻的意义，也会给访问者留下不良的印象。

（5）提供免费服务

提供免费服务是吸引顾客最直接与最有效的手段。提供免费资源，付出时间和精力的代价都是昂贵的，但可以从增加的站点流量上得到回报。运输企业可以在站点上提供与所销售的产品密切相关的免费服务（如列车时刻表查询、货物运输相关法律法规等），这样，所吸引来的访问者很可能成为企业未来的业务对象。中国民航信息网络股份有限公司信天游网站为用户提供了国内外各个地区基本情况的介绍，涵盖了吃、住、行、游、娱、购等各方面的内容。既有地区概况、风土人情，又有紧急号码、使馆联系方法，为用户出行提供了最大限度的便利。同时，网站还为用户提供了各类旅游常识，包括国家职能部门出台的政策法规、航空旅行常识、游客出行注意事项等。

3）网上销售促进策略

网上销售促进就是在网上市场利用销售促进工具刺激顾客对产品的购买和使用。运输企业最经常使用的促销工具是价格折扣，如航空公司提供的季节性打折机票、一次性购买往返机票的优惠折扣，部分货物运输公司对老客户提供价格折扣优惠等。此外，运输企业还会在互联网上进行有奖促销，如在某一公司网站购买机票可以赠送保险或者参加抽奖等。在中国东方航空公司网站上，促销活动是作为一个专门的栏目设置在主页的中间位置的，并且每个月都会推出几项新的促销活动，在给客户提供了额外利益的同时也刺激了客户的购买，为企业增加了销售额。

4）网络营销中培养顾客忠诚的策略

网络时代的到来为企业的市场营销活动提供了一个新的市场环境，在网络营销中必须形成和扩大企业的顾客群体。对于许多企业来说，重要的问题并不是统计意义上的市场占有率，而是拥有多少忠诚的顾客。因此，培养忠诚的顾客也是网络营销成功的关键。

培养顾客长期忠诚度的关键就在于，以顾客个性化的价值观为导向，为顾客创造增值服务，不同顾客的价值取向可能会有很大差别。具体来说，主要从以下几个方面来培养顾客忠诚度。

（1）为顾客创造更多价值

顾客价值是顾客购买产品或服务时的总成本与总收益比较的结果。顾客只有获得较多的消费价值才满意，只有满意的顾客才有可能忠诚于某个企业，很多知名的运输企业都意识到了这一点。美国航空公司就清醒地认识到常客里程累计对客户精神影响的重要性，很多便利客户花了很多时间和精力来扩大常客里程累计数字，并由此对航空公司带来的回报持乐观的态度。

（2）让顾客产生信任感

信任是使顾客产生忠诚的前提条件。信任来自很多方面，如产品或服务的高质量、价格合理等。而在网上，至关重要的因素还有：保护顾客的网上安全，即网上支付的安全和个人隐私安全；及时准确地履行契约；防止交易中的欺诈行为等。运输企业提供的是无形产品，更要在服务质量和网络安全上做足文章，对客户的个人信息要对外绝对保密，对客户的订单要及时处理，对客户的支付要及时确认。

（3）鼓励顾客参与虚拟社区

对于企业来讲，最好的顾客就是那些能给企业提出有代表性的、有超前意识的需求和建议，并有意与企业合作，共同解决问题的顾客。在互联网上，建立一个能够让所有顾客进行沟通交流、互通有无、互相帮助的虚拟社区，顾客可以提出有关企业产品和服务的好建议、观点，企业根据这些建议来解决顾客的问题，并且设计出更适合顾客的产品和服务。例如，现在出现了很多热门的物流博客，在那里所有关心物流的个人或企业都可以发表自己的看法，企业甚至可以将困境和发展趋势拿出来和大家探讨，从中可以得到很多中肯的意见和建议，对企业的发展和进步十分有利。

（4）塑造顾客的个性化需求和购物体验

随着生活水平的不断提高，顾客的要求也越来越高，其个性化需求逐渐成为发展趋势。在网络信息环境下企业可以利用网络技术与顾客进行直接的沟通与交流，共同探讨产品的设计和生产。企业根据顾客的需求设计、生产出能使顾客高度满意的产品和服务。在这个方面，一些著名的快递公司如 FedEx、UPS 等，已经做得相当成熟，它们可以根据顾客的特点和货物的特性，制定符合需要的运送策略，选择最优的运送路径，并取得最好的经济效益。

（5）立即反应

面对迅速变化的市场，要满足顾客的需求，建立关联关系，企业必须建立快速反应机制，提高反应速度和回应力，最大限度地减少抱怨，稳定客户群，减少客户转移的概率。1997 年年底，美国航空公司就提供了基本的自动电子邮件处理器对邮件进行分类，并对邮件进行自动回复。工作流程的改变、分工细致的各个职能部门和熟悉的跟踪软件，为快速和有效地回复客户电子邮件提供了保证。美国航空公司将进一步采用自动化和更易于客户理解的解决办法，来处理每周成千上万的来自客户的电子邮件。

案例：微博互动，赢在创新

在东方航空公司的授权下，部分高端服务品牌的空姐以青春美丽，多才多艺的姿态亮相新浪微博，她们的职业让大众对她们的日常生活充满好奇，能够迅速聚拢关注。东航某空乘组的微博内容主要分为三类：一是利用微博进行市场活动；二是工作和生活的自我展示；三是解决旅客提出的问题和回应质疑。例如，有乘客在微博抱怨虹桥机场 T2 航站楼东航贵宾室的咖啡机出现问题，十几分钟后东航的保障部门便赶到进行维修。可见微博的影响力之大，宣传力度之强。目前也有很多企业在微博上以组织抽奖、发放折扣代码等营销形式，进行促销，对于属于服务行业的航空业来说，微博使航空公司与客户建立了更加亲密平和的关系。这种营销方式看起来比客服电话更人性，更快捷，更有互动性和创新性。

10.3.4　运输企业网络营销渠道策略

营销渠道就是商品和服务从生产者向消费者转移过程的具体通道或路径。营销渠道在商品流通过程中创造了三种效用：时间效用、地点效用和所有权效用。

运输企业所提供的产品是人和物的空间位移。主要发挥的是第二种功效，也就是解决商品产需在空间上不一致的矛盾。

1. 网络营销渠道的优势

与传统分销渠道相比，无论是网上直接营销渠道，还是网上间接营销渠道，网络营销渠道都有许多更具竞争优势的地方。

① 由于网络具有实时性和交互性的功能，网络营销渠道从过去单项信息沟通变成双向直接信息沟通，对销售商品的数量没有限制，查找非常方便，每周 7 天，每天 24 小时营业，这是传统运输企业的销售部门所不具备的优势。即使是 24 小时的铁路客运销售，也要消耗大量的人力和物力，而网络销售渠道却完全没有这些麻烦。

② 网络营销渠道可以提供更加便捷的相关服务。一是运输企业可以通过互联网提供支付服务，顾客可以直接在网上订货和付款，然后等着送票上门或上门收货，这一切大大方便了顾客的需要；二是生产者可以通过网上营销渠道为客户提供售后服务和更多的信息咨询，既方便顾客，同时可以以最小的成本招揽更多的顾客。

③ 网络营销渠道的高效性，可以大大减少过去传统分销渠道中的流通环节，有效降低成本。

2. 网络营销渠道的设计原则

① 从消费者角度设计渠道。只有采用消费者比较放心的、容易接受的方式才有可能吸引消费者使用网上订票和网上托运，以克服网上的“虚”的感觉。这就要求运输公司首先要经营好自己的公司品牌，保证良好的公司信誉；其次还要建设内容清晰的公司网站，以及简洁大方和友好的网页界面，给顾客舒适、踏实的感觉。

② 设计客票或货运订单系统时，要简单明了，不要让消费者填写太多信息，还可以对消费者已经选中的产品进行对比分析，给消费者简洁的分析界面，方便消费者通过比较选择更适合自己的产品。

③ 建立完善的配送系统。消费者只有看到购买的车票拿到手后或者托运的货物到达指定地点后，才真正感到踏实，因此，建设快速有效的配送服务系统是非常重要的。

④ 在选择结算方式时，应考虑到目前实际发展状况，尽量提供多种结算方式，方便消费者选择，同时还要考虑网上结算的安全性，对于不安全的直接结算方式应换成间接的安全方式。

3. 网络营销渠道设计的主要方法

网络营销可以使企业在网上直接向消费者展示商品，回答有关产品的信息咨询，并接受订单。主要做法有以下三种。

1）在网上设立产品展示区

将产品图像进行电脑技术设计，通过声、影、形、色皆备的立体形象，在虚拟橱窗中向用户展示产品，并根据季节、各国文化等差异，每天24小时为客户提供服务。运输产品是无形产品，产品展示更具难度。在运输企业的产品展示区，可以提供机车、货车、客车和飞机等运输工具的外部设计和内部设施的全方位图片，让顾客看到承载服务的硬件设施；也可以提供运输和服务过程中的录像，让顾客感受服务的真实过程；还可以展示能够展现企业文化和精神特征的广告片，让顾客对企业的信誉感到放心。这些都可以增强顾客购买的决心。

2）运输企业网络营销中的“再代销”

由于互联网应用电子化手段，直接沟通生产者和最终消费者，一个新的、特定的专业术语已经用来描述这一商品交易过程——无代销。企业所需要做的只是一个看上去和著名跨国公司一样漂亮的网页而已。接着，数以百万计的消费者通过接入互联网，上网搜索并与生产者直接联系，进行网上交易。在这样一个环境下，谁还需要中间商？

但是，现实并不完全吻合“无代销”理念。事实上，一些最普遍的和经常被提到的，认为是减少了中间环节的互联网企业，渠道结构中却有中间商的出现，即再代销现象也是普遍存在的现实。实际上，大多数企业的营销活动都必须通过中间商的协助才能顺利进行，运输企业也同样需要这样的渠道结构。以民航企业来说，航空公司的网络营销应该是各种运输企业中做得最卓有成效的，但是航空公司大部分机票并不是在自己的网站上卖出的，而是通过很多的票务公司卖出的。这些票务公司在机票购销的过程中就扮演了一个中间商的角色，实际上是再代销。毕竟航空公司的核心竞争力是运输服务，它们的工作重点更侧重在飞行的安全和舒适上，而不能将大量的人力、物力投入到营销中来。商流、资金流和信息流都可以通过电子数据交换来实现，但是物流也就是实际机票送达顾客手中还不能数字化，处理起来就需要时间和人工。但是对于一般的票务公司，它们本身并不提供运输服务，其日常工作就是代销机票和送票，因此更容易调配人员和精力，有了它们的渠道结构是更完整、更适合企业发展的。同样的，一个专攻于运输服务的货运企业，它可能具有完善的运输体系，能够安全、方便、快捷地运送货物，同时拥有一定数量稳定的客户群，但是要建立自己的网络营销体系去开辟更大的市场却并非易事。首先，要招募专门的网络营销人才，建立并维护有特色、有吸引力的网站，要提供个性化的运输服务，要处理每天大量的网络反馈信息，这几项就足够一个典型传统运输企业头疼的。如果这些企业可以找到自己的战略合作伙伴，或者与一些专业的第四方物流企业达成伙伴关系，凭借它们广泛的营销网络、良好的客户关系和信誉、专业的物流配送方案策划，就可以轻易地发挥各自的企业优势，更专注于提高自身的核心竞争力。在这样的营销渠道中，其实那些具有伙伴关系的企业也起到了中间商的作用，也可以称之为再代销。

当然，以互联网为基础的网络营销渠道出现再代销的例子，并不能说明代销必然取胜，互联网不管出现多么复杂的技术，大多数产品流还是要通过人工搬运来实现的，最终采取什么样的营销渠道还是要根据企业自身的特点来决定。

3）运输企业与银行等金融机构联网

运输企业要开发网络结算系统，将网上销售结算与银行转账系统相连，使消费者能在网上轻松地购物和结算。由于互联网本身的开放性，消费者最担心的是网上交易的安全问题，害怕自己的信用卡号码被盗，网上营销的发展始终受到安全问题的限制。要突破这种限制，同时防止计算机病毒和黑客对网络的干扰，确保国家以及企业的商业权益和秘密，运输企业要和银行协同合作，银行要在跨行、跨地区的贸易结算和现金划拨等方面有所突破，运输企业要在互联网中设置较高的安全等级，集中力量解决好网络营销系统的安全保密、认证以及支付等关键技术问题。

案例：宅急送的生存之道

“门到门”业务一直是“宅急送”追求的完美的快运方式，但是这种美好的追求却必须建立在快速、高效的现代快运、物流、网络配送的服务上。因此，宅急送公司率先搭建了“宅急送物流信息网络平台”，为客户增加了网上业务委托和货物查询服务功能，使得传统的开单、查询、结账等业务可以轻松地在网上完成，全面实现企业信息化。此外，宅急送还率先在同行中采用 GPS 全球卫星定位技术，针对物流及货运车辆的实际运行状况，应用先进的 GPS、GIS、计算机和无线通信技术对公司货运车辆进行全国范围内的全程监控。

10.3.5 运输企业网络营销价格策略

价格是营销组合中最为活跃和敏感的因素。与传统营销企业相比，网络营销企业要承受更大的价格压力，这其中的原因有很多，但主要还是由于网络使得顾客能获得更加充分的价格信息，过高的价格会使顾客转向企业的竞争对手。因而，在网络营销中制定正确的价格策略就显得更加重要。

1. 网络营销定价特点

1）全球性

网络营销市场面对的是开放的、全球化的市场，用户可以在世界各地直接通过网站进行购买，而不用考虑网站是属于哪个国家或者地区的。这种目标市场从过去受地理位置限制的局部市场拓展到范围广泛的全球性市场，使得网络营销产品定价时必须考虑目标市场全球化给产品定价带来的影响。

2）弹性化

网络营销的互动性使用户可以与企业就产品的价格进行协商，实现灵活的弹性价格。同时，企业需要根据竞争对手的价格变化，随时进行价格调整。

3）低价位定价

互联网是从科学研究应用发展而来，因此互联网使用者的主导观念是网上的信息产品是免费的、开放的、自由的。而且互联网的发展帮助企业降低成本费用，从而使企业有更大的降价空间来满足顾客的需求，因此网上产品定价较传统定价要更低。

4）智能化

通过网络，企业不仅可以完全掌握产品对用户的价值，而且可以根据每个用户对产品的不同需求，生产定制产品，数字化的处理机制可以精确地计算出每一件产品的设计制造成本，实现根据每件产品的定制要求制定相应价格。

5）顾客主导

顾客主导定价，是指为满足顾客的需求，顾客通过充分了解市场信息来选择购买或者定制生产自己满意的产品或服务，同时以最小的代价获得这些产品或服务。

2. 网络营销定价策略

1）低价渗透定价策略

借助互联网进行销售，比传统销售渠道的费用低廉，所以价格较低。由于网上的信息是公开和易于搜索比较的，因此网上的价格信息对消费者的购买起着重要作用。例如，购买机票或选择快递企业，消费者可以很容易地找到很多家企业的价格信息，以最优惠的价格达到相同的目的，这正是消费者最想得到的，此时低价是企业取胜的关键。

2）免费定价策略

在网络营销中，常常有运输企业采取免费的定价策略。所谓免费定价策略，是指企业在不收取顾客任何费用的情况下，向他们提供全部或部分产品或服务。网络营销面临很大的向下价格压力，在这种压力之下，很多企业不得不以免费作为一种吸引顾客的手段。具体来说，运输企业的免费定价策略有以下几种形式。

① 产品有限制的免费，也就是产品可以被有限次地免费使用。如旅客的飞行公里数达到一定数额，可以享受一定公里的免费机票。

② 产品实行捆绑式销售，也就是当顾客购买某产品时，可以免费获取其他产品。如国内品牌列车赠送的早餐和飞机上提供的食物，都属于捆绑销售的附带品。

③ 产品实行部分免费，也就是对全部产品中的一部分免费。如快递业务中仅收取快递费用而免收手续费，这种做法实际上属于一种促销手段。

3）定制生产定价策略

定制生产定价策略是指在企业能实行定制生产的基础上，利用网络技术和辅助设计软件，帮助消费者选择配置或者自行设计能满足自己需求的个性化产品，同时承担自己愿意付出的价格成本。对运输企业来讲，尤其是货运企业，灵活运用定制生产定价策略，满足拥有不同货运需求的货主需要，还是十分必要的。

4）品牌定价策略

在网络营销发展初期，企业的形象、声誉、产品的品牌，对运输企业定价有重要的影响。很多顾客对网上购票或托运存在疑虑：在网上订购的票能否及时送到，托运的货物能否及时取送，个人的信息是否会被泄露等。如果从事网络营销的运输企业拥有较高的声誉，顾客的很多疑虑都会降低甚至消除，即使价格稍贵顾客也愿意购买；而若企业知名度不高时，就只能通过较低的标价来吸引顾客了。

案例：机票价格知多少

在美国，民航票价随着顾客旅行时间的不同，票价是动态变化的。工作日航班的票价高于周末的价格，晚上和凌晨的航班票价比白天低。而在飞机登机前“最后 1 分钟”往往可以买到惊人的折扣机票。在美国的航班上，发现邻座的机票只花了 250 美元而你却花了 1 500 美元的事常常发生，要乘飞机的顾客只有在买票时才能知道确切的票价是多少。在我国，各航空公司的特价机票层出不穷，打开春秋航空的官方网站，99 元、159 元、199 元的机票涉及数十个航线，辐射了多数的省市。如果赶上“秒杀”季，甚至几块钱的机票也是有的。这些着实为春秋航空公司赚足了关注度和上座率。

10.4 运输企业网络营销案例

美国联邦快递服务公司

1. 公司背景介绍

联邦快递隶属于美国联邦快递集团（FedEx Corp.），是集团快递运输业务的中坚力量。联邦快递集团为遍及全球的顾客和企业提供涵盖运输、电子商务和商业运作等一系列的全面服务。作为一个久负盛名的企业，联邦快递集团通过相互竞争和协调管理的运营模式，提供了一套综合的商务应用解决方案，使其年收入高达320亿美元。

创立于1971年的联邦快递是全球最具规模的快递运输公司，截止到2013年5月1日，已经为全球超过235个国家及地区提供快捷、可靠的快递服务。它拥有30多万名员工、688架飞机，以及超过9万辆递送车，在全球拥有1 200个服务站、57 000个快递点及10个空运快件转运中心，每天在世界范围内递送超过900万件货件。2013财年度FedEx年营业收入高达442亿美元，在世界500强排行榜第245位。

2. 网络营销目标

联邦快递网络营销的目标主要是：

① 降低公司营销成本；

② 方便客户进行网上信息咨询；

③ 最大化服务客户，增加客户追踪和查询货物信息的便利性；

④ 实行一对一的服务方式，实现个性化服务，增加客户的满意度。

3. 网络营销策略

1）明确的网站定位

FedEx网站是面向实际作业的服务窗口，在网站结构的设计中每层页面都要有业务宣传、实地作业和树立企业形象的功能。一般情况下，页面大致分为两类：一类是业务页面，按国别平行组织；另一类是宣传页面，按企业介绍及业务进程组织。两类页面相互链接，便于切换。所有界面均以清新亮丽为风格，页面间脉络清楚，链接关系简单。

对不同的国家，页面仅是国名、国旗和递送员形象三者不同。FedEx 业务流主页都以递送员忙碌而面带微笑的形象，体现网站设计的立意重在本地化、人性化服务上，力争给人以亲切感和信赖感。FedEx 网站处处以微笑面对世界、奔波忙碌的快递姑娘，恰好体现了网站的服务宗旨。

图10–1是联邦快递物流流程。

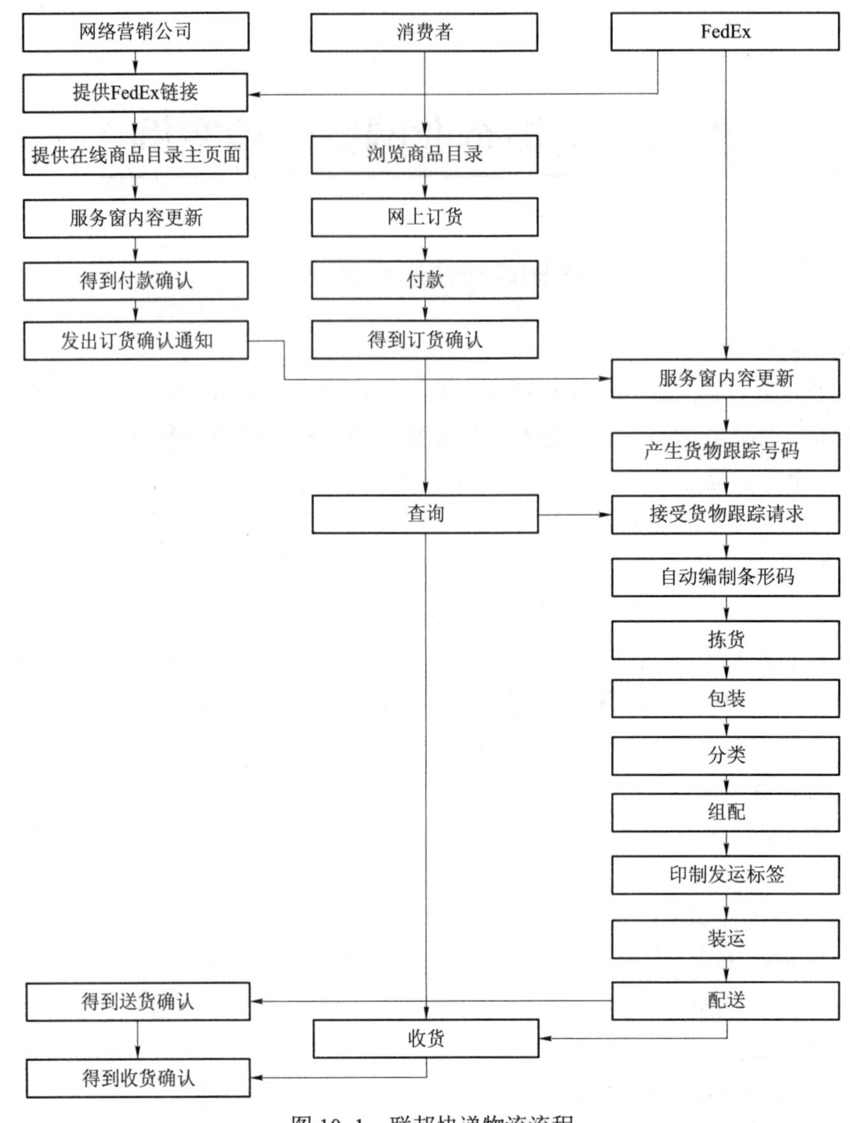

图 10–1 联邦快递物流流程

2）准确的网络市场调查

任何一个企业成功的市场营销，都离不开一份详尽的市场调查，联邦快递也绝不例外。在公司的网站上决定投放什么信息，提供什么咨询服务，安排怎样的网络流程之前，联邦快递做好了充分的准备工作。准确的市场调查、明确的消费者行为分析，始终把客户的需求放在首要考虑的位置，并根据需求设计网络营销战略。

3）高效的网站功能

在联邦快递，所有顾客可借助其网址 http://www.fedex.com/同步追踪货物状况，还可以免费下载实用软件，进入联邦快递协助建立的亚太经济合作组织关税资料库。它的线上交易软件 Business Link 可协助客户整合线上交易的所有环节，从订货、收款、开发票、库存管理一直到将货物交到收货人手中。这个软件能使无店铺零售企业以较低成本，比较迅速地在网络上进行销售。联邦快递是第一家在网络上公开运送过程的快递公司。如此一来，不但顾客可以自行上网查询货品的运送状况，公司也可以很方便地主动搜集资讯提供给顾客。另外，联邦快递特别强调，要与顾客相配合，针对顾客的特定需求，如公司的大小、生产线地点、业务办公室地点、客户群科技化程度、公司未来目标等，为其制定配送方案。

4）高附加值的配套服务

联邦快递还有一些高附加值的服务，主要有三个方面。

① 提供整合式维修服务。联邦快递提供货物的维修运送服务，如将易坏的计算机或电子产品，送修或归还所有者。

② 扮演客户的零件或备料银行，提供诸如接受订单、客户服务处理和仓库服务等功能。

③ 协助顾客简化并合并行销业务。帮助顾客协调数个地点之间的产品组件运送流程。

5）E-mail 营销策略

联邦快递向客户提供货件状况的电子邮件或手机邮件通知服务。免费的电子邮件或手机邮件通知，使得客户掌控货件的运送状况。电子邮件通知服务有 16 种语言版本，其中包括简体中文、繁体中文、日文和韩文 4 种亚洲语言。客户货件在因各种理由未能送达或货件已送达的情况下，可要求免费获得电子邮件通知服务；若货件因清关程序延误或因其他常见的理由而未能送达，电子邮件中会为客户提供建议，帮助客户解决问题。

6）先进的电子商务系统

（1）邮件跟踪和查询系统

联邦快递在对邮件包裹进行百分百跟踪的同时，还能够在快递途中的每个点上提供单据查询服务。包裹在投递途中扫描超过 10 次以上，每一次都将数据从运货车传送到 600 个美国城市快递站点中的一个站点，用无线信号将数据传送到 HP 9000 服务器和工作站上。呼叫中心工作人员通过访问运行在 HP 9000 G50 服务器上的数据库系统，为进行查询的客户提供实时的包裹状态报告。POWERSHIP 程序为在 Internet 上的客户提供服务，从邮件收取到交货，一直跟踪其邮件包裹的状态，实现每天自行制作单（self-invoicing），制作专门化的管理报告。

（2）地面运行系统

快递站运行管理人员通过数字协助派遣系统（DADS）传送最新的快件路线计划表，使其显示分布在全国各地联网的 40 000 辆联邦快递运货车的个人计算机上。有 300 多个 HP 9000 E25 服务器，连同 75 个型号为 715/100 的工作站用于地址定位和计划应用。以美国为例，联邦快递每天在美国承担的投递任务大约有 250 万个包裹。线路计划人员利用 GenaMap 的帮助，安排联邦快递的快递员途经所有地点。管理人员可以评估线路计划人员线路安排是否有效，并在必要的时候重新计划线路。当确定了线路以后，顾客也可以在网络上查询到联邦快递为其货物运送所选择的线路情况。

7）多方位网络服务提升顾客忠诚度

联邦快递在其网站上推出了“联邦快递网上速递系统”。通过该系统，用户能够以最高效、最便利的途径使用联邦快递的各种货运服务。除快递货运管理系统外，该网站还为用户提供许多便捷的服务。例如，“定位系统”可以提供方位图，指示用户找到距离自己最近的联邦快递服务网点；“地址核实系统”可让用户检查其货运地址是否准确无误；“投递确认系统”可让用户在网上查看收件人的签名；“供应系统”可让用户方便地向联邦快递订购相关用品；“网上费用结算系统”可让用户通过互联网对费用清单进行核实和结算。另外针对中小企业用户，联邦快递网站也特别提供了许多便捷的服务。这些都极大地方便了客户，鼓励客户的参与热情，提高顾客满意度，为企业留住了更多忠诚度极高的客户。

4. 未来发展目标

联邦快递正计划扩充国际海关应用系统。该系统使海关能够在实际运载货物的飞机到达之前，就能看到进入其报关港的货物的单据。许多包裹在实际到达之前就可以被清关，节省了手工清关的费用，使包裹能够更快地到达目的地。联邦快递还推出了“国际领航”项目，如巴黎快递路线计划、新加坡服务工作站程序，充分利用美国环境中的解决方案，在全球扩充其专门技术。

此外，联邦快递还将继续扩展网上客户服务系统。现在联邦快递投递业务的70%都通过采用 POWERSHIP 应用程序的网络，以电子方式请求服务。如果有任何服务问题时，客户能够使用网络通知快递公司采取适当的行动。联邦快递正在研究一种新的应用，向客户显示 10 个距离最近的联邦快递邮件包裹交付地点，以及抵达这些地点的路线。

5. 成效和启示

由于约 2/3 的运输都是通过 FedEx 网站自动处理，这极大地降低了电话应答中心巨额查询费用开支，降低了成本，增强了竞争力。

FedEx 网站证明，在当前信息时代，一个公司的先进管理系统、运作模式和信息处理系统远不止在公司内部使用。它能在“整体大于部分之和”营销理念下，借助于国际互联网冲破无数企业在行业范围、物理形态和地理行程上的差异，彼此在虚拟的作业环节上实现无缝链接。借助于这种链接，一个企业可以通过其先进的管理技术和战略资源，比如在时间管理、信息管理、复杂的后勤规划、庞大的空中与陆上储运资源等，对其他无数企业产生无穷的吸引力。同时 FedEx 还表明，在服务业中，先进的系统和技术仍需与充满亲情的人与人的面对面交往为基础。令人仰慕的企业形象是要花很多年建立的，并具体地体现在各员工与顾客接触的那几秒钟内。公司力求最大限度地调动员工积极性，让员工在一个表情和举手投足之间将企业的好形象传递出去。

[思考]

分析 FedEx 公司的网络营销策略。

复习思考题

1. 什么是网络营销？网络营销的特点有哪些？
2. 运输企业网络营销的含义是什么？其特点是什么？
3. 运输企业网络营销策略有哪几种？其具体内容分别是什么？
4. 浏览各大知名物流企业网站，举例说明各网站是如何实现信息上的互动？如何通过网络达到营销目的的？
5. 如果由你来规划设计一个物流快递公司企业网站，你将采取哪些营销策略？为什么？

第11章

运输市场营销管理

【本章内容概要】

本章介绍运输企业战略规划的内容和过程，分析运输市场营销计划的内容和步骤，阐述运输营销计划组织、执行和控制。

【本章学习重点与难点】

学习重点：了解运输企业战略规划的内容和步骤；了解运输企业营销组织的组织形式；理解运输企业的市场营销过程；掌握运输企业营销计划的主要内容。

学习难点：正确编写运输企业营销计划报告。

企业的市场营销活动是一种社会活动，市场营销管理的首要职能是确定企业的发展远景和战略规划，并将战略规划变成营销计划，将总的目标和任务分解和落实到各类人员的身上，并赋予他们完成任务所需要的职权和确定相应的规章制度。同时，还必须对各种活动进行指挥和协调，这些都必须靠市场营销管理来完成。因此，制定企业战略规划、营销计划，并对营销计划的实施加以组织、控制，就成为企业市场营销总体活动中的重要组成部分。

11.1 运输市场营销管理概述

11.1.1 管理的含义及市场营销管理

管理的含义可从以下几点理解：管理是一个过程；管理强调有效性；管理的载体是组织；管理的核心是人；管理的本质是协调。

企业的战略规划是企业的最高管理层通过规划企业的基本任务、目标及业务（或产品）组合，使企业的资源和能力同不断变化着的市场营销环境之间保持和加强战略适应性的过程。也就是企业为了使自己的资源和能力同市场营销环境相适应，以加强自己的应变能力和竞争能力而制定的长期性、全局性、方向性的规划，这种规划一般要定出10～20年的发展方向，并随着企业内部和外部环境的变化而不断修正的一种管理过程。

同时，市场营销管理过程，也是企业为实现企业任务和目标而发现、分析、选择和利用市场机会的管理过程。市场营销管理过程包括如下步骤：① 发现和评价市场机会；② 细分市场和选择目标市场；③ 发展市场营销组合和决定市场营销预算；④ 执行和控制市场营销计划。

11.1.2 运输企业战略规划的内容和步骤

运输企业战略规划的主要内容和步骤（如图11–1所示）是：首先在整体层次上规定运输

企业的基本任务；其次根据基本任务的要求确定企业目标；再次是安排运输企业的业务（或产品）组合，确定运输企业的资源在各业务单位（或产品）之间的分配比例；最后是在业务单位、产品和市场层次上制定职能计划，如营销计划及其他各项职能性计划（生产计划、财务计划等），这些计划是运输企业总体战略在各业务单位、产品和市场层次上的具体化。

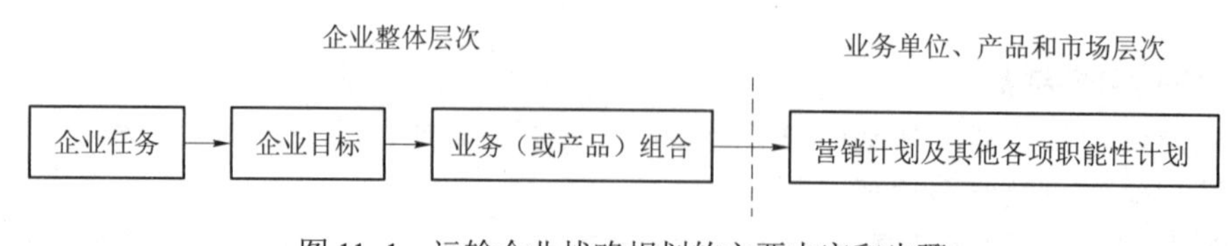

图 11–1 运输企业战略规划的主要内容和步骤

1. 确定运输企业任务

运输企业任务应规定企业的经营范围，包括产品范围、顾客范围、市场的地理范围等。简单地，以产品角度或技术角度对其业务范围进行表述，如“本汽车运输公司的业务范围是运送旅客和货物”，就不够完善。按照市场营销角度看，企业的业务活动是一个满足顾客需要的过程，而不仅仅是一个制造或销售某种产品的过程。因此，运输企业在规定自己的任务时应该是“市场导向”，即以市场需要为中心来规定自己的任务。如将该运输企业的业务范围表述为“我们提供舒适、安全、便捷的旅行服务和保质、方便的货物运输服务”，则更趋于“市场导向”。

任务还应具有激励性，应使全体员工感受到其工作重要而有意义，对人类社会有贡献作用。同时，企业任务应强化企业的优良传统和共同价值观，使全体员工明确应如何对待顾客、供应者、经销商（或代理商）、竞争者及一般公众，树立和保持良好的企业形象。

2. 确定运输企业目标

运输企业任务确定后，还要将这些任务变成企业各管理层的目标，形成一套完整的目标体系。美国管理学权威彼得•杜拉克认为：“管理人员应当由所要达到的目标而不是由他的上级来指挥和控制。”他把这种制度称之为“目标管理”。如运输企业以“提供优良产品、服务、满足旅客、货主需要”为企业任务，由此就可使各种业务的目标及市场营销的目标形成一种体系，如图 11–2 所示。目标体系中的目标应尽可能具体化，如“提高市场占有率”这一目标可具体定为：“在一年之内将市场占有率提高 15%”。这样才便于企业编制具体计划和计划的实施控制。为支持企业营销目标，还需制定适当的营销策略，如加大对优势产品的广告宣传力度，为旅客、货主提供更多便利等。

3. 安排业务（或产品）组合

安排业务（或产品）组合，其实质是要对企业的资源进行分配。根据企业的任务和目标，管理部门要制定企业的资源分配计划，包括企业所有业务（或产品）的规划，即确定哪些业务（或产品）最能使企业扬长避短，发挥竞争优势，从而能最有效地利用市场机会和占领市场。

1）分析当前的资源分配计划

企业战略规划的重要内容之一是业务（或产品）组合分析。通过分析，对企业的各项业务进行分类和评估，根据其经营效果的好坏，决定给予投入的比例。对盈利的业务追加投入，对亏损的业务维持或减少投入，以便使企业资源得到合理配置。

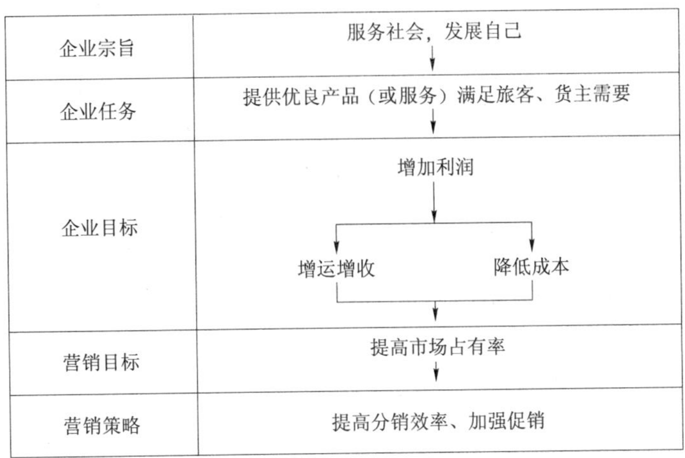

图 11–2 某运输企业的目标体系

对于运输企业，是以货运为主还是以客运为主，是以长途运输为主还是以短途运输为主；对于货运，是以零担运输为主还是以整车运输为主；对于客运，是以豪华高档次运输为主还是以经济实惠的中低档次运输为主；等等，需要按每种产品业务量增长情况、产品的市场份额及产品资金投入等分析当前的资源分配情况。结合国家对交通运输的总体规划，综合交通网络规划，各地工农业发展规划对运输量及其结构增长、变化的影响，人们的出行需求，收入水平等因素，以及企业的利润增长目标，确定各业务（或产品）在本企业的将来发展中所占的地位或投资力度。

2）制定企业增长战略

企业除对现有业务进行评估和规划外，还应对未来的业务发展方向作出战略规划，即制定企业的增长战略。企业的增长战略主要有三类：密集性增长战略、一体化增长战略和多角化增长战略，各自又包含三种具体形式，共 9 种，如表 11–1 所示。

表 11–1 企业增长战略

密集性增长战略	一体化增长战略	多角化增长战略
市场渗透 市场开拓 产品开发	后向一体化 前向一体化 横向一体化	同心多角化 横向多角化 综合多角化

（1）密集性增长战略

企业的现有产品或现有市场如果还有盈利潜力，可采用密集性增长战略。

① 市场渗透战略，即由企业现有产品和现有市场组织而产生的战略。企业战略研究人员应该有系统的考虑市场、产品及营销组合的策略以促进市场渗透。扩大市场销售量的因素有两个方面，即

$$销售量=产品使用人的数量\times 产品使用人的使用频率$$

扩大产品使用人的数量，努力发掘潜在的顾客或把竞争者的顾客吸引过来。扩大产品使用人的使用频率，主要靠优质的运输服务。

总之，市场渗透战略希望通过对现有产品进行小的改进，从现有市场上赢得更多的顾客，但若市场上有强有力的竞争对手，则会影响此战略期望带来的利润增长。

② 市场发展战略，即由现有产品和相关市场组合而产生的战略。它是以发展现有产品的新顾客层或新地域市场，从而扩大产品销售量的战略。实行这种战略可通过运输市场开发（如在一个新的地区开发有特色服务运输市场），在新的市场寻找潜在的用户，增加新的分销渠道（如增加客票销售渠道）等方法。

市场发展战略比市场渗透战略风险性大，它要求管理者放开眼界、拓宽视野，重新确定营销组合。

③ 产品开发战略，即在现有市场上通过改进产品或增加新品种达到增加销售的目的。例如，为抢占高运价率货运市场，铁路开发了行包专列、“五定班列”等运输产品。运输企业也可利用新技术增加新产品的种类。

（2）一体化增长战略

如果企业所属行业的吸引力和增长潜力大，或实行一体化后可能提高效率，提高盈利能力和控制能力，能可采用一体化增长战略。

① 后向一体化战略，即生产企业向后控制供应商，使供应和生产一体化，实现供产结合。例如，某车站与煤炭公司联办煤炭转运站，使货物供应与运输一体化。

② 前向一体化战略，即企业向前控制分销系统，实行产销结合。例如，某铁路局既从事旅游列车运输，又开发旅游业务。

③ 横向一体化战略，即实力强大的企业兼并或控制同行业的弱小企业。例如，铁路运输企业兼并地方汽车运输公司等。

（3）多角化增长战略

多角化增长战略是指向本行业以外的发展，扩大业务范围，向其他行业投资，实行跨行业经营。当企业所属行业缺乏有利的营销机会或其他行业的吸引力更大时，可实行多角化增长战略。但多角化并不意味着毫无选择地利用一切可获得的机会，而是要扬长避短，结合自身的资源优势来选择市场机会，以充分发挥潜力并减少和分散风险。

对于运输企业，可以从以下三方面开展多角化经营：

① 同心多角化，主要指立足本行业，开展多种经营业务；

② 横向多角化，主要指跨行业联合经营；

③ 综合多角化，即多种经营业务。以大型运输企业为例，它们的经营业已经拓展到工业、金融证券、房地产开发等领域，以取得良好的经济效益。

运输企业开展多角化经营，不能放松已经形成优势的主业，并在主业上力争形成自己的“拳头产品”或“精品”。

4. 制定职能计划

战略计划规定了企业的任务、目标、发展方向与增长战略，并对各业务单位作出安排，各业务单位为了实现企业的任务和目标，还要制定各项具体的职能计划，如市场营销计划、生产计划、财务计划等（本章只研究市场营销计划，不涉及其他职能计划）。

11.1.3 运输企业市场营销过程

战略计划确定了企业的任务和总体目标。在各业务部门中，营销部门的任务是帮助企业实现总体战略目标。影响企业营销战略的因素如图 11–3 所示。目标消费者位于中心。对运输企业，目标消费者即为旅客、货主。运输企业的一切活动都应以满足旅客、货主的需要为中心。但是运输企业不可能以一种运输方式或同一类型的服务全方位满足旅客、货主需求。不同运输企业在服务于特定市场方面往往各有优势。这就需对整个运输市场进行细分，选择最佳子市场，并为该子市场设计营销策略，增强竞争力。这一过程包括 4 个步骤：运输需求测量与预测、运输市场细分、目标市场选择和市场定位（具体内容本书前面章节已述）。

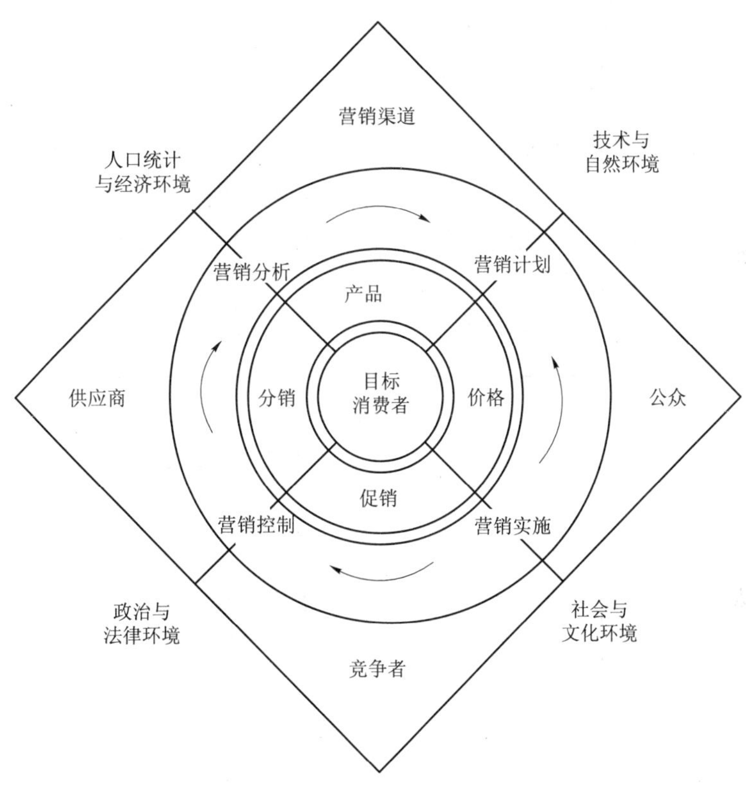

图 11–3 影响企业营销战略的因素

运输企业确定了总体竞争性营销战略后，需着手研究营销组合。营销组合是指企业为获得目标市场中期望的反应而设计的一套可控的营销策略。营销组合由影响产品需求的一切措施组成。这些措施可以分为 4 组变量，即“4P”：产品（product）、价格（price）、渠道（place）和促销（promotion）。有效的营销计划把所有的营销组合措施合为有机的整体来达到企业的营销目标，同时把满足需求的产品（或服务）提供给旅客和货主。通过营销组合措施的配套使用，就可以在目标市场中确立强有力的地位。4P 代表的是企业管理者的观点。从消费者的观点看，每种营销措施都应为旅客、货主的利益提供服务。企业应从消费者的 4C 角度来看待 4P，见表 11–2。

表 11–2 4P 与 4C

4P	4C
产品（product）	消费者的需求（customer needs and wants）
价格（price）	消费者的成本（cost to the customer）
渠道（place）	方便（convenience）
促销（promotion）	沟通（communication）

因此，竞争中的赢家是那些既经济又方便地满足消费者需要，还能有效地进行沟通的企业。

如上所述，企业的战略计划要被分解为各个部门、产品和品牌的营销计划及其他计划。营销计划是企业整体战略规划在营销领域的具体化，是企业的一种职能计划，它是在营销调研与分析的基础上制定的。营销部门通过与企业内外机构合作来实施营销计划。为了实施营销计划，营销部门组织必须与企业规模和管理任务相适应。在营销计划实施的过程中，可能出现许多意想不到的问题，这就需要一个控制系统来保证营销目标的实现。通过这些控制系统及时发现计划执行中存在的问题或计划本身的问题，诊断产生问题的原因并及时反馈给有关的决策者和管理者，以采取措施加以纠正。

图 11–4 显示了这些市场行为的关系，它们共同作用对营销活动进行管理。

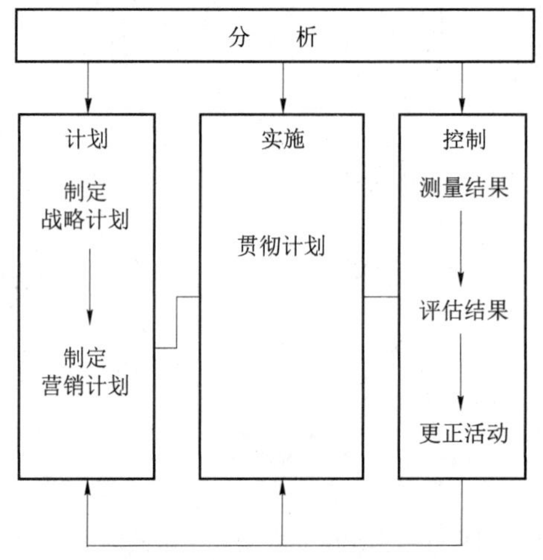

图 11–4 分析、计划、实施和控制之间的关系

11.2 运输市场营销计划

市场营销计划就是把营销战略任务、目标和实现目标的措施进行系统分解，从时间上分解成年度或季度、月份甚至周、日营销任务，从空间上分解成各级营销组织和各营销职能部门、人员的营销任务，使各营销组织和在职人员都有明确的营销活动任务。在编制市场营销计划过程中要注意目标与手段（措施）必须匹配，而且上下层次之间必须密切配合，同时要运用营销激励机制，发挥各级部门整体营销作用。

运输市场营销计划是运输企业开展营销活动的基础，是营销活动实施和控制的标准与参照。所以，每个营销管理人员都应明确营销计划的重要性，了解营销计划内容，掌握制定营销计划的方法。

11.2.1　营销计划的作用

营销计划对于企业的发展和营销工作的开展有着重要的作用。

营销计划是企业计划的核心。面向市场的企业，其一切工作都是围绕市场展开的。在运输企业的计划体系中，生产计划、设备计划、人事计划、财务计划等都应围绕企业的营销计划来展开。因此，营销计划在企业计划中处于核心地位，是提高营销管理效率的有效手段。

营销计划是将管理人员的构想、工作安排、工作程序等经过整理后表达出来形成的文件。因此，营销计划是营销管理工作中必不可少的一个环节。

在制定营销计划时，企业最高层领导、相关的职能部门都要参与或提供建议、资料等，营销计划最终也要由高层管理人员认可。这种在营销工作开展前的相互之间的信息沟通，对将来营销工作的开展、各部门对营销工作的支持和配合奠定了良好的基础。从某种意义上讲，营销计划的过程也是营销管理人员沟通多方信息、争取多方理解和支持的过程。

11.2.2　制定营销计划的步骤

制定营销计划在企业中应作为一种制度来执行，要明确规定制定营销计划的负责人、时间、程序和步骤。

1. 搜集、整理资料

搜集、整理与营销计划有关的资料。例如，在年度营销计划的制定中主要搜集、整理以下资料：

① 与运输企业营销相关的宏观经济、政治、社会、文化、人口等历史资料，以及现状和发展趋势；

② 与运输企业营销相关的政府统计资料、学术研究资料；

③ 竞争对手及营销策略分析资料；

④ 本企业年度营销计划及执行情况、企业历史统计数据、资料。

2. 思考问题

① 企业决策层提出的下一年度发展方向和目标如何？有无可能实现？

② 企业的目标市场是什么？产品服务是否符合目标市场的需要？

③ 企业有无潜在的旅客、货主？本企业的价格政策如何？

④ 企业的分销系统如何？哪些需要完善？

⑤ 企业营销组织、人员情况如何？能否适应市场的发展？

⑥ 竞争态势和竞争对手下一年度可能采取的策略是什么？

⑦ 企业以前营销计划执行成功或失败的原因何在？

3. 进行优势/劣势、机遇/威胁分析

优势/劣势分析，即寻找相对优势，创造或发挥相对优势是企业在竞争中获胜的一个重要因素。制定营销计划之前，营销管理人员一定要清楚有哪些相对竞争者的优势，这些优势影响到旅客、货主选择交通方式的行为。

进行机遇/威胁分析，即因为市场环境时刻在发生变化，所以企业要不断地分析、判断市场发展的趋势。环境的变化可能为企业带来新的营销机遇，也可能给企业造成威胁。对于环境变化带来的机遇，首先，企业要能通过对环境的观察敏锐地感觉到；其次，企业要对机遇加以分析，分析该机遇对企业吸引力大小和企业把握该机遇的成功概率。环境的变化，也会给企业带来威胁。对于威胁，企业要分析其严重性和出现的可能性，并提前拟定应变计划，以便对一旦出现的威胁迅速反应。

4. 确定目标

营销管理人员要结合企业战略规划确定营销目标。营销目标不应只是客、货运量或客、货运输收入，还应包括诸如市场占有率、市场开拓等具体目标。在确定目标时应注意以下几个方面。

① 目标要具体量化，以便实施中进行衡量和控制。

② 应确定时间，即指应完成或达到目标的具体时间。

③ 目标加以分解，按时间、人员、区域等将目标分解，以便实行目标管理。

④ 目标要具有可达成性和挑战性。目标过高，营销人员在执行中感到无法实现，会出现抵触情绪，甚至放弃；目标过低，难以激发起营销人员的潜力和斗志。

5. 制订策略、行动方案

制订出实现营销目标的策略，是营销计划的一项关键内容。营销策略包括目标市场、定位、营销组合。营销管理人员要根据前述分析、目标等明确目标市场、选准定位，形成由产品、价格、促销、分销组合而成的整体策略。

为保证策略的实现，还要制订出行动方案。

6. 预算

对行动方案中各项活动费用进行估算。

7. 形成营销计划书

根据营销计划的内容，写出营销计划书。

11.2.3 运输市场营销计划的内容

运输市场营销计划的内容一般包括 8 个方面。

1. 内容提要

内容提要是对营销计划的要点、目标及采用的策略、预算等进行扼要的综述。对目标、预算等的描述要尽可能数量化，以便执行中进行考核和控制。

2. 当前营销状况

营销现状是有关市场、竞争、产品、促销等各营销因素及宏观环境发展趋势的综述。

3. 机会与威胁

机会与威胁即对主要的机会和威胁、优势和劣势及计划中涉及产品面临的问题加以分析。

4. 营销目标

营销目标是营销计划的核心部分，营销目标需在分析营销现状并预测未来的威胁和机会的基础上制定。

5. 营销策略

营销策略是指为实现营销计划、达到营销目标应采取的整体策略。

6. 行动方案

行动方案是确保营销计划有效实施的主要方面，内容包括：要做些什么，何时开始，由谁负责，所需的预算费用是多少等。按上述问题把每项活动都列出详细的程序表，以便于执行和检查。

7. 预算

营销计划中还要编制各项收支的预算，在收入一方要说明预计收入，在支出一方要说明预计生产成本（包括营销费用），收支的差额为预计的利润（或亏损）。上层管理者负责审批预算。预算一经批准，便成为购置设备、安排生产、人事及营销活动的依据。

8. 控制

控制是营销计划的最后一部分，是对计划执行过程的控制。一般做法是将计划规定的目标和预算按月份或按季度分解，以便于企业的上层管理部门进行有效的监督和检查，督促未完成任务的部门改进工作，以确保营销计划的完成。

11.3 运输市场营销组织

营销组织是企业的核心部门，高效、合理、富于活力的营销组织是企业开拓市场的基本保障。营销组织建设和管理是发挥这个部门核心作用的基础。营销组织建设和管理包括营销组织的设计及构建、营销组织模式的选择、营销协调机制、营销管理制度设计等方面内容。

11.3.1 运输企业营销组织的任务

从根本上讲，营销就是了解并满足顾客需求，这也是营销组织的总任务。但是，对实际运作的营销管理人员来讲，可将总任务分解为以下几项具体的任务。

1. 运输市场需求研究

运输市场需求研究就是通过系统地收集、分析有关运输市场的信息，帮助运输企业高层管理人员进行决策。运输市场需求研究是运输企业营销组织的基础任务之一，通常应包括：营销环境研究，旅客、货主消费行为研究，目标市场研究，等等。

2. 运输产品管理

运输产品管理的主要任务是研究和开发满足旅客、货主需要的新产品。新产品管理通常是营销部门、研究开发部门、生产部门共同的责任。在运输新产品开发以后，营销部门要根据运输波动情况及客货运输的不同特点拟定产品策略，并对有关运输产品的各个要素进行决策。

3. 广告活动

主要工作包括：确定广告的形式；确定广告活动的费用预算；选择广告媒体，拟定广告方案；选择广告代理商；评价广告活动效果。

4. 分销渠道管理

营销部门为建立和保持有效的分销，应决策以下内容：确定是否采用分销渠道；确定分销渠道的宽/窄、长/短；选择分销商；制定对分销商的政策；制定分销商管理规定、办法；分析各分销渠道、各分销商的效果。

5. 价格管理

制定定价政策、新产品定价及确定价格是否需要改变和何时改变。

11.3.2 现代企业营销部门组织形式

现代企业的营销部门有若干不同的组织形式，但无论采取哪种组织形式，都要体现以顾客为中心的营销指导思想。具体可归纳为以下 5 种基本类型。

1. 职能型组织结构

最常见的营销组织是在营销副总裁领导下由各种营销职能专家构成的。营销副总裁负责协调各营销职能专家之间的关系，如图 11–5 所示。

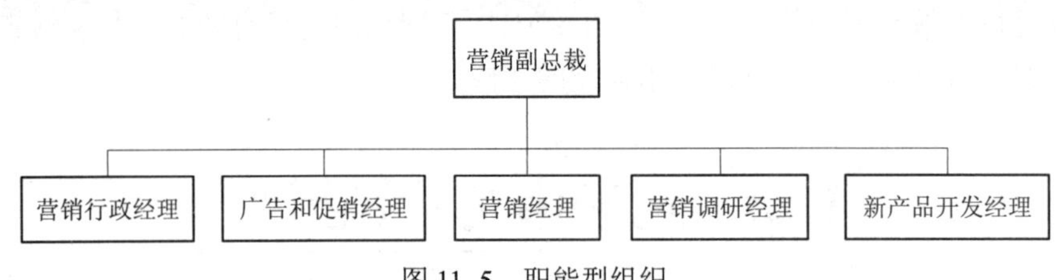

图 11–5 职能型组织

职能型组织的主要优点是行政管理简单。然而，随着产品增多和市场扩大，这种组织形式会失去其有效性。首先，由于没有一个人对一项产品或一个市场负全部责任，因而没有按各项产品或每个市场制定的完整计划，有些产品或市场就很容易被忽略；其次，每个职能部门为了获取更多的预算和较其他部门更高的地位而竞争，使营销副总裁经常面临调解纠纷的难题。

2. 地区型组织结构

在全国范围内营销的企业往往按地理区域组织其推销人员，如图 11–6 所示。推销部门有 1 名负责全国的经理和 4 名大区推销经理、24 名区域推销经理、192 名地区推销经理和 1 920 名推销员。

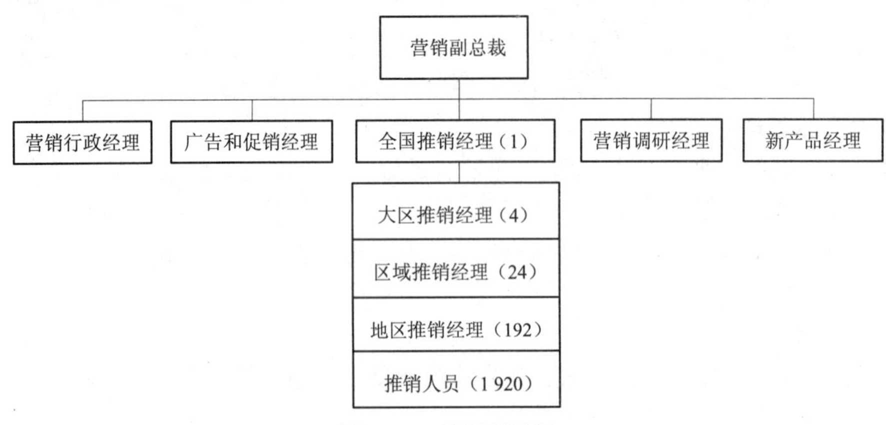

图 11–6 地区型组织

3. 产品管理型组织结构

生产多种产品或多种不同品牌的企业，往往按产品或品牌建立管理组织，即在 1 名总产品经理领导下，按每类产品（即产品线）分设 1 名经理，再按产品线上每个品种分设 1 名经理，分层管理，如图 11–7 所示。

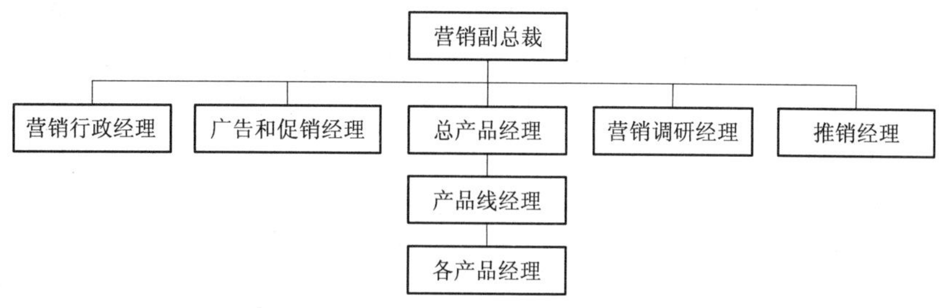

图 11–7 产品管理型组织

4. 市场管理型组织结构

当按客户特有的购买习惯和产品偏好细分与区别对待时，就需要建立市场管理型组织，如图 11–8 所示。它同产品管理型组织类似，由 1 名总市场经理管辖若干细分市场经理，各市场经理负责自己所辖市场的年度销售利润计划和长期销售利润计划。这种组织结构的主要优点是：企业可围绕着特定客户的需要开展一体化的营销活动，而不是把重点放在彼此割裂开的产品或地区上。在以市场经济为主的国家中，越来越多的企业组织都是按照市场管理型结构建立的。有些营销专家认为，以各主要目标市场为中心来建立相应的营销部门和分支机构，是确保企业实现“以顾客为中心”的现代营销观念的唯一办法。

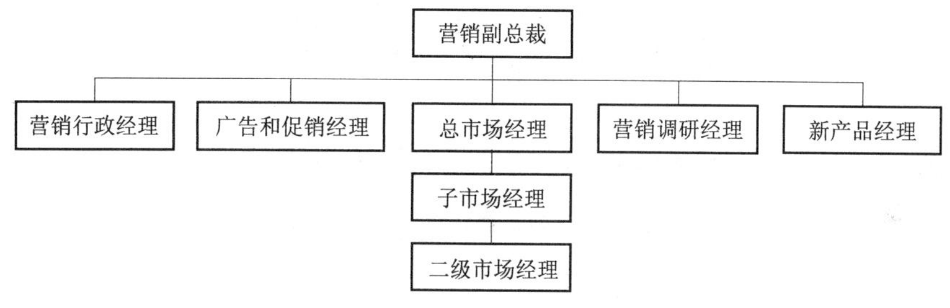

图 11–8 市场管理型组织

5. 产品/市场管理型组织结构

面向不同市场、生产多种不同产品的企业，在确定营销组织结构时面临着两种抉择：是采用产品管理型，还是采用市场管理型。为了解决这个难题，企业可建立一种既有产品经理，又有市场经理的两维矩阵组织，如图 11–9 所示。然而，这样的组织结构管理费用太高，而且很容易产生内部冲突。

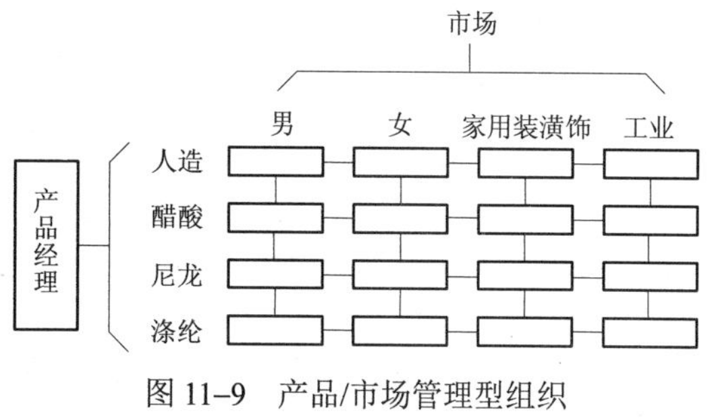

图 11–9 产品/市场管理型组织

6. 事业部组织结构

以某个产品、地区或顾客为依据，将相关的研究开发、采购、生产、销售等部门结合成一个相对独立单位的组织结构形式。它表现为：在总公司领导下设立多个事业部，各事业部有各自独立的产品或市场，在经营管理上有很强的自主性，实行独立核算，是一种分权式管理结构，如图 11–10 所示。事业部制又称 M 型组织结构，即多单位企业、分权组织，或部门化结构。

如产品品种较多，每种产品都能形成各自市场的大企业，可按产品设置若干事业部，凡与该产品有关的设计、生产、技术、销售、服务等业务活动，均组织在这个产品事业部之中，由该事业部总管；在销售地区广且分散的情况下，企业可按地区划分事业部；如果顾客类型或市场不同，还可按顾客或市场成立事业部。

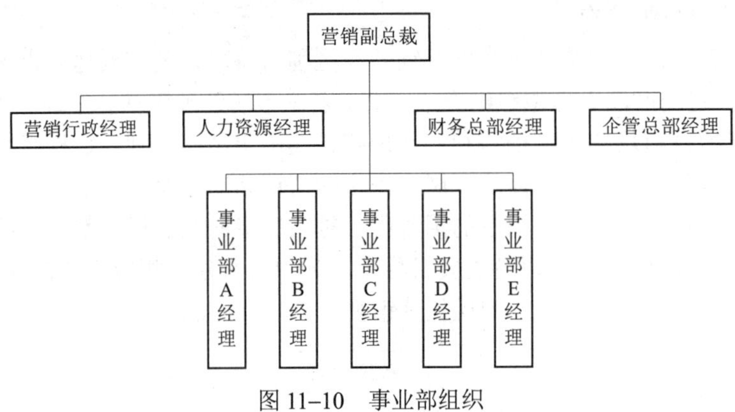

图 11–10　事业部组织

11.3.3　选择营销组织模式时应考虑的因素

营销组织模式选择要从多种因素综合作用的角度来考虑，其中有两类基本因素对营销组织模式的选择具有重要影响：一是企业内部因素，二是企业外部因素。

1. 企业内部因素对营销组织模式选择的影响

影响企业营销组织模式选择的内部因素很多，包括企业经营战略、经营规模、技术条件、产品和经营复杂程度等。不同的企业营销战略，要求不同的营销组织模式与其相适应。经营规模的大小对企业营销组织模式的选择有直接影响。营销规模大，用户多且复杂，就要求有强有力的营销组织，以保证适应复杂业务环境的需要。技术条件差对营销组织要求更高。

2. 企业外部因素对营销组织模式选择的影响

1）用户状况

用户状况直接影响企业营销组织模式的选择。具体来说，用户的购买批量、批次、用户采购方式等直接影响企业营销组织模式的选择。

2）市场状况

在现在买方市场情况下，营销组织就必须从事大量的市场营销工作。

3）竞争对手

竞争对手的产品状况、营销手段、营销重点，以及竞争对手采用的营销组织模式都直接影响企业营销组织模式的选择。

4）地理位置

地理位置直接影响企业的市场布局；同时，距离远、运费高、与用户相互沟通不便、运输受限制等因素也影响企业营销组织模式的选择。要保住市场，企业必须在其他方面下工夫，例如，提供技术支持，保证及时供货，与用户保持良好关系。

11.4 运输市场营销计划执行与控制

11.4.1 运输市场营销计划执行

营销计划的执行是将营销计划转化为行动和任务的部署过程，并保证任务的完成，以实现营销计划所制定的目标。分析营销环境、制定营销战略和营销计划是解决企业营销活动应该“做什么”和“为什么要这样做”的问题；而营销计划的执行则是要解决“由谁去做”“在什么地方做”“在什么时候做”“怎样做”的问题。好的营销战略和营销计划只是走向成功的开始，如果企业不能有效地执行营销计划，再好的营销战略和计划也无足轻重。

为有效地执行营销计划方案，需要掌握相关的技能。

1. 诊断技能

当营销计划执行的结果未达到预期目标时，就需分析战略和执行之间的内在关系并提出一些需要诊断的问题。例如，低销售率究竟是由于战略欠佳造成的，还是执行不当的结果？问题的原因在哪（即进行诊断）？应该对这些问题做些什么（即执行）？

2. 组织技能

前面曾讲到有效的营销组织应具有灵活性，组织机构必须与营销战略、计划的目标要求一致。组织技能包括两个方面：首先是提供明确的分工，将全部工作分解成便于管理的几个部分，再将它们分配给各有关部门和人员；其次是发挥协调作用，通过正式的组织联系和信息沟通网络，协调各部门和人员的行动。

3. 配置技能

配置技能指营销经理在不同营销活动之间分配资金、人力和时间的技能。

4. 推动并影响他人的技能

管理者要有善于推动并影响他人共同把事情办好的能力，且不仅是推动营销组织内部的人员，还须推动营销组织外的其他人或企业一起为达到营销目标而努力。

5. 建立一套工作制度、决策制度和报酬制度的技能

这些制度直接关系到组织实施计划的效率成败。以报酬制度为例，它首先涉及对营销人员及部门工作绩效的评估，如果以短期盈利情况为评估标准，就可能引导营销人员及部门的行为趋于短期化，而缺少为实现长期战略目标努力的主动性。

此外，营销组织的人员构成、素质，以及员工的工作态度和作风，企业全体人员是否遵循共同的基本信条和行为准则，这些也可被统称为企业文化。在现代，企业文化被认为对企业经营失败和实施战略计划的效率具有重要影响。

营销计划的执行，还要掌握控制技能，即建立和管理一个对营销活动情况进行追踪的控制系统。

11.4.2 运输市场营销控制

在管理过程中，控制的目的在于确保企业经营按照计划规定的预期目标运行。市场营销控制是市场营销管理用于跟踪企业营销活动过程每一环节，以确保其按计划目标运行而实施的一套工作程序或工作制度，包括为使营销实绩与预期目标一致采取的措施。

1. 营销控制的基本程序

实行营销控制的最根本原因在于，计划通常是建立在事先对众多不确定因素的某种假定基础上，而在计划实施过程中遇到的现实并不总与事先的假定相一致，即难免会遇到各种意料之外的事，这时就需要通过营销控制及早发现问题，并对计划或计划的实施方式作出必要的调整。

控制有助于企业及早发现问题，防患于未然。例如，运输企业实行服务质量控制，可确保旅客、货主得到舒适与满意的运输服务。控制还对营销人员起着监督和激励的作用。如果营销人员发现他们的主管非常关心其所承担任务的执行效果，而且他们的报酬及前途也取决于此，那么，他们一定会更加努力地工作，并更认真地按计划要求去做。

有效的营销控制讲究科学、严格的工作程序或步骤，其营销控制步骤如图 11–11 所示。

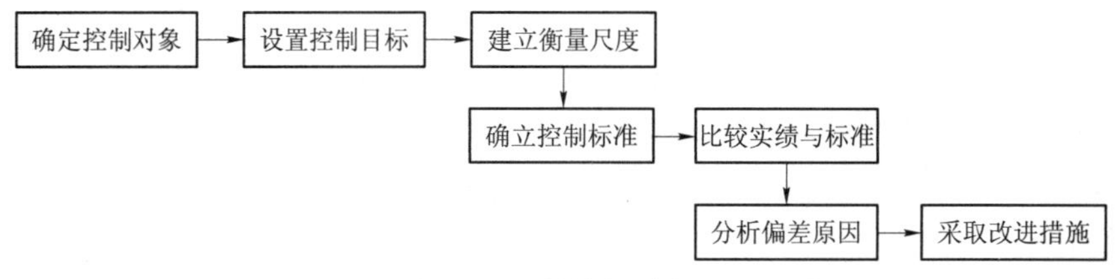

图 11–11 营销控制步骤

1）确定控制对象

固然，控制的内容多、范围广，可获得较多信息，但任何控制活动本身都会引起费用支出，因此在确定控制内容、范围、额度时，管理者应当注意使控制成本小于控制活动所能带来的效益或可避免的损失。

对运输企业，最常见的控制内容是客货运输支出费用（即根据各项营销支出预算或对人员、活动、渠道等进行费用分析、获利性分析来实行控制），但对运输市场调查营销人员工作，运输服务，新产品开发，广告等营销活动，也应通过控制加以评价。

2）设置控制目标

一般应与营销计划设立的目标一致。

3）建立衡量尺度

在很多情况下，运输企业的营销目标决定了其控制的衡量尺度。如客货运输收入、客货运量、市场占有率等。但还有一些问题比较复杂，如货运营销人员的工作效率可用一年内新增加的客户数目及平均访问频率来衡量，广告效果可以用记住广告内容的读者（观众）占全部读者（观众）的百分比数来衡量。由于大多数企业都有若干管理目标，所以在大多数情况下，营销控制的衡量尺度也会有多种。

4）确立控制标准

控制标准是指以某种衡量尺度来表示控制对象的预期活动范围或可接近的活动范围，即对衡量尺度加以定量化。如规定每个货运营销人员全年应增加 10 个新客户；某项新运输产品在投入市场运营半年后应使市场占有率达到 3%；运输市场调查访问每个客户费用每次不得超过 20 元等。当然，控制标准一般应允许有一个浮动范围。

确立标准还需考虑运输产品形式、地区、竞争情况不同而造成的差别，并针对这些差别制定不同的标准。如考察员工营销工作效率时需考虑以下因素的影响：① 所辖区内的市场潜力；② 所辖区内产品的竞争力；③ 所销售运输产品的具体情况；④ 广告强度。因此，不可能要求每个人都能创造同样的销售额或利润额。

5）比较实绩与标准

在将控制标准与实际执行结果进行比较时，需要决定比较的频率，即多长时间进行一次比较，这取决于控制对象是否经常变动。

如果比较的结果是实绩与控制标准一致，则控制过程到此结束；如果不一致，则需进行下一步骤。

6）分析偏差原因

产生偏差可能有两种情况：一是执行过程中的问题，这种偏差比较容易分析；二是计划本身的问题，确认这种偏差往往比较困难。有时这两种情况常交织在一起，使分析偏差的工作成为控制过程中的一大难点。在分析偏差过程中，特别要避免因缺乏对背景情况的了解，或未加客观分析。如某部门的业绩不佳，可能只因一种运输产品的亏损影响了整个部门的获利水平；某货运营销人员完不成访问次数的标准，可能是由于在旅途中花费时间过多，需要改进访问路线图，但也可能是由于定额过高，这时则应降低定额以保证对每一客户访问的质量。

7）采取改进措施

如果在制定计划时，同时也制定了应急计划，改进就能更快。例如，营销计划中规定“某部门一季度的利润如果降低 5%，就要削减该部门预算费用的 5%”的条款，届时就可自动启用。不过，在多数情况下，并没有这类预定措施，这就必须根据实际情况，迅速制定补救措施，或适当调整某些营销计划目标。

2. 营销控制的种类及控制过程

营销控制主要包括年度计划控制、盈利能力控制、战略控制与市场营销审计三种不同的控制过程。

1）年度计划控制

年度计划控制的目的是确保企业达到年度计划规定的销售额、利润指标及其他指标，是一种短期的即时控制，中心是目标管理。年度计划控制步骤如图 11–12 所示。

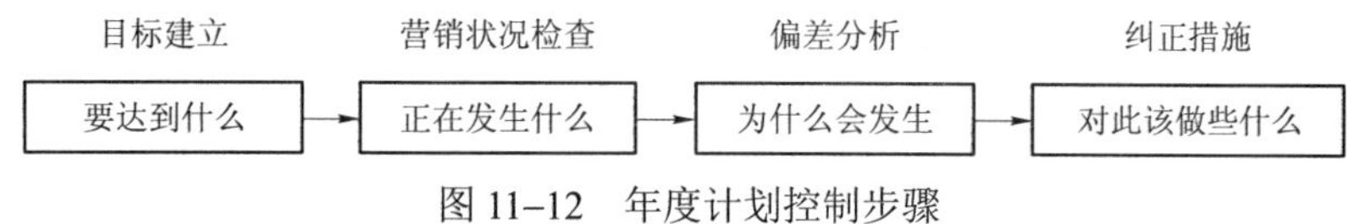

图 11–12　年度计划控制步骤

管理者需将年度计划分解为每月或每季的目标，并随时跟踪并掌握营销情况，当营销实绩与计划发生偏差时，找出产生偏差的原因，采取措施。年度计划控制的实质就是随时检查年度计划执行情况。例如，客货运输收入额分析及与目标偏差的原因、市场占有率分析、营销费用率分析（营销费用率指营销费用与销售额的比率，对运输企业可理解为营销费用与运输收入额的比率）、顾客态度跟踪（对运输企业，顾客态度追踪即追踪旅客、货主、运输代理商及与市场营销有关人员态度）。

2）盈利能力控制

除了年度营销计划控制外，企业还需要测算其各类产品在不同地区、不同市场、通过不同分销渠道出售的实际盈利能力，即盈利性控制。盈利性控制能帮助主管人员决策哪些产品或哪些市场应予以扩大；哪些应缩减，以致放弃。

3）战略控制与市场营销审计

战略控制即定期审查企业的营销战略是否有效地抓住了市场机会，以及是否能与迅速变化着的市场营销环境相适应。战略控制的目的就是要确保企业计划的各项目标、政策、战略与市场营销环境相适应。

营销审计是进行战略控制的一个有效工具。

所谓营销审计，是指对企业的营销环境、目标战略和营销活动所作的全面、系统、独立、定期的审查。目的在于发现营销机会，确定问题的范围，提出行动方案，提高企业的营销业绩。

复习思考题

1. 简述运输企业战略规划的内容和步骤。
2. 运输企业营销计划主要应包括哪些内容？
3. 运输市场营销组织主要有哪几种形式？
4. 简述营销控制的基本步骤。
5. 简述运输企业市场营销过程。

第 12 章

运输市场营销信息系统

【本章内容概要】

本章介绍运输市场营销信息的概念、分类及特征，介绍铁路客票发售和预订系统、铁路客运专线市场营销策划系统、铁路货运营销及生产管理系统及铁路货运营销及生产管理系统的主要功能。

【本章学习重点与难点】

学习重点：了解运输市场营销信息的概念、分类及特征；了解运输市场营销信息系统各子系统的特点及其主要功能。

12.1 运输市场营销信息系统概述

信息化是当今世界经济社会发展的必然趋势，已经成为推动人类社会高速发展的强大动力。大力推进信息化，是促进生产力快速发展、增强企业竞争力的关键环节，是覆盖企业现代化建设全局的战略举措。

在市场经济环境条件下，运输企业的生产经营活动必须围绕市场进行运作，运输企业才能适应市场，才能在激烈的市场竞争中生存和发展。企业要适应市场，就必须了解市场，竭尽一切努力捕捉市场信息。信息已成为运输企业的一种战略资源，对运输企业具有生死攸关的作用。

12.1.1 运输市场营销信息的概念

运输市场营销信息泛指与运输企业市场营销活动有关的各种内外部环境的状态、特征以及发展变化的各种消息、情况、资料和数据的总称，是指在各市场营销主体之间交流后能产生经济效益的市场营销活动的信息。它可以理解为：是对企业市场营销活动及其发展变化特征的一种客观描述，是为企业和各级营销管理部门进行市场预测、营销决策所提供的各种有针对性的能产生经济效益的知识、情报和资料。

从运输市场营销的角度看，运输企业与运输市场的联系包括运输服务流（由运输企业流向货主或旅客）、货币流（由货主或旅客流向运输企业）、信息流（用于运输企业与运输市场、环境之间的沟通）。运输企业开展市场营销活动，不仅需要人、财、物方面的资源要素，而且需要信息。

运输市场营销是运输企业的基本职能，是开拓运输市场和满足旅客、货主需求，实施运输企业经营活动的过程。它所应用的信息是非常广泛的，既包括企业内部信息，也包括企业外部信息。例如，在运输企业系统内部客货运部门的产品决策、计划、控制和销售情况；客货运营销职能的统计报告、原始数据、运力资源配置等情况；技术研究部门的新技术、新产品开发，以及技术改造和设施更新等情况。在运输企业外部的竞争对手提供的产品和服务情况，与企业营销活动有关的政策法律、经济、文化、科技等环境因素等。

12.1.2 运输市场营销信息的分类和特征

1. 运输市场营销信息的分类

1）按市场营销信息产生过程划分

按市场营销信息产生过程可分为原始信息和加工信息。

原始信息是运输市场活动的写真，它是在运输市场具体活动过程中所产生的有关数据、情报、资料，也称为一次信息，如市场调研中得到的各种问卷答案、数据；加工信息是根据营销工作管理的需要对原始信息进行分析、检索、综合之后产生的信息，如市场调查后的汇总报表、统计资料、信息索引等都是属于“加工信息”。

2）按市场营销信息的内容划分

按运输市场营销信息的内容来划分，可分为外部信息、内部信息。

外部信息主要指市场供求信息、市场需求信息、科技情报信息等。内部信息是指发生在运输企业内部的信息，如运力配置、规章制度、设备状况、服务人员素质等属于企业内部信息。

3）按运输市场营销信息表述方式划分

按市场营销信息表述方式可分为文献性信息、物质性信息、思维性信息。

文献性信息通常是指以文字、符号、语言所表述的各种信息，如统计报表、国家政府部门发布的政策等都属于文献性信息；物质性信息是指通过各种实物所表述的各种信息，如交通运输方面的科技成果展览、机车车辆等样品陈列等都属于物质信息；思维性信息是指通过对市场活动的分析、综合、判断所得到的信息，如预测信息、决策判断信息等。

4）按运输市场营销信息发生的时间顺序划分

按运输市场营销信息发生的时间顺序可分为先导信息、实时信息、滞后信息。

先导信息是指信息产生的时间先于客流、货流过程的信息，如货源信息、客流信息和市场广告信息等；实时信息是指与货流、客流营运活动同时发生的信息，如客票发售信息、十八点报告的信息、货物列车的确报信息等；滞后信息一般指的是客流、货流、车流运动过程中的反馈信息，如旅客和货主反映的意见，货物到达站的货损货差、理赔情况。滞后信息是帮助运输企业及时发现和掌握营销过程中出现的问题，以便采取措施加以控制和协调的信息。

2. 运输市场营销信息的特征

运输市场营销信息与其他信息一样都有如下共同特征。

1）运输市场营销信息分布具有广域性

在地理上的市场分布覆盖整个运输路网区域，供求分散，使得客货运营销源数据收集困难。货物、行包装载等信息要通过现代化的先进通信基础设施和计算机网络才能正确及时地掌握。

2）运输市场营销信息具有多样性

旅客和货主是多元的，其需求层次各不相同，涉及社会上的各行各业，既有个人又有家庭，既有生产企业又有机关团体，既有公费旅行又有自费旅行，运输产品的销售对象不仅多元而且还多变。不同的旅客和货主对旅行需求随周围环境因素的影响动态变化。

3）运输市场营销信息具有动态性

人类对工农业实物产品的需求大多是为了衣、食、住等基本生活的需要，是本源性需求，需求弹性一般较小。但对运输产品的需求是一种较高层次上的派生性需求，受多种因素影响，需求弹性大。有些是传统文化习俗，有些是经济发展差异，有些是现实政策方面的，是社会因素的综合作用产生人们的交通行为，因此必须对收集到的反映多种因素的信息进行分析、加工、融合提炼才能使用。当运输市场竞争从价格竞争逐渐发展到非价格竞争时，运输市场营销信息随机性变得更明显。

4）运输市场营销信息的双向流动性

市场营销活动过程实质上是信息输入→分析决策→信息控制→信息反馈输入的循环过程，即市场营销活动对输入的信息进行反应，又将反应结果返回到信息源，形成反馈信息流。它不同于货流和商流的单向流动，信息具有双向流动性。

3. 运输市场营销信息的作用

① 从运输市场营销活动总体过程来看，信息是市场营销的基本构成要素和形成其活动的媒介。

运输企业市场营销是企业经营实践的产物。它是在沟通市场环境信息、把握市场需求信息的前提下，通过有计划的整体销售，实现企业营销目标的商务活动过程。营销目标的制定需要信息的搜集、整理、综合，营销目标的实施需要信息的传递、使用，营销目标的控制需要信息的管理与反馈。与整个营销过程同时存在的就是信息的输入、输出、反馈过程，市场营销是以信息处理为中心来开展的。离开了信息就没有运输市场营销活动的存在，也不会有市场营销活动的运行。

② 从市场营销管理组织构成角度看，信息又是各部门、各环节、各层次，相互联络、相互酝酿、协调运作的桥梁和纽带。

运输企业市场营销组织一般由市场调研部门、广告宣传部门、销售服务部门以及研究开发、财务计划、质量管理等部门组成。在实际管理工作中，为使整个营销组织实施统一的营销计划，必须要有统一的指挥信息，经常性地协调各个部门之间、层次之间、环节之间的关系，各部门、各层次、各环节之间通过交换文件、资料、传递命令等信息才能协调运转。信息在职能组织内准确、迅速、有效传递是发挥营销机构整体功能的可靠保证。

③ 运输市场营销信息是运输企业营销活动中进行经营决策、制定营销战略的重要依据。

运输市场是运输企业生存的空间、活动的舞台。在复杂多变的运输市场环境中，运输企业要取得满意的营销效果，取决于正确的营销战略，而制定正确的营销战略其决定因素是掌握全面、及时、准确的信息，是对客观实际、未来行动及其后果的正确判断。运输市场营销信息的开发利用是开展客货运输增值服务，提高企业和社会经济效益的重要途径。

12.1.3　运输市场营销信息的来源与搜集

运输市场营销信息是从企业赖以生存和运转的环境中产生的，它存在于运输市场营销活动全过程和营销环境的各个方面，通过人脑信息源、实物信息源、文件信息源等有关载体进行传播。运输市场营销信息的搜集方向和信源包括以下 5 个方面。

1. 国家政府管理部门

国家政府管理部门是运输企业营销活动环境中有关政策、法令、规章制度、计划等信息的发布者。国家对交通运输的发展规划、决策以及有关的政策法令、规章制度对运输企业和企业所处的市场营销环境起着直接指导和宏观调控的作用。

2. 运输市场

运输市场是运输产品供求信息的直接来源，各类运输产品的运能供给量、服务质量、运价、需求状况、旅行消费倾向，都在运输市场融合体现。各种工商业企业的生产部门规模、人数、生产设备的维修周期、职工休假安排、产品外运销售情况、原材料来向、产成品包装、运输条件、企业库存量大小等信息都可以从运输市场搜集到。

3. 各种经济信息中心及有关工商、新闻、金融等企事业单位

随着贸易中心、物流中心、信息咨询服务中心、计算中心的产生和发展，各类经济信息中心应运而生。这是输出市场营销信息的重要机构。此外，工商行政管理部门、银行、物价局等企事业单位内部建立的信息网络也是市场营销信息的重要来源。

4. 运输企业内部

运输企业在自身生产经营管理活动中产生的各种资料、报表。例如，铁路的十八点报告，各类统计日报、月报等各种业务报告和分析资料，以及旅客和货主的反馈意见和需求意向资料、各运输企业经营状况的资料等都是运输市场营销活动的第一手资料。

5. 国际运输市场

及时通过各种渠道掌握国际运输市场信息，研究国际运输市场需求，不断开拓国际联运市场，推进大陆桥、集装箱运输是我国运输业的发展方向。

在整个市场营销信息搜集过程中，无论是国内运输市场还是国际运输市场，微观和宏观环境信息都应按照前述的信息要求去做。

12.2 运输市场营销信息系统构成与设计

12.2.1 运输企业市场营销信息系统的含义

一个铁路运输企业可视为车、机、工、电、辆等众多信息系统的汇集场所。运输市场营销信息系统是整个运输企业管理信息系统的一部分，是一个子系统。运输市场营销信息系统是由人和计算机系统组成，以计算机系统为基础，辅助运输企业进行营销管理，具有控制和预测功能的信息系统；是指专门为运输市场营销活动生产管理提供有用信息，为发挥运输市场营销的整体功能而进行营运管理的系统。

一个完整的营销信息系统应该由内部报告系统、市场情报系统、市场调研系统和信息分析系统组成。

图 12–1 为市场营销信息系统。由图 12–1 可以看出，营销环境的趋势和市场需求趋势通过组成市场营销信息系统的 4 个子系统进行整理和分析后得出。加工得出的情报流向营销管理人员，以帮助他们对运输市场进行分析、计划、执行和控制。他们的营销决策实施后，需反馈的信息又返回市场营销信息系统。

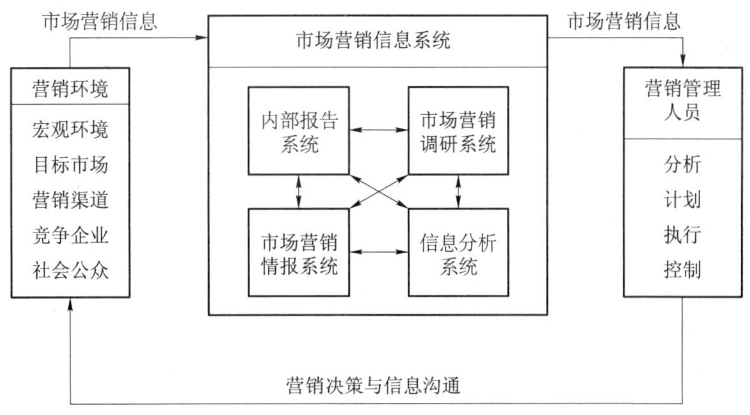

图 12–1　市场营销信息系统

1. 内部报告系统

大多数的铁路运输企业营销管理者都利用内部报告系统定期获得各种数据，用于日常的营销决策，如铁路客运日常统计报表、售票记录等，这些为铁路客运营销管理部门提供了运能供应的基本资料。企业管理人员通过分析这些信息，比较各种指标的计划和实际执行情况，可以随时发现企业的市场机会和存在的问题。但企业内部的信息通常不是为营销决策专门收集的，如许多统计报表是为了衡量职工的工作量。因此，必须借助市场营销信息系统对其进行采集、分类、整理，使企业内部信息转换为营销管理人员使用的信息。其核心是“需求—生产—销售”循环，这个循环过程集中反映了企业各个环节及企业经营活动的效率，所以企业的内部报告系统的关键是如何提高这一循环系统的运行效率，并使整个内部报告系统能够迅速、准确、可靠地向企业的管理者提供各种有用的信息。

2. 市场营销情报系统

市场情报是指每日发生的与重要环境因素有关的信息，如新的经济政策、技术创新、竞争者情况等。这些信息有助于铁路企业营销管理人员制定和调整营销计划。例如，在竞争对手向市场投入某种新产品之前，将情况上报上层管理者，即可及时采取对策保护铁路企业产品地位；当社会环境出现某种动向时，可及时调整企业战略或采取新的策略措施以顺应环境变化。市场营销情报系统是指企业的主管人员用以取得营销情报的程序和来源及研究，它对市场情报进行收集和分析整理。它与内部报告系统的不同主要在于，内部营销报告系统提供的主要是企业经营结果的信息，而市场营销情报系统则是提供外部市场环境正在发生的信息。营销情报的主要来源有电视广播、报纸杂志、政府政策、竞争者的广告宣传、专门的情报机构等。

3. 市场营销调研系统

市场营销调研系统是营销信息系统中很重要的组成部分。这是由于在许多情况下，仅靠内部报告系统或市场营销情报系统所收集的信息还远远满足不了营销管理者决策的需要。为了使营销决策更加准确，在铁路企业的营销管理过程中，还需要通过经常性或专门性的调查研究搜集有关的信息。如在准备开发一种新产品，作出决策之前，就有必要对该产品的市场潜力进行较准确的预测。对此，无论是内部报告系统还是市场营销情报系统都难以提供足够的信息，这就需要市场营销调研系统来完成。没有市场调研就有可能使营销决策失误。

市场营销调研的主要项目有市场潜力调查、市场份额调查、市场需求分析、短期预测、长期预测、市场趋势研究等。

4. 信息分析系统

对市场营销情报系统和市场营销调研系统收集到的信息，通常还需要做进一步的分析。信息分析系统由一个统计库（statistical bank）和一个模型库（model bank）组成。统计库包括一系列统计程序，它是通过对所输入的市场信息的分析，找出各个市场营销变量之间的关系；模型库包括一系列的数学模型，它主要用于协助企业决策者选择最佳的市场营销策略。常用的模型有两类：按照目的划分，有描述性模型和决策型模型；按照技术标准划分，有文字模型、图示模型和数学模型等。

目前国内外普遍采用的统计库有 SPSS、NCSS、TSP 等软件包，也有一些满足各自需要的模型处理系统，这些软件包的使用有利于我国企业的市场分析水平的提高，但这些系统只能作为帮助企业经营决策的一种工具，但并不能完全应用这个系统来代替人们进行决策。因为这一系统的建立是在规范化的分析程序的基础上，同时只考虑了一些普遍存在的因素，而对于某些特殊因素变化的影响无法考虑，所以它的适用性就有很大的局限性。由于铁路运输企业的生产和面临的市场较其他的商业企业或生产企业存在差异，所以铁路企业要想更好地开展营销，就必须重新开发一套完全实用的信息分析系统。这是铁路营销深入开展的需要，也是铁路企业实现信息化管理的需要。

12.2.2 运输市场营销信息系统的结构

运输市场营销信息系统为实现其职能，它必须具有几个相应的子系统，即信息接收子系统、信息处理子系统（信息存储、信息加工、信息输出）和信息控制子系统。如图 12–2 所示。

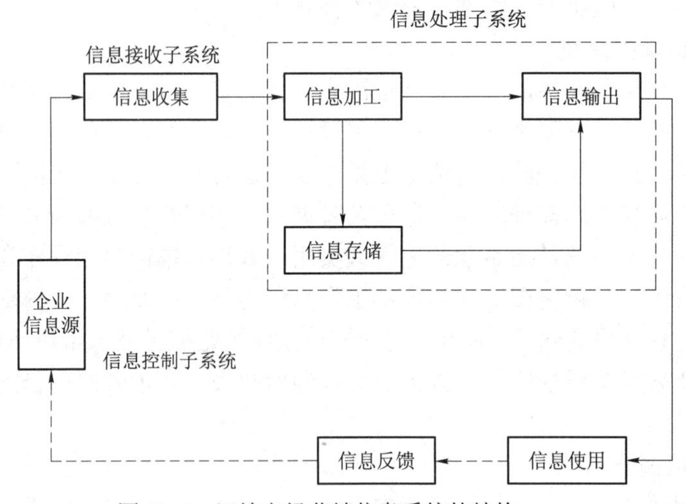

图 12–2 运输市场营销信息系统的结构

图 12–2 中，信息接收子系统主要应明确根据运输市场营销需要，应从哪里收集源信息，其次要解决以什么方式收集信息的问题。这两个问题是保证运输市场营销信息系统工作质量的重要前提和基础。因此，要考虑技术和经济上的可能，选择适当的信息收集方式和相应的信息接收设备。

12.2.3 运输市场营销信息系统建设的基本原则

现代运输市场营销信息系统，特别是运输市场营销信息网络系统的建设是一项既有现代信息技术内容，又有现代市场经济内容的系统工程。它涉及面广，受各方面条件制约。因此，在系统建设时必须综合考虑各方面因素，遵循以下几项基本原则。

1. 用户第一原则

一般而言，信息技术人员与管理人员即最终用户，在知识交流方面存在一定的隔阂，这是系统开发建设的重大难点。对于系统开发的技术人员而言，机器操作是他们的主要工作，他们往往用遍了多少运行程序，打印输出了多少数据，以及软件水平来衡量其成功，而对企业瞬息万变、浩如烟海的市场信息需求状况缺乏全面了解，对管理问题缺乏鉴别力；对管理人员来讲，他们最关心的是系统处理信息的能力和实用性，最大的困难是不了解计算机的功能，致使对系统的功能要求过低或过高或模糊不清。因此，为增强系统的实用性，避免浪费，在系统的开发和建设中必须使这两类人员密切配合，紧密合作，增进交流。管理人员要努力学习有关信息技术方面的知识，从而使自己的要求明确化；技术人员也应积极学习有关市场学、管理学方面的知识，以便更好地理解用户的意图，并要主动听取用户的意见，了解其业务的水平，让用户参与系统的设计、开发工作。

2. 必须有建设现代运输市场营销信息系统的原动力

这种原动力既来自内部也来自外部，但归根结底是来自内部。在系统建设之前，应作好需求分析，进行周密的可行性分析，以明确用户及其需求。

3. 领导原则

即高层领导必须对系统的开发建设有较深入的了解并积极介入。现代运输市场营销信息系统，特别是运输市场营销信息网络系统的建设是一项投资大、涉及面广、技术难度大的综合性工程，需要各个方面的大力协同与配合，这就要求部门或企业的主要领导予以高度重视，并亲自挂帅。只有主要领导在人力、财力、技术设备等方面给予积极支持，协调好各方面的关系，保证技术和指挥渠道畅通，才能为系统的建设创造良好的环境。此外，运输市场营销信息系统是为运输经营管理决策所需的市场信息服务，所以只有最高领导才能确立市场信息系统建设的战略目标，使之满足各级组织对运输市场信息的要求，切实提高管理者的信息能力，从而使系统的开发建设工作卓有成效。

4. 试点先行的原则

在系统网络、机型、数据库结构、系统主体设计目标等确定的前提下，择优选用一个比较全面反映系统特征的子系统加以实施。这样比全部做完系统设计后再进行子系统的建设能较早见到效益，而且通过典型试验，可以取得经验，指导网络系统的开发，缩短开发周期。

5. 坚持自上而下和自下而上的开发相互结合的原则

自上而下的开发原则，可以体现系统的整体性，较好地保证系统目标的实现。但系统的设计可能脱离基层的实际情况。与此相反，自下而上的开发原则可以较好地适应基层的要求，但往往不能体现系统的整体性与整体功能，而且在标准化、指标体系、软件接口方面可能会存在系统不能衔接的缺陷。所以，在运输市场营销信息系统建设中，尤其是网络系统、电子商务等的建设方面，必须将二者结合起来。

6. 要用综合性的技术工程与社会工程的观点进行建设的原则

现代运输信息系统建设是一项综合的、复杂的技术和社会工程，绝非仅仅依赖计算机技术所能解决，它涉及计算机技术、通信技术、市场学、管理学、系统工程学、社会学、心理学等多种学科。

从技术上讲，其复杂性和综合性表现在对技术的多方面、广泛的要求上，将涉及计算机硬件配置与性能评价、软件工程、数据库技术、通信技术、网络技术、多媒体技术等多方面。可见，系统的建设受到多种技术手段的制约，同时也是多种技术协同的产物。任何一个环节的故障都将影响系统开发及其整体效益。

7. 坚持系统设计的安全性、易操作性、经济性和统一性的原则

安全性是指应保护系统使之不受自然灾害和人为的破坏。随着计算机的普及，尤其是计算机和网络技术的蓬勃发展，信息的共享性大大提高，随之也出现了计算机犯罪问题。由于人们对系统依赖程度的日益加深，系统内储存、运行着大量重要的资料。所以这种犯罪可以造成重大的政治、经济危害，特别是计算机病毒出现以后，信息系统时时刻刻地处于计算机病毒的威胁之中。因此，在网络系统中安全性极为重要。但为了增加系统的安全性，必须对用户使用加以种种限制，同时使软硬件结构复杂，成本上升。这又与系统设计的易操作性、经济性和统一性相矛盾。易操作性是指对用户友好，能提供良好的人机界面，为此操作系统常将内部的功能模块向用户开放，只要几条命令就可以调用操作系统的内部功能模块。经济性是指系统能以最低成本给用户带来最大的利益。统一性是指网络系统的建设尽量做到标准化、规范化。这些要求相互关联、相互制约，设计人员在开发建设系统时，必须统观全局，妥善处理。

12.2.4 建立运输市场营销信息系统的步骤

1. 运输企业市场营销信息系统的分析

任何一个新系统的开发总是在原有老系统的基础上发展起来的。因此，要开发一个新系统，就首先要了解原有系统，弄清原有系统情况，找出存在的问题，从而确定新的市场信息系统要“干什么”，解决什么问题。系统分析的具体步骤如下所述。

1）初步调查

通过初步调查，了解原有系统是否令人满意？是否需要完全更新？从整体上掌握企业原有系统的运行情况。初步调查的内容有：查清企业的组织机构及各个部门所承担的业务工作；调查企业内部的人、财、物的状况，因为原有系统所使用的各种信息是随着上述资源的流动而发生的；根据调查情况及时对原系统的分析，确立要开发新系统的系统目标。此外，还要调查与系统开发有关的背景材料。

2）可行性分析

通过对原有系统的初步调查，就可以基本掌握系统开发的背景，接着就应对系统是否已具备开发的条件作出判断。可行性分析通常从以下几个方面进行。

（1）组织机构及操作方式的可行性

企业开发市场信息系统必然与若干职能部门的业务工作密切相关，可能要适当调整原有的组织机构，可能要改变人们长期已习惯的工作方式，有关职能部门及有关人员的积极配合就显得十分重要，因此必须取得相关部门的支持与合作。

（2）经济可行性

开发市场信息系统，企业必然要投入一定的人、财、物，那么这个系统会给企业带来多大的经济效益呢？这是企业十分关心的问题。需要说明的是，进行经济可行性分析，不仅要对开发一个新系统企业所投入的资源与该系统所产生的经济效益进行直接的比较，还要考虑在市场经济的大潮中企业若能及时获取市场信息，在竞争中占有优势，给企业生存与发展带来的影响。

（3）技术可行性

主要讨论企业开发市场信息系统，实现系统目标可能采用的硬件设备和软件技术。要对企业已采用的技术、企业外部的各种技术及硬设备进行分析评价。

（4）系统目标合理性

要求开发市场信息系统的企业对计算机在管理中的作用可能并不十分了解，因此企业提出的系统目标不一定合理。如果发现系统目标不切实际，难以实现，就要对系统目标进行修改。

3）确定系统的要求（详细设计）

在可行性分析通过之后，就要对企业内部、外部环境进行详尽的分析，明确系统的要求。系统要求主要指以下方面。

① 基本要求。了解原有系统的业务流程，以及环境条件、组织状况、资源配置的具体情况；确定各个部门所涉及的各种信息的来源和流向，各部门业务活动处理过程的时间限制和容量等，并在此基础上画出现行系统流程图。

② 营销部门的信息处理要求。

③ 营销管理人员的决策要求。

④ 全公司的要求，即把市场信息系统放在企业管理信息系统内部，来自其他子系统的信息要求。

4）信息要求分析

对业务调查中所得到的大量材料，要进行整理、分类、汇总、分析和归纳。常见的分析工作主要有数据分析、功能分析、信息流程分析等。数据分析采用数据流程图、数据字典、数据规范化、数据立即存取等工具和方法，弄清市场信息系统中各类数据的属性、数据的存储要求、数据的查询要求等，并给予定性与定量的描述和分述。功能分析采用决策树、决策表、结构式语言等工具和方法对数据流程图中的基本功能单元进行描述与分析，找出处理原则后，根据数据流程图得到企业数据流程图和系统的功能树。信息流程分析包括数据流程图的正确性和完整性检查、现行系统不合理信息流程的检查以及信息流程的变化分析等。

5）建立市场信息系统的逻辑模型

根据用户要求，确定新的逻辑需求，拟定新系统的逻辑模型。系统分布的结果必须总结成“系统分析报告”。上述分析数据流方法，又称“结构化方法”，还可从另一个角度——系统的控制流入手，利用功能分解方法。功能分解方法就是从功能的观点来分析系统，将系统按功能划分若干个功能子系统或功能模块，搞清楚功能子系统或模块内部以及相互之间的信息联系。功能分解的过程是一个从具体到抽象的过程，即将调查得到的材料抽象化，去掉具体的物理内容，只保留系统的各种逻辑功能。

2. 运输企业市场信息系统的设计

系统设计阶段是企业市场信息系统开发的第二个阶段，包括结构设计、代码设计、输入输出设计、数据库文件设计、模块设计等。其任务是根据系统分析阶段建立的市场信息系统的逻辑模型转化为物理模型，对系统中各个组成部分进行具体的设计。在保证实现逻辑模型的基础上，尽可能地提高系统的各项指标，即系统的运行效率、可靠性、可扩充性、通用性和实用性。

12.2.5 运输企业市场信息系统的实施与评价

系统设计完成以后，信息部门的任务就是把市场营销信息系统变成可以工作的实际系统。这个阶段任务有计算机软、硬件购买安装；编写并调试专用软件；编写技术说明书与用户使用说明书；培训用户及操作员，系统测试及系统转换直至验收。

系统的评价主要包括系统运行评价和系统经济评价。运输市场信息系统的运行评价是指系统运行效率的评价和应用性的评价。系统效率指的是系统的输入数据与从系统中取得的输出信息的比例。提高系统效率即系统运行优化，就是要使一定的输入数据能提供最多的输出信息，评价结果若低于可接受的系统效率程度，必须进行修改。应用性评价的内容包括：① 报表输出的及时性、完整性、适用性；② 出现错误和差异的频率，未计划停机在整个运行中所占的比例；③ 用户要求的应答时间满意程度，面向决策的信息是否精练、适用；④ 系统的安全性、保密性、可靠性、适用性；⑤ 应用最新技术的程度；⑥信息系统管理人员的素质；⑦ 用户对系统服务的满意度。以上内容有些可以使用量化指标，有些只能进行定性分析。系统工作人员可以通过按以上内容设计表格，让用户填表，收集用户对系统性能的评价。运输市场信息系统的经济效益评价是指通过比较、计算建设信息系统的投入与系统所带来的好处，确定其有利程度。其目的是通过系统经济效益的分析和评价，以科学地确定系统发展方向、速度和规模。系统的成本按其阶段划分，包括系统在开发、实施、运行、维护、管理各个阶段上人力、物力、财力的投入，可直接表现为各种费用：硬件费用、软件费用、通信费用、人工费用、基建费用、研制费用、培训费用等。运输市场信息系统的建设效益评价指标体系，从静态和动态两方面考虑。① 静态评价指标，主要有年经济效益、投资回收期、投资效果系数、追加投资回收期等；② 动态评价指标，主要有成本效率、动态投资回收期、净现值、内部收益率等。

12.3 运输市场信息管理系统实例

12.3.1 铁路客票发售和预订系统

1. 国外铁路客票系统的发展概况

随着计算机及通信技术的发展，在许多发达国家和一些发展中国家大量采用先进的计算机联网售票预订系统、自动售票系统和客运信息共用系统，并实现了跨国家、跨地区、跨行业的旅行服务，技术水平高，实用性强，为旅客提供了方便、快捷、舒适的旅行条件。目前，日本和欧美国家在这方面的应用，已取得显著的经济效益和社会效益。

日本原国铁 1960 年 2 月开始使用的客票预订系统，对东海道既有线的 4 列特快列车实现预约，13 台终端其日预约客票 4 000 张。1964 年开始对全国办理预订，其后不断进行系统更新，增加系统功能。目前的客票预订系统采用 2 台日立 880/290 超大型机作为中央处理机，同时运转互为备份。主机通过 JR–NET 专用网连接终端 6 169 台，日发售客票 170 多万张。该系统不仅是铁路客票预订，而且可通过计算机联网提供其他交通或旅馆的预订服务。

欧洲铁路客票预订系统的发展可分为三个阶段：20 世纪 70 年代为各国开发独立客票系统阶段，20 世纪 80 年代为欧洲各国联网阶段，20 世纪 90 年代为更新换代延伸服务阶段。在 20 世纪 70 年代，欧洲一些国家的客票预订系统经过较长时间的研制和试用之后，由于政治、经济和旅游等方面的需要，于 20 世纪 80 年代组成了泛欧铁路客票预订联网系统，主要由德国、西班牙、丹麦、荷兰、法国、瑞士、意大利、奥地利、比利时、卢森堡等国家的铁路客票预订系统组成，通过 HERMERS 计算机数据通信网与德国法兰克福的客票预订中心 EPA80 系统连接。该系统可在欧洲各地办理各国国内的旅客列车以及各国间运行的国际列车的客票预订业务，预约手续在几秒钟内即可办妥。日本、澳大利亚的旅客也可通过卫星信道，预订欧洲铁路的客票。进入 20 世纪 90 年代，欧洲铁路客票预订系统在技术上又有了新的发展。葡萄牙铁路部门于 1989 年开发了 TRANS 系统，采用了计算机软硬件新技术和系统方法，在系统容量、数据库技术、网络技术、操作系统、软件工程、软件工具和开发技术上均有一定特色。除葡萄牙外，TRANS 系统在欧洲的其他一些国家得到了推广应用。此外，在美洲、大洋洲的一些国家以及印度也都陆续开发使用了铁路客票预售系统。

国外客运售票系统的共同特点首先是为旅客服务的功能十分强大。在欧洲的每一国家中心均对全欧洲开放，因此可以很方便地预订欧洲各地的车票。在任一售票终端，都可了解欧洲所有列车的开行情况，可满足旅客提出的种种购票要求，如是否吸烟、集体订票是否要求在一个车厢等，并可换票、退整票或退部分票。另外，由于国外开行旅客列车数量多，车厢编成少，能力充裕，客座利用率不高，与中国相比，其客票发售量要小得多。除了在预约客票或少数能力趋于饱和的干线上考虑座席外，大量的售票业务都不考虑座席的确认问题，也不存在票额的分配问题。因此，这些系统的服务应用软件的复杂程度相对较简单。

国外客运售票系统在结构上大多采用主机/终端的集中方式，从欧洲整体来看是分散集中相结合的结构；它们都有一个非常好的网络系统，既有铁路客票系统的专用线路，又利用 INTERNET 公用线路。在泛欧系统的设计中不依赖于硬件环境，各国所用的主机是不同的，但接口是十分标准的，有统一的信息交换格式，传送内容大部分采用代码形式。

国外旅客运输售票系统由独家的行业性向多家的社会性转换，由一国预订中心向跨国预订中心发展，由单一的客票预订功能向代订旅店、娱乐票等的综合服务发展，由单纯的客票预订向旅客引导、通告等的多媒体技术应用和智能化方向发展，系统结构由集中型处理向客户机/服务器的分布式处理方式转化，组网方式由专用的网络向公用数据网和局域网相结合的方式过渡。

2. 国内铁路客票系统的发展概况

在我国，铁路客运管理自动化起步较晚，但是发展很快。我国铁路售票管理系统的发展大体可分为两大类：一类是采用常备客票的计算机结账管理系统；另一类是采用计算机发售软票，由窗口机制票的售票管理系统。计算机售票结账管理系统是采用多点采集、集中处理方式，将独立的窗口电脑售票结账机联结成网络系统，由网络服务器进行集中管理，服务器可实时采集各窗口售票的实际情况，进行统计和分析。计算机售票管理系统是由售票窗口采用计算机制出软票的售票系统。该系统只是在上海部分售票窗口和广深线各站的售票窗口进行使用。随着我国国民经济的发展和人民生活水平的提高，我国旅客对铁路运输提出了更高的要求，希望购票过程更加简便、快捷。铁路内部的旅客运输管理，也迫切需要由计算机进行管理的售票系统。为此，原铁道部有关部门在 1991 年就开始组织专家开展研究论证工作，先后组织开展了全路计算机联网售票的可行性研究、总体规划的研究、车站级计算机售票系统应用软件技术规范的研究，出台了一些技术规定和文件，并经过较长时间的反复讨论，形成了全路计算机售票系统的总体设想，在指导前期车站系统开发中发挥了重要作用。1996 年 5 月原铁道部作出了建设全路客票发售和预订系统的决策，确定了统一计算机应用软件的方针，对系统的统一建设作出了具体部署，使系统建设沿着快速、高效、优质的轨道不断发展。在借鉴国外先进经验的基础上，依靠自己的力量，成功研制和开发了适应我国铁路路情的总体设计和统一应用软件。在总体设计中，对系统的网络结构、数据结构、系统规模、通信需求等进行了大量调查研究，充分考虑了系统采用技术的先进性、安全可靠性和运行维护的要求，取得了客票发售和预订系统总体设计的重大成果，为系统开发与建设奠定了坚实基础。该系统自 1996 年启动以来，经过系统统一软件 1.0、2.0、3.0、4.0、5.0 版和新一代客票系统的研制以及中央、地区、车站三级系统的建设，建成了包括全路票务中心、18 个地区票务中心、全国联网售票车站，约 2 344 个。旅客可通过互联网、电话、自动售票机、车站窗口、代售点等多种渠道方式提前购买车票。

3. 铁路客票系统的总体结构

本系统的总体结构主要取决于系统所需实现的功能。而功能的设计与系统所要管理的业务、数据的流程、网络传输及处理能力等因素有关。在决定总体结构的诸多因素中，如何规划座席管理数据库的配置是该问题的核心。

根据我国地域辽阔、铁路点多线长的特点，考虑到我国铁路客运管理体制和通信基础设施的实际情况，同时参考和吸收国外经验，特别是欧洲各国铁路联网售票的模式，经过充分讨论和多次反复论证，我国铁路客票发售和预订系统采用了集中与分布相结合的方案：设立一个中央数据库和适当数量的地区数据库。它实际上是集中式和分布式两种方式的折中方案，如图 12–3 所示。该方案既便于异地售票、座席复用、信息共享，又相对减少了网络的开销；

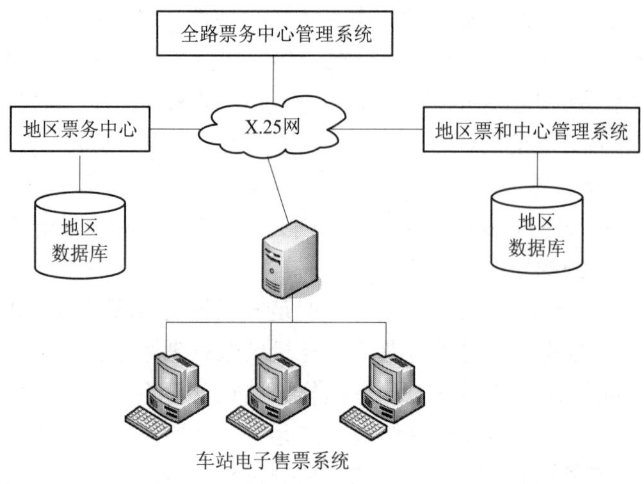

图 12–3　集中与分布相结合的方案示意图

设备投资合理，升级更新容易；兼顾了技术先进和现实可能；既可适应体制改革，又能适应现状，具有较大的弹性和适应能力。

4. 系统层次结构

铁路客票发售和预订系统从逻辑上可视为两个层次。低层为客票数据处理和商务管理部分，从功能上分为车站电子售票系统、地区票务中心管理系统、全路票务中心管理系统三个部分，其中地区座席数据库是系统的中心，是系统最重要的资源。高层是客运应用管理部分，它们在低层的支撑下完成各种与客票有关的客运应用管理工作，包括铁路局业务管理系统、总公司（原铁道部）业务管理系统。

铁路客票发售和预订业务是一种商务活动，其服务的对象、处理的数据和操作的规律基本上不随铁路体制、结构和人员职责的变化而变化。对铁路客票发售和预订系统的功能划分，以各种功能的逻辑关系为依据，并不代表行政隶属，不是面向单位、机构或人员的。

目前，全路客票发售和预订系统从应用的角度划分，可由车站电子售票系统、地区票务中心管理系统、全路票务中心管理系统、总公司业务管理系统、铁路局业务管理系统 5 个子系统组成，全路客票发售和预订系统从层次机构上划分，可分为三级结构，如图 12–4 所示。在中央级和地区级中，将客运业务部门的管理功能与相应的全路票务中心和地区票务中心的功能分开，使其保持相对的独立，有利于适应铁路管理体制的变化。目前，随着体制改革的深入，铁路分局已被撤销，其与铁路局的业务管理功能业已合并，而这种体制的变化，对客票系统的三级层次结构产生的影响较小，从而保证了系统结构的稳定性。

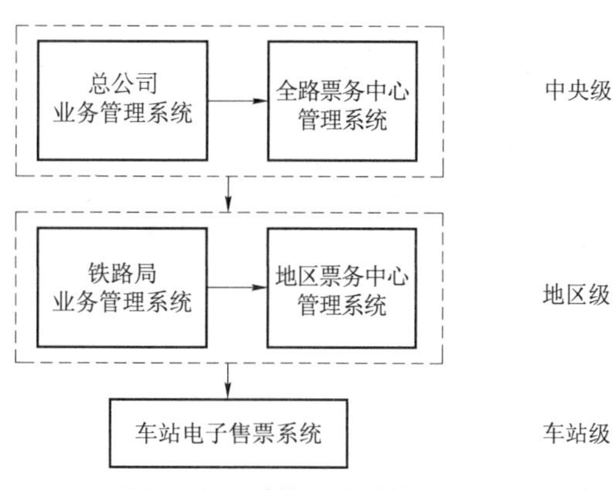

图 12–4　系统层次结构示意图

5. 铁路客票发售和预订子系统功能

1）全路票务中心管理系统

全路票务中心管理系统是为总公司客运管理部门及相关业务部门提供管理与决策方面技术支撑的应用系统。它一方面要为客票发售和预订系统提供全路重要的基础数据及全局性的长期计划；另一方面要将全路各地区中心上报的统计数据、报表汇总作为客运决策的依据。全路票务中心管理系统不直接承担客票的发售和预订工作，仅负责接受与转达跨国购票信息。全路票务中心管理系统的功能模块如图 12–5 所示。

2）地区票务中心管理系统

地区票务中心管理系统是铁路客票发售和预订系统的核心子系统。地区票务中心管理系统的功能模块如图 12–6 所示，主要功能包括对中央数据库下载的基础数据进行维护管理，动态座席数据库的生成、维护与访问，票额计划管理，席位复用，调度命令数据处理，网络监控与安全管理，财务结算与清算等功能。

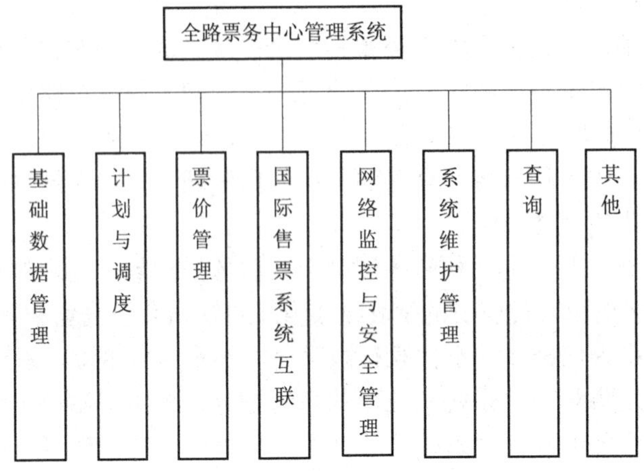

图 12–5 全路票务中心管理系统的功能模块示意图

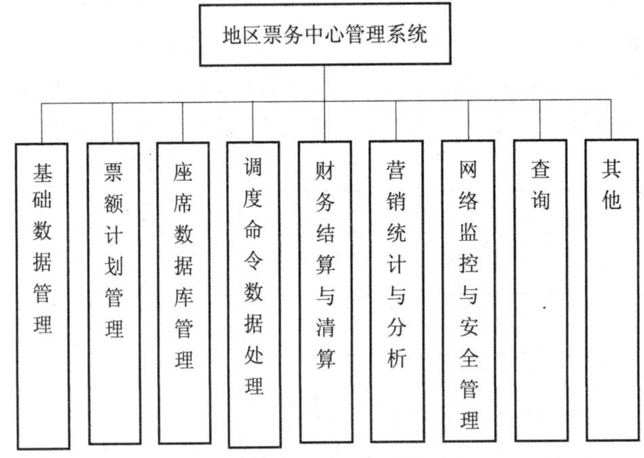

图 12–6 地区票务中心管理系统的功能模块示意图

3）车站电子售票系统

车站电子售票系统功能模块如图 12–7 所示。车站电子售票系统主要完成本站所辖范围内的售票业务、客运统计、财务结算、票额管理等功能。

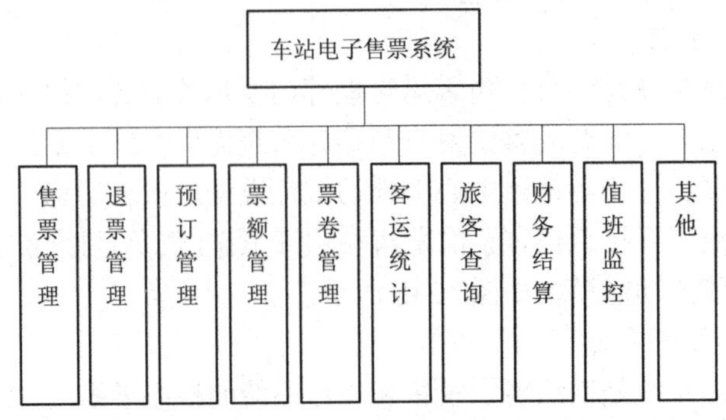

图 12–7 车站电子售票系统功能模块示意图

4）总公司业务管理系统

总公司业务管理系统主要包括客运量和财务的统计分析、业务查询、客运调度命令的制定与下达、收入审核、客流预测等功能，完成对全路客运数据及总公司直接管辖的重点客运站的统计分析工作，进行全路客流预测分析，为调度人员提供查询手段以及实施客调日常调度命令的下达。

5）铁路局业务管理系统

铁路局业务管理系统功能与总公司业务管理系统相似，但范围只限于一个铁路局。

12.3.2　铁路客运专线市场营销策划系统

1. 概述

随着计算机、通信和网络技术的发展，各类专业信息系统不断走向综合化、集成化，使交通领域向操作自动化、管理信息化、决策智能化的方向发展。铁路客运营销管理信息化是提高铁路客运管理和决策水平的重要手段，是我国铁路迅速发展战略的需要。

铁路客运专线市场营销策划系统（MDSS）是铁路客运专线客运服务系统（PDSS）（简称客服系统）的子系统，是在现代高速铁路管理思想、服务理念和当今最新信息技术基础上，在原铁道部、区域中心及车站按照统一的服务标准、统一的经营策略、统一的管理机制、统一的技术架构，建立起的信息高度共享、资源高效利用、运行安全可靠的综合完整的服务系统。客服系统由票务系统、旅客服务系统、市场营销策划系统，以及客服系统综合服务平台、数据平台和安全保障平台构成。下面主要对市场营销策划系统进行介绍。

铁路客运专线市场营销策划系统以现代营销理念为指导，以科学的数据分析方法为支撑，以先进的信息技术为手段，构建反应敏捷、实时决策、优化方案、综合评价、适应竞争要求的高效系统，为各类管理人员提供信息服务和决策支持。

2. 总体架构

市场营销策划系统由总公司中心和区域中心构成，并设置灾备中心进行总公司中心系统备份。

在总公司完成客票数据、客服数据、路网数据、地理信息、列车信息、市场信息的采集，数据质量检查，数据的清洗、转换和加载，整合并加载到市场营销策划数据仓库中，同时在数据仓库上开发市场调查与分析、列车开行方案设计、销售策略制定、票价策略制定、分析评价、客户关系管理等应用，为铁路客运营销分析提供强有力的信息和技术支持。

区域中心系统主要完成市场调查数据的采集、与相关系统交互数据的采集，根据采集的数据进行分拣、整理后上传到总公司市场营销策划系统；区域中心系统进行所辖范围内市场营销分析工作，其中包括区域内客流调查预测分析、区域内列车开行方案分析评价、区域特色销售策略分析、票价分析评价、客户分析统计、统计报表等功能，为区域中心市场管理人员改进市场营销计划、执行和管理工作提供依据。同时，区域中心系统把处理结果统一提交总公司系统进行审查、审批和备案。

总公司中心负责全路基础数据、票务相关信息、跨区域开行方案、全路总体销售策略制定等功能的处理及存储，所以总公司中心需要配有很强的处理能力和存储能力。区域中心负责所辖范围内的数据采集整理上传、客流调查预测分析、列车开行方案分析评价、特色销售策略分析等功能的处理及存储，所以区域中心需要配有适中的处理能力和存储能力。

灾备中心完成对总公司中心市场营销策划系统关键数据的完整备份，同时具备应用接管的能力，在总公司中心发生灾难性故障的情况下，通过灾备中心完成市场营销策划系统的主要业务。

市场营销策划系统体系架构示意图如图 12–8 所示。

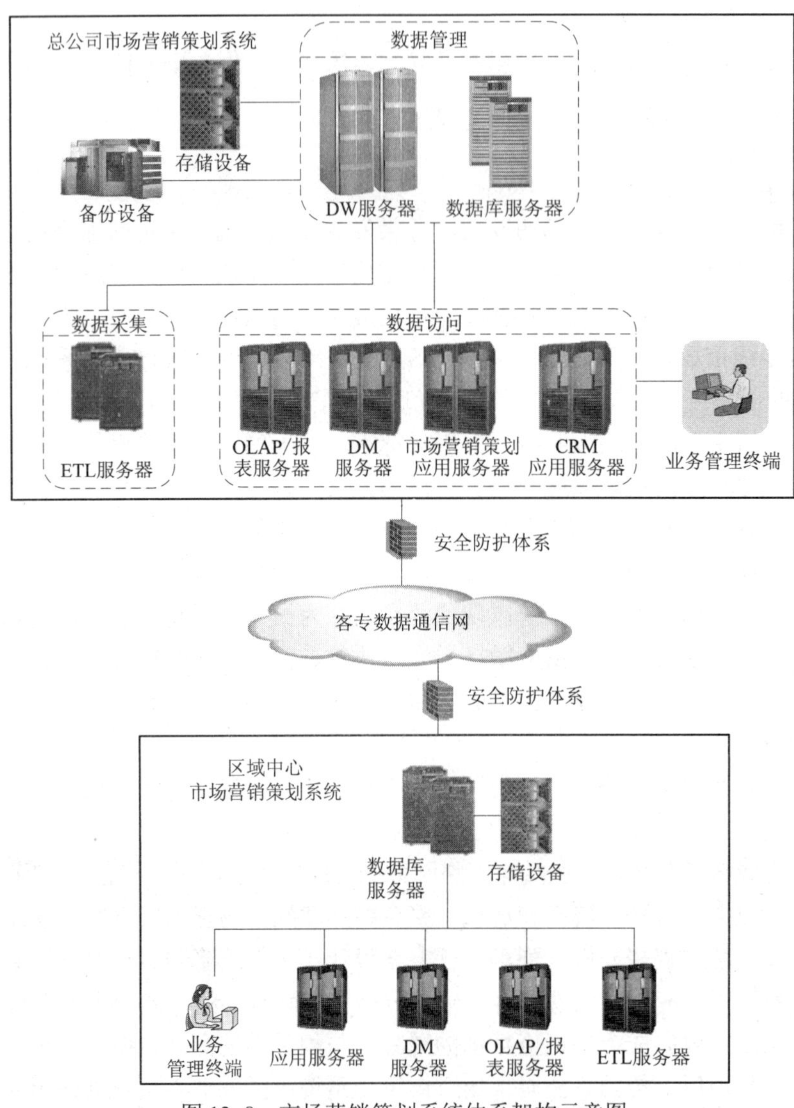

图 12–8 市场营销策划系统体系架构示意图

3. 系统功能

市场营销策划系统实现市场调查分析与客流预测、销售策略制定、票价策略制定、开行方案设计、相关方案策略及经营结果的分析评价、客户关系管理、分析结果灵活多样的展现、系统及数据的管理等功能，为科学、全面、高效的决策提供辅助支持。市场营销策划系统由市场调查与分析预测、辅助决策、分析评价、客户关系管理、系统管理和数据管理 6 个子系统构成。

1）市场调查与分析预测子系统

市场调查与分析预测子系统通过完备的市场调查手段与分析方法，完成长、短期的常规和专项客流调查与分析预测，帮助业务管理人员及时准确地掌握客运市场动态，为业务决策提供信息支持。主要包括市场调查、数据的编辑修正和审核、市场分析、市场预测（含市场预测的方法与模型）等功能。

2）辅助决策子系统

辅助决策子系统功能包括旅客运输计划编制、开行方案设计与临时调整、销售策略制定、票价策略制定等。

3）分析评价子系统

分析评价子系统依据铁路客运经营效果分析评价参照的指标体系，实现客运指标统计查询展现、旅客列车效益分析、列车开行方案评价、客运资源运用评价的功能，并在实践中检验客运指标体系的有效性、合理性，提出客运指标体系改进的建议方案。

4）客户关系管理子系统

客户关系管理系统是客服系统与客户之间交互信息的平台，也是整个客服系统实现客户信息有效整合的必要手段。客户关系管理包括客户档案管理、客户等级管理、客户信息查询与维护、客户服务管理、客户交易信息管理、客户培育管理、客户分析、客户资源计划制定等功能。

5）系统管理子系统

系统管理子系统是保证市场营销策划系统运行秩序而提供的系统级管理、维护与监控手段。主要包括时钟同步、用户管理、软件版本管理、数据接口管理、网络管理与监控、应用系统管理与监控等功能。

6）数据管理子系统

数据管理子系统是对业务范围内进入和存储在系统中的数据进行有效管理，确保数据随时间、空间的持续可用性；在出现硬件问题、人为错误或发生灾难情况下保证业务运行的稳定性；同时对数据实施保护和加密策略，防止非授权访问和违规修改。包括数据组织、数据载入管理、数据规则管理、数据清理、数据同步、数据审核、数据加密、数据备份与恢复、数据展现等功能。

12.3.3 铁路货运营销及生产管理系统

1. 系统总体框架

铁路货运营销及生产管理系统（freight marketing and operation system，FMOS）解决的是与现行的货运计划业务相关的问题，是指从货主与铁路部门签订的货运订单开始，直至装车完成这一过程中有关车流、货流计划的信息管理。系统采用铁路总公司、铁路局、车站（车务段、货主）三级分别建库、逐级处理的方案。原始信息（货运订单）的收集主要集中在货主、车站、车务段（铁路局、铁路总公司也可以进行原始信息的采集），将收集到的信息逐级上报到铁路局和铁路总公司，由其进行订单的审批、指标的统计汇总、控制数的下达等处理后，将必要的信息反馈到原始采集点，从而完成一个业务过程。主要功能包括以下 7 个方面。

① 货运订单、完成实绩信息采集。

② 货运订单规定权限的审批。

③ 下达和修正审批权限、生产任务、控制数。

④ 与下属部门或上级单位交换合同运量、货运订单（原提、批准、完成）、装车完成实绩、到卸资料等信息。

⑤ 为联网货主或物资归口部门提供货运订单、装车完成情况、卸车计划等资料。

⑥ 为运输生产提供车流和货流信息，即按原提、累计批准、本次批准、剩余计划、实际完成提供车种别、分界口别、去向别的车流和货流资料。

⑦ 提供合同运量、货运订单执行情况的分析考核。

2. 系统组成

FMOS 分为 5 个子系统，各子系统在业务上相互关联，在功能上相互衔接，并与铁路运输管理信息系统（TMIS）相关系统紧密结合，形成一个完整的业务链，如图 12–9 所示。

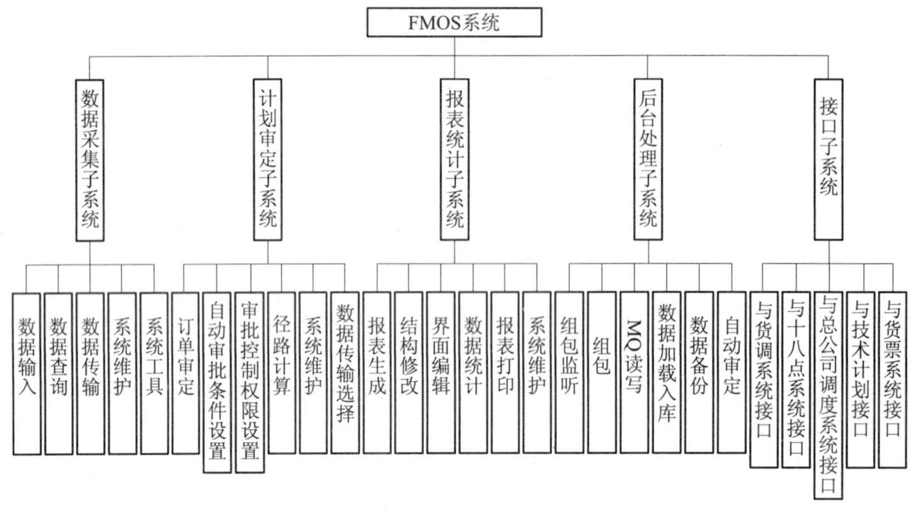

图 12–9　FMOS 功能结构图

数据采集子系统完成合同运量、货运订单、日请车、完成实绩等数据的录入和查询功能。录入时，以系统的基础字典为依托，提供了手工录入和用鼠标点击选择两种方式，用户可以根据习惯方便地进行数据的输入。根据业务的需要，对各种录入的数据立即进行规则校验，对不符合条件的数据不予入库，杜绝了录入人员因粗心或其他原因造成的错误。数据在录入后，可以根据任意组合条件进行查询和增加、修改、删除操作。但在数据向上级单位上报后，只能进行查询，保证了各级之间数据的一致性。简单的统计功能为用户进行数据汇总提供了手段。

计划审定子系统主要用于铁路局和铁路总公司。站段和货主录入的数据通过该模块进行审核，对符合条件的数据给定批准数和批准号，作为下一步运输作业的依据。审定模块中的控制数功能可以供铁路总公司和铁路局下达每月控制数，在软件中自动进行校验，一旦超出范围，则不能继续审批，保证了每月的计划数据不会超出铁路总公司界定的运量。为了适应市场化的需要，对于铁路总公司没有限定去向、品类等条件的数据，提供了自动审定子系统。在输入自动审定条件后，计划人员可以不进行人工干预，系统会自动将符合条件的数据审批并下发，极大地减少了业务人员的工作量，保证了数据的快速响应。

报表统计子系统为各级工作人员提供方便、快捷、准确的报表统计功能。

后台处理子系统完成系统的数据组包、发送、接收、数据备份等任务。

接口子系统负责完成与相关应用之间的信息交换与共享。

3. 系统功能

从系统的功能看，FMOS 的主体为车站级的日常运输信息采集子系统和路局级的货运计划审批子系统。

1）日常运输信息采集子系统

日常运输信息采集子系统涉及车站计划岗位的全程业务操作（如图 12–10 所示）。

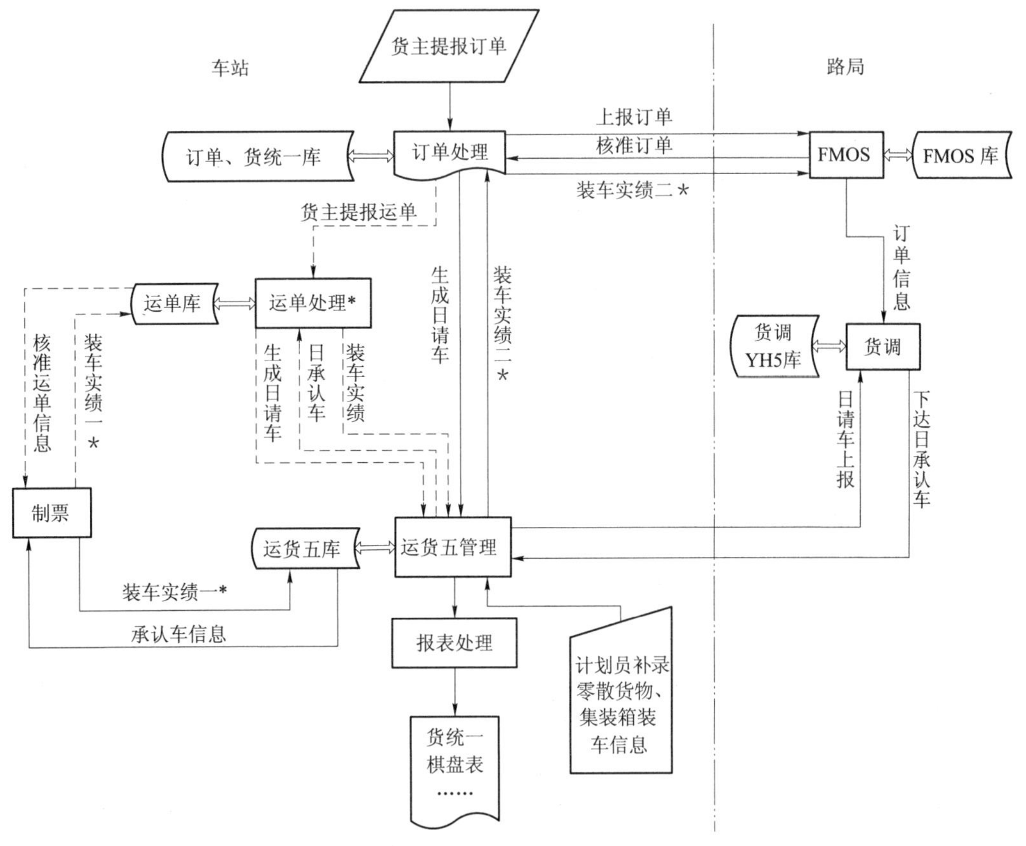

图 12–10 车站整车计划岗位的数据流程图

日常运输信息采集子系统包括订单管理、运单管理、运货五管理、共享信息处理、报表管理、字典管理、系统维护等功能。

① 订单管理：主要功能是实现车站订单信息的录入、查询、修改、删除、上报和铁路局审定订单信息的接收。

② 运单管理：对于整车货物的运输，车站是根据批准的订单信息受理货主提报的运单的。系统中，电子运单是连接月计划、运货五、制票的信息桥梁。

③ 运货五管理：提供计划员每日向铁路局货调上报请求车、接收承认车、信息查询、完成实绩补录等功能。

④ 共享信息处理：完成订单、运货五、货票信息共享处理。利用运单和货票之间信息交

互，实现完成信息的采集、处理。

⑤ 报表管理：完成车站计划岗位日常统计报表的计算机编制。

⑥ 字典管理：实现公用字典的查询和个性化字典的编辑。

⑦ 系统维护：实现系统参数配置、用户设定、权限管理功能。

2）货运计划审批子系统

货运计划审批子系统涉及路局级货运计划岗位的全程业务操作（如图 12–11 所示）。

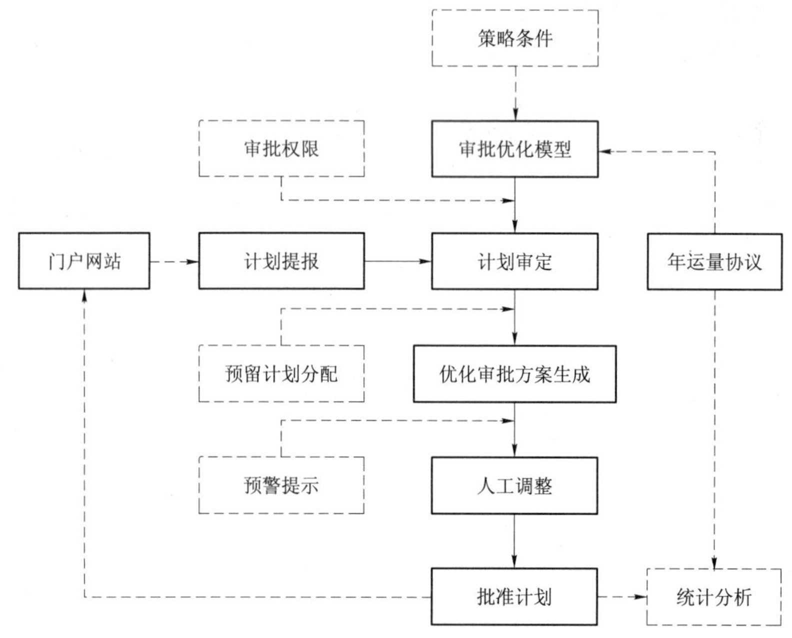

图 12–11 货运计划审批业务流程

货运计划审批子系统的功能是利用信息化手段，提供各类计划审批参考因素，本着更好地安排铁路货运组织、提高计划编制质量的宗旨，辅助铁路总公司、各铁路局进行货运订单的审批工作。主要分为 12 个主要功能模块，具体如下。

① 订单审批：综合铁路运输能力、客户当前需求与年度运量协议、国家政策等多方面因素来制定最优化审定方案，对各种类型的订单进行综合查询审定。并根据用户实际使用的需求，提供了多种满足不同使用需求的订单审批方式。主要包括智能审批、定制审批、人工审批、自动审批。

② 数据筛选：为用户提供设置订单标志筛选条件的界面，通过设置的筛选条件，启动数据筛选，完成对订单相关特性的标志操作。

③ 统计分析：是对订单审批相关的各项指标进行全面统计的模块，同时还可以快速定位各类统计数据，通过选择某项统计标签卡片、可以对订单查询结果进行所选条件的快速过滤。

④ 策略条件设置：主要包括控制策略条件设置和审批策略条件设置。其中，控制策略条件设置是为各种审批设置相关的限制条件使用的；而审批策略条件设置是为智能审批模块中积分类型审批策略设置和计算策略总计积分用的。

⑤ 重点物资管理：形成重点物资计划，对此类计划进行订单审批。

⑥ 预留计划分配：其主要功能是在铁路局下月集中批生成后，将剩余的车数作为预留计

划批车量，系统自动生成下月的预留计划订单。

⑦ 电子地图：展示全路的货运营业站示意图，以图形的方式显示营业站的属性内容，以不同形式突出显示危险品办理站、大型装车站、大客户站，并根据订单显示原提、批准和流量情况以及图上查询各站段需求、批准、完成明细信息等功能。

⑧ 数据传输：为用户提供将原提订单和批准订单下发或上报到相应部门，通过开放而自由的方式自定义传输文件类型和去向，并且对所发文件的发送、到达状态进行跟踪记载。

⑨ 径路与运费计算：径路计算功能是计算订单具体的走行径路，运费计算功能是计算订单的单车运费、单车国铁运费、单车电气化费、单车建设基金指标。

⑩ 系统接口：提供了货运计划系统与货调系统、十八点系统以及总公司调度系统的接口。

⑪ 权限管理：为系统的每个用户提供了详尽的权限设定功能来实现对菜单级、对象级、数据操作级、记录集权限的全方位控制。

⑫ 系统管理：包括系统参数设定、字典维护、联网单位设定、系统状态监控等功能。

复习思考题

1. 试述运输市场营销信息的内涵及其特征和分类。
2. 试述运输市场营销信息系统的构成及其主要功能。
3. 货运营销系统及生产管理系统的主要功能有哪些？
4. 我国铁路客票发售和预订系统采用的系统总体方案有何特点？
5. 地区票务中心管理系统主要功能有哪些？
6. 铁路客运专线市场营销策划系统的主要功能有哪些？

附录A

模拟试题

A1 模拟试题1

一、单项选择题（本大题共10小题，每小题2分，共20分）

1. 运输市场按市场供求状况划分，可以分为（　　）。

A. 买方市场和卖方市场　　B. 国内市场和国际市场

C. 基本市场和相关市场　　D. 完全竞争市场和不完全竞争市场

2. 市场构成三要素是密切相关的，其中（　　）因素是前提。

A. 供给主体　　B. 社会购买力　　C. 购买欲望　　D. 消费主体

3. 在市场调查中，如果采用电话采访的方式进行调查，比较适合的问句类型是（　　）。

A. 多项选择式问句　　B. 二项选择式问句

C. 顺位式问句　　D. 程序评等式问句

4.（　　）的重点是在某一时间同特定的顾客交易，但并不刻意追求与该顾客发展持久的关系。

A. 关系营销　　B. 内部营销　　C. 交易营销　　D. 服务营销

5. 一个企业生产和经营产品的范围和结构，被称为（　　）。

A. 产品关联性　　B. 产品项目　　C. 产品组合　　D. 产品深度

6. 运输市场预测的基础是（　　）。

A. 市场细分　　B. 市场定位　　C. 市场调查　　D. 市场选择

7. 客运产品的整体概念分为三个层次，其中核心层次是（　　）。

A. 旅客需要的位移效用和利益　　B. 旅客乘坐的席别和等级

C. 航班、车次　　D. 运输过程中的服务质量

8. 在北京地铁1号线和2号线运营区域内，“不论运输距离的长短如何，均采用单一票价制”，这种运价结构属于（　　）。

A. 里程式运价结构　　B. 区域共同运价结构

C. 基点式运价结构　　D. 邮票式运价结构

9. 某运输企业直接为运输需求者提供运输服务，而不经过中间商这一环节，则该运输企业所采用的分销渠道类型是（　　）。

A. 直接渠道　　B. 间接渠道　　C. 固定渠道　　D. 流动渠道

10. 在全国范围内行销的企业往往按地理区域组织其推销人员，这种营销部门的组织形式属于（　　）。

A. 职能型组织结构　　B. 地区型组织结构

C. 产品管理型组织结构　　D. 市场管理型组织结构

二、多项选择题（本大题共 5 小题，每小题 2 分，共 10 分）

1. 客运需求变动的一般规律有（　　）。

A. 呈上升趋势　　B. 波动的增长有差别

C. 波动的增长无差别　　D. 需求的增长与供给的增长不一致

E. 需求的增长与供给的增长一致

2. 运输市场营销的研究方法主要有（　　）。

A. 产品研究法　　B. 组织机构研究法

C. 职能研究法　　D. 管理研究法

E. 系统研究法

3. 运输企业可以采用的目标市场营销策略有（　　）。

A. 无差异性营销策略　　B. 连续性营销策略

C. 集中性营销策略　　D. 差异性营销策略

E. 分散性营销策略

4. 运输企业分销渠道方案的评估标准有（　　）。

A. 标准性　　B. 经济性　　C. 可控性　　D. 适应性

E. 协调性

5. 以下属于心理定价策略的有（　　）。

A. 渗透定价策略　　B. 分级定价策略

C. 产品线定价策略　　D. 声誉定价策略

E. 撇脂定价策略

三、填空题（本大题共 5 小题，每小题 2 分，共 10 分）

1. 市场细分这个概念是由美国市场营销学家温得尔•斯密于 20 世纪__________年代提出的。

2. 运输市场调查方法一般有___________、观察法和实验法三种。

3. 市场定位的方式有迎头定位、________________、重新定位等。

4. 德尔菲法的特点主要有：反馈性、集思广益、趋同性和___________四方面。

5. ___________是指直接影响企业在目标市场上开展营销活动的因素。

四、简答题（本大题共 5 小题，每小题 9 分，共 45 分）

1. 简述客运企业营销计划主要内容。

2. 简述头脑风暴法的实施步骤及优缺点。

3. 简述运输企业分销渠道管理的中心任务和内容。

4. 什么是差异性营销策略？有何优缺点？

5. 举例说明影响客运企业营销微观环境的因素。

五、论述题（共 15 分）

结合实际分析铁路运输企业如何选择促销组合方式？

A2 模拟试题 2

一、单项选择题（本大题共 10 小题，每小题 2 分，共 20 分）

1. 现代市场营销学主要研究对象是（　　）。

A. 市场问题　　B. 需求

C. 与市场相关的企业营销活动过程　　D. 产品

2. 根据旅客旅途时间要求可以把客运需求分为（　　）。

A. 市内客运需求和城际间客运斋求　　B. 长途和短途客运需求

C. 公务和私务客运需求　　D. 直达快运需求和普通客运需求

3. 运输需求大体上是一种（　　）需求。

A. 本源　　B. 派生　　C. 消费者　　D. 有效

4. 以匿名的方式，通过轮番征询专家意见，最终得出预测结果的一种经验意见综合预测方法是（　　）。

A. 集体意见法　　B. 头脑风暴法　　C. 组合分析法　　D. 德尔菲法

5. 如果在市场细分时，细分出的各运输子市场规模及购买力无法估量，市场范围界定不清，则可以判断该市场细分是无效的，主要是违反了有效市场细分条件中的（　　）。

A. 可衡量性　　B. 可进入性　　C. 可盈利性　　D. 反应差异性

6. 某运输企业只面对同一旅客群，根据他们的不同运输需要，提供不同的运输产品，则该企业选择的目标市场形式是（　　）。

A. 产品与市场集中化　　B. 市场专门化

C. 产品专门化　　D. 选择性专门化

7. 运输企业所有的产品品种都统一使用同一品牌，这种品牌策略是（　　）。

A. 单一家族品牌　　B. 个别品牌名称

C. 分类的家族品牌　　D. 企业名称与个别品牌名称并用

8. 不以产品成本为定价的基本出发点，而根据消费者的感觉和需求程度来定价的方法是（　　）。

A. 成本加成定价法　　B. 目标利润定价法

C. 需求导向定价法　　D. 竞争导向定价法

9. （　　）是一种客户以现金付款或提前付款，企业就可按原订收费标准给予一定折扣优惠的定价策略。

A. 数量折扣　　B. 现金折扣　　C. 复合折扣　　D. 季节折扣

10. 从全体调查对象中抽取部分对象进行调查研究，用所抽得的样本结果推断总体情况的调查方式，称为（　　）。

A. 市场普查　　B. 重点调查　　C. 典型调查　　D. 抽样调查

二、多项选择题（本大题共 5 小题，每小题 2 分，共 10 分）

1. 促销组合是（　　）等手段的综合运用。

A. 广告　　B. 人员推销　　C. 公共关系　　D. 产品开发

E. 营业推广

2. 以下属于观察调查法的调查方法有（　　）。

A. 直接观察法　　B. 行为记录法

C. 留置调查法　　D. 电话调查法

E. 痕迹观察法

3. 选择分销渠道宽度的决策有（　　）几种。

A. 独家分销　　B. 密集分销

C. 选择性分销　　D. 特殊分销

E. 水平分销

4. 以下关于品牌的论述，正确的有（　　）。

A. 商标就是品牌　　B. 品牌标志就是商标

C. 品牌是产品整体的一个主要组成部分　　D. 品牌可以用来区别一个卖主和其竞争者

E. 品牌是一个集合概念，包括品牌名称、品牌标志和商标

5. 根据定价的基础不同，定价方法可分为（　　）。

A. 利润导向　　B. 成本导向

C. 政策导向　　D. 竞争导向

E. 需求导向

三、填空题（本大题共5小题，每小题2分，共10分）

1. 市场构成的三个要素为＿＿＿＿＿＿、＿＿＿＿＿＿和＿＿＿＿＿＿。

2. ＿＿＿＿＿主要指协助企业促销、销售和经营其产品给最终购买者的机构或个人。

3. 从市场经营观念的发展历程看，主要形成了生产观念、产品观念、推销观念、＿＿＿＿＿＿和社会营销观念五种经营观念。

4. 运输市场营销环境特点主要包括多变性、差异性、＿＿＿＿＿＿、相关性四个方面。

5. 产品生命周期的理论基础是＿＿＿＿＿＿＿＿＿＿。

四、简答题（本大题共5小题，每小题9分，共45分）

1. 什么是市场营销？其核心概念有哪些？

2. 简述运输企业中间商选择中的三种分销渠道策略。

3. 试述德尔菲法应用步骤及优缺点。

4. 举例说明影响货运企业营销微观环境的因素。

5. 简述运输企业广告的分类和作用。

五、论述题（共15分）

结合实际说明铁路运输企业三种目标市场营销策略特点及应用。

参 考 文 献

［1］KOTLER P，ARMSTRONG G. 市场营销原理. 9 版. 北京：清华大学出版社，2003.
［2］KOTLER P. 营销原理. 11 版. 上海：上海人民出版社，2003.
［3］ROSENBLOOM B. 营销渠道管理. 6 版. 北京：机械工业出版社，2005.
［4］KERIN R A，HARTLEY S W，RUDELIUS W. 市场营销原理. 北京：人民邮电出版社，2007.
［5］KOTLER P. 营销管理分析、计划、执行和控制. 8 版. 上海：上海人民出版社，1997.
［6］洛夫洛克. 服务营销. 3 版. 北京：中国人民大学出版社，2001.
［7］科特勒. 营销管理：亚洲版. 5 版. 北京：中国人民大学出版社，2009.
［8］刘作义，赵瑜. 运输市场营销学. 3 版. 北京：中国铁道出版社，2010.
［9］刘作义，赵瑜. 运输市场营销学. 2 版. 北京：中国铁道出版社，2008.
［10］白杨，李卫红. 航空运输市场营销学. 北京：科学出版社，2010.
［11］纪宝成，吕一林. 市场营销学教程. 北京：中国人民大学出版社，2002.
［12］吴健安，市场营销学教程. 2 版. 北京：高等教育出版社，2004.
［13］王谊，于建原，张剑渝. 现代市场营销学. 2 版. 成都：西南财经大学出版社，2009.
［14］狄振鹏. 服务营销技巧. 北京：北京大学出版社，2006.
［15］郭国庆，成栋. 市场营销新论. 北京：中国经济出版社，1997.
［16］苏亚民. 现代营销学. 北京：首都经济贸易大学出版社，1997.
［17］屈云波，牛海鹏. 服务营销. 北京：企业管理出版社，1997.
［18］马建平，郝渊晓. 交通运输市场营销学. 北京：中国商业出版社，1997.
［19］陈汝龙，朱隆泉. 综合运输市场学. 上海：上海交通大学出版社，1995.
［20］刘舒燕. 交通运输系统工程. 北京：人民交通出版社，1998.
［21］万晓. 市场营销. 北京：北京交通大学出版社，2007.
［22］万晓. 营销管理. 北京：北京交通大学出版社，2005.
［23］陈汝龙，朱隆泉. 综合运输市场学. 上海：上海交通大学出版社，1995.
［24］铁道部科技教育司. 铁路运输市场营销. 中国：中国铁道出版社，1999.
［25］胡祖光. 市场调研预测学：原理、方法和应用. 杭州：浙江大学出版社，1994.
［26］路华. 现代营销策划. 北京：中央民族大学出版社，1998.
［27］许绍李，张庚淼，邓胜梁. 市场营销学. 西安：西安交通大学出版社，1995.
［28］梅汝和. 市场调查与预测. 北京：中国财政经济出版社，1990.
［29］黄国雄. 市场调查学. 北京：中国商业出版社，1991.
［30］李轴，黄富年，李嘉陵，等. 市场调查与预测. 北京：国防工业出版社，1996.
［31］赵黎明. 市场营销学. 武汉：湖北科学技术出版社，1992.
［32］樊志育. 市场调查. 上海：上海人民出版社，1999.
［33］张桁，陈信康. 市场营销管理. 上海：上海财经大学出版社，1996.

[34] 刘敏文，宋波. 空运市场营销概论. 上海：立信会计出版社，1995.
[35] 许庆斌，荣朝和，马运. 运输经济学导论. 北京：中国铁道出版社，1995.
[36] 刘舒燕. 交通运输系统工程. 北京：人民交通出版社，1998.
[37] 张世英，张文泉，王京芹. 技术经济预测与决策. 天津：天津大学出版社，1994.
[38] 王玉玫，焦立新，吴国祯. 市场营销学新编. 北京：警官教育出版社，1998.
[39] 苏亚民. 现代营销学. 3 版. 北京：首都经济贸易大学出版社，1997.
[40] 科伊尔，巴蒂，诺瓦克. 运输管理. 5 版. 北京：机械工业出版社，2004.
[41] 周晶，杨慧. 收益管理方法与应用. 北京：科学出版社，2009.
[42] 程越敏. 物流营销实务. 北京：高等教育出版社，2007.
[43] 郭伟业. 物流服务营销. 上海：同济大学出版社，2008.
[44] 欧国立. 运输市场营销. 北京：中国铁道出版社，1999.
[45] 姜旭平. 网络营销. 北京：清华大学出版社，2003.
[46] 瞿彭志. 网络营销. 北京：高等教育出版社，2005.
[47] 方美琪，胡翼亮. 网络营销. 北京：清华大学出版社，2003.
[48] 周游，赵炎. 网络市场营销学. 北京：中国物资出版社，2002.
[49] 胡理增，许忠荣. 网络营销. 北京：中国物资出版社，2005.
[50] 喻建良. 网络营销学. 北京：北方交通大学出版社，2002.
[51] 陈兵. 现代市场营销学. 南京：东南大学出版社，1992.
[52] 董希尧. 运输学. 台北：华泰书局，1987.
[53] 席卫东，乔兵，朱剑英，等. 民航收益策略及其影响：兼论机票定价对民航业的影响. 价格理论与实践，2005（6）.
[54] 谢泗薪，李荣. 收益管理系统战略发展新透视. 中国民航学院学报，2006（4）.
[55] 李晓津. 我国民航票价体系研究. 价格理论与实践，2004（7）.
[56] 潘文达，赵金涛. 中国民航票价历史演进与未来趋势. 生产力研究，2005（9）.
[57] 邵梅. 基于客户关系管理的航空公司常旅客计划研究. 成都：四川大学，2004.
[58] 罗利，萧柏春. 收入管理理论的研究现状及发展前景. 管理科学学报，2004，7（5）.
[59] 王建军. 改进铁路营销组织的思考. 铁道运输与经济，2002（9）.
[60] 王前锋. 基于可持续发展观的企业营销组织变革研究. 商业研究，2006（4）.
[61] 吕春晓，宋合义. 企业营销组织机构责权益的重新设置与激励机制. 西北工业大学学报：社会科学版，2001（6）.
[62] 王国安. 论营销计划与职能计划的关系. 杭州电子工业学院学报，2001（6）.
[63] 李秀海，谭雅秋. 铁路货运营销及生产管理信息系统. 铁路计算机应用，2004，13（4）.
[64] 曾卫东. 铁路大客户战略管理信息系统的研究. 铁道货运，2005（12）.
[65] 九枝兰. 营销大咖说互联网营销方法论与实战技巧. 北京：人民邮电出版社，2017.
[66] 许鑫，王欣. 互联网+管理案例集. 上海：上海交通大学出版社，2017.
[67] 中欧案例中心. 本土智慧：全球化企业与中国策略. 上海：复旦大学出版社，2017.
[68] 欧阳日辉. O2O 复盘：10 大企业 O2O 模式与操盘方法解密. 北京：机械工业出版社，2016.

[69] 陶晓波. 社会化媒体营销典型案例分析. 北京：知识产权出版社，2016.
[70] 程维，柳青著，张晓峰. 滴滴：分享经济改变中国. 北京：人民邮电出版社，2016.
[71] 刘学. 重构平台与生态：谁能掌控未来. 北京：北京大学出版社，2017.
[72] 奥斯特瓦德. 价值主张设计：如何构建商业模式最重要的环节. 余锋，曾建新，李芳芳，译. 北京：机械工业出版社，2015.